一八七零年旅店應守規則

(一)例文旅店二字。係指酒店客棧及旅店。其東主須負有保存顧客財物之責者。

(二)凡顧客有被盜竊財物。而非因店主及其夥伴防範不善者。該店毋須負賠償之責。

(三)如顧客所攜帶之財物。其價值五百元以上。而不交櫃面代存者。倘有失竊。該店毋須負賠償之責。

(四)凡店主收到顧客貯存財物。須即發回收據。并依下列章程辦理。

(甲)存物時須聲明價值之多少。

(乙)店主有命顧客用箱將財物裝載及綑綁盖漆時。顧客須照辦理。

(丙)凡顧客有將財物貯存。其價值在五千元以上者。該店可不允代存。倘有迫托貯存者。如遭失竊。該店不負賠償過五千元之責。

(五)凡顧客有將財物。價值五千元以下。交店代存。而該店不允代存。以致失竊者。則該店不能辭其咎。

(六)以上條例。店主須用中英文繕寫懸於大廳。及入門當眼之處。否則不能受此例之保障。

安設警鐘價目（直達中央警署）

(一)承辦公司。永康警鐘電器有限公司。

(二)利　益。用戶如遇有意外事發生。一按電掣。警署即派衝鋒隊馳赴救護。

(三)安設範圍。由堅道至海邊。及由上環至中環止。

(四)裝 置 費。凡安設之店戶以一層樓計。所有電器用具指號機及警掣三個。連工包料共收費拾伍元。同一店戶如每層加警掣一個。應加工料銀五元。其餘加多一掣。該銀二元。多少聽便。

(五)按櫃金。凡安設自動報警指號機一副。收按櫃銀貳拾元。如未滿一年停用者。由本公司收回指號機外。并在按金扣除拾元。以彌補工料損失。如未滿二年停用。扣除伍元。滿二年停用者。按金全數奉還。

(六)修理費。凡設警鐘店戶。每年須納修理費拾元。如該店戶有樓數層。均較有警掣者。每年每層另加修理費二元五毫。分三九月兩期繳納。

水務局

局址下亞畢諾道

夫水乃人生日用必需之品。不可一日缺也。香港一島。縱橫不過數里。居民已達數十萬。以故食水問題。比之別處。尤關重要。蓋環島河源。係屬鹹水。不適食用。而本港政府以重視衛生計。不准開井汲水。因此全港居民。一切食用之水。俱賴山水雨水供給。惟此山水既非來自河源。積極當然有限。所以每屆近冬天旱。用水未免稍爲限制以防水源斷絕也。其供給之法說約分兩種。(一)總喉(二)傍喉

(一)總喉凡安設水鏢之水。俱由總喉供給。每屋每季有規定水額。不收費用。過額則每千加倫收水費七毫五仙算。

(二)傍喉。凡較有水喉而無水鏢者。俱由傍喉供給。無須納費。惟遇天旱用水。稍加限制。開放時間。均有佈告週知。安設水鏢。

(三)凡本港及九龍各區洋樓。欲安設水鏢者。必須預將屋內之喉較妥。然後稟呈水務局。其稟紙可向水務局取。照第九十二九十三頁所列格式塡寫便合。至駁喉費用。俱由業主支給。

水費

(一)凡屋內水鏢。每季由水務局派員抄驗一次。用水多寡。憑鏢徵收。每千加倫柒毫伍算。

(二)凡每季接到水務局水費單後。需於拾四天內淸交。否則按例停止供給。

水喉瘀塞

水喉安設日久。常有破爛。或生銹瘀塞。但其破爛之處。如在屋內。業主可着工人修理。如在屋外。則由業主函知水務局修理。如屋內水喉欲託水務局修理者。可到該局取格式紙塡寫呈報。則當代爲修理至費用俱由業主支給。

水鏢租(壹玖叁弍年重訂上期繳交)

四寸大喉。鏢租每年柒拾伍員。未足一年者。可按月伸算。未足壹個月。則照一月繳納。

三寸　鏢租每年　伍拾員

二寸　鏢租每年　叁拾伍員

一寸八鏢租每年　弍拾伍員

一寸　鏢租每年　壹拾陸員
三個骨鏢租每年　壹拾肆員
半寸　鏢租每年　壹拾員
三分　鏢租每年　捌員

商戶領取水鏢手續

（一）凡欲領取水鏢者。如在香港方面。可向水務局水務工廠之水務分局領取。若在九龍方面。則可向水務局領取。或就近向上海街附近油蔴地警署之水務分局稟領亦可。

（二）水務局接到居民領取水鏢稟呈後。即派員按址前往察視。如屬妥合。可卽安設。無或遲滯。如水務局一時未有鏢存。無以安設。亦必通知稟領者。如稟領者不便聽候。亦可稟請先將水喉駁妥。待有鏢時。得即安設用水。

凡有稟請先請駁喉者。須繳保証金伍拾員。交庫務司存貯。以保証未安鏢前用去水量之費用。至未安鏢前所用水量之計法。則以安鏢後頭兩個月。每月水量爲底伸算。

（三）凡稟呈領取水鏢者。非接到水務局通函後。無論何種費用。或保証金。無庸先繳。凡水務費用保証金等。俱直接交庫務司署。水務局人員。無權收銀。亦不得向人索取。

用水須知

凡住戶或舖戶安設有水鏢者。如遇有水鏢損壞。或割去修理。或無水供給。用戶須向水務局稟報。水費仍須繳交。但水鏢既因損壞。或割去修理。或未嘗用過涓滴之水。而要納水費。則將以何收法徵。茲規定徵收之法如下。照水鏢未壞或未割之前。或有用水。以前兩季繳納水費之多少相加。均計而定之。

（一）凡安設貯水池或水箱。必須配有能自動開關之掣。

（二）凡安設水龍頭。其位置須設在有去水之渠口。方爲合例。否則穢水瘀積。有碍衞生。

（三）凡面盤或浴盤。其去水之喉。須用鐵喉引至渠口。

屋宇安設救火水喉費用

六寸喉。每年費用一百一十元。
四寸喉。每年費用七十五元。
三寸喉。每年費用五十元。
二寸喉。每年費用三十五元。
每年上期繳交。

香港電燈有限公司供給電力章程

詢問

(一)凡往來文牘。請各用戶用墨信寄交本公司總寫字樓。不可向收賬員或工人告訴。

請供給電力之辦法

(二)凡欲供給電力者。請用墨筆塡寫本公司印備之格式紙。此項格式紙可向鐵行屋宇總寫字樓索取。凡用戶欲將所較之電燈加增者。須先向本公司取得筆寫批准証方可。

(三)凡欲較電燈者。須於欲得電力時。至少預早一星期將倩給電力書寄至。本公司接到倩給電力書後。將由本公司駁總線。並視乎工程之大小。將趕快爲之辦理。

(四)安設電錶之地位。將由本公司決奪。凡欲較電燈者。必須先行查確本六司能否供給電力。並由本公司之代表將安設電錶地位指定後。方可開工安設電燈線。

(五)關於安設電力事宜。各用戶欲得本公司指導者。請移步至本公司陳列所。在德輔道中十二號地下。

供給電力之規則

(六)本公司供給電力之規則如下。

(甲)各用戶須將每月電費。於下月月底之前交給。

(乙)各用戶若爲本公司所要求時。則須交給按櫃銀。或適當之担保。以担保支給電費。

(丙)各用戶必須遵照本公司之電線章程。或香港政府所定之規則。保存所安設電線之完善情形。

(丁)各用戶對於電錶所紀錄之電費。須担負支給。除是通知本公司嗣後不用供給電力之墨信發出後二十四點鐘後。則不須担負。

(戊)凡用戶之電燈裝修。有所移動。須繕就本公司之八百零三號掛號書領取執照。所有試驗免費。

(己)本公司之員役。可於適合之時間。到各用戶之屋查驗電錶安全機器等。

(庚)若因本公司之總線或機器損壞。暫時停止供給電力。所發生之損失。或因此發生意外。本公司概不負責。

(辛)凡用戶須負責保存在其屋內之公司電器及電錶。用以供給電流者。

(壬)本公司所負供給及保全之責至總線及錶線處止

(一)如少數電燈。則至用戶電錶側止。

(二)如大間洋樓。則至每層樓之總線止。

交給電費之辦法

(七)電費單派至時。卽應繳納。公司不担負到收。請將電費交至本公司總寫字樓或陳列所。而爲利便城外之用起戶見。本公司每月將派收賬員到安鏢之地址收取一次。並給回收條。惟本公司各工人無權收取所欠本公司之電費。若未携有本公司之授權墨信。各工人又無權將各用戶之電鏢割除。此種授權墨信。可向工人索取閱看。

按金

(八)收按金以三箇半月之用電爲率。另刊有按金收條。(註明不能私相授受。)如欲收回按金。非原日簽字人不可。苟用電不及一年。則須照則例第十三欵在按金內扣回安鏢費二元。凡按金在五拾元或以上。而時間已逾六閱月者則公司給予週息三厘算。每年到年底計息。下年可隨時到收。

供結電力之種類

(九)凡雲燈。風扇。細電機。用電力少過一匹馬力者。俱用單相交流電壓力二百度。週波五十度。
凡摩托電力在一疋馬力及逾此數之大電機。俱用三相交流電壓力三百五十度。週波五十度。

(十)如用戶欲購壓打或電機。請先商知本公司。以免不合用之虞。

電鏢

(十一)本公司之電鏢租賃如下。
兩度半五度十度二十度岩皮力單相交流電鏢。均每月租費五毫。
五十度一百度岩皮力。單相交流電鏢三相交流電直接流電電鏢。與乎依時轉動電鏢。俱每月租費一元。此項租費將包括修葺在內。惟若因用戶之錯失。致須修葺或換過新。及燒毀者。則不在內。

安鏢費用

(十二)如用戶有疑及電鏢記錄不準者。若先行給銀五元與本公司。即將其除去試驗。倘試驗該電鏢快慢不過百份之一分半者。即作準繩。若驗出該鏢不準者。即將試驗費發還。並將本公司之電費單照數減除。

(十三)如用戶安鏢而繳納按金。并取給電逾十二閱月者。則安鏢免費。凡安設一新鏢。均取費二元。爲補置鏢板電鏢及驗線一次之用。

(十四)如較燈地點。距離線在一百尺內者。總線免費。逾此數者。則每尺最少計値銀一元算。安設少數燈者。本公司則設鏢於最近街線之點。如大座洋樓而有數名用戶者則每層之鏢有一定之安置處。除該業主得本公司函許。始可例外。此種規畫載在本公司第W一百零三號圖案。可隨時向辦事處取閱。

(十五)凡新較電力者。試線時未能爲本公司批准。則嗣後每次再試線時須先給銀五元。

(十六)本公司之試驗新較電線。係爲需公司滿意起見。故無論如何。不能謂已用最善方法辦理較電線工程。

(十七)凡因欠電費。致被割鏢者。再較線時收費用二元。

電費價目表

(十八)凡自設有獨立發電機之用戶。將不照下開價目表計電費。本公司對於此種用戶。儘可以後備電力供給。惟須交給特別電費。欲知詳細章程者。請問本公司總寫字樓。

(十九)電燈風扇及細應打。(由公司認定者)均照每家每月所用電力度數收取電費。

按照價目應給之數	每度制定之價目	每度實收之數
不過廿五元	一毫六(減少)	一毫六
廿五元至一百元	一毫六(五厘)	一毫五仙二
百元至二百五元	一毫六(一分)	一毫四仙四
二百五元至五百元	一毫六(分半)	一毫三仙六
五　至千元	一毫六(二分)	一毫二仙八
千元至千五元	一毫六(二分半)	一毫二
千五元至二千元	一毫六(三分)	一毫一仙二
二千元至二千五元	一毫六(三分半)	一毫零四
二千五元至三千元	一毫六(四分)	九仙六
逾三千元	一毫六(四分半)	八仙八

(二十)所定折低電費。係以用戶一家所點電燈用去電力之總數計算。

(廿一)凡用戶擁有鄰近屋宇。雖經由多過一處供電。然本公司亦可斟酌。當其爲由一處供電。准折低電費。如在港中各處分別供給電力。與一用戶者。其折低電費之辦法。將亦逐單分開計算。

(廿二)電爐電爨具及動機輕便能移動者。(電風扇不在內)其電力在二百五十個屈以上者。電費每度五仙計。不折扣。惟須另設一電鏢。并用本公司之標準插蘇。凡大電爨具坐位。小電動機。及同等類似不受移動位。而安設同一電爐鏢者。近機器處須加設一合格掣以管轄之

本公司實行允納各款插蘇。須依英國電機師會社規定十五奄皮或大過上述之電力免有避險遮及刻有玲瓏之力字於其上方合。

(廿三)凡三相交流電之升降機。與乎火警抽水機。所用摩打電動機。其馬力不過十五疋者。除別有用途外。則每度收實銀五仙。

(廿四)凡連續電流。與乎單相交流電之升降機電費。亦每度收銀七個半仙。惟每月須增收下開之定實費用。摩托電動機馬力不過六疋者每月十七元半。馬力由六疋至十二疋者。每月三十元。馬力由十二疋至十八疋者。每月四十八元。馬力由十八疋至二十四疋者。每月六十元。

(廿五)凡用發電之摩托電動機。以發電爲電燈之用者。電

費每度收銀一毫六仙。其折減之處。仍照第十九欵辦理。

（廿六）凡較暫用電燈者。電費每度收銀一毫六仙。不予折扣。並須另交下開駁電等費。

凡需用電力至六岩皮力。或逾壓力一千二百度者。銀十元。

凡需用電力至三十岩皮力。或逾壓力六千度者。銀二十元。

凡需用電力至九十岩皮力。或逾壓力一萬八千度者。銀二十七元。

凡需用電力至九十岩皮力。或逾壓力。或逾壓力一萬八千度者。每基路屈收銀一元半。

（廿七）凡需用電力逾一百基路屈者。本公司將予以特別價格請至本公司總寫字樓磋商。

電費交給現欵折減之辦法

（廿八）凡屬於第十九欵內者。如用電燈及風扇。其每月電費在十五元或逾此數者。則每百元可得回扣五元。惟該項電費必須照單內所列日期起計。於十五天內交納。及無積欠者。方能享受此種折扣。且此項折扣乃照用電之總數計算。並將由下月之單內扣除。

較電燈之工程

（廿九）本公司不爲担負較電燈之工程。惟對於此事可向用戶指導。並備有本港承接電較燈店舖冊表。函索即寄維持所較電燈之完全妥善。由用戶負責。並須遵例維持其穩固之情形。本公司祇担負供給電力至電錶之盡處止。按照電燈則例。凡查悉電燈電線有危險情形者。可將電錶割斷。

一千九百一十一年供電則例三十三項如左。

如有未得公司筆墨許可。而擅加燈於總線上者。其罪爲一百元以下之罰欵。

電息時之辦法

（三十）凡遇電息時。請用戶立卽由電話通知本公司總電線處。日間電話總局一八一八號。晚間星期日或假日期日則電話總局五八號。

（卅一）凡遇用戶自己之家電息者。則請較電燈之店舖修理。若遇緊急事情。本公司預備爲之贊助一切。若可能辦到。卽暫爲修理。如遇此等事。請用戶將詳情由電話通知總局一八一八號或總局五八號打電話時若用戶將電話號數一併告知。則本公司獲助良多。

租賃摩打辦法

(卅二)公司常備以利便用客。

租價內包括交收貨及修理費。退租時須函知公司派人收回。惟屋內之線則由用戶自理。

電費齊備之摩托電動機租賃如下

馬力	每月租銀	馬力	每月租銀
一疋之四分一	二元半	十疋	十一元
半疋	二元半	十二疋	十三元
一疋	三元	十五疋	十五元
二疋	四元半	十八疋	十八元
二疋半	五元	二十疋	二十元
三疋	五元半	二十二疋	二十元半
三疋半	六元	二十五疋	二十一元
四疋	六元半	三十疋	二十三元
五疋	七元	三十九疋	二十六元半
六疋	七元半	四十疋	二十七元
七疋	八元	五十疋	三十元
七疋半	八元半	七十五疋	三十六元
九疋	十元		

凡摩托電動機之馬力。未有列在此表者。則租費將照最近較巨之電動機租費計算。

凡以本公司電力運動之誠托電動機。須遵守下列規則。

(卅三)凡三相交流電摩托電動機之製法。必須有週波五十度。壓力三百五十度。

三相交流電松鼠籠式電動機。可以用至十五疋馬力。惟必須配有許可之電掣。以限制其發動時所需之電力。至該機動機本身需電三倍之力爲度。

所有三相交流電電制。每枝均須配有自動割離電源制。

(卅四)單相交流電摩托電動機。必須有週波五十度。壓力二百度。

單相交流電摩托電動機之電力至三疋馬力者。可以用引傳式。並以分離相交式之發動機爲之發動電力。惟須配有妥當之電制。及無壓力之自動機件。

單相交流摩托。其電力在三疋馬力以下者。須用抗傳式。五疋馬力以下者。則須用雙齒鐵殼掣。五疋以上者。則須安置發動機能及兩倍半力者。及一適額自闔掣。至十疋以上者。則上述各件。均須安置。幷另一總掣。

(卅五)如所購壓托。雖合欵式。而或該叚未有合式電流。本公司有權不予供給。故凡購壓打之先。請商知公司至盼。

(卅六)如壓托有不穩固。或震動。而影響及隔鄰用戶。或所用之電不及其機量百分之八十者。本公司有權隨時割線。

暫用電燈之辦法

(卅七)暫用電燈。若能遵照暫用燈請給電力書所列各章程辦理者。則本公司樂於駁電。

凡欲駁暫用電燈者。須預早七天塡寫乙種請給電力書。交至本公司總寫字樓。

除遇有特別情形之外。暫用電燈之安設。其期間以二十八天爲限。如欲再從新請裝駁暫用電燈者。須待至二十八天期限巳滿之時。而在同地點所駁之暫用電燈亦已停止。本公司方能照準。但本公司對於暫用電燈之請給電力書。仍有權隨時拒絕之。

棚廠與貨攤

(卅八)凡棚廠與貨攤欲安設電錶者。除平常費用外。須另交按櫃銀二十五元。本公司收囘該電錶時。若無損壞。卽將此項按櫃銀發還。

香港電燈有限公司代理人
唦行有限公司謹訂

一千九百二十九年七月一日

香港中華煤氣公司安較煤氣價目

凡欲安設煤氣。可函知該公司安較。但須姓名住址塡寫清楚。較費一概自理。

(一)安設水餼或烹飪器具。工銀收五元算。

(二)煤氣每千立方尺。費用銀四元算。

(三)煤汽費折扣表

凡用五千尺以下者百元扣二元五毫

凡用五千一百尺至壹萬尺以下者每百元扣七元五毫

凡用一萬一百尺至二萬五千尺以下者每百元扣一十七元五毫

凡用二萬五千一百尺至五萬尺以下者每百元扣二十二元五毫

凡用五萬一百尺至十萬尺以下者每百元扣三十元

凡用十萬尺以上者每百元扣三十三元

九龍中華電燈有限公司供給電力章程

(一)合約

各用戶塡寫妥當發電力書。允遵守本書所列各項條件。本公司方能供給電力。否則不取。

(二)通信

凡來往通信及詢問事務各項。須直接寫交本公司。不必寫交個人名義。

(三)新設電具請發電力書

請將本公司之印版請發電力書塡妥寫當。預早七日寄下。倘工程需費時日。必須預早通知本公司。自當從速將電線駁妥。以便用戶。惟於駁線時遇有延擱。而致用戶有所損失。或有不便情事者。本公司概不負責。

用戶或承接較電燈線人。或業主負責人。必須塡寫試驗書証明該屋電線經已較妥。於何時何日可受驗視。但該書須要連同求發電力書一齊交到本公司。當即派員驗視。如該試驗書不能連同求發電力書一齊交到者。須於試驗期前三天寄下本公司。方能派員驗視。

承接較電線工程者。務須與本公司互相聯絡。以利進行。而免阻滯駁電。其進行方法如左。

(甲)詳報用戶姓名住址。如屋宇無門牌者。可用圖註明。否則難於尋覓。

(乙)詳報各件需用電力多少。

(丙)詳報工程何時可受本公司派員驗視。

(丁)如有不明之疑點。須向本公司查問淸楚。然後行之。

如非本公司之受權人。不能將電流駁給用戶。

(四)請續發電力書

須用本公司之印版請續發電力書塡寫妥當。預早四十八點鐘寄交本公司。其手續亦與上列規則(即第三條)相同。因本公司須要驗視電線。然後給電。用戶如欲急切用電力時。本公司可於即日駁線發電。惟須收到該求發電力及試驗書及駁電工費弍元後。本公司即派員驗查妥當。方允駁線發電。如該工程不妥。而至不能駁線發電者。已交之費。並不給還。

凡關於急切用電力時。請到本公司九龍塘鏢房寫字樓詢問以免阻碍。

(五)增電設力器具

凡用戶所用之電胆及電器用具等。如欲將之加大或增多或更改者。無論暫用或長用。必須塡寫求發電力試驗書。註明原有及所增加者。通告本公司。始可進行。該原有及所加增者。需待驗視妥當方可駁線。如有不遵守此例者。本公司可不通告。即將用戶電流完全止截發給。並依照香港一九一一年發給電力則例第三十三條及三十四條控告於按。並須倍償本公司一切損失。

玆將香港一九一一年發給電力則例第三十三及三十四條列下。

(第三十三)不論何人。如有私自增設電線工程。而未得發電公司用書面允許者。每次理當遵罰一百元以下之罰欵。

(第三十四)凡用戶如有被查出私自增設電線工程者。每日須負一百元以下之罰欵。

(用戶之名稱)凡簽名於求發給電力書者。或該屋包租人及住客是稱爲用戶。

(六)試驗電線工程

凡電線工程。必須經本公司試驗及格後。方可駁線發給電力。(請看第十六頁較電線規則)

凡電線工程未經本公司試驗妥當。而私自駁綫用電與及用戶由己之電綫轉駁發給電力與別人需用者。本公司可不通告。即將電流止截。如欲繼續用電時。必須先交費用銀十元。本公司並可依照香港一九一一年發給電力則例第三十三及三十四條執行控告於案。

本公司試驗電綫工程時。必須先將電胆及安全器配妥。並須將所有電器用具交出查驗。電動機。阻力掣。發動掣。及透地電綫等。亦須試驗。必要時試驗員可命接較工程人。或用戶將所有工程拆開查驗妥當。方可駁綫發電。但所拆開之工程。蓋由接較工程人。或用戶再行較妥。本公司並不負責。

電綫全部直至透地電綫處。用五百活力試驗。經一分後。其阻力限量不得少過將所較電具之位數均分二十五个嘜啾所得之數爲限量。試驗中線時其成效不能低過透地下電綫之半數。凡試驗猛力電流工程。須得本公司特別指導。以免發生危險。

(七)責務

凡用戶屋內電綫工程妥善與否。或被火燭焚毀。及別故而至損失。或被電綫電燈及電器用具而至發生意外者。本公司概不責負。但於工程進行期內。本公司可隨時派電氣工程師或代表人察驗。

(八)供給電力制度

電力制度。供用交流電六十度週波。(不日將改用五十度)分電制度。用四線三雙交流電。電燈及電器用具。俱用弍百度活力。如在僻離者可用一百一十度活力。電動機俱由本公司指定用三百四十六度或二千二百度或六千六百度活力。

凡新置電力用具。必須合用五十度至六十度週波電流者爲要。如有疑點。請向本公司查問清楚。

如欲新置電動機而求發給電力者。必須預先詢問。而得公司指是何種電力制度爲合格。然後方可購買。

(九) 不允發給電力

凡遇有下列不及格之電線工程者。本公司有權拒不駁線。

(甲)倘電線電具如係屬於暫時所用。

(乙)倘電線全部工程及未完竣者。

(丙)倘電線全部工程之阻力限量有低過本公司之定額。

(丁)倘電線工程有不遵照本公司章程而裝置。

(戊)倘有私自駁線用電者。

(己)倘有欠各費而未清交者。

(十) 止截供給電力

凡有下列各項弊端者。本公司可將電流止截供給。

(一)電費或按櫃銀未清交者。

(二)遇有電線工程不完善及有危險者。

(三)倘有私自增設電線工程者。

(四)倘有用電而至損壞別用戶。或本公司之電器用具者。

(五)倘有擅自移動本公司之電錶及安全器等件者。

(六)倘有用戶阻止本公司之職員及工人入屋。或不容公司裝配工程等件者。

(七)倘有不遵發給電力規則等情。或破壞各項合約者。

(十一) 續發電力

凡因上文十欵中之某一欵而被止截電流者。須將對照上文之下列某一欵辦妥。本公司則可將電流再行續發。

(一)須將所欠各數一概清交。幷繳納公司所索取任何按櫃及續電費。

(二)須將電線工程修整完善。並將試驗書塡妥呈交本公司。另納續電費二元。

(三)須將增設之電綫工程塡寫。請求發給電力書及試驗書並交費用銀十元。另將本公司所定之損失負責賠償。

(四)須交續電費二元。及將有關害別用戶或本公司之一切器具除去。

(五)須交費用銀十元。及負責賠償因此次所受損壞之費。

(六)當用戶允準本公司之授權職員或工伴入屋驗視本公司之器具或工程等項後。及納續綫費二元。或本規章所定別項之費用。

(七)須于本公司與用戶之合同爭論停妥後。

(十二) 備用供給

凡用戶自有機器爲用。而更欲本公司另駁一綫供給電力以爲不時之需用者。須自願每年納定額之備用供給電力之機件費。須遵此項辦法。方可供給電力。

(十三) 暫用電燈與屋外之電燈

本公司對于用暫用電燈。或長期及短期屋外電燈者。常備與之駁線。但本公司收回工費銀五元起碼。以補試驗較電錶及駁線發電等項之費用。惟須預早七日前將求發給電力書填妥呈交本公司。否則不能擔任駁線發電。

凡裝配露天暫用燈者。其燈枝及燈咀必須妥爲保障。免受水濕。以致有漏電及撞氣等弊。其所有燈咀須用光身銅線。（以不能細過十四號S.W.G.銅線者爲合）相連捆扎而透入地底。

凡用戶欲裝配妝飾之戶外長期或短期電燈者。必須將求發給電力書呈交本公司。俾得助理應爲之事。惟燈數之定額。及電燈之燭光之多寡。必須詳細注明。他如電線之工程。必須採用精良辦法。若燈枝及燈咀必以避水種類者爲合。其工程如用膠皮線者。其燈咀燈制及別種燈枝。必須用不傳電者爲合。若用鉛皮線者其燈咀燈掣及各燈枝等。必須與線之鉛皮互相連札。透入地氣以保安全。

凡用戶或接工程人。未得本公司許可。而擅自裝較暫用燈工程者。本公司可照一九一一年香港電力供給則例內第三十三及三十四段執行。可不通告。即將電流止截供給。并將用戶或承接工程人控告于案。

（十四）供給棚廠用電

凡棚廠需用電力。其接電總線。須與本公司之發電總線距離不遠。並得本公司之工程師許可。及繳交按櫃銀廿五元後。方允駁線供電。

（十五）供給貨攤用電

凡貨攤需用電力。須用膠皮軟線。及各燈枝必須用完全不透水及不傳汽者爲合。並須得其鄰近該處業主允準字據。俾本公司得在其屋處安設電錶及安全器。若日後如該業主命將該電錶等遷徙者。此等費用須由用戶負責。

（十六）電流欠缺

本公司之電力皆是週年日夜不停供給者。然難保其間或時有欠缺。倘用戶因此與直接或間接損失者。本公司不能擔任賠償。本公司在必要有權將電力暫停給。以便駁線。發給電力與別家用戶或修理更改及換機件或總線等。若遇電力欠缺時。（本公司有意停供給者不在此例）用戶即可通知本公司九龍彌頓道四百七十四號電語號碼五六三七五。電機局當即派員前來用戶地點修理本公司之機件。

凡用戶請本公司派特務員到其戶修理電線工程等事。每次到修時。無論有無工作。本公司亦須收回工費銀五毫起碼。

凡遇有一部份電器失其效力。須由用戶自行請接較工程人修理。並即函告本公司以便查驗。

（十七）供給電力駁線

凡長期用戶在距離本公司總線一百尺之內。求發給電力者●概不收費。若過一百尺以外者。本公司計回相當之價值。

凡有補街線工程費及駁線費。必須清繳後。本公司方可駁線發電。

凡遇第三者于必要時逼令本公司將該總線遷移及各種更改等事。所有一概費用。由用戶負責。

(十八)駁電總線及變壓器

電錶安全器。及入屋總電線直至盡處。均屬本公司物業。爲妥善計。其安設位置須任由本公司選擇。

本公司有權將別家用戶之電線工程駁至本公司之總線。

凡供給用戶之電線。如有經過私家之地。而非香港政府所管理者。該地主或逼本公司移去在該處安設之總電線或其他機件以致不能繼續供給電力時。本公司當不負責。

用戶處如應用變壓器者。必要預出地方。並遵照本公司所需求。

用戶如欲將此變壓器遷移者。必須預早十二個月以前通告本公司。方能有效。

(十九)公司所屬電力機件

凡較入用戶屋內之總電線及變壓器總安全器電錶電錶板等。均屬本公司之物業。如非本公司職員不許擅自移動。

如本公司之安全器因用戶之電線工程。或用戶之安全器容量太大。而致燒燬者。本公司收回更換安全器。工費銀壹元起碼●

如用戶有將本公司之電錶及安全器之封印毀破者。一經本公司查出後。即將用戶之電流止截供給。

如有將本公司各物之封印毀破者。用戶須補回工費銀五元。本公司方允再行封印。

本公司之電錶電線及各種電器等物在用戶處者。該用戶須當盡力保護之。如有被火毀或被各種事情損壞者。該用戶須負担賠償。

凡用戶由其屋內駁入電錶及安全器之電線及其他電氣機件等。本公司概不負管理之責。

(二十)入屋視驗機件之應准

按照一千九百十一年電力供給則例第卅一段。用戶應准本公司之職員或驗視員等入屋以便抄錄電錶。視察機件。駁線或割線轉換或遷移屬于本公司之機件等項●

本公司所有到用戶修理電線或抄錄電錶等之職員。皆給明証章。及內附有本人相片。與本公司之凸印。如散工者則其監督人必有此証章爲合。如無此証章者。請勿許之入屋。希爲注意。

(廿一)政府試驗電線規則

本公司爲遵照電力供給則例及政府所定法則起見。定於每五年將各用戶電線最少試驗一次。看其是否妥善。以表愼重。

（廿二）電錶之記錄

用電之計値。皆由本公司安置電錶於用戶處以計之。電錶之記錄。乃用電多少唯一之明証。倘有疑及電錶之記錄不準者。本公司即將該錶試驗。倘試出該錶確是過快者。則將爭執期內開與用戶之電費單妥為更正。倘試出該錶確是準繩。即在百分之弍內者。用戶則須繳納試驗工費銀五元。

（廿三）清結賬項

電費如滿一月。經本公司核計派單後。即須從速清結。惟本公司並不派員到收。各用戶必須交到本公司之各寫字樓。倘上月電費延至下月廿五號仍未清交者。本公司當用函催索。限至七日後。並不再行通告。即將用戶電流止截。以待所欠各項一概清交。無論用戶有何項按櫃存下。本公司為質。均不能藉此以礙本公司止截供給用戶電力之權。

（廿四）按櫃

無論新舊用戶。本公司可隨時有權索取及增加任何之按櫃銀。以保証用戶之電費。各用戶之按櫃。如過五十元以上。及已過六個月者。本公司計回週息二厘。惟可隨時由本公司董事更改此等利息。將於每年六月清計後。即於下月電費單扣除。

本公司對於按櫃收條。並不發給副張。如用戶發覺遺失時。即當從速向本公司最近之寫字樓報告。

（廿五）投訴

凡電費數目或電錶如有不合符。而欲修正之處。可於派單後一星期內函知本公司。

（廿六）搬遷報告

凡用戶如有搬遷。不用電燈者。須於預早三日函知本公司。如未有函到本公司而用戶已他徙者。自收到信時起。廿四點鐘內之電費。須由用戶負責清交。凡用戶寄來本公司之信或於中途遺失。而致不能達到本公司者。雖用戶已他徙。惟其電須由用戶負責繳交。直至本公司將電搬遷或折却為止。至於本公司所有在用戶處之各物。無論得接來信與否。如被損壞者。該用戶須當負責賠償。

電力價目

電力照商律所定之度計

九龍內	
電燈電風扇及無線電	每度計銀壹毫八仙
電影連附屬之電動機及轉發電機	每度計銀壹毫八仙
電煖爐及烹飪具	每度計銀七仙
電動機及電池貯電	每度計銀七仙
新界	
電燈電風扇及無線電	
沙田	每度計銀二毫五仙
荃灣	每度計銀二毫六仙

大埔及大埔墟　每度計銀二毫六仙
粉嶺及上水　每度計銀二毫八仙
元朗及錦田　每度計銀三毫
青山及新田　每度計銀三毫四仙

電煖爐烹飪具及電動機
新界全段　每度計銀七仙半

(注意)如用電巨額者。可與本公司商議特別價格。

凡有孤立遠離本公司街線之處。求發給電力者。于每月應繳所用之電費外。本公司可訂每月必須另繳納若干。以補特別工程之費用。

電鏢每月租價

由一個唵啵至五個唵啵　每月租銀五毫
五個唵啵以外至三十唵啵　每月租銀一元
三十唵啵以外　每月租銀二元

各種巨額之電鏢。每月租銀概收二元。惟發猛力電流之電鏢。其租價。則于求發給電力時。與本公司商訂特別價格。

裝配電鏢工程費用

凡用戶用電已過六個月以外者。免收費用。若用電不滿六個月之用戶。必須繳納裝配電鏢工程費五元。

遷移電鏢或安全器等位置。本公司收工程費五元起碼。

試驗電鏢

倘試驗該電鏢快慢不過百分之二而証爲確準者。收試驗費五元。

倘試驗該鏢快過百份之二而証爲確快者。免收試驗費。

試電線工程

新用戶首次試驗免費。

由用戶請求續次試驗。無論與本公司之發電總線未接駁以前。或接駁以後者。均須繳費拾元。

暫用電燈。由求發給電力時商訂費用。

續駁用電工費二元。

折扣

本公司特別優待于用戶用電起見。由一九三二年一月一號起用電之折扣列下。

每月用電

由一千五百度至一千九百九十九度者九九折
由二千度至二千九百九十九度者九八折
由三千度至三千九百九十九度者九七折
由四千度至四千九百九十九度者九六折
由五千度至五千九百九十九度者九五折
由六千度至六千九百九十九度者九四折
由七千度至七千九百九十九度者九三折
由八千度至八千九百九十九度者九二折
由九千度至九千九百九十九度者九一折
由一萬度至一萬零九百九十九度者九折

由一萬一千度至一壹九九九度者八九折
由一萬二千度至一二九九九度者八八折
由一萬三千度至一三九九九度者八七折
由一萬四千度至一四九九九度者八六折
由一萬五千度至一五九九九度者八五折
由一萬六千度至一六九九九度者八四折
由一萬七千度至一七九九九度者八三折
由一萬八千度至一八九九九度者八二折
由一萬九千度至一九九九九度者八一折
由二萬度至二零九九九度者八折
由二萬一千度至二一九九九度者七九折
由二萬二千度至二二九九九度者七八折
由二萬三千度至二三九九九度者七七折
由二萬四千度至二四九九九度者七六折
由二萬五千度以外者七五折

折扣細則

(甲)電費數目于十五天內清繳者。可能有效。
(乙)暫用燈之電費無折扣利益。
(丙)用戶用電不論若干。舖戶若是相連數間者。亦可統計給與折扣。

電動機租賃及試驗

本公司常備有配妥發動掣鐵軌座脚及皮帶碌之電動機租賃與用戶其價格如左。(但此價格常有變更)

馬力	每月租銀	馬力	每月租銀
四份一疋	三元	十疋	十五元
半疋	三元七毫半	十二疋	十六元半
四疋	四元五毫	十五疋	十八元
一疋	五元五毫	二十疋	廿二元
二疋	七元	廿五疋	廿五元
三疋	八元	三十疋	廿八元
四疋	九元	四十疋	卅三元
五疋	十元	五十疋	卅八元
七疋半	十弍元	七十五疋	四十八
八疋	十三元半	一百疋	六十元

本公司之電動機自當派員巡察修理以期行走妥善。惟用不慎保全而致毀壞者。則所有修整費用。概由用戶負給。

本公司之電動機稽查員。于每次到用戶查驗電動機時。呈有格式紙一張。以便用戶于稽查員查驗及抹油簽字證明其工作完妥。若用戶不滿意其工作或行爲者可將情形書于此格式紙上。或用函通告本公司。

電動機稽查員。須盡力避免一切不利便於用戶者。但用戶須知爲完整驗察電動機計。須于每月將電動機折開二次。以最短時間查驗。屆時若用戶不能準本公司于平常辦公時間查驗。而欲于特別時間舉行者。無論該自動機是用戶所自有。或由本公司所租賃者。每次查驗必須繳納特別費用。

所有租賃之電動及電掣等件。用戶須自行購買火燭保險。

並於退賃時。照原璧交還本公司。惟平常磨擦損耗不在此內。

凡本公司租與用戶之電動機電掣及其他附屬品。如有損壞。不得擅行修理。

凡用戶自置之電動機。本公司可以每星期巡察一次。每月每電動機收回工費銀由五元起碼。

較電線工程及各種機件特別規則

（一）凡工程非用戶與本公司有互相維繫之利益者。本公司有權拒不駁電。

凡較電線工程。必須遵照英國電氣工程師會所頒規章及以下所增各條而行。倘用戶之電線工程。未得本公司電線工程師滿意者。深望各用戶勿先給工料費銀。與承接較電線人。

裝較電燈工程

（二）燈掣及安全器

凡較電燈工程。若用單相交流電者。須用雙線總掣。及兩個單線總安全器爲合。如用鐵箱雙線總掣連安全器者亦可。

凡較電燈工程。若用三相交流電四枝線者。須用三線總掣。及三個單線總安全器爲合。如用鐵箱三線總掣連安全器亦可。

電掣及安全器內之駁線羅絲。須加銅戒子。此種總掣及總安全器。須裝配於入屋總線之最近及最顯見之處。以防意外。以便門閉。

凡屋內部透電之五金屬。不許露面。致於外皮金屬。必須用銅線相連捆扎透入地底。以免危險。

（三）過流線

凡裝較十個燈位。或三個喼唛以外。必須分裝過流枝線。但對枝線。不能裝配多過十枝燈位。或三個喼唛枝線必須裝配至總線之分線安全器。而透至總安全器爲合。

凡分線安全器。可用雙線之分線安全器箱。或單線安全器亦合。必須裝配於最適當及最顯見之處。對於連安全器之瓦。一司令及二連安全器之燈掣。一概不許。此種工程須以「環繞」裝較式爲合。至于「支駁」裝較式者。本公司一概不許。其過流線須用木槽及白瓷夾裝置。或二物同用亦可。如遇穿牆之處。須用白瓷筒封套。

廚房及車房內之過流線。無論如何。必須妥爲配置。捆扎透入地底。及須用平底咀燈。如欲用吊燈者。必須得本公司同意方可。

凡屬露天之電線工程及燈枝。必須用不透水之線。及避水質之材料裝配爲合。所有金屬透電等物。必須捆扎藏妥爲要。

鉛皮線及各燈料之工程。必須裝配水線。用錫釬妥于水喉之上。但切不可將水線相連于煤氣喉之上。以免危險。

裝較電線切不可用鐵釘。及鐵鈎。及在近火烟潮濕及有熱氣之處。概不能用軟花線裝較。
凡用木槽裝較。及用鉛皮線裝較之工程。不能將之藏入坭牆之內。及不能相連于有水氣之水喉上。
凡裝較浴室內之工程及燈掣等物。必須用完全不洩電者爲合。及不能連近水喉爲要。

（四）電燈招牌

露天招牌燈。必須另裝配一對支線雙線總掣及兩個單線安全器。但所用之電線等物。俱以不透水質者爲合。及所有五金屬之材料。必須裝較水線。以免危險。

（五）試驗電線工程

電線工程及燈胆等物。完全裝配妥善。然後將求試驗書寄交本公司。以備電氣工程師到塲視驗。
凡裝較十個唵吥以上之巨額電線工程。而欲用單或雙或三相交流電四支線之裝配法者。必須預先與本公司商定較法爲要。

（六）特別條例

凡用戶及接較電器工程人。必須注意下列各例。
凡電線及電器用具。裝配在易於毁爛之處者。必須設法妥爲裝藏完善。並須得本公司之受權人視察允准後。方可取用。
凡增設電線工程。必須裝較加入分線排處。但不能直接裝較入電錶處。
凡裝較一電錶。以備數舖戶用電者。其各舖戶之支線。必須附設一總掣及安全器。然後統歸于總掣而入電錶爲合。
凡裝較膠皮軟線或鉛皮線于屋內平頂者。必須碼妥于陣。倘用蔴皮線須藏木槽。或用瓷夾者。不過度二尺。並不能令其線相連於木陣或鉄陣及石屎陣處
凡電線駁口。如非在各電器用具內者。必須用駁線箱或用瓷質之駁線具。否則必須用錫銲及捆扎妥善。以免洩電。
凡用戶之總線。必須照電氣工程師會則例。不能用少過三枝線心之電線爲合。

（七）凡煤氣燈具。與電力燈具互相混離者。均不許用。

（八）凡電鐘之變壓器。必須裝配二個單線安全器。及雙線掣方可。

（九）電爐熱用具裝較工程。

裝較電爐電烹飪具及電凍氣機等。與電燈工程相同。但其中更改者列下。

（一）必須裝較十五個唵吥以上之牆邊電引插。但不能用普通之燈插代之。

（二）凡電器用具。所用牆邊電引插。如過十個唵吥以上者。必須設一單線電掣。於同一個木餅並中。以管轄之。但其電具用電。切不可超過電引插之量。以免令其掣發熱。

（三）凡裝較電爐具之電線工程。必須照「環繞式」。及分

支週流線則照下文第七段之表裝配爲合。但每對支週流線。必須裝配單線安全器於分線箱處。

（四）凡用戶之電煖具電線裝較其電鏢至分線排處。須用七枝綫爲總線。其支週流線則用數支心線較之。但不能用單支線。

（五）電線之駁口。須照電燈工程裝較法。其總掣及總安全器。須照用電度量裝配。以免發生危險。

（六）凡電煖具烹飪具凍氣機及電器用具等物。於本公司之電氣工程師試驗電線工程時。必須呈出查視試驗爲合。倘用戶日後有增設新電具。須要塡寫求發給電力書呈稟本公司及將電具呈交查驗妥善。方能發給用電。若用戶不照此辦法。則有損壞電鏢及其他機件。於公衆有危險。及阻碍本公司發電。

（七）電煖分支週流線之定額表如下。

十個位者不能用過六個唵吺
六個位者不能用過八個唵吺
四個位者不能用過十個唵吺
二個位者不能用過二十個唵吺

電動機工程

（十）用電動機之用戶請注意下列之則例。

（一）二匹馬力以下之電動機。宜用二百度活力單雙交流電。及週波每秒鐘五十或六十度者爲合。

（二）二匹馬力以上之電動機。宜用二百度三百四十六度二千二百度或六千六百度活力。及週波每秒鐘五十度或六十度爲合。如欲自置電動機爲用者。必須向本公司查問淸楚。方可售買。

（三）電動機如過五匹馬力以上者。可用鼠籠式。則開機時之電力不過全量四倍。如用戶之電力有防碍別家用戶者。本公司有權命用戶設一合式之發動掣。以減其電力。

（四）電動機如過五匹馬力而不過十五匹馬力者。可用鼠籠式。及須用合式之發動掣。以限制其發電力。不過全量兩倍半。以前有本公司特別允准者。不在此例。

（五）電動機如過十五匹馬力者。應用滑銅圈或圓心式。及必須用一合式之阻力掣。則可限制其發動時。所用電力。不過全量兩倍半。

（六）巨額式及猛力電之電動機。須與本公司妥商。方可置用。

管理法

（七）凡電動機須配有割離電線之手掣或自動掣。

（八）五疋馬力以上之電動機。須配有合宜之自動割離電源掣。其駁法須具有一經割離電源之後。司機人不能令其掣留在接駁電力之方位。並宜配備無壓力自動釋放機件。以免電動機於電源中止時。致受損壞。

（九）凡電動機必須配有割離每雙電流之機件。及所有之電動機發電掣鐵殼掣及安全器等。必須用不能細過十四號S·W·G.銅線之水線捆扎。透至水喉處。如遇無水喉者。須設透地氣之板鐵。或鐵喉代之。

（十）凡用戶須將電動機及開機掣管理妥善。蓋因電動機於發動時。如有用電過額者。本公司並不通告。即將電力止截供給。

凡家內及各種水泵工程所用電之浮水掣。是用單雙交流電者。必須管轄其二線。若是用之雙交流電者必須管轄其三線。上述二種。亦必須另設一總掣爲合。

（十一）電力之因數

本公司有權試驗各用戶之電動機。以便切實查究其電力之因數。倘查出該電動機於發盡其担負力時。其電力之因數低過百份之八十度者。本公司可不駁電。或止截發電與該電動機用。倘遇有特別原因。而不能照章辦理者。本公司亦可酌量俯就。但須與本公司商妥後。方可裝置。

（十二）常　則

凡未駁電線工程以前。必須預先與本公司商妥各較機件之合宜位置。以便駁電至該項工程辦法若何。無論新舊用戶。均可隨時到商。本公司自當盡其閱歷所得。樂爲指導。以便用戶盡得施用電力之效能。及其利益。至所商一切。概不收費。

各種電力工程。須裝較「環繞式」但本公司一概不準用戶用「支駁式」。

凡裝較多過一個電動機之電線工程。其總掣及總安全器之外。須裝配分線箱。及各機須另設一掣以管轄爲合。

凡遇新增之電動機。其電線必須駁至此分線箱處。惟不許在總制至分線箱處之線駁電。

凡電線工程。必須裝設一三相交流電總掣。及三個單線安全器。於最近電錶總線處。以管轄其屋內所有之電線。

用戶之總制。於割離其電流時。不能令其總安全器仍有電流通達爲合。

凡電動機用自動變壓器者。其發動掣。須裝配一個有蓋三線掣。及三個有盖單線安全器爲合。

凡電動機之電掣。須裝設於最便利及最近發動掣之處。其安全器須裝設於分線排處。「尼安」招牌燈。及特別機件機。

（十三）本公司有權不允發給電力。或命用戶將電力之因數改至百份之八十。或將機件之電力因數不過百份之八十者計囘特別價值。

本公司所訂立規條電力價格及折扣等。本公司有權隨時更改。並不通告。

用戶注意

編者

用戶電錶。有時雖不用電。而電錶亦行。此乃漏電無疑。倘有發覺。可即着工匠修理。幷最宜於每星期將電燈停開。以察驗該電錶有行動漏電否。則不致受無形之損失也。

香港電燈有限公司通告

用戶及裝較電燈工程店注意

啓者本公司各稽查員發覺近日市上輸進不良電線及電具甚多凡各用戶務須留意庶不致誤用因此種材料本公司認爲不合格請勿用以裝較電燈火爐及摩打等工程

凡欲裝較新工程抑或修改及更換等工程必先將所用各種電線電掣及電具樣本交本公司核准後方可安裝凡欲較電燈火爐及摩打者必須經本公司驗妥該工程後始可交銀與接較工程人爲要此佈

香港一千九百卅三年五月五日

代理人啜行有限公司

郵政

郵政總局……中環必打街

郵政分局

上環分局……上環街市麼理信街

西營盤分局……西營盤薄扶林道

灣仔分局……灣仔皇后大道東

尖沙咀分局……九龍尖沙咀

油蔴地分局……油蔴地水渠街

深水埗分局……深水埗南昌街

九龍分局……九龍城衙前圍道

總局辦公時間

郵件部

星期一至星期五。由上午八點鐘起。至下午五點鐘止。星期六日。由上午八點鐘起。至下午一點鐘止。星期日及假期日。由上五八點鐘起。至九點鐘止。

滙銀部

星期一至星期五日。由上午十點鐘起。至下午四點鐘止。

星期六日。由下午一點鐘起。至五點鐘止。向掛號處購滙。(逢星期日及假期停滙。)

分局辦公時間

上環分局。每日由上午八點鐘起。至下午七點鐘止星期日及假期。由上午八點鐘至九點鐘止。下午六點鐘至七點鐘止。

各處分局。每日由上午八點鐘起。至下午五點鐘止。星期日及假期日。由上午八點鐘至九點鐘止。九龍尖沙咀分局滙銀部。除此局設有滙銀部外。其餘各局俱未設立。

每日由上午十點鐘起。至下午四點鐘止。星期六日。由上午十點鐘起。至一點鐘止。星期日及假期日停滙。

郵票價目 分十七種

一仙　二仙　三仙　四仙　伍仙　六仙　八仙　十仙　二毫　二毫五仙　三毫　五毫　一元　二元　三元　五元　十元

凡星期日及假期日。例向休息。但今爲利便郵寄起見。特由一千九百三十二年起。在郵政總局另設一部。以便居民隨時可能購買郵票。

收信者回信郵票貳毫伍仙

可向郵局購買回信票。英國及郵會各國俱通信。寄信者可夾入信內。收信者可持此郵票向郵局照值換取郵票。如此回覆信者。可免破費也。

寄尋常信取回憑據辦法

凡寄信件。若恐持信往寄之人。間有不妥之處。而又欲知此信確已投交郵局否。可照信面字樣另抄一帋。貼上郵票一仙。一并交與持信往寄之人。交到郵局職員。郵局職員接收後。即蓋回圖章於貼有一仙郵票之單帋上。交回寄信之人帶返。作爲已收到代寄。但該局祇照尋常信件付寄。倘有損失。蓋不負責。

信件度量定規

寄英國及英屬信件

長度不得過二英尺

濶度不得過十八英寸

寄往中國及各國信件

長度不得過十八英寸

濶度不得過十八英寸

若卷成一束。無論寄往何國。皆不能長過三十英寸。多過四英寸直徑。重量限四磅六安士。

(卽伸中秤三斤四両半)

尋常信截信時間

在於輪船登報開行時刻前一小時止截。如有急信欲寄者。可多貼十仙郵票。則此信件。雖截信後。仍可交司櫃者收寄。直至郵包出發爲止。

掛號信截信時間

係在於截尋常信再先十五分鐘截止。但寄美洲歐洲及澳洲之掛號函件。則於尋常信截信時刻。提前十四五分鐘止寄

一九三一年郵費從新加價

普通函件		
本港郵費	三仙	(每安士計)
中國內地及澳門	五仙	(仝上)
英國(非由西伯利亞火車輸運者)	十二仙	(仝上)
別國	二毫	不足一安士亦收毫二 加多一安士加多一毫
英四(由西伯利亞火車輸運者)	二毫	加多一安士加多一毫
明信片		
本港中國內地及澳門 每張	二仙	
英國 英國屬土及別國每張	八仙	
掛號担保信件		
單掛號	每封加貼郵票二毫	
雙掛號	每封加貼郵票三毫	

其餘各種郵件。度量價目。詳細請閱下列郵件寄費表。

寄信須知

(一)凡信封寫漢文者。郵票須貼在信封左角之上。凡信封寫外國文者。郵票須貼在信封右角之上。

(二)凡寄信件。須寫明寄信者之姓名住址。如無法投遞。郵局可能立刻寄回。

(三)凡塗花或用過之郵票。不能作寄信之用。

(四)凡信件必須照郵件寄費表之重量貼足郵票。否則照所欠之郵票處罰雙倍。由收信者繳交。

(五)如寄信者欲取回所寄之信件。可函郵政司說明理由。如獲允許。則繳費一元。便可領回。

(六)凡信件寫明由某水路或車路寄往者。則此信必須照該路前往。雖間有延遲。郵局概不負責。倘寫明由某船寄此信。必由該船付寄。如有改期開行。信件阻滯。亦於郵局無關。

(七)凡詢問寄往郵政司之函件。不用貼郵票。

郵件分類

(一)(印刷品)如新聞紙。定期報刊。書籍。音樂紙。咭片。相片。圖畫。地圖。目錄。時間表。各樣廣告。與及各種機印或石印之印刊件。

注意

(甲)印刷品須卷於木棍之上。或置於夾板之內。或用紙包。或放於木箱之內。必須兩旁打開。或用開口信封裝之。凡用繩紮者。必須易為解放。

(乙)寄英國或英國屬土及未入郵會之國。其限度為二英尺長。濶厚每十八英寸。最重量限度為五磅。

寄已入郵會之國。其限度橫直濶皆為十八英寸。重量限四磅六安士。

無論寄往何國。捲成一束之印刷品。皆不能過三十英寸長。四英寸直徑。

(二)(商業紙類)凡各種商業之紙張。而無通信之性質者。如貨單。儎紙。送貨紙。法律票書。寫音樂紙。。各種書寫文稿。學生工課。燕梳單據等。

(三)(貨辦類)如非賣品。均可付寄。貨辦上祗可寫貨物之商標號碼價目重量。收者之姓名。其他不得多寫。

禁寄品

(一)易爆炸。易着火。及各種危險品。鴉片。嗎啡。及其他蔴醉藥。

(二)各種淫書淫畫

(三)金銀銅幣

(四)彩票

信件未收留存期限

(一)本港信留限二星期。

(二)外埠信留限二個月。

(三)凡到局領信。其人須說明各節相符。方準提取。如外國人。須將護照繳驗。方能領取。

(四)郵局旅客領信辦法

郵局為利便旅客起見。如各國人士。由歐美旅行抵埠。。未有一定信址。而欲得一處通訊者。故特設一部。代旅客將信收存。以便本人親到領取。其手續先由本人將郵局印備之領信報名英文格式紙填寫。註明從何埠來。一經註冊。凡有信由別處寄到郵局。郎代留存。候該人到領。但有等旅客。經註冊後。又往別處。既不到領信。亦不將冊註銷。以致無人到領之信太多。又不知向何處催其到領。故郵局對于此事。凡旅客領信期限三個月。如逾期不領。作為無效。

領取私家信箱

私家信箱。可向郵局領取。租費每年大箱貳拾元。小箱拾元。(由陽歷壹月起租)或每月大箱貳元。小箱一元租費。俱上期交納。幷須交按櫃貳元。則領匙及數部。如欲將信箱退回不租。可將匙繳回郵局

◦然後取回按金。凡未得郵司允許。不得另配同樣之匙。取信時間。每日由上午七點鐘至下午十點鐘止。星期日及假期日由上午八點鐘至下午十點鐘止。

寄包裹者須知

(一)凡寄包裹。須向郵局取報關紙。并述明欲寄之包數及寄何埠。因各埠所需之關紙種類。及張數不同。

報關紙分二種

(甲)一A字之報關紙。乃用貼在包面。凡寄英國屬土及某某等國皆全用之。

(乙)有等國須塡A之關紙。又須另塡C字報關紙。且要每種塡數張之多。寄者須向表內閱明。照數塡寫。如有不明白。可向包裹部職員詢問。

(二)凡內藏有金銀珠石鐘鏢及各種珍貴品物者。須購燕梳。但所買之數。不得多過所寄之物價值之上。又不能超過包裹燕梳之規額。否則不予付寄。

(三)寄包裡者須注意包內物質。包裹須穩固妥善。

(四)凡寄包裹。在本港而寄交本港者。則可按址派送。若由外城寄來本港者。郵局祇派紙通知。憑紙并携圖章到局領取。

(五)凡寄包裹。其物值與重量。及物質之種類。新舊均須詳細寫明報關紙下。若不塡寫妥善。恐被收沒之虞。倘寄往美國尤要小心。否則定受重罰。

(六)凡寄包頭。須照後表貼足郵資。否則郵局不收付寄。包頭左角上須要寫Parcel Post二字。左角下須寫寄者姓名住址。右角須貼郵票。如郵政局職員收包時。驗明郵費與包頭體重相符者。方允發給收條。

(七)寄包頭者恐收包之人離埠。郵局規定三種辦法。(一)將包廢棄。(二)將包轉交同埠別人。(三)將包寄回。(收包時另補郵資)各件已詳明在關紙上。任寄採擇。如取轉交別人辦法。則將廢棄字句塗之。并須將別人之姓名住址塡寫。如取廢棄辦法。則將轉別人字句塗之。倘欲原包寄回。則將廢棄轉交字句一并塗之。寄包頭者。須定何辦法。然後付寄。

包頭內禁品 各國畧有不同

(甲)香港禁下列品物夾入包內。擾亂治安之印刷品。嗎啡。鴉片。高坚。及信函。

(乙)英國禁下列品物夾入包內。在別處翻印英國有版權之書籍。糖質。烟仔。

及信函。錢幣。外國銅幣。金銀幣。不得過五鎊價值。重量不得過八安士。

(丙)中國禁下列品物夾入包內。

信函。爆炸品、着火品。鴉片。嗎啡。高堅。軍械。軍火。刀劍。刺刀。鹽。銅幣。

(丁)澳門禁下列品物夾入包內。

信函。鴉片。高堅。軍械及爆炸或易着火之品。

(戊)日本禁下列各物夾入包內。

鴉片器具。鴉片。軍械。鹽。銀碇。信函。用各國或日本銀幣。或紙幣。寄往日本。不得超過折合日幣一百元以上者。不得寄日散幣多過三元者。不得寄不潔有害之菜物食品。及碍衞生品物。非得政府許可。不准包寄烟葉烟紙。

燕梳類

(一)信函保險費。

購拾元至壹百貳拾元價值者。收費四毫。壹百貳拾壹元至貳百肆拾元內價值者。收費捌毫。即每加壹百貳拾元內之數。則遞加保費四毫。

(二)包裹保險費

凡包頭內藏有貴重品物。欲照值保險者。每十二金磅。或三百磅金佛郎。(倘等於港銀壹百貳拾元)收費四毛。每加壹百貳拾元內之數。須遞加費四毛。

(三)凡寄重要信件。有單據夾入者。可向郵局購燕梳。寄者須照所買燕梳費。掛號費。及函件之普通郵費。三費合共之數。購買郵票。貼於信封之上。

(四)凡寄保險包頭或箱。須用十字繩綑綁。繩口用火漆印爲記。及四角用火漆印。

(五)凡信件或包裹已買燕梳者。其封面須用英文寫明燕梳數目。

如下欵式 Insured For $120.

(六)燕梳限額

寄往澳門。中國。英國。日本。法國。德國。渣華台灣。南洋。錫蘭。比利時。巴西。丹麥。荷蘭。那威。西班牙。葡萄牙。均可買至壹千貳百元燕梳。其餘寄安南以壹千元。意大利以捌百。及土耳其以四百元爲額。

(七)燕梳包裹。如遇下列各件。則不負賠償。

(一)包內藏有違禁品

(二)極易爛之品物
(三)包封不妥
(四)因颶風沉船。地震。戰事。及不測之事。

掛號信遺失賠償

如有遺失。每封賠償二十元。欲查收掛號信者之回證。可向郵局取一格式紙。將寄信及收信者之姓名住址。塡寫清楚。并貼十仙郵票。呈遞局員。則可取閱。

郵局滙駁

滙銀處設於郵政總局。及九龍分局內。

(一)凡向郵局滙銀。可到滙銀部取格式紙塡寫滙銀數目。寄銀人及收銀人姓名住址。然後將紙交與局員接收核算。滙銀者如數繳交。即取滙票。

(二)本港及澳門滙項。每次以四百元港紙爲額。每元或每元以下者。滙費收一仙。并每次滙費不得少過五仙。

(三)外國滙項。俱照郵局每日規定行情伸算。每元或每元以下者。收滙費個半仙。但每次滙費不得少過一毫。

(四)如外國滙票而向英京支取磅金者。每磅或每磅以下者扣費兩便士。每次滙項不得少過四便士。

(五)滙項定額。每次不得多過四十金磅。或一千金佛郎。或一百美金。或四百日金。或四百港銀。

(六)滙項如在一年外不支取者。作爲充公。

(七)如用電滙。每次須加費用銀二毫五仙。另再加電報費。

(八)由外埠滙來之欵。須到總局領取。

(九)電滙只可發往英國。其餘別處不能。

已入郵會國份

中國　英國　日本　法國　德國　美國　荷國　俄國
意大利　那威　瑞士　丹麥　瑞典　葡萄牙　匈牙利
奧地利　保加利亞　土耳其　埃及　巴西　墨西哥
巴拿馬　古巴　庇魯　印度　波新　波蘭　暹羅　朝
鮮　智利　比利士

包裹寄費表

所寄地點	所經地點	包裹郵費不得超過下列重量 二磅	三磅	七磅	十一磅	廿二磅	保險額	體量 長厚闊限	長圓度徑	報關用式格紙	
本港			一毫	二毫	三毫		百廿磅金	三尺六寸	六尺	A 1	
中國	直往		一元〇五仙		一元四毫	二元一毫五	五十磅金	三尺六寸	六尺	A 2	
雲南及貴州省	安南	一元二毫五			一元七毫五	二元七毫五	廿磅金	三尺六寸	六尺	A 2	
貴州省	上海		一元〇五仙		一元四毫正	二元一毫五	廿磅金	二尺	四尺	A 2	
澳門	直往		五毫	七毫五仙	一元正		四十磅金	三尺六寸	六尺	A 2	
英國	全水綫		一元一毫五	二元正	二元八毫五	五元一毫正	百廿磅金	三尺六寸	六尺	A 3	
威海衛	直往		二毫五仙	五毫正	七毫五仙		百廿磅金	三尺六寸	六尺	A 2	
南洋	直往		一元正	一元九毫正	二元七毫五	四元七毫正	百廿磅金	三尺六寸	六尺	A 2	
法國	直往	一元二毫正	一元六毫正	一元八毫五	二元一毫五	四元五毫五	八十磅金	三尺六寸	六尺	A 3	C 1
德國	倫敦	一元八毫五	二元六毫正	三元一毫正	三元九毫五	六元九毫五	百廿磅金	三尺六寸	六尺	A 3	C 1
	直往	一元七毫正			二元七毫五	四元九毫正	百廿磅金	三尺六寸	六尺	A 3	C 1
	法國	一元五毫正	一元九毫正	二元一毫五	二元四毫五	五元一毫五	百廿磅金	三尺六寸	六尺	A 3	C 1
意大利	法國	一元六毫五	二元〇五仙	二元三毫正	二元六毫正	五元三毫正	四十磅金			A 3	C 2
比國	法國	一元五毫正	一元七毫五	二元〇五仙	二元三毫正	四元七毫五	百廿磅金	三尺六寸	六尺	A 3	C 3
暹羅	直往		六毫正	一元二毫正	一元八毫正		廿磅金	三尺六寸	六尺	A 2	
渣華	直往	一元五毫正			一元八毫正		四十磅金	三尺六寸	六尺	A 2	C 2
澳州	直往	內重一磅	七毫五仙	其餘每磅	加四毫至	十一磅爲限		三尺六寸	六尺	A 2	
檳島	星架坡		一元正	一元九毫正	二元七毫五	四元七毫正	六十磅金	三尺六寸	六尺	A 2	
加拿大	域多利		七毫五仙	一元五毫正	二元二毫五	三元正		三尺六寸	六尺	A 2	
荷蘭國	倫敦		一元八毫五	二元九毫正	三元七毫五	六元六毫正	四十磅金	三尺六寸	六尺	A 3	C 2
	法國	一元七毫正	一元二毫五	二元五毫正	二元八毫正	五元七毫五		三尺六寸	六尺	A 3	C 2
	德國	一元九毫正			三元〇五仙	五元五毫正	八十磅金	三尺六寸	六尺	A 3	C 2
墨西哥	倫敦		二元二毫正	三元六毫五	五元二毫五	九元正		二尺	六尺	A 3	
美國及屬土	倫敦		二元正	三元九毫五	五元二毫五	八元八毫五	廿磅金	三尺六寸	六尺	A 3	C 3
美國	直往							三尺六寸	六尺	A 2	A 1
檀香山	直往	每磅算由一磅至十一磅止						三尺六寸	六尺	A 2	B 2

香港郵件寄費表

種類	寄往	重量 每起重	整數 每加重	(郵費) 一安士內	(郵費) 加多一安士內	重限 磅	重限 兩	(體量大小) 長	(體量大小) 濶	(體量大小) 高	
(1)信件	本港	一安士	一安士內	三仙	三仙	四	六	二尺	一尺半	一尺半	如乃卷式長不得過二尺六及不得過四寸直徑
	英國地方	一安士	一安士內	一毫二	一毫二	四	六	二尺	一尺半	一尺半	
	經西伯利亞	一安士	一安士內	二毫	一毫	四	六	二尺	一尺半	一尺半	
	中國及澳門	一安士	一安士內	五仙	五仙	四	六	一尺半	一尺半	一尺半	
	別國	一安士	一安士內	二毫	一毫	四	六	一尺半	一尺半	一尺半	
(2)明信片	本港中國澳門			二仙				五寸半	三寸半		
	別國			八仙				四寸	二寸七五		
(3)商業紙類	英國地方	十安士	二安士	二毫	四仙	五		(照信件一樣)			
	別國	十安士	二安士	二毫	四仙	四	六	(照信件一樣)			
(4)貨辦	英國屬地	四安士	二安士	八仙	四仙	五		二尺	一尺	一尺	如卷式六寸直徑十八寸長
	別國	四安士	二安士	八仙	四仙	一		十八寸	八寸	四寸	
(5)印刷物品	英屬	二安士	二安士	四仙	四仙	五		(照件一樣)			
	別屬	二安士	二安士	四仙	四仙	四	六	(照件一樣)			
	中國澳門	二安士	二安士	二仙	二仙	四	六	(照件一樣)			
(6)小包	凡該國承認者	八安士	二安士	五毫	一毫五	二		(照貨辦一樣)			可准掛號不能保險
傳單		十安士外每二安士內郵費二仙									
担保		以上各郵件俱可購担保担保郵費每件二毫算									
凡商業紙類貨辦印刷品報紙傳單等物包裹須易爲檢驗包頭章程可隨時向郵局查問											

航空郵政

航空郵政。傳遞迅速。時間經濟。久爲社會公認。故世界各大商埠。莫不積極舉辦。以期交通快捷。利便商民。本港航空郵路。除向有美洲及西伯利亞二線外。由一九三二年八月起。增加通用。由西貢至馬賽一線。自該線通行後。郵局每日接收寄往暹羅。仰光。印度。及歐洲一帶。航空信件。日益發達。因信件由此線傳遞。雖增加郵費無幾。而獲效良多。較之平常。由海道運載者。快捷一倍有奇。故商民咸稱利便也。查郵費價格。除應納平常郵費外。附加特別航空郵費如下。

(寄往地點)	(每半安士重)
暹羅	一毫半
仰光	二毫半
印度	三毫半
波西	七毫半
波西巴沙拉	八毫半
意拉	九毫半
巴拉士甸	一元五仙
希臘	一元二毫
意大利	一元三毫半
法國	一元三毫半
英國及埃爾蘭	一元三毫半

全球日夜時刻比較表

以英國忌連域除天文台正午十二刻爲標準

GREENWICH TIME, NOON.

地	名	時刻	地	名	時刻
Adelaide	乞力埠(澳洲)	下午九點十四分	Malta	摩皃打島	下午十二點五十八分
Amsterdam	荷蘭國京城	下午十二點卄分	Melbourne	新金山京城(澳洲)	下午九點四十分
Athens	希臘京城	下午一點卅五分	Mosco	摩士高(俄國)	下午兩點三十分
Berlin	德國京城	下午十二點五十四分	Munich	廟惹(德國)	下午十二點十六分
Berne	比國京城	下午十二點卅分	Newyork	紐約	上午七點四分
Bombay.	孟買(印度)	下午四點五十二分	Paris	巴黎	下午十二點九分
Boston	波士頓	上午七點十八分	Peking	北平	下午七點四十六分
Brussels	瑞士京城	下午十二點十七分	Penzance	平山士(英國南)	上午十一點三十三分
Calcutta	加拉吉打(印度)	下午五點五十四分	Petrograd	畢勞高洛(俄國)	下午兩點一分
Capetown	好望角市(非洲)	下午一點十四分	Philadelphia	非里的非亞	上午六點五十九分
Constantinople	土耳其國京城	下午一點五十六分	Prague.	辟力埠	下午十二點五十八分
Copenhagen	丹麥國京城	下午十二點五十分	Quebec	規壁(加拿大)	上午七點十五分
Dublin	愛爾蘭京城	上午十一點三十五分	Rome	意大利京城	下午十二點五十分
Edinburgh	蘇葛蘭京城	上午十一點四十七分	Rotterdam	律多泵(荷蘭)	下午十二點八分
Glasgo.	加剌士高	上午十一點四十三分	Singapore	星加波	下午七點正
Hongkong	香港	下午八點正	Suez	水士埠	下午兩點十分
Jerusalem	耶路撒冷	下午兩點卄一分	Sidney	雪梨埠(澳洲)	下午十點五分
Lisbon	葡萄牙京城	上午十一點四十三分	Stockholm	瑞典國京城	下午一點十二分
Madrid	西班牙京城	上午十一點四十五分	Vienna	奥國京城	下午一點六分
Madras	曼他拉士	下午五點二十一分	Yokohama	橫濱	下午九點十九分

電報類

中國電報局。大東電報局。大北電報局。無線電報局。

（一）電報約分兩種。（甲）普通電。（即快電）（乙）慢電。

（二）電報局有權先發普通電。後發慢電。

（三）凡發電報。欲免錯漏。必須將電文塡寫淸楚。方無錯誤。

（四）凡發一電。欲令彼局照原文覆電。以得查對者。此種覆電費。如普通電。則另收覆費照原電費二份之一。大東大北同價。如係慢電。大北收二份之一。大東收四份之一。

（五）中國大東大北及其他電局。接收電文後。如認為不可發者。則不轉不發。但發電者可向電局取回所納之電費。

（六）發電報者。如因電報遲滯。或不能遞發。致受損失。惟無論電報之遲滯及錯漏。係屬何種原因。本電局轉電局接電局俱不負賠償損失之責。

（七）凡發電者。須將姓名住址塡明於電報格式紙。如發慢電。而用華文者。所用號碼。以四個數目字為限。并須於電碼每一字之下。寫明一中國字。若用英文。則每串一字。以十個字母為限。如發普通電。（卽明碼密碼快電）中文者所用號碼。每串一字。以五個數目字為限。

（八）凡電報局職員。或送電員。倘不能將電報投遞至目的地者。本局必負責。照所收之電報費給回與發電人。倘該電須由他局轉電派電者。則發電費以外之費用。既給與其他之電報局。則本局不能負責。祗發還本局所收之電費而已。他因局不在本局管轄也。

（九）凡發慢電。所用文字。必須劃一。如用華文則全電俱用之。不可夾雜別國文字。倘若悞用。電局或不接收。或照普通電計算。

凡發慢電。須用擇下列符號之一。寫於慢電中第一字之前。然後乃寫地址。此符號是照慢電表率收一字之費。慢電每字費比較普通電每字約少一半。

電碼符號三種

（一）L.C.O.此符號乃用英國簡明文字之慢電。

（二）L.C.F.此符號乃用法國簡明文字之慢電。

（三）L.C.D.此符號乃用中國或其他簡明文字之慢電

（十）凡發一電報。乃依照萬國電報章程而發。故本局或其他各局。均與發電人均受約於該章程範圍內。大東大北電報費。係按法郎（法幣）而定。每三個月。必照滙水之高低。將價目更改一次。

香海中國電報局電報價目表

兩粵
華文明碼每字……一毫二仙
華文密碼每字……二毫四仙
洋　文每字……二毫四仙

外省　經廣州無線電轉
華文明碼每字……一毫四仙
華文密碼每字……二毫八仙
洋　文每字……二毫八仙

上海　經香港水線轉遞或經廣州無線電轉
華文明碼每字……一毫四仙
華文密碼每字……二毫八仙
洋　文每字……二毫八仙

外省　經香港水線轉
華文明碼每字……二毫
華文密碼每字……四毫
洋　文每字……四毫

譯費加一。

以上各欵價目。係普通電。若加急電報。(再加兩倍伸算)
。香港大東電報發往澳門電報收費列
平常電不論華洋明密每字收費九仙。加急三倍伸算。
加急電每字照普通三倍價。
慢電每字照普通電收半價。

一九三二年一月修改。

大東電報局電報價目表

發電往地點	普通電每字	日信電以廿五字爲限	如多過每字另加
澳門	華文 洋文 九仙	不發慢電	無
上海	華文一毫四仙 洋文二毫八仙	不發慢電	無
福州經上海轉	華文二毫 洋文四毫	不發慢電	無
廣東廣西雲南經西貢由陸線轉	華文 洋文 二元二毫半		無
南京蘇州杭州無錫鎮江及各處由上海或福州轉	華文二毫 洋文四毫	不發慢電	無
中國北方各省	華文二毫 洋文四毫	不發慢電	無
安南東京經西貢	一元一毫	九元	三毫六仙
暹羅	一元四毫半		
星架波比能馬甲拉布安馬來羣島	一元零五仙	八元七毫半	三毫五仙
英屬北波羅	七毫半	六元二毫五仙	二毫五仙
印度緬甸錫蘭	一元五毫五仙	一十三元	五毫二仙
斐律濱羣島小呂宋	五毫	四元二毫五仙	一毫七仙
新金山	二元六毫	二十二元五毫	八毫六仙
新西蘭	二元九毫	二十四元二毫五	九毫七仙

檀香山	二元九毫五仙	十九元七毫五	七毫九仙
檀香山各屬	三元六毫	二十四元	九毫六仙
美國舊金山阿拉美達柏克立衣毛威利奥與克蘭皮德夢特	三元一毫	二十五元七毫五	一元〇三
(加拿大)不列顛哥林比亞溫哥華島	三元五毫	二十九元	一元一毫六
墨西哥	四元一毫五仙	三十五元五毫	一元四毫二
智利	六元	無	無
秘魯	五元九毫	無	無
巴拿馬哥倫	五元四毫	無	無
古巴夏灣拿	四元	無	無
紐約城	三元七毫	三十一元	一元二毫四
歐洲各國有數國不能發日電信及慢電	二元八毫五仙	二十三元七毫五	九毫五仙
歐洲俄羅斯	一元六毫五仙	無	無
亞洲俄羅斯經海參威	一元二毫五仙	無	無

凡信電發往斐律濱羣島檀香山羣島及美國。用夜信電。電文住址之前。須加.N.L.T.三字。如發往歐洲須用日信電。電文住址之前須加D.L.T.三字。

大北電報局電報價目表

一九三二年一月修改。慢電每字照普通半價。加急電每字照普通三倍價。

發電往地點	普通電每字	日信電以廿五字為限	如多過每字另加
廈門	華文二毫 洋文四毫	不代發慢電及信電	無
上海	華文一毫四仙 洋文二毫八仙	仝上	無
中國各處經上海轉或經廈門轉及華北各省	華文二毫 洋文四毫	仝上	無
菲律濱羣島小呂宋	五毫	四元二毫半	一毫七仙
呂宋之其他各處	七毫	六元	二毫四仙
檀香山夏威夷	二元九毫半	十九元七毫五仙	七毫九仙
檀香山島各屬	三元六毫	二十四元	九毫六仙
不列顛哥林比亞加拿大溫哥華島	三元半	二十九元	一元一毫六
加厘福尼亞舊金山	三元一毫	二十五元七毫五仙	一元零三
紐約城	三元七毫	三十一元	一元二毫四
墨西哥	四元一毫五	無	無
巴拿馬哥倫等	五元四毫	無	無

古巴夏灣拿等	四元	無	無
智利	六元	無	無
秘魯	五元九毫	無	無
歐洲各國俄國不在內	三元八毫半	二十三元七毫半	九毫五仙
歐洲俄羅斯	二元六毫半	無	無
亞洲俄羅斯經海參威	二元二毫半	無	無

日夜信電與大東電局章程同。

減收新聞電費　民國二十一年

大東大北電局。由民國廿一年八月一日起發往馬來群島各處新聞電。由百分七十二金佛郎。減至百分之五十。

香港無線電章程

(甲) 由一九三二年元月一號起每字電報費金佛郎價。照每佛郎伸港銀八毫二仙算。慢電報費照普通電報費減半收取。

(乙) 夜電信須依下列條件。

(一)最快亦要廿四點鐘之後方能遞交。

(二)電文須用英文或西班牙文。准用電碼住址。所有數目商標碼。商場名目。及名辭。須用字句說明。務令不論何人讀之。亦能明白。

(三)每一夜電信。須有NL寫在住址之前。此NL係作一個字計值。電文之內。不限字數。

(丙) 日電信須依下列條件。

(一)必須將DLT之標記寫在住址之前。以表明係照此種電報納費。該DLT之標記。應作一個字計費。

(二)凡掛號之住址。或明文住址。俱得通用。

(三)電文須用普通文字。即係漢文。(四個數字碼)英文。法文。或收電處之文字。

(四)此種電報要接收後四十八點鐘方能遞交。

(五)預納答覆費之標記RP。及改正錯字標記STS。俱可接受。惟用STS之覆電費。則須照普通電費交納。

(六)同一電報之內。不得用兩種或數種文字。至於數目數字。商記減筆等字。亦不得多過全電字數三份之一。

欲知輪船入口消息者注意

凡欲知輪船入口之準確時間。到無線電局繳交手續費銀二毫。當輪船行經噫洛燈塔時。則該局即將該輪抵港之時間。預爲通知。則一般接輪者異常利便也。

無線電報價目表（一千九百三十二年一月一日修改）

發往地点	普通電字每	日或夜信電以廿五字爲限	以外每字加
廣州及汕頭	華文 一毫二仙 洋文 二毫四仙	無	無
	新聞電 華文三仙 洋文六仙	無	無
廣西梧州南寧雷州	華文 一毫	無	無
	加急 七毫二仙	無	無
	新聞電 華文三仙 洋文六仙	無	無
上海福州廈門	華文 一毫四仙 洋文 二毫八仙	無	無
	新聞電 華文三仙五 洋文七仙	無	無
	加急 八毫四仙	無	無
中國內地經上海轉	華文 二毫 洋文 四毫	無	無
	加急 一元二毫	無	無
雲南府	華文 二毫 洋文 四毫	無	無
	加急 一元二毫	無	無
雲南府內地	華文 二毫五仙 洋文 五毫	無	無
	加急 一元五毫		無
澳門	華文洋文 一毫	無	無
英法德意美比那威及葡國商船洋文	四毫五仙	每封電至少二元起碼	
西班牙及瑞典商船	四毫	每封電至少一元五毫起碼	
法英艦	二毫七仙五		
瑞安瑞泰龍	每封以十個字起碼		
山泰山金山	一毫五仙		
省港澳火船	即每封一元五毫		
暹羅	一元四毫五仙		
廣州灣安南等	一元一毫		
英属北婆羅	七毫五仙		
澳洲	二元六毫		
斐律濱羣島小呂宋(即文尼剌)	五毫	四元二毫五仙	一毫七仙
呂宋島	七毫	六元	二毫四仙
其他各島	二元二毫半	十元零二毫半	四毫一仙
夏威夷羣島檀香山	三元九毫半	十九元七毫半	七毫九仙
其他各島	三元六毫	弍十四元	九毫六仙
加拿大阿柏達撒咯其萬	三元七毫		
英屬哥林比亞第一區	三元五毫	二十九元	一元一毫六
英屬哥林比亞第二區	三元七毫		
英屬哥林比亞第三區	三元六毫半		

英屬哥林比亞第四區	三元九毫半		
墨西哥	四元一毫半		
美國			
加里福尼亞舊金山奧克蘭	三元一毫	二十五元七毫半	一元零三
紐約城	三元七毫	三十一元	一元二毫四
智利	六元		
智利各屬	五元五毫		
秘魯	五元九毫		
巴西	五元五毫		
歐洲	二元八毫五仙	二十三元七毫半	九毫五仙
巴拿馬	五元四毫		

萬國電報新增密碼章程

此新增章程。於一九二八年。在比利士京城。經各國代表議決通過。由一九二九年拾月壹號起。全球執行。

(甲)字母之數

(一)凡每字有英文字母十個以下。均作一字計算。若十一個字母以上。則作兩字計算。

(二)若用密碼。而中間參用英文明碼者。則字母之限額。亦以十個字母爲規定。

(三)凡用英文明碼。不能將字母短少之數字。拚聯爲一。以圖箱省電費。

例如 I DO NOT GO IN 不能作 IDONOTGOIN

(乙)响音之位置與多少

(一)凡字在五個字母以下者。至少須有响音一個。如AEIOUY之六字均是。

例如 ANDXP BITRQ SWCOF

(二)凡字在六個至八個字母之間者。其由一至五之字母。須至少有响音一個。又由第五以下。亦須至少有响音一個。即前後共有兩個响音。

例如 BACDPMIX

(三)凡字在九個或十個字母者。其由一至五之字母。須至少有嚮音一個。又由第五以下。須至小有响音兩個。即前後有三個响音。

例如 DUTRBOCKEL

又可變通由一至五之字母。有响音兩個。而由第五以下。則只有响音一個。

例如 KIXPAFOWK

電報代日期詩韻

上平聲卷一
一東 二冬 三江 四支 五微 六魚 七虞 八齊
九佳 十灰 十一真 十二文 十三元 十四寒 十五刪

下平聲卷二
一先 二蕭 三肴 四豪 五歌 六麻 七陽
八庚 九青 十蒸 十一尤 十二侵 十三覃 十四鹽
十五咸

上聲卷三
一董 二腫 三講 四紙 五尾 六語 七麌
八薺 九蟹 十賄 十一軫 十二吻 十三阮 十四旱
十五潸 十六銑 十七篠 十八巧 十九皓 二十哿
二十一馬 二十二養 二十三梗 二十四迥 二十五有 二十六寑
二十七感 二十八儉 二十九豏

去聲卷四
一送 二宋 三絳 四寘 五未 六御 七遇
八霽 九泰 十卦 十一隊 十二震 十三問 十四願
十五翰 十六諫 十七霰 十八嘯 十九效 二十號
二十一個 二十二禡 二十三漾 二十四敬 二十五徑 二十六宥
二十七沁 二十八勘 二十九豔 三十陷

入聲卷五
一屋 二沃 三覺 四質 五物 六月 七曷
八黠 九屑 十藥 十一陌 十二錫 十三職 十四緝
十五合 十六葉 十七洽

明密碼電報書總目錄（小註係頁數）

〇一九一 促	〇一八一 依	〇一七一 來	〇一六一 佪	〇一五一 佘	〇一四一 但	〇一三一 估	〇一二一 伉	〇一一一 仰	〇一〇一 仗	〇〇九一 仆	〇〇八一 亮	〇〇七一 亠	〇〇六一 云	〇〇五一 乾	〇〇四一 乖	〇〇三一 主	〇〇二一 了	〇〇一一 且	〇〇〇一 一
一九二 俄	〇二八二 侷	〇一七二 侈	〇一六二 佯	〇一五二 余	〇一四二 佈	〇一三二 你	〇一二二 伊	〇一一二 仲	〇一〇二 付	〇〇九二 仇	〇〇八二 亳	〇〇七二 亡	〇〇六二 互	〇〇五二 亂	〇〇四二 乘	〇〇三二	〇〇二二 中	〇〇一二 丕	〇〇〇二 丁
〇一九三 俊	〇一八三 俔	〇一七三 例	〇一六三 佳	〇一五三 佚	〇一四三 位	〇一三三 伴	〇一二三 伋	〇一一三 仳	〇一〇三 仙	〇〇九三 今	〇〇八三 亶	〇〇七三 亢	〇〇六三 五	〇〇五三	〇〇四三	〇〇三三 丿	〇〇二三 半	〇〇一三 世	〇〇〇三 七
〇一九四 俎	〇一八四 俅	〇一七四 侍	〇一六四 併	〇一五四 佛	〇一四四 低	〇一三四 伶	〇一二四 伍	〇一一四 仵	〇一〇四 仝	〇〇九四 介	〇〇八四 亹	〇〇七四 交	〇〇六四 井	〇〇五四 亅	〇〇四四 乙	〇〇三四 乂	〇〇二四 丱	〇〇一四 丙	〇〇〇四 丈
〇一九五 俏	〇一八五 侮	〇一七五 侏	〇一六五 佶	〇一五五 作	〇一四五 住	〇一三五 伸	〇一二五 伎	〇一一五 件	〇一〇五 仞	〇〇九五 仍	〇〇八五	〇〇七五 亥	〇〇六五 亙	〇〇五五 了	〇〇四五 乜	〇〇三五 乃	〇〇二五 串	〇〇一五 丞	〇〇〇五 三
〇一九六 俐	〇一八六 侯	〇一七六 侑	〇一六六 佸	〇一五六 佞	〇一四六 佐	〇一三六 伺	〇一二六 伏	〇一一六 价	〇一〇六 仡	〇〇九六 仂	〇〇八六 人	〇〇七六 亦	〇〇六六 况	〇〇五六 予	〇〇四六 九	〇〇三六 久	〇〇二六	〇〇一六 丢	〇〇〇六 上
〇一九七 俑	〇一八七 侵	〇一七七 侔	〇一六七 佻	〇一五七 佟	〇一四七 佑	〇一三七 伻	〇一二七 伐	〇一一七 任	〇一〇七 仟	〇〇九七 仉	〇〇八七 什	〇〇七七 亨	〇〇六七 些	〇〇五七 事	〇〇四七 乞	〇〇三七 之	〇〇二七 、	〇〇一七 並	〇〇〇七 下
〇一九八 俗	〇一八八 侶	〇一七八 侖	〇一六八 佾	〇一五八 佺	〇一四八 佔	〇一三八 似	〇一二八 休	〇一一八 份	〇一〇八 代	〇〇九八 仔	〇〇八八 仁	〇〇七八 享	〇〇六八 亞	〇〇五八	〇〇四八 也	〇〇三八 乍	〇〇二八 凡	〇〇一八	〇〇〇八 不
〇一九九 俘	〇一八九 便	〇一七九 侗	〇一六九 使	〇一五九 佽	〇一四九 何	〇一三九 伽	〇一二九 伙	〇一一九 仿	〇一〇九 令	〇〇九九 仕	〇〇八九 仃	〇〇七九 京	〇〇六九 亟	〇〇五九 二	〇〇四九 乩	〇〇三九 乎	〇〇二九 丸	〇〇一九 丨	〇〇〇九 丐
〇二〇〇 俚	〇一九〇 係	〇一八〇 供	〇一七〇 侃	〇一六〇 佩	〇一五〇 佗	〇一四〇 佃	〇一三〇 伯	〇一二〇 企	〇一一〇 以	〇一〇〇 他	〇〇九〇 仄	〇〇八〇 亭	〇〇七〇	〇〇六〇 于	〇〇五〇 扎	〇〇四〇 乏	〇〇三〇 丹	〇〇二〇 个	〇〇一〇 丑

明密碼電報書 一人

一丨丶丿乙亅二亠人

一

〇三九一 冫	〇三八一	〇三七一	〇三六一 公	〇三五一 兜	〇三四一 先	〇三三一 儻	〇三二一 儔	〇三一一 儆	〇三〇一 僭	〇二九一 僦	〇二八一 傷	〇二七一 備	〇二六一 傎	〇二五一 偉	〇二四一 倩	〇二三一 倚	〇二二一 倉	〇二一一 倅	〇二〇一 俛
〇三九二 冬	〇三八二 冖	〇三七二 冂	〇三六二 六	〇三五二 兢	〇三四二 光	〇三三二 儼	〇三二二 儕	〇三一二 儈	〇三〇二 僮	〇二九二 僨	〇二八二 傾	〇二七二 傚	〇二六二 傔	〇二五二 偏	〇二四二 倪	〇二三二 倜	〇二二二 個	〇二一二 倌	〇二〇二 保
〇三九三 冰	〇三八三 冗	〇三七三 冉	〇三六三 兮	〇三五三	〇三四三 兕	〇三三三	〇三二三 儇	〇三一三 儉	〇三〇三 儁	〇二九三 僩	〇二八三 僂	〇二七三 傞	〇二六三 傖	〇二五三 偕	〇二四三 倫	〇二三三 倂	〇二二三 倍	〇二一三 倬	〇二〇三 俟
〇三九四 冲	〇三八四 冞	〇三七四 冊	〇三六四 共	〇三五四 入	〇三四四 克	〇三三四 儿	〇三二四 儘	〇三一四 儎	〇三〇四 僵	〇二九四 僑	〇二八四 僅	〇二七四 傺	〇二六四 傀	〇二五四 做	〇二四四 倭	〇二三四 借	〇二二四 倆	〇二一四 俯	〇二〇四 俠
〇三九五 冱	〇三八五 冠	〇三七五 再	〇三六五 兵	〇三五五 內	〇三四五 兌	〇三三五 兀	〇三二五 儤	〇三一五 儌	〇三〇五 價	〇二九五 僕	〇二八五 僇	〇二七五 催	〇二六五 傅	〇二五五 停	〇二四五 偶	〇二三五 倡	〇二二五 倏	〇二一五 俱	〇二〇五 俞
〇三九六 冶	〇三八六 冢	〇三七六 冏	〇三六六 其	〇三五六 全	〇三四六 免	〇三三六 允	〇三二六 償	〇三一六 僰	〇三〇六 僻	〇二九六 僖	〇二八六 僉	〇二七六 傭	〇二六六 傍	〇二五六 健	〇二四六 偎	〇二三六 倣	〇二二六 們	〇二一六 俳	〇二〇六 倈
〇三九七 冷	〇三八七 冨	〇三七七 冓	〇三六七 具	〇三五七 兩	〇三四七 兔	〇三三七 元	〇三二七 優	〇三一七 儋	〇三〇七 僾	〇二九七 僚	〇二八七 僊	〇二七七 傲	〇二六七 傑	〇二五七 偪	〇二四七 偲	〇二三七 值	〇二二七 倒	〇二一七 俵	〇二〇七 信
〇三九八 冸	〇三八八 冥	〇三七八 冑	〇三六八 典	〇三五八 兪	〇三四八 兒	〇三三八 兄	〇三二八 儲	〇三一八 儇	〇三〇八 儀	〇二九八 僞	〇二八八 傢	〇二七八 傳	〇二六八 傒	〇二五八 側	〇二四八 偁	〇二三八 倥	〇二二八 倖	〇二一八 俸	〇二〇八 修
〇三九九 冽	〇三八九 冪	〇三七九 冒	〇三六九 兼	〇三五九	〇三四九 兇	〇三三九 充	〇三二九 儳	〇三一九 儐	〇三〇九 儂	〇二九九 僥	〇二八九 僱	〇二七九 傴	〇二六九 傜	〇二五九 偵	〇二四九 偃	〇二三九 倦	〇二二九 倘	〇二一九 俺	〇二〇九 俶
〇四〇〇 况	〇三九〇	〇三八〇 冕	〇三七〇 冀	〇三六〇 八	〇三五〇 兗	〇三四〇 兆	〇三三〇 儷	〇三二〇 儒	〇三一〇 億	〇三〇〇 僧	〇二九〇 僎	〇二八〇 債	〇二七〇 傘	〇二六〇 偶	〇二五〇 假	〇二四〇 倨	〇二三〇 候	〇二二〇 俾	〇二一〇 倀

明密碼電報書 人

人儿入八冂冖冫

二

明密碼電報書

冫几凵刀力
力勹匕匚匸十卜卩

三

〇五九一	〇五八一 升	〇五七一 匚	〇五六一 匠	〇五五一 勼	〇五四一 勺	〇五三一 勳	〇五二一 勗	〇五一一 勐	〇五〇一 功	〇四九一 劉	〇四八一 剴	〇四七一 剔	〇四六一 剃	〇四五一 到	〇四四一 列	〇四三一 刀	〇四二一	〇四一一 凓	〇四〇一 凄
〇五九二 卜	〇五八二 午	〇五七二 匹	〇五六二 匡	〇五五二 匕	〇五四二 勻	〇五三二 勱	〇五二二 勘	〇五一二 勎	〇五〇二 加	〇四九二 劊	〇四八二 創	〇四七二 剖	〇四六二 剄	〇四五二 刲	〇四四二 刨	〇四三二 刃	〇四二二 凵	〇四一二 凛	〇四〇二 准
〇五九三 卞	〇五八三 卉	〇五七三 匾	〇五六三 匣	〇五五三 化	〇五四三 勿	〇五三三 勰	〇五二三 務	〇五一三 勁	〇五〇三 劣	〇四九三 劌	〇四八三 剸	〇四七三 剗	〇四六三 則	〇四五三 刳	〇四四三 初	〇四三三 分	〇四二三 凶	〇四一三 凝	〇四〇三 凈
〇五九四 占	〇五八四 半	〇五七四 匿	〇五六四 匪	〇五五四 北	〇五四四 勾	〇五三四 勲	〇五二四 勝	〇五一四 勃	〇五〇四 助	〇四九四 劍	〇四八四 剽	〇四七四 剛	〇四六四 剉	〇四五四 刵	〇四四四 删	〇四三四 切	〇四二四 凸	〇四一四	〇四〇四 凉
〇五九五 卡	〇五八五 卑	〇五七五 區	〇五六五 匯	〇五五五 匙	〇五四五 包	〇五三五 勴	〇五二五 勞	〇五一五 勅	〇五〇五 努	〇四九五 劏	〇四八五 剿	〇四七五 剝	〇四六五 削	〇四五五 制	〇四四五 判	〇四三五 刈	〇四二五 凹	〇四一五 几	〇四〇五 凊
〇五九六 卣	〇五八六 卒	〇五七六	〇五六六 匱	〇五五六	〇五四六 匈	〇五三六 勵	〇五二六 勦	〇五一六 勇	〇五〇六 劫	〇四九六 劓	〇四八六 劂	〇四七六 剩	〇四六六 剋	〇四五六 刷	〇四四六 別	〇四三六 刊	〇四二六 凷	〇四一六 凡	〇四〇六 凋
〇五九七 卦	〇五八七 卓	〇五七七 十	〇五六七 匭	〇五五七 匸	〇五四七 匊	〇五三七 勷	〇五二七 募	〇五一七 勉	〇五〇七 劬	〇四九七 劒	〇四八七 劃	〇四七七 剪	〇四六七 前	〇四五七 券	〇四四七 刦	〇四三七 刎	〇四二七 出	〇四一七 凭	〇四〇七 凌
〇五九八	〇五八八 協	〇五七八 千	〇五六八 匳	〇五五八 匜	〇五四八 匍	〇五三八 勸	〇五二八 勢	〇五一八 勍	〇五〇八 劭	〇四九八 劚	〇四八八 劄	〇四七八 剮	〇四六八 剜	〇四五八 刹	〇四四八 利	〇四三八 刑	〇四二八 函	〇四一八 凱	〇四〇八 凍
〇五九九 卩	〇五八九 南	〇五七九 廿	〇五六九 匵	〇五五九 匝	〇五四九 匏	〇五三九	〇五二九 勣	〇五一九 勒	〇五〇九 効	〇四九九	〇四八九 劇	〇四七九 副	〇四六九 剞	〇四五九 刺	〇四四九 刴	〇四三九 划	〇四二九	〇四一九 凳	〇四〇九 減
〇六〇〇 卯	〇五九〇 博	〇五八〇 州	〇五七〇	〇五六〇 匠	〇五五〇 匐	〇五四〇 勹	〇五三〇 勤	〇五二〇 動	〇五一〇 勔	〇五〇〇 力	〇四九〇 劈	〇四八〇 割	〇四七〇 剡	〇四六〇 刻	〇四五〇 刮	〇四四〇 刖	〇四三〇 刁	〇四二〇 凰	〇四一〇 凑

明密碼電報書

卩厂厶又口
口

四

〇七九一 啁	〇七八一 唐	〇七七一 哮	〇七六一 哈	〇七五一 咷	〇七四一 咤	〇七三一 咀	〇七二一 呭	〇七一一 呀	〇七〇一 呈	〇六九一 吞	〇六八一 同	〇六七一 右	〇六六一 叩	〇六五一 叛	〇六四一	〇六三一 厮	〇六二一 厓	〇六一一 卻	〇六〇一 卭
〇七九二 啣	〇七八二 唬	〇七七二 哲	〇七六二 哉	〇七五二 咸	〇七四二 咢	〇七三二 咄	〇七二二 呱	〇七一二 呂	〇七〇二 吳	〇六九二 吟	〇六八二 名	〇六七二 叵	〇六六二 只	〇六五二 叟	〇六四二 又	〇六三二 厲	〇六二二 厘	〇六一二 卮	〇六〇二 卵
〇七九三 啄	〇七八三 唷	〇七七三 哺	〇七六三 咮	〇七五三 咺	〇七四三 咥	〇七三三 咆	〇七二三 呫	〇七一三 呃	〇七〇三 吵	〇六九三 吠	〇六八三 后	〇六七三 叶	〇六六三 叫	〇六五三 叡	〇六四三 叉	〇六三三 厦	〇六二三 厙	〇六一三 卽	〇六〇三 印
〇七九四 商	〇七八四 唄	〇七七四 哼	〇七六四 哃	〇七五四 咽	〇七四四 咧	〇七三四 咈	〇七二四 味	〇七一四 呆	〇七〇四 吶	〇六九四 否	〇六八四 吏	〇六七四 司	〇六六四 召	〇六五四 叢	〇六四四 及	〇六三四	〇六二四 厚	〇六一四 卾	〇六〇四 危
〇七九五 問	〇七八五 唏	〇七七五 哽	〇七六五 員	〇七五五 哀	〇七四五 咨	〇七三五 和	〇七二五 呵	〇七一五 嘔	〇七〇五 吸	〇六九五 吩	〇六八五 吐	〇六七五 吁	〇六六五 叭	〇六五五	〇六四五 友	〇六三五 厶	〇六二五 厝	〇六一五 卿	〇六〇五 卲
〇七九六 啓	〇七八六 售	〇七七六 哿	〇七六六 哥	〇七五六 品	〇七四六 咫	〇七三六 咎	〇七二六 呶	〇七一六 呢	〇七〇六 吹	〇六九六 吋	〇六八六 向	〇六七六 吃	〇六六六 叮	〇六五六 口	〇六四六 反	〇六三六 厹	〇六二六 原	〇六一六	〇六〇六 却
〇七九七 啖	〇七八七 唯	〇七七七 唁	〇七六七 唎	〇七五七 哂	〇七四七 咬	〇七三七 咏	〇七二七 呷	〇七一七 呦	〇七〇七 告	〇六九七 吪	〇六八七 吓	〇六七七 各	〇六六七 叱	〇六五七 古	〇六四七 叔	〇六三七 去	〇六二七 厠	〇六一七 厂	〇六〇七 卵
〇七九八 啗	〇七八八 唱	〇七七八 唆	〇七六八 哦	〇七五八 哄	〇七四八 咯	〇七三八 咋	〇七二八 呻	〇七一八 呧	〇七〇八 吻	〇六九八 含	〇六八八 吒	〇六七八 合	〇六六八 可	〇六五八 句	〇六四八 取	〇六三八 叄	〇六二八 厥	〇六一八 厄	〇六〇八 卷
〇七九九 啜	〇七八九 喉	〇七七九 唈	〇七六九 哩	〇七五九 哆	〇七四九 咱	〇七三九 咍	〇七二九 呼	〇七一九 周	〇七〇九 吼	〇六九九 吭	〇六八九 君	〇六七九 吉	〇六六九 台	〇六五九 另	〇六四九 受	〇六三九 參	〇六二九 厭	〇六一九 厎	〇六〇九 卸
〇八〇〇 啞	〇七九〇 唾	〇七八〇 唉	〇七七〇 哭	〇七六〇 哇	〇七五〇 咳	〇七四〇 咡	〇七三〇 命	〇七二〇 呪	〇七一〇 吾	〇七〇〇 吮	〇六九〇 吝	〇六八〇 吊	〇六七〇 史	〇六六〇 叨	〇六五〇 叙	〇六四〇 叅	〇六三〇 厰	〇六二〇 厔	〇六一〇 卺

○八○一 唪	○八一一 喆	○八二一 喙	○八三一 啾	○八四一 嗜	○八五一 嗉	○八六一 嘒	○八七一 嗾	○八八一 嗥	○八九一 喍
○八○二 唼	○八一二 喇	○八二二 喚	○八三二 嗃	○八四二 嗟	○八五二 嗒	○八六二 嘖	○八七二 嘬	○八八二 嘹	○八九二 器
○八○三 啐	○八一三 喈	○八二三 喜	○八三三 嗅	○八四三 嗣	○八五三 嗿	○八六三 嘗	○八七三 嘩	○八八三 嘻	○八九三 噩
○八○四 啻	○八一四 喉	○八二四 喝	○八三四 嗎	○八四四 嗤	○八五四 嗁	○八六四 噓	○八七四 嗶	○八八四 嘿	○八九四 噪
○八○五 啼	○八一五 喊	○八二五 喞	○八三五 嗇	○八四五 喔	○八五五 嘆	○八六五 嗹	○八七五 嘰	○八八五 噉	○八九五 噫
○八○六 喁	○八一六 喏	○八二六 喧	○八三六 嗑	○八四六 喟	○八五六 嘈	○八六六 [illegible]	○八七六 嘯	○八八六 噌	○八九六 噬
○八○七 喀	○八一七 喓	○八二七 喻	○八三七 嗓	○八四七 喤	○八五七 嘉	○八六七 嘎	○八七七 嘲	○八八七 噍	○八九七 噯
○八○八 喂	○八一八 喋	○八二八 喪	○八三八 嗔	○八四八 喫	○八五八 嘏	○八六八 嘔	○八七八 嘴	○八八八 噎	○八九八 噲
○八○九 喃	○八一九 喑	○八二九 喬	○八三九 嗚	○八四九 喭	○八五九 嘇	○八六九 嗷	○八七九 嘵	○八八九 噢	○八九九 噴
○八一○ 善	○八二○ 喘	○八三○ 單	○八四○ 嗛	○八五○ 嗆	○八六○ 嘑	○八七○ 嘋	○八八○ 嘶	○八九○ 噏	○九○○ 噶

○九○一 噥	○九一一 [illegible]	○九二一 囀	○九三一 口	○九四一 囹	○九五一 圂	○九六一 在	○九七一 均	○九八一 坤	○九九一 坳
○九○二 噦	○九一二 [illegible]	○九二二 囁	○九三二 回	○九四二 固	○九五二 圅	○九六二 圩	○九七二 坊	○九八二 坦	○九九二 型
○九○三 噸	○九一三 嚥	○九二三 囂	○九三三 囚	○九四三 囿	○九五三 圍	○九六三 圬	○九七三 坍	○九八三 坭	○九九三 垓
○九○四 噱	○九一四 嚬	○九二四 嚷	○九三四 四	○九四四 圃	○九五四 園	○九六四 圭	○九七四 坎	○九八四 坵	○九九四 垝
○九○五 嚀	○九一五 嚮	○九二五 囉	○九三五 囪	○九四五 圄	○九五五 圓	○九六五 圮	○九七五 坏	○九八五 坷	○九九五 垠
○九○六 嚅	○九一六 嚳	○九二六 囊	○九三六 因	○九四六 圈	○九五六 圖	○九六六 地	○九七六 坐	○九八六 坼	○九九六 垢
○九○七 嚇	○九一七 嚴	○九二七 囈	○九三七 囮	○九四七 圉	○九五七 團	○九六七 圻	○九七七 坑	○九八七 垂	○九九七 垣
○九○八 嚏	○九一八 嚨	○九二八 囑	○九三八 困	○九四八 國	○九五八 圜	○九六八 址	○九七八 坂	○九八八 坪	○九九八 垞
○九○九 嚙	○九一九 嚶	○九二九 囓	○九三九 囫	○九四九 圇	○九五九	○九六九 坁	○九七九 坌	○九八九 坫	○九九九 垤
○九一○ 嚚	○九二○ 嚼	○九三○	○九四○ 囷	○九五○ 圊	○九六○ 土	○九七○ 坆	○九八○ 坡	○九九○ 坰	一○○○ 垛

一○○一 垚	一○一一 埭	一○二一 埴	一○三一 堯	一○四一 塋	一○五一 塢	一○六一 塿	一○七一 墜	一○八一 墫	一○九一 壕
一○○二 埃	一○一二 埶	一○二二 埵	一○三二 報	一○四二 塌	一○五二 塏	一○六二 墀	一○七二 墝	一○八二 墦	一○九二 壖
一○○三 埋	一○一三 執	一○二三 場	一○三三 堲	一○四三 塑	一○五三 塤	一○六三 墁	一○七三 增	一○八三 墾	一○九三 壘
一○○四 城	一○一四 培	一○二四 堃	一○三四 場	一○四四 塔	一○五四 塒	一○六四 境	一○七四 墟	一○八四 壁	一○九四 壙
一○○五 埒	一○一五 基	一○二五 堙	一○三五 堵	一○四五 墓	一○五五 塎	一○六五 墅	一○七五 墨	一○八五 壅	一○九五 壞
一○○六 埂	一○一六 堂	一○二六 堞	一○三六 堧	一○四六 塚	一○五六 塓	一○六六 墉	一○七六 墩	一○八六 壇	一○九六 壟
一○○七 埏	一○一七 堅	一○二七 堡	一○三七 堰	一○四七 塗	一○五七 塵	一○六七 墊	一○七七 墮	一○八七 壈	一○九七 壚
一○○八 城	一○一八 堆	一○二八 堠	一○三八 堦	一○四八 塘	一○五八 塹	一○六八 墄	一○七八 墺	一○八八 壎	一○九八 壜
一○○九 埠	一○一九 堊	一○二九 堤	一○三九 塍	一○四九 塞	一○五九 塼	一○六九 [illegible]	一○七九 墳	一○八九 壑	一○九九 壤
一○一○ 埦	一○二○ 埤	一○三○ 堪	一○四○ 塊	一○五○ 填	一○六○ 塾	一○七○ 墐	一○八○ 墠	一○九○ 壓	一一○○ 壩

一一○一	一一一一 夂	一一二一 夙	一一三一 天	一一四一 奄	一一五一 奓	一一六一 奪	一一七一 妁	一一八一 妙	一一九一 姆
一一○二 士	一一一二 夅	一一二二 多	一一三二 太	一一四二 奇	一一五二 奞	一一六二 獎	一一七二 如	一一八二 妝	一一九二 妽
一一○三 壬	一一一三	一一二三 夜	一一三三 夫	一一四三 奈	一一五三 奚	一一六三 奭	一一七三 妃	一一八三 妣	一一九三 始
一一○四 壯	一一一四 夊	一一二四 夠	一一三四 夬	一一四四 奉	一一五四 畚	一一六四 奮	一一七四 妄	一一八四 妤	一一九四 [illegible]
一一○五 壹	一一一五 夏	一一二五 夢	一一三五 央	一一四五 奎	一一五五 奘	一一六五	一一七五 妊	一一八五 妥	一一九五 姐
一一○六 壺	一一一六 夐	一一二六 夤	一一三六 失	一一四六 奏	一一五六 奠	一一六六 女	一一七六 妒	一一八六 妨	一一九六 姑
一一○七 壻	一一一七 夔	一一二七 夥	一一三七 夯	一一四七 奐	一一五七 奡	一一六七 奴	一一七七 妍	一一八七 妯	一一九七 姒
一一○八 壽	一一一八	一一二八	一一三八 夷	一一四八 契	一一五八 奢	一一六八 奶	一一七八 妓	一一八八 妹	一一九八 姓
一一○九 壼	一一一九 夕	一一二九 大	一一三九 夸	一一四九 奔	一一五九 奧	一一六九 奸	一一七九 妖	一一八九 妻	一一九九 妲
一一一○	一一二○ 外	一一三○ 夭	一一四○ 夾	一一五○ 奕	一一六○ 奩	一一七○ 好	一一八○ 妗	一一九○ 妾	一二○○ 妮

明密碼電報書 女 女子宀

一二〇一 妾	一二一一 姦	一二二一 姱	一二三一 娩	一二四一 婚	一二五一 婺	一二六一 媳	一二七一 嫉	一二八一 嫦	一二九一 嬉	一三〇一 嬡	一三一一 子	一三二一 孝	一三三一 學	一三四一 宅	一三五一 官	一三六一 宬	一三七一 宩	一三八一 富	一三九一 寡
一二〇二 姚	一二一二 姪	一二二二 娌	一二三二 娓	一二四二 婢	一二五二 媒	一二六二 媵	一二七二 嫋	一二八二 嫩	一二九二 嬋	一三〇二 嬭	一三一二 孑	一三二二 孟	一三三二 孺	一三四二 宇	一三五二 宙	一三六二 宮	一三七二 宿	一三八二 寐	一三九二 寢
一二〇三 姜	一二一三 姬	一二二三 娑	一二三三 娼	一二四三 婣	一二五三 媚	一二六三 媸	一二七三 嫌	一二八三 嫪	一二九三 嬌	一三〇三 嬲	一三一三 孔	一三二三 季	一三三三 孽	一三四三 守	一三五三 定	一三六三 宰	一三七三 寁	一三八三 寒	一三九三 寤
一二〇四 姝	一二一四 姅	一二二四 娘	一二三四 姹	一二四四 婦	一二五四 媛	一二六四 媼	一二七四 嫏	一二八四 嫘	一二九四 嬃	一三〇四 嬾	一三一四 孕	一三二四 孤	一三三四 孿	一三四四 安	一三五四 宛	一三六四 害	一三七四 寂	一三八四 寓	一三九四 寥
一二〇五 姞	一二一五 姻	一二二五 娛	一二三五 娶	一二四五 婪	一二五五 媟	一二六五 媽	一二七五 嬓	一二八五 嫚	一二九五 嬖	一三〇五 嬰	一三一五 孖	一三二五 孥	一三三五	一三四五 宋	一三五五 宜	一三六五 宴	一三七五 寃	一三八五 寔	一三九五 實
一二〇六 姙	一二一六 娃	一二二六 娜	一二三六 婁	一二四六 婭	一二五六 媢	一二六六 媾	一二七六 嫖	一二八六 嫜	一二九六 嬗	一三〇六 嬸	一三一六 字	一三二六 孩	一三三六 宀	一三四六 完	一三五六 客	一三六六 宵	一三七六 寄	一三八六 寖	一三九六 寨
一二〇七 姣	一二一七 姿	一二二七 娟	一二三七 婆	一二四七 娵	一二五七 媧	一二六七 媿	一二七七 嫗	一二八七 嫫	一二九七 嬙	一三〇七 嬬	一三一七 存	一三二七 孫	一三三七 宁	一三四七 宏	一三五七 宣	一三六七 家	一三七七 寅	一三八七 寘	一三九七 寠
一二〇八 姤	一二一八 威	一二二八 娠	一二三八 婉	一二四八 婐	一二五八 媥	一二六八 嫁	一二七八 嫠	一二八八 嫺	一二九八 嬛	一三〇八 孅	一三一八 孚	一三二八 孰	一三三八 它	一三四八 宊	一三五八 室	一三六八 宸	一三七八 密	一三八八 寎	一三九八 寙
一二〇九 姥	一二一九 娉	一二二九 娣	一二三九 婊	一二四九 婞	一二五九 媕	一二六九 嫂	一二七九 嫡	一二八九 嬀	一二九九 嬴	一三〇九 孌	一三一九 孛	一三二九 孱	一三三九 宄	一三四九 宕	一三五九 宥	一三六九 容	一三七九 寇	一三八九 寞	一三九九 審
一二一〇 姨	一二二〇 姮	一二三〇 娥	一二四〇 婕	一二五〇 婷	一二六〇 媄	一二七〇 嫄	一二八〇 嫣	一二九〇 嬈	一三〇〇 嬪	一三一〇	一三二〇 孜	一三三〇 孳	一三四〇 宂	一三五〇 宗	一三六〇 宦	一三七〇 宷	一三八〇 甯	一三九〇 察	一四〇〇 寫

明密碼電報書 宀寸小尢尸屮山 山巛工己巾

一四〇一 寬	一四一一 尅	一四二一 少	一四三一 尩	一四四一 尼	一四五一 屄	一四六一 層	一四七一 山	一四八一 岡	一四九一 峒	一五〇一 峴	一五一一 崗	一五二一 嵫	一五三一 嵬	一五四一 嶞	一五五一 巒	一五六一	一五七一 已	一五八一 帆	一五九一 帛
一四〇二 寮	一四一二 將	一四二二 尒	一四三二 就	一四四二 尾	一四五二 屎	一四六二 履	一四七二 岳	一四八二 岢	一四九二 峙	一五〇二 崟	一五一二 崛	一五二二 嵊	一五三二 嵯	一五四二 嶧	一五五二 巘	一五六二 工	一五七二 巴	一五八二 帋	一五九二 帔
一四〇三 寰	一四一三 專	一四二三 尖	一四三三 尰	一四四三 尿	一四五三 屐	一四六三 屧	一四七三 屹	一四八三 岨	一四九三 峋	一五〇三 峢	一五一三 崢	一五二三 嵌	一五三三 嵾	一五四三 嶙	一五五三 巔	一五六三 左	一五七三 巵	一五八三 帑	一五九三 帝
一四〇四 寵	一四一四 尉	一四二四 尚	一四三四 尷	一四四四 局	一四五四 屑	一四六四 屨	一四七四 屺	一四八四 岩	一四九四 峨	一五〇四 崇	一五一四 崩	一五二四 嶎	一五三四 嶂	一五四四 嶷	一五五四 巖	一五六四 巧	一五七四 巷	一五八四 帕	一五九四 帡
一四〇五 寶	一四一五 尊	一四二五 尠	一四三五 尬	一四四五 屁	一四五五 展	一四六五 屩	一四七五 屼	一四八五 岫	一四九五 峭	一五〇五 崎	一五一五 崚	一五二五 嵎	一五三五 嶄	一五四五 嶺	一五五五	一五六五 巨	一五七五 巽	一五八五 希	一五九五 帟
一四〇六	一四一六 尋	一四二六 尟	一四三六	一四四六 居	一四五六 屛	一四六六 屬	一四七六 岌	一四八六 岱	一四九六 峯	一五〇六 崐	一五一六 崧	一五二六 嵐	一五三六 嶇	一五四六 嶼	一五五六 巛	一五六六 巫	一五七六	一五八六 帖	一五九六 帥
一四〇七 寸	一四一七 對	一四二七	一四三七 尸	一四四七 屆	一四五七 屝	一四六七 屭	一四七七 岐	一四八七 岵	一四九七 島	一五〇七 崑	一五一七 崦	一五二七 嵒	一五三七 嶒	一五四七 嶽	一五五七 川	一五六七 差	一五七七 巾	一五八七 帗	一五九七 師
一四〇八 寺	一四一八 導	一四二八 尢	一四三八 尹	一四四八 屈	一四五八 屠	一四六八	一四七八 岑	一四八八 岷	一四九八 峻	一五〇八 崔	一五一八 嵇	一五二八 嵛	一五三八 嶔	一五四八 巉	一五五八 州	一五六八	一五七八 巿	一五八八 帘	一五九八 席
一四〇九 封	一四一九	一四二九 尤	一四三九 尺	一四四九 屍	一四五九 屢	一四六九 屮	一四七九 岔	一四八九 岸	一四九九 峽	一五〇九 崖	一五一九 崿	一五二九 嵩	一五三九 嶸	一五四九 巋	一五五九 巡	一五六九 己	一五七九 市	一五八九 帙	一五九九 帨
一四一〇 射	一四二〇 小	一四三〇 尨	一四四〇 尻	一四五〇 屋	一四六〇 屣	一四七〇 屯	一四八〇 岅	一四九〇 岣	一五〇〇 峓	一五一〇 崙	一五二〇 嵋	一五三〇 嶁	一五四〇 嶠	一五五〇 巍	一五六〇 巢	一五七〇 巳	一五八〇 布	一五九〇 帚	一六〇〇 帳

一七九一 徍	一七八一 徙	一七七一 很	一七六一 彳	一七五一 彧	一七四一 彗	一七三一 弸	一七二一 弧	一七一一	一七〇一 弁	一六九一	一六八一 廠	一六七一 廊	一六六一 庸	一六五一 庠	一六四一 庄	一六三一 幹	一六二一 幬	一六一一 幔	一六〇一 帶
一七九二 微	一七八二 徜	一七七二 徉	一七六二 彷	一七五二 彩	一七四二 彘	一七三二 弼	一七二二 弩	一七一二 弓	一七〇二 弄	一六九二 廴	一六八二 廡	一六七二 廋	一六六二 庾	一六五二 麻	一六四二 庇	一六三二	一六二二 幾	一六一二 幕	一六〇二 帷
一七九三 徯	一七八三 從	一七七三 徊	一七六三 役	一七五三 彪	一七四三 彙	一七三三 彀	一七二三 弤	一七一三 弔	一七〇三 弇	一六九三 延	一六八三 廢	一六七三 廐	一六六三 庬	一六五三 度	一六四三 床	一六三三 幺	一六二三 幮	一六一三 幗	一六〇三 常
一七九四 徵	一七八四 徠	一七七四 律	一七六四 彼	一七五四 彫	一七四四 彝	一七三四 彈	一七二四 弨	一七一四 引	一七〇四 弈	一六九四 廷	一六八四 廣	一六七四 廓	一六六四 廥	一六五四 座	一六四四 庋	一六三四 幻	一六二四 幰	一六一四 幘	一六〇四 帽
一七九五 德	一七八五 御	一七七五 後	一七六五 彿	一七五五 彬	一七四五 彠	一七三五 彊	一七二五 弭	一七一五 弗	一七〇五 弊	一六九五 廹	一六八五 廨	一六七五 廖	一六六五 廁	一六五五 庫	一六四五 序	一六三五 幼	一六二五 幛	一六一五 幟	一六〇五 幃
一七九六 徹	一七八六 徧	一七七六 徐	一七六六 往	一七五六 彭	一七四六	一七三六 彌	一七二六 弱	一七一六 弛	一七〇六	一六九六 建	一六八六 廩	一六七六 廚	一六六六 廂	一六五六 庭	一六四六 底	一六三六 幽	一六二六 干	一六一六 幡	一六〇六 幄
一七九七 徼	一七八七 徨	一七七七 徑	一七六七 征	一七五七 彰	一七四七 彡	一七三七 彎	一七二七 弰	一七一七 弟	一七〇七 弋	一六九七 廻	一六八七 廬	一六七七 廕	一六六七 廌	一六五七 庳	一六四七 庖	一六三七 幾	一六二七 平	一六一七 幢	一六〇七 幅
一七九八 徽	一七八八 復	一七七八 徒	一七六八 徂	一七五八 影	一七四八 形	一七三八	一七二八 張	一七一八 弢	一七〇八 弍	一六九八	一六八八 廱	一六七八 廝	一六六八 廑	一六五八 庵	一六四八 店	一六三八	一六二八 年	一六一八 幣	一六〇八 幀
一七九九	一七八九 循	一七七九 得	一七六九 待	一七五九 彲	一七四九 彤	一七三九 彐	一七二九 彄	一七一九 弣	一七〇九 式	一六九九 廾	一六八九 廳	一六七九 廛	一六六九 廈	一六五九 庶	一六四九 庚	一六三九 广	一六二九 并	一六一九 幪	一六〇九 幇
一八〇〇 心	一七九〇 徬	一七八〇 徘	一七七〇 徇	一七六〇	一七五〇 彥	一七四〇 彖	一七三〇 強	一七二〇 弦	一七一〇 弒	一七〇〇 廿	一六九〇 龐	一六八〇 廟	一六七〇 廉	一六六〇 康	一六五〇 府	一六四〇 庀	一六三〇 幸	一六二〇 幫	一六一〇 幌

一九九一 愡	一九八一 慫	一九七一 慘	一九六一 慄	一九五一 愧	一九四一 愎	一九三一 惹	一九二一 惡	一九一一 惓	一九〇一 悻	一八九一 患	一八八一 悒	一八七一 恫	一八六一 恚	一八五一 恁	一八四一 怨	一八三一 怖	一八二一 忸	一八一一 忙	一八〇一 必
一九九二 憂	一九八二 慮	一九七二 慹	一九六二 慉	一九五二 愨	一九四二 意	一九三二 惺	一九二二 悰	一九一二 惕	一九〇二 悼	一八九二 悤	一八八二 悔	一八七二 恭	一八六二 恝	一八五二 恂	一八四二 怩	一八三二 怙	一八二二 忤	一八一二 忝	一八〇二 忉
一九九三 慥	一九八三 慰	一九七三 慝	一九六三 慇	一九五三 愫	一九四三 愒	一九三三 惻	一九二三 惋	一九一三 惘	一九〇三 悽	一八九三 悁	一八八三 悖	一八七三 息	一八六三 恢	一八五三 恃	一八四三 怪	一八三三 怗	一八二三 忻	一八一三 忠	一八〇三 忌
一九九四 憊	一九八四 慳	一九七四 慚	一九六四 慈	一九五四 愬	一九四四 愔	一九三四 愀	一九二四 惰	一九一四 惙	一九〇四 悾	一八九四 悱	一八八四 悚	一八七四 恰	一八六四 恣	一八五四 恆	一八四四 怫	一八三四 怛	一八二四 怱	一八一四 忡	一八〇四 忍
一九九五 憮	一九八五 慴	一九七五 慟	一九六五 慊	一九五五 愴	一九四五 愕	一九三五 愁	一九二五 惱	一九一五 惚	一九〇五 惄	一八九五 悳	一八八五 悉	一八七五 悃	一八六五 恤	一八五五 恇	一八四五 怯	一八三五 思	一八二五 忿	一八一五 忪	一八〇五 忒
一九九六 憑	一九八六 慵	一九七六 慢	一九六六 態	一九五六 愷	一九四六 愚	一九三六 愆	一九二六 惲	一九一六 惛	一九〇六 情	一八九六 悲	一八八六 悛	一八七六 恉	一八六六 恥	一八五六 恌	一八四六 忽	一八三六 怠	一八二六 怍	一八一六 快	一八〇六 忖
一九九七 憔	一九八七 慶	一九七七 慣	一九六七 慌	一九五七 慎	一九四七 愛	一九三七 愈	一九二七 想	一九一七 惜	一九〇七 惆	一八九七 悴	一八八七 悝	一八七七 悄	一八六七 恧	一八五七 恍	一八四七 怵	一八三七 怡	一八二七 怎	一八一七 忭	一八〇七 志
一九九八 憚	一九八八 慷	一九七八 慩	一九六八 慁	一九五八 愾	一九四八 愜	一九三八 愉	一九二八 惴	一九一八 惝	一九〇八 惇	一八九八 悵	一八八八 悞	一八七八 悅	一八六八 恨	一八五八 恐	一八四八 怈	一八三八 急	一八二八 怏	一八一八 忮	一八〇八 忘
一九九九 憎	一九八九 慼	一九七九 慧	一九六九 慓	一九五九 愿	一九四九 感	一九三九 愊	一九二九 惶	一九一九 惟	一九〇九 惎	一八九九 悶	一八八九 悟	一八七九 悌	一八六九 恩	一八五九 恕	一八四九 怳	一八三九 怦	一八二九 怒	一八一九 念	一八〇九 忐
二〇〇〇 憲	一九九〇 慾	一九八〇 慨	一九七〇 慕	一九六〇 慂	一九五〇 慍	一九四〇 愍	一九三〇 惸	一九二〇 惠	一九一〇 惑	一九〇〇 悖	一八九〇 悠	一八八〇 悍	一八七〇 恪	一八六〇 恙	一八五〇 怔	一八四〇 性	一八三〇 怕	一八二〇 忱	一八一〇 忑

二一九一 捉	二一八一 挫	二一七一 挂	二一六一 括	二一五一 拖	二一四一 拋	二一三一 押	二一二一 投	二一一一 技	二一〇一 扮	二〇九一 扒	二〇八一 扆	二〇七一 戴	二〇六一 戢	二〇五一 戎	二〇四一 懽	二〇三一 懥	二〇二一 懋	二〇一一 憶	二〇〇一 憤
二一九二 捋	二一八二 振	二一七二 指	二一六二 拱	二一五二 拗	二一四二 拌	二一三二 抽	二一二二 抖	二一一二 抃	二一〇二 扯	二〇九二 打	二〇八二 扇	二〇七二	二〇六二 戥	二〇五二 成	二〇四二 懾	二〇三二 懦	二〇二二 懌	二〇一二 憸	二〇〇二 憧
二一九三 捌	二一八三 挶	二一七三 挈	二一六三 拯	二一五三 拘	二一四三 拍	二一三三 拂	二一二三 抗	二一一三 抄	二一〇三 扱	二〇九三 扐	二〇八三 扈	二〇七三 戶	二〇六三 戡	二〇五三 我	二〇四三 戀	二〇三三 懲	二〇二三 懍	二〇一三 憾	二〇〇三 憨
二一九四 捍	二一八四 挹	二一七四 按	二一六四 拳	二一五四 拙	二一四四 拏	二一三四 拄	二一二四 折	二一一四 抆	二一〇四 扳	二〇九四 托	二〇八四 扉	二〇七四 戾	二〇六四 戣	二〇五四 戒	二〇四四 戁	二〇三四 懿	二〇二四 懮	二〇一四 懃	二〇〇四 憩
二一九五 捏	二一八五 挺	二一七五 挍	二一六五 拴	二一五五 拚	二一四五 拐	二一三五 拆	二一二五 抨	二一一五 抉	二一〇五 扶	二〇九五 扛	二〇八五 扊	二〇七五 房	二〇六五 戩	二〇五五 戔	二〇四五 戇	二〇三五 懵	二〇二五 憒	二〇一五 懆	二〇〇五 憬
二一九六 捐	二一八六 挼	二一七六 挑	二一六六 拷	二一五六 招	二一四六 拑	二一三六 拇	二一二六 披	二一一六 把	二一〇六 批	二〇九六 扠	二〇八六	二〇七六 所	二〇六六 截	二〇五六 戕	二〇四六	二〇三六 懶	二〇二六 愁	二〇一六 懂	二〇〇六 憫
二一九七 揶	二一八七 挽	二一七七 挖	二一六七 拽	二一五七 拜	二一四七 拒	二一三七 担	二一二七 抬	二一一七 抑	二一〇七 抵	二〇九七 扢	二〇八七 手	二〇七七 戽	二〇六七 戳	二〇五七 或	二〇四七 戈	二〇三七 懷	二〇二七 憦	二〇一七 懇	二〇〇七 憮
二一九八 捕	二一八八 挾	二一七八 拼	二一六八 拾	二一五八 扤	二一四八 拓	二一三八 拈	二一二八 抱	二一一八 抒	二一〇八 扼	二〇九八 扦	二〇八八 才	二〇七八 扁	二〇六八 戮	二〇五八 戚	二〇四八 戊	二〇三八 懸	二〇二八 憏	二〇一八 懈	二〇〇八 憯
二一九九 挲	二一八九 捄	二一七九 挨	二一六九 拿	二一五九 拮	二一四九 拔	二一三九 拉	二一二九 抶	二一一九 抓	二一〇九 找	二〇九九 扣	二〇八九 扎	二〇七九 扃	二〇六九 戰	二〇五九 戛	二〇四九 戌	二〇三九 懺	二〇二九 懟	二〇一九 應	二〇〇九 憲
二二〇〇 捎	二一九〇 捆	二一八〇 挪	二一七〇 持	二一六〇 拭	二一五〇 拕	二一四〇 拊	二一三〇 抹	二一二〇 抔	二一一〇 承	二一〇〇 扭	二〇九〇 扑	二〇八〇 扅	二〇七〇 戲	二〇六〇 戟	二〇五〇 戍	二〇四〇 懼	二〇三〇 懣	二〇二〇 懊	二〇一〇 憍

二三九一 攴	二三八一 攣	二三七一 擾	二三六一 擦	二三五一 擔	二三四一 擂	二三三一 撮	二三二一 撓	二三一一 撕	二三〇一 摧	二二九一 搴	二二八一 搗	二二七一 揰	二二六一 揞	二二五一 提	二二四一 掄	二二三一 採	二二二一 掊	二二一一 捶	二二〇一 捧
二三九二 收	二三八二 攤	二三七二 攀	二三六二 擬	二三五二 擗	二三四二 擄	二三三二 撰	二三二二 撕	二三一二 撟	二三〇二 摩	二二九二 搵	二二八二 搜	二二七二 搫	二二六二 揪	二二五二 插	二二四二 掞	二二三二 探	二二二二 掌	二二一二 捷	二二〇二 捨
二三九三 攷	二三八三 攪	二三七三 攄	二三六三 擯	二三五三 擘	二三四三 擅	二三三三 撲	二三二三 撙	二三一三 撅	二三〇三 摭	二二九三 搶	二二八三 搠	二二七三 搆	二二六三 揭	二二五三 揖	二二四三 掔	二二三三 掣	二二二三 掏	二二一三 捺	二二〇三 捩
二三九四 攸	二三八四 攫	二三七四 攔	二三六四 擱	二三五四 據	二三四四 擇	二三三四 撬	二三二四 撚	二三一四 携	二三〇四 摯	二二九四 搐	二二八四 搢	二二七四 搉	二二六四 揮	二二五四 揚	二二四四 掫	二二三四 接	二二二四 掎	二二一四 捻	二二〇四 捫
二三九五 攺	二三八五 攬	二三七五 攖	二三六五 擎	二三五五 擷	二三四五 擊	二三三五 撖	二三二五 撝	二三一五 摽	二三〇五 摳	二二九五 擣	二二八五 搥	二二七五 損	二二六五 揲	二二五五 換	二二四五 揀	二二三五 控	二二二五 掐	二二一五 捽	二二〇五 掎
二三九六 攻	二三八六 攩	二三七六 攘	二三六六 擭	二三五六 攬	二三四六 擋	二三三六 撱	二三二六 撞	二三一六 撩	二三〇六 摶	二二九六 搊	二二八六 搦	二二七六 搏	二二六六 援	二二五六 揜	二二四六 揄	二二三六 推	二二二六 排	二二一六 掀	二二〇六 捭
二三九七 放	二三八七	二三七七 攜	二三六七 擲	二三五七 擠	二三四七 操	二三三七 撻	二三二七 撤	二三一七 撇	二三〇七 摸	二二九七 揩	二二八七 搧	二二七七 搒	二二六七 挻	二二五七 揠	二二四七 揆	二二三七 掩	二二二七 掖	二二一七 掃	二二〇七 据
二三九八 政	二三八八 支	二三七八 攝	二三六八 擴	二三五八 擡	二三四八 擎	二三三八 撼	二三二八 撥	二三一八 撈	二三〇八 摹	二二九八 摘	二二八八 搪	二二七八 搓	二二六八 掾	二二五八 搽	二二四八 揉	二二三八 措	二二二八 掘	二二一八 掇	二二〇八 捲
二三九九 故	二三八九 敎	二三七九 攮	二三六九 擺	二三五九 擢	二三四九 擐	二三三九 撾	二三二九 撫	二三一九 撐	二三〇九 摺	二二九九 摟	二二八九 搬	二二七九 搔	二二六九 擘	二二五九 握	二二四九 描	二二三九 掬	二二二九 掛	二二一九 授	二二〇九 捱
二四〇〇 效	二三九〇	二三八〇 攢	二三七〇 擻	二三六〇 擣	二三五〇 擒	二三四〇 擁	二三三〇 播	二三二〇 撒	二三一〇 摑	二三〇〇 摠	二二九〇 搭	二二八〇 搖	二二七〇 揹	二二六〇 揣	二二五〇 揸	二二四〇 掯	二二三〇 掠	二二二〇 掉	二二一〇 拼

二五九一 朊	二五八一 曼	二五七一 曩	二五六一 曏	二五五一 暱	二五四一 暖	二五三一 晳	二五二一 晝	二五一一 昵	二五○一 昝	二四九一 昂	二四八一 旦	二四七一 旒	二四六一 旂	二四五一 斷	二四四一 斡	二四三一 斐	二四二一 敷	二四一一 敝	二四○一 敉
二五九二 朔	二五八二 曾	二五七二 曬	二五六二 曙	二五五二 暴	二五四二 暗	二五三二 晴	二五二二 晞	二五一二 昶	二五○二 星	二四九二 昆	二四八二 旨	二四七二 旜	二四六二 旉	二四五二 斲	二四四二	二四三二 斑	二四二二 數	二四一二 敞	二四○二 敘
二五九三 朐	二五八三 替	二五七三 昇	二五六三 曚	二五五三 暵	二五四三 暘	二五三三 晶	二五二三 晡	二五一三 晁	二五○三 映	二四九三 昃	二四八三 早	二四七三 旛	二四六三 旎	二四五三 斸	二四四三 斤	二四三三 斕	二四二三 敺	二四一三 敢	二四○三 敎
二五九四 朓	二五八四 最	二五七四 曰	二五六四 曛	二五五四 暹	二五四四 暝	二五三四 晷	二五二四 晤	二五一四 時	二五○四 春	二四九四 明	二四八四 旬	二四七四 旟	二四六四 旅	二四五四	二四四四 斥	二四三四	二四二四 斁	二四一四 散	二四○四 敏
二五九五 朏	二五八五 會	二五七五 曲	二五六五 曜	二五五五 暨	二五四五 暢	二五三五 智	二五二五 晨	二五一五 晃	二五○五 昧	二四九五 昏	二四八五 旭	二四七五 旝	二四六五 旆	二四五五 方	二四四五 斧	二四三五 斗	二四二五 斂	二四一五 敦	二四○五 敹
二五九六 朕	二五八六 朅	二五七六 曳	二五六六 曝	二五五六 曉	二五四六 暈	二五三六 晬	二五二六 晦	二五一六 晉	二五○六 昨	二四九六 易	二四八六 旰	二四七六	二四六六 旐	二四五六 於	二四四六 斨	二四三六 料	二四二六 斃	二四一六 敻	二四○六 敕
二五九七 朗	二五八七	二五七七 更	二五六七 曡	二五五七 曒	二五四七 暉	二五三七 暄	二五二七 晧	二五一七 晌	二五○七 昭	二四九七 昔	二四八七 旱	二四七七 旡	二四六七 旋	二四五七 施	二四四七 斬	二四三七 斛	二四二七 斅	二四一七 敬	二四○七 教
二五九八 望	二五八八 月	二五七八 曷	二五六八 曠	二五五八 曀	二五四八 暫	二五三八 暇	二五二八 普	二五一八 晏	二五○八 是	二四九八 昀	二四八八 旴	二四七八 旣	二四六八 旌	二四五八 斿	二四四八 斯	二四三八 斜	二四二八 敫	二四一八 敲	二四○八 敗
二五九九 朞	二五八九 有	二五七九 書	二五六九 曦	二五五九 曈	二五四九 暬	二五三九 暍	二五二九 景	二五一九 晚	二五○九 昱	二四九九 昉	二四八九 旺	二四七九	二四六九 族	二四五九 旄	二四四九 斮	二四三九 斝	二四二九 文	二四一九 整	二四○九 敔
二六○○ 朝	二五九○ 朋	二五八○ 曹	二五七○ 曨	二五六○ 曇	二五五○ 暮	二五四○ 暑	二五三○ 晰	二五二○ 晛	二五一○ 昴	二五○○ 昕	二四九○ 昌	二四八○ 日	二四七○ 旖	二四六○ 旁	二四五○ 新	二四四○ 斟	二四三○ 斌	二四二○ 敵	二四一○ 敍

二七九一 椐	二七八一 棼	二七七一 棫	二七六一 棒	二七五一 梲	二七四一 梜	二七三一 桿	二七二一 栢	二七一一 桃	二七○一 株	二六九一 柱	二六八一 柜	二六七一 柄	二六六一 枯	二六五一 林	二六四一 杳	二六三一 束	二六二一 李	二六一一 朮	二六○一 期
二七九二 椓	二七八二 椀	二七七二 棬	二七六二 棕	二七五二 梳	二七四二 條	二七三二 梃	二七二二 栖	二七一二 桅	二七○二 核	二六九二 柳	二六八二 柝	二六七二 柏	二六六二 枲	二六五二 枙	二六四二 杶	二六三二 杠	二六二二 杏	二六一二 朱	二六○二 朢
二七九三 椷	二七八三 椅	二七七三 森	二七六三 棖	二七五三 梵	二七四三 梟	二七三三 梁	二七二三 栲	二七一三 框	二七○三 栱	二六九三 柴	二六八三 柞	二六七三 某	二六六三 枳	二六五三 枚	二六四三 杵	二六三三 宋	二六二三 呆	二六一三 朴	二六○三 朦
二七九四 椰	二七八四 植	二七七四 棰	二七六四 棗	二七五四 栝	二七四四 梢	二七三四 梅	二七二四 栳	二七一四 案	二七○四 根	二六九四 柵	二六八四 柟	二六七四 柑	二六六四 枵	二六五四 果	二六四四 杷	二六三四 杪	二六二四 材	二六一四 朵	二六○四 朧
二七九五 椹	二七八五 椎	二七七五 楦	二七六五 棘	二七五五 桱	二七四五 梧	二七三五 梆	二七二五 桄	二七一五 桌	二七○五 栻	二六九五 枰	二六八五 柢	二六七五 柒	二六六五 架	二六五五 枝	二六四五 杼	二六三五 杭	二六二五 村	二六一五 朽	二六○五
二七九六 楮	二七八六 椒	二七七六 棲	二七六六 棚	二七五六 桯	二七四六 棃	二七三六 梏	二七二六 桫	二七一六 桎	二七○六 格	二六九六 枹	二六八六 查	二六七六 染	二六六六 枷	二六五六 枤	二六四六 松	二六三六 柿	二六二六 杓	二六一六 杆	二六○六 木
二七九七 椿	二七八七 棐	二七七七 棹	二七六七 棟	二七五七 棄	二七四七 梭	二七三七 梓	二七二七 桴	二七一七 桐	二七○七 栽	二六九七 柷	二六八七 柬	二六七七 柔	二六六七 枸	二六五七 枇	二六四七 板	二六三七 杯	二六二七 杖	二六一七 杈	二六○七 未
二七九八 楅	二七八八 棓	二七七八 棺	二七六八 棠	二七五八 棉	二七四八 梯	二七三八 梔	二七二八 桹	二七一八 桑	二七○八 桀	二六九八 栗	二六八八 柯	二六七八 柘	二六六八 柎	二六五八 枋	二六四八 枉	二六三八 杰	二六二八 杕	二六一八 杇	二六○八 末
二七九九 楊	二七八九 棱	二七七九 椁	二七六九 棣	二七五九 棋	二七四九 梱	二七三九 梗	二七二九 桶	二七一九 桓	二七○九 桁	二六九九 校	二六八九 柮	二六七九 柙	二六六九 枻	二六五九 枌	二六四九 析	二六三九 東	二六二九 杜	二六一九 杉	二六○九 本
二八○○ 楓	二七九○ 棨	二七八○ 棻	二七七○ 棧	二七六○ 棍	二七五○ 械	二七四○ 桵	二七三○ 桷	二七二○ 桔	二七一○ 桂	二七○○ 栩	二六九○ 柰	二六八○ 柚	二六七○ 柁	二六六○ 枘	二六五○ 枕	二六四○ 杲	二六三○ 杞	二六二○ 杌	二六一○ 札

明密碼電報書

木　木欠止歹

十五

二九九一 殉	二九八一 歸	二九七一	二九六一 歎	二九五一 欹	二九四一 欑	二九三一 櫪	二九二一 櫂	二九一一 樻	二九〇一 樺	二八九一 橐	二八八一 樲	二八七一 標	二八六一 概	二八五一 榎	二八四一 榾	二八三一 榜	二八二一 榹	二八一一 楢	二八〇一 楔
二九九二 殊	二九八二	二九七二 止	二九六二 歐	二九五二 欺	二九四二 欖	二九三二 欟	二九二二 櫃	二九一二 檝	二九〇二 樀	二八九二 橙	二八八二 樴	二八七二 樛	二八六二 槳	二八五二 槷	二八四二 槁	二八三二 榦	二八二二 楛	二八一二 楣	二八〇二 楴
二九九三 殍	二九八三 歹	二九七三 正	二九六三 歔	二九五三 欽	二九四三 柩	二九三三 櫺	二九二三 櫬	二九一三 檠	二九〇三 檖	二八九三 橛	二八八三 樸	二八七三 樞	二八六三 槔	二八五三 榥	二八四三 槅	二八三三 榧	二八二三 楨	二八一三 楫	二八〇三 楗
二九九四 殖	二九八四 死	二九七四 此	二九六四 歘	二九五四 歆	二九四四 欠	二九三四 櫳	二九二四 櫓	二九一四 檢	二九〇四 橘	二八九四 機	二八八四 樵	二八七四 樟	二八六四 槽	二八五四 榷	二八四四 槊	二八三四 榨	二八二四 楩	二八一四 業	二八〇四 楙
二九九五 殘	二九八五 歿	二九七五 步	二九六五 歙	二九五五 歃	二九四五 次	二九三五 櫽	二九二五 櫚	二九一五 檣	二九〇五 檀	二八九五 橡	二八八五 樹	二八七五 模	二八六五 槿	二八五五 榼	二八四五 構	二八三五 榫	二八二五 楸	二八一五 楯	二八〇五 楘
二九九六 殕	二九八六 殀	二九七六 武	二九六六 歛	二九五六 歇	二九四六 欣	二九三六 欄	二九二六 櫜	二九一六 檬	二九〇六 檉	二八九六 橧	二八八六 樽	二八七六 樣	二八六六 樁	二八五六 槑	二八四六 槌	二八三六 榭	二八二六 椰	二八一六 楮	二八〇六 楚
二九九七 殛	二九八七 殂	二九七七 歪	二九六七 歜	二九五七 歍	二九四七 欬	二九三七 櫻	二九二七 櫝	二九一七 檮	二九〇七 檄	二八九七 橫	二八八七 樾	二八七七 樺	二八六七 樂	二八五七 槃	二八四七 槍	二八三七 榮	二八二七 榕	二八一七 極	二八〇七 楞
二九九八 殞	二九八八 殃	二九七八 歧	二九六八 歟	二九五八 歕	二九四八 欲	二九三八 權	二九二八 櫞	二九一八 檯	二九〇八 檐	二八九八 樨	二八八八 橄	二八七八 樅	二八六八 樊	二八五八 槧	二八四八 槎	二八三八 榱	二八二八 榖	二八一八 楷	二八〇八 楝
二九九九 殤	二九八九 殄	二九七九 歲	二九六九 歠	二九五九 歉	二九四九 欵	二九三九 鬱	二九二九 櫟	二九一九 檳	二九〇九 檔	二八九九 樠	二八八九 橈	二八七九 樏	二八六九 樓	二八五九 槨	二八四九 槐	二八三九 榴	二八二九 榘	二八一九 楹	二八〇九 楠
三〇〇〇 殫	二九九〇 殆	二九八〇 歷	二九七〇 歡	二九六〇 歌	二九五〇 欷	二九四〇 欒	二九三〇 櫱	二九二〇 檻	二九一〇 檜	二九〇〇 橢	二八九〇 橋	二八八〇 樗	二八七〇 樕	二八六〇 槩	二八五〇 槓	二八四〇 榻	二八三〇 榛	二八二〇 椶	二八一〇 楡

明密碼電報書

水　歹殳毋比毛氏气水

十六

三一九一 浹	三一八一 浙	三一七一 洸	三一六一 洧	三一五一 洊	三一四一 泰	三一三一 泛	三一二一 泔	三一一一 油	三一〇一 沓	三〇九一 沍	三〇八一 汹	三〇七一 汐	三〇六一 求	三〇五一 氣	三〇四一 氈	三〇三一 毽	三〇二一 毒	三〇一一 殼	三〇〇一 殢
三一九二 浼	三一八二 浚	三一七二 活	三一六二 汧	三一五二 洋	三一四二 泱	三一三二 泠	三一二二 泆	三一一二 治	三一〇二 汩	三〇九二 沐	三〇八二 決	三〇七二 汔	三〇六二 汎	三〇五二 氤	三〇四二 氍	三〇三二 毫	三〇二二 毓	三〇一二 殽	三〇〇二 殪
三一九三 涇	三一八三 浣	三一七三 洼	三一六三 洪	三一五三 洌	三一四三 泲	三一三三 泡	三一二三 泉	三一一三 沼	三一〇三 汭	三〇九三 沒	三〇八三 汾	三〇七三 汕	三〇六三 汗	三〇五三 氳	三〇四三	三〇三三 毬	三〇二三	三〇一三 殿	三〇〇三 殮
三一九四 消	三一八四 浦	三一七四 洽	三一六四 洫	三一五四 洎	三一四四 泳	三一三四 波	三一二四 泊	三一一四 沽	三一〇四 沅	三〇九四 沔	三〇八四 沁	三〇七四 汞	三〇六四 污	三〇五四	三〇四四 氏	三〇三四 毯	三〇二四 比	三〇一四 毀	三〇〇四 殯
三一九五 涉	三一八五 浩	三一七五 派	三一六五 洮	三一五五 洒	三一四五 沭	三一三五 泣	三一二五 泌	三一一五 沾	三一〇五 沫	三〇九五 沖	三〇八五 沂	三〇七五 汨	三〇六五 汛	三〇五五 水	三〇四五 氐	三〇三五 毳	三〇二五 毖	三〇一五 毅	三〇〇五 殲
三一九六 涌	三一八六 浪	三一七六 洿	三一六六 洲	三一五六 洗	三一四六 沴	三一三六 泥	三一二六 泓	三一一六 沿	三一〇六 沬	三〇九六 沗	三〇八六 沄	三〇七六 汪	三〇六六 汜	三〇五六 氷	三〇四六 民	三〇三六 氂	三〇二六 毗	三〇一六 毆	三〇〇六
三一九七 涓	三一八七 浮	三一七七 流	三一六七 洱	三一五七 洛	三一四七 泐	三一三七 注	三一二七 法	三一一七 泂	三一〇七 沮	三〇九七 沙	三〇八七 沃	三〇七七 汰	三〇六七 汝	三〇五七 永	三〇四七 氓	三〇三七 氅	三〇二七 毘	三〇一七	三〇〇七 殳
三一九八 涔	三一八八 浴	三一七八 洙	三一六八 洳	三一五八 洟	三一四八 泖	三一三八 泫	三一二八 泗	三一一八 泄	三一〇八 沱	三〇九八 沚	三〇八八 沈	三〇七八 汲	三〇六八 江	三〇五八 氾	三〇四八	三〇三八 毸	三〇二八	三〇一八 毋	三〇〇八 段
三一九九 涕	三一八九 海	三一七九 洚	三一六九 洵	三一五九 洞	三一四九 泝	三一三九 泯	三一二九 泚	三一一九 況	三一〇九 河	三〇九九 沛	三〇八九 沉	三〇七九 汴	三〇六九 池	三〇五九 汁	三〇四九 气	三〇三九 毹	三〇二九 毛	三〇一九 母	三〇〇九 殷
三二〇〇 涖	三一九〇 浸	三一八〇 洹	三一七〇 洶	三一六〇 津	三一五〇 澗	三一四〇 泮	三一三〇 泙	三一二〇 泅	三一一〇 沸	三一〇〇 沆	三〇九〇 沌	三〇八〇 汶	三〇七〇 汊	三〇六〇 汀	三〇五〇 氛	三〇四〇 氄	三〇三〇 毡	三〇二〇 每	三〇一〇 殺

明密碼電報書 水 水 十七

三三九一 潰	三三八一 潔	三三七一 漚	三三六一 漳	三三五一 漠	三三四一 滿	三三三一 濟	三三二一 滌	三三一一 漍	三三〇一 溤	三二九一 湏	三二八一 湮	三二七一 湅	三二六一 測	三二五一 渙	三二四一 涎	三二三一 淬	三二二一 淘	三二一一 涵	三二〇一 涘
三三九二 潼	三三八二 潘	三三七二 漦	三三六二 漸	三三五二 漢	三三四二 漁	三三三二 滮	三三二二 滎	三三一二 溺	三三〇二 溥	三二九二 湩	三二八二 湯	三二七二 湊	三二六二 渭	三二五二 渚	三二四二 涪	三二三二 淮	三二二二 淙	三二一二 涸	三二〇二 浡
三三九三 潴	三三八三 潛	三三七三 漩	三三六三 漾	三三五三 漣	三三四三 漂	三三三三 滯	三三二三 滑	三三一三 溼	三三〇三 溧	三二九三 源	三二八三 湲	三二七三 湍	三二六三 港	三二五三 減	三二四三 涴	三二三三 淰	三二二三 淚	三二一三 涼	三二〇三 浜
三三九四 潜	三三八四 潟	三三七四 漯	三三六四 漿	三三五四 漪	三三四四 漆	三三三四 滲	三三二四 滓	三三一四 溽	三三〇四 溦	三二九四 準	三二八四 湉	三二七四 湎	三二六四 渰	三二五四 渝	三二四四 淀	三二三四 深	三二二四 淝	三二一四 涿	三二〇四 浥
三三九五 潺	三三八五 潢	三三七五 漵	三三六五 漥	三三五五 漫	三三四五 漏	三三三五 滻	三三二五 滔	三三一五 滁	三三〇五 溪	三二九五 溛	三二八五 渟	三二七五 湖	三二六五 渴	三二五五 渠	三二四五 淄	三二三五 淟	三二二五 淡	三二一五 淅	三二〇五 涂
三三九六 澀	三三八六 澗	三三七六 漶	三三六六 滳	三三五六 漬	三三四六 漑	三三三六 滴	三三二六 滕	三三一六 滂	三三〇六 溫	三二九六 溜	三二八六 渢	三二七六 湘	三二六六 游	三二五六 渡	三二四六 淒	三二三六 混	三二二六 淤	三二一六 淸	三二〇六 浧
三三九七 澄	三三八七 潤	三三七七 漊	三三六七 漨	三三五七 漭	三三四七 漓	三三三七 滬	三三二七 溏	三三一七 滃	三三〇七 溯	三二九七 溝	三二八七 滑	三二七七 湛	三二六七 渺	三二五七 渣	三二四七 淞	三二三七 清	三二二七 淦	三二一七 淇	三二〇七 涒
三三九八 澆	三三八八 潦	三三七八 漕	三三六八 漈	三三五八 漰	三三四八 演	三三三八 滸	三三二八 溘	三三一八 滄	三三〇八 溱	三二九八 溟	三二八八 溢	三二七八 湝	三二六八 渾	三二五八 渤	三二四八 塗	三二三八 淹	三二二八 淨	三二一八 淋	三二〇八 涑
三三九九 澇	三三八九 潭	三三七九 潁	三三六九 漉	三三五九 漱	三三四九 滹	三三三九 滺	三三二九 滇	三三一九 滅	三三〇九 溲	三二九九 溠	三二八九 湔	三二七九 湧	三二六九 湃	三二五九 渥	三二四九 淩	三二三九 淺	三二二九 淪	三二一九 淑	三二〇九 涯
三四〇〇 澈	三三九〇 潮	三三八〇 潑	三三七〇 漎	三三六〇 漲	三三五〇 漙	三三四〇 滾	三三三〇 滘	三三二〇 滋	三三一〇 溶	三三〇〇 溢	三二九〇 湜	三二八〇 湫	三二七〇 湄	三二六〇 渦	三二五〇 淵	三二四〇 添	三二三〇 淫	三二二〇 淖	三二一〇 液

明密碼電報書 火 水火 十八

三五九一 燂	三五八一 熬	三五七一 熄	三五六一 煤	三五五一 煊	三五四一 無	三五三一 烜	三五二一 炳	三五一一 炙	三五〇一 灶	三四九一 灑	三四八一 瀲	三四七一 瀨	三四六一 瀏	三四五一 濯	三四四一 濈	三四三一 瀅	三四二一 澳	三四一一 濭	三四〇一 澉
三五九二 燁	三五八二 熯	三五七二 熅	三五六二 煥	三五五二 煌	三五四二 焦	三五三二 烝	三五二二 炷	三五一二 炘	三五〇二 灸	三四九二 灕	三四八二 瀾	三四七二 瀘	三四六二 瀑	三四五二 濰	三四四二 濊	三四三二 澰	三四二二 澹	三四一二 澍	三四〇二 澌
三五九三 燖	三五八三 熱	三五七三 熇	三五六三 煦	三五五三 煎	三五四三 焰	三五三三 烱	三五二三 炧	三五一三 炤	三五〇三 灺	三四九三 灝	三四八三 瀰	三四七三 瀡	三四六三 瀁	三四五三 濱	三四四三 濛	三四三三 澴	三四二三 激	三四一三 澂	三四〇三 澎
三五九四 燄	三五八四 熠	三五七四 熊	三五六四 照	三五五四 煮	三五四四 然	三五三四 烹	三五二四 焏	三五一四 炫	三五〇四 灼	三四九四 灣	三四八四 瀵	三四七四 瀣	三四六四 瀕	三四五四 瀉	三四四四 濟	三四三四 澱	三四二四 濁	三四一四 澒	三四〇四 澔
三五九五 燃	三五八五 熲	三五七五 熏	三五六五 煩	三五五五 煒	三五四五 焞	三五三五 烺	三五二五 烈	三五一五 炬	三五〇五 災	三四九五 灩	三四八五 瀹	三四七五 瀼	三四六五 瀩	三四五五 濩	三四四五 濠	三四三五 濇	三四二五 濂	三四一五 潙	三四〇五 澮
三五九六 燉	三五八六 熸	三五七六 熒	三五六六 煨	三五五六 煕	三五四六 焠	三五三六 烽	三五二六 烋	三五一六 炭	三五〇六 灾	三四九六 灞	三四八六 瀸	三四七六 瀋	三四六六 瀚	三四五六 濞	三四四六 濡	三四三六 澶	三四二六 濃	三四一六 澡	三四〇六 潞
三五九七 燈	三五八七 熺	三五七七 熛	三五六七 煏	三五五七 煖	三五四七 焫	三五三七 焌	三五二七 烏	三五一七 炮	三五〇七 炊	三四九七 灤	三四八七 灌	三四七七 瀍	三四六七 瀛	三四五七 濺	三四四七 濤	三四三七 澼	三四二七 澠	三四一七 澟	三四〇七 潩
三五九八 燎	三五八八 熹	三五七八 熟	三五六八 煬	三五五八 煜	三五四八 煆	三五三八 焙	三五二八 烕	三五一八 炯	三五〇八 炎	三四九八 炸	三四八八 灃	三四七八 瀧	三四六八 瀝	三四五八 濼	三四四八 濫	三四三八 濘	三四二八 澥	三四一八 澣	三四〇八 潨
三五九九 燒	三五八九 熾	三五七九 熵	三五六九 煽	三五五九 煞	三五四九 煇	三五三九 焚	三五二九 烖	三五一九 炰	三五〇九 炒	三四九九 火	三四八九 灘	三四七九 瀦	三四六九 瀟	三四五九 濾	三四四九 濬	三四三九 濔	三四二九 澦	三四一九 澤	三四〇九 澬
三六〇〇 燔	三五九〇 燀	三五八〇 熨	三五七〇 熀	三五六〇 煢	三五五〇 煉	三五四〇 焜	三五三〇 烘	三五二〇 炱	三五一〇 炕	三五〇〇 灰	三四九〇 灢	三四八〇 灊	三四七〇 瀠	三四六〇 瀆	三四五〇 濮	三四四〇 濕	三四三〇 澧	三四二〇 潧	三四一〇 澪

三六〇一 燕	三六〇二 營	三六〇三 燠	三六〇四 燥	三六〇五 燦	三六〇六 燧	三六〇七 燬	三六〇八 燭	三六〇九 燻	三六一〇 燹
三六一一 燮	三六一二 燼	三六一三 燿	三六一四 燾	三六一五 爆	三六一六 爇	三六一七 爍	三六一八 爓	三六一九 爐	三六二〇 爛
三六二一 爚	三六二二 爝	三六二三 爟	三六二四 爔	三六二五 爗	三六二六 爥	三六二七 爨	三六二八	三六二九 爪	三六三〇 爭
三六三一 爮	三六三二 爬	三六三三 爰	三六三四 為	三六三五 爵	三六三六	三六三七 父	三六三八 爹	三六三九 爺	三六四〇
三六四一 爻	三六四二 爽	三六四三 爾	三六四四	三六四五 爿	三六四六 牀	三六四七 牂	三六四八 牁	三六四九 牆	三六五〇
三六五一 片	三六五二 版	三六五三 牋	三六五四 牌	三六五五 牒	三六五六 牕	三六五七 牖	三六五八 牘	三六五九	三六六〇 牙
三六六一	三六六二 牛	三六六三 牝	三六六四 牟	三六六五 牡	三六六六 牢	三六六七 牣	三六六八 牧	三六六九 牴	三六七〇 物
三六七一 牮	三六七二 牯	三六七三 牲	三六七四 牶	三六七五 牷	三六七六 特	三六七七 牽	三六七八 牿	三六七九 犀	三六八〇 犂
三六八一 犉	三六八二 犍	三六八三 犒	三六八四 犖	三六八五 犢	三六八六 犧	三六八七 犨	三六八八	三六八九 犬	三六九〇 犯
三六九一 犴	三六九二 狀	三六九三 狂	三六九四 狃	三六九五 狄	三六九六 狁	三六九七 狎	三六九八 狐	三六九九 狗	三七〇〇 狙
三七〇一 狡	三七〇二 狥	三七〇三 狠	三七〇四 狩	三七〇五 狴	三七〇六 狸	三七〇七 狹	三七〇八 狼	三七〇九 狽	三七一〇 狻
三七一一 狺	三七一二 狷	三七一三 猋	三七一四 猁	三七一五 猖	三七一六 猗	三七一七 猙	三七一八 猛	三七一九 猜	三七二〇 猝
三七二一 猞	三七二二 猊	三七二三 猘	三七二四 猢	三七二五 猥	三七二六 猩	三七二七 猪	三七二八 猫	三七二九 猴	三七三〇 猶
三七三一 猷	三七三二 猨	三七三三 猻	三七三四 猺	三七三五 獂	三七三六 猾	三七三七 猿	三七三八 獃	三七三九 獄	三七四〇 獅
三七四一 獍	三七四二 獐	三七四三 獒	三七四四 獗	三七四五 獘	三七四六 獧	三七四七 獨	三七四八 獪	三七四九 獬	三七五〇 獠
三七五一 獮	三七五二 獲	三七五三 獯	三七五四 獳	三七五五 獷	三七五六 獵	三七五七 獸	三七五八 獺	三七五九 獻	三七六〇 獼
三七六一 獰	三七六二	三七六三 玄	三七六四 率	三七六五 玅	三七六六 玆	三七六七	三七六八 玉	三七六九 王	三七七〇 玎
三七七一 玕	三七七二 玔	三七七三 玖	三七七四 玟	三七七五 玠	三七七六 玢	三七七七 玦	三七七八 玨	三七七九 玩	三七八〇 玫
三七八一 玲	三七八二 玳	三七八三 玷	三七八四 珂	三七八五 珇	三七八六 珈	三七八七 珉	三七八八 玻	三七八九 珀	三七九〇 珊
三七九一 珍	三七九二 珌	三七九三 玭	三七九四 珞	三七九五 珓	三七九六 珠	三七九七 珙	三七九八 珖	三七九九 珥	三八〇〇 珣

三八〇一 珩	三八〇二 珪	三八〇三 班	三八〇四 珧	三八〇五 珮	三八〇六 珽	三八〇七 現	三八〇八 球	三八〇九 琅	三八一〇 理
三八一一 琇	三八一二 琉	三八一三 珶	三八一四 珷	三八一五 琊	三八一六 琕	三八一七 琖	三八一八 琚	三八一九 琛	三八二〇 琢
三八二一 琤	三八二二 琥	三八二三 琦	三八二四 琨	三八二五 琪	三八二六 琭	三八二七 琮	三八二八 琯	三八二九 琳	三八三〇 琴
三八三一 琶	三八三二 琵	三八三三 琫	三八三四 琬	三八三五 玤	三八三六 琲	三八三七 瑋	三八三八 瑕	三八三九 瑙	三八四〇 瑚
三八四一 瑛	三八四二 瑜	三八四三 瑞	三八四四 瑟	三八四五 瑠	三八四六 瑀	三八四七 瑁	三八四八 瑇	三八四九 瑑	三八五〇 瑗
三八五一 瑣	三八五二 瑤	三八五三 瑩	三八五四 瑪	三八五五 瑰	三八五六 瑲	三八五七 瑬	三八五八 瑯	三八五九 瑱	三八六〇 瑳
三八六一 瑴	三八六二 璀	三八六三 璃	三八六四 璋	三八六五 瑽	三八六六 瑾	三八六七 璁	三八六八 璆	三八六九 璂	三八七〇 璈
三八七一 璡	三八七二 璇	三八七三 璐	三八七四 璜	三八七五 璣	三八七六 璘	三八七七 璞	三八七八 璟	三八七九 璠	三八八〇 璧
三八八一 璪	三八八二 璯	三八八三 環	三八八四 璨	三八八五 璫	三八八六 璽	三八八七 璲	三八八八 璸	三八八九 璵	三八九〇 瓊
三八九一 瓏	三八九二 瓔	三八九三 瓛	三八九四 璿	三八九五 瓚	三八九六 瓅	三八九七 瓀	三八九八 瓘	三八九九	三九〇〇 瓜
三九〇一 瓞	三九〇二 瓠	三九〇三 瓢	三九〇四 瓣	三九〇五 瓤	三九〇六	三九〇七 瓦	三九〇八 瓮	三九〇九 瓴	三九一〇 瓶
三九一一 瓷	三九一二 瓻	三九一三 甆	三九一四 甄	三九一五 甇	三九一六 甋	三九一七 甌	三九一八 甍	三九一九 甎	三九二〇 甑
三九二一 甓	三九二二 甕	三九二三 甗	三九二四 甗	三九二五 甖	三九二六	三九二七 甘	三九二八 甚	三九二九 甜	三九三〇 甞
三九三一	三九三二 生	三九三三 甡	三九三四 產	三九三五 甥	三九三六 甦	三九三七	三九三八 用	三九三九 甪	三九四〇 甫
三九四一 甬	三九四二 甯	三九四三	三九四四 田	三九四五 由	三九四六 甲	三九四七 申	三九四八 男	三九四九 甸	三九五〇 甽
三九五一 甾	三九五二 畀	三九五三 畋	三九五四 界	三九五五 畎	三九五六 畏	三九五七 町	三九五八 畊	三九五九 甿	三九六〇 畇
三九六一 畔	三九六二 畚	三九六三 畛	三九六四 畜	三九六五 畝	三九六六 留	三九六七 畟	三九六八 畢	三九六九 畤	三九七〇 略
三九七一 畦	三九七二 番	三九七三 畫	三九七四 畬	三九七五 畯	三九七六 異	三九七七 畮	三九七八 畷	三九七九 畹	三九八〇 畽
三九八一 當	三九八二 畸	三九八三 畿	三九八四 疆	三九八五 疇	三九八六 疊	三九八七	三九八八 疋	三九八九 疎	三九九〇 疏
三九九一 疐	三九九二 疑	三九九三	三九九四 疒	三九九五 疔	三九九六 疞	三九九七 疤	三九九八 疢	三九九九 疝	四〇〇〇 疥

疒疋 白皮皿目

四一九一 眾	四一八一 眩	四一七一 盻	四一六一 相	四一五一 盧	四一四一 盛	四一三一 盃	四一二一	四一一一 皖	四一〇一 白	四〇九一 癯	四〇八一 癤	四〇七一 癃	四〇六一 瘧	四〇五一 瘕	四〇四一 瘁	四〇三一 痢	四〇二一 痍	四〇一一 疹	四〇〇一 疣
四一九二 着	四一八二 眙	四一七二 盰	四一六二 盼	四一五二 盦	四一四二 盜	四一三二 盅	四一二二 皮	四一一二 皙	四一〇二 百	四〇九二 癰	四〇八二 癡	四〇七二 癆	四〇六二 瘬	四〇五二 瘖	四〇四二 瘂	四〇三二 痯	四〇二二 痒	四〇一二 疼	四〇〇二 疤
四一九三 眹	四一八三 眯	四一七三 盱	四一六三 盾	四一五三 盩	四一四三 盞	四一三三 盆	四一二三 皴	四一一三 皜	四一〇三 皂	四〇九三 癱	四〇八三 癢	四〇七三 癇	四〇六三 瘨	四〇五三 瘞	四〇四三 瘇	四〇三三 痰	四〇二三 痔	四〇一三 疽	四〇〇三 疥
四一九四 睕	四一八四 眵	四一七四 眚	四一六四 省	四一五四 盭	四一四四 盝	四一三四 盈	四一二四 皷	四一一四 皚	四一〇四 的	四〇九四 癲	四〇八四 癥	四〇七四 癉	四〇六四 瘰	四〇五四 瘟	四〇四四 瘉	四〇三四 痳	四〇二四 痕	四〇一四 疾	四〇〇四 疫
四一九五 睇	四一八五 眴	四一七五 眛	四一六五 眄	四一五五 盪	四一四五 盟	四一三五 益	四一二五 皸	四一一五 皤	四一〇五 皆	四〇九五	四〇八五 [illegible]	四〇七五 癖	四〇六五 瘳	四〇五五 瘠	四〇四五 瘋	四〇三五 痴	四〇二五 痗	四〇一五 疿	四〇〇五 疷
四一九六 睆	四一八六 眶	四一七六 眞	四一六六 眇	四一五六 盬	四一四六 盢	四一三六 盌	四一二六 皺	四一一六 皞	四一〇六 皇	四〇九六 癶	四〇八六 癭	四〇七六 瘺	四〇六六 瘴	四〇五六 瘡	四〇四六 瘍	四〇三六 痺	四〇二六 痘	四〇一六 病	四〇〇六 疲
四一九七 睄	四一八七 眷	四一七七 眠	四一六七 眈	四一五七	四一四七 盡	四一三七 盍	四一二七 皻	四一一七 皦	四一〇七 皈	四〇九七 癸	四〇八七 癧	四〇七七 癑	四〇六七 瘵	四〇五七 瘢	四〇四七 瘏	四〇三七 痼	四〇二七 痛	四〇一七 症	四〇〇七 疳
四一九八 睍	四一八八 眸	四一七八 眢	四一六八 眉	四一五八 目	四一四八 監	四一三八 盎	四一二八	四一一八 皭	四一〇八 皋	四〇九八 登	四〇八八 癩	四〇七八 癘	四〇六八 瘻	四〇五八 瘤	四〇四八 瘝	四〇三八 痾	四〇二八 痞	四〇一八 痂	四〇〇八 疴
四一九九 睚	四一八九 眺	四一七九 眥	四一六九 眊	四一五九 盲	四一四九 盤	四一三九 盒	四一二九 皿	四一一九 皪	四一〇九 皎	四〇九九 發	四〇八九 癬	四〇七九 癩	四〇六九 瘼	四〇五九 瘥	四〇四九 瘓	四〇三九 痠	四〇二九 痣	四〇一九 痊	四〇〇九 疵
四二〇〇 睛	四一九〇 眼	四一八〇 眦	四一七〇 看	四一六〇 直	四一五〇 盥	四一四〇 盛	四一三〇 盂	四一二〇 皫	四一一〇 皓	四一〇〇	四〇九〇 癮	四〇八〇 癓	四〇七〇 療	四〇六〇 瘦	四〇五〇 [illegible]	四〇四〇 瘀	四〇三〇 痡	四〇二〇 痌	四〇一〇 疸

二十一

目矛矢石示

四三九一 禁	四三八一 禝	四三七一 祖	四三六一 祇	四三五一 礫	四三四一 磻	四三三一 磚	四三二一 磈	四三一一 碩	四三〇一 碑	四二九一 硯	四二八一 硃	四二七一 砣	四二六一 砆	四二五一 矩	四二四一 矚	四二三一 瞶	四二二一 瞞	四二一一 睥	四二〇一 睜
四三九二 禋	四三八二 祥	四三七二 祗	四三六二 祈	四三五二 礐	四三四二 礎	四三三二 磧	四三二二 磋	四三一二 碬	四三〇二 碓	四二九二 确	四二八二 研	四二七二 砥	四二六二 矻	四二五二 短	四二四二	四二三二 瞻	四二二二 瞠	四二一二 睹	四二〇二 睞
四三九三 禍	四三八三 祧	四三七三 祚	四三六三 祉	四三五三 礴	四三四三 磈	四三三三 磨	四三二三 磐	四三一三 磁	四三〇三 硾	四二九三 硰	四二八三 硎	四二七三 斫	四二六三 砂	四二五三 矮	四二四三 矛	四二三三 瞽	四二二三 瞪	四二一三 睿	四二〇三 睪
四三九四 禎	四三八四 票	四三七四 祛	四三六四 礿	四三五四 碱	四三四四 礙	四三三四 磬	四三二四 磓	四三一四 碰	四三〇四 碡	四二九四 碌	四二八四 硜	四二七四 砦	四二六四 砉	四二五四 矰	四二四四 矜	四二三四 瞿	四二二四 瞢	四二一四 瞥	四二〇四 睡
四三九五 福	四三八五 祭	四三七五 祜	四三六五 祕	四三五五 示	四三四五 礬	四三三五 磯	四三二五 礁	四三一五 確	四三〇五 碪	四二九五 碎	四二八五 [illegible]	四二七五 破	四二六五 砌	四二五五 矯	四二四五 矞	四二三五 矇	四二二五 瞧	四二一五 瞏	四二〇五 睢
四三九六 禘	四三八六 禆	四三七六 祝	四三六六 祊	四三五六 礽	四三四六 礌	四三三六 磼	四三二六 磕	四三一六 碼	四三〇六 碧	四二九六 硼	四二八六 硤	四二七六 砲	四二六六 砍	四二五六 矱	四二四六	四二三六 矍	四二二六 瞬	四二一六 瞖	四二〇六 督
四三九七 禊	四三八七 禖	四三七七 神	四三六七 祏	四三五七 社	四三四七 磴	四三三七 磺	四三二七 磙	四三一七 礟	四三〇七 碭	四二九七 碗	四二八七 硨	四二七七 砠	四二六七 砑	四二五七	四二四七 矢	四二三七 矓	四二二七 瞳	四二一七 瞋	四二〇七 睦
四三九八 禔	四三八八 禛	四三七八 祟	四三六八 祐	四三五八 祀	四三四八 礉	四三三八 磽	四三二八 [illegible]	四三一八 [illegible]	四三〇八 碟	四二九八 碁	四二八八 硫	四二七八 砧	四二六八 砒	四二五八 石	四二四八 矣	四二三八 矗	四二二八 瞯	四二一八 瞍	四二〇八 睫
四三九九 祺	四三八九 祿	四三七九 祠	四三六九 祓	四三五九 祁	四三四九 礦	四三三九 [illegible]	四三二九 [illegible]	四三一九 [illegible]	四三〇九 碣	四二九九 碇	四二八九 硬	四二七九 砮	四二六九 砭	四二五九 矴	四二四九 知	四二三九 矙	四二二九 瞭	四二一九 瞎	四二〇九 睠
四四〇〇 禕	四三九〇 稟	四三八〇 祫	四三七〇 祔	四三六〇 祆	四三五〇 礪	四三四〇 磷	四三三〇 磣	四三二〇 磊	四三一〇 碧	四三〇〇 碔	四二九〇 硭	四二八〇 砰	四二七〇 砢	四二六〇 矼	四二五〇 矧	四二四〇 曹	四二三〇 瞰	四二二〇 瞑	四二一〇 睟

二十二

四五九一 筑	四五八一 筆	四五七一 笋	四五六一 笏	四五五一 端	四五四一 站	四五三一 竂	四五二一 窬	四五一一 窕	四五〇一 穽	四四九一 穭	四四八一 穎	四四七一 稼	四四六一 稒	四四五一 稅	四四四一 秧	四四三一 秅	四四二一 禾	四四一一 禱	四四〇一 禡
四五九二 筒	四五八二 筇	四五七二 笪	四五六二 笑	四五五二 競	四五四二 竚	四五三二 竁	四五二二 窮	四五一二 窖	四五〇二 穿	四四九二 穰	四四八二 穗	四四七二 稽	四四六二 稜	四四五二 稈	四四四二 秩	四四三二 秒	四四二二 禿	四四一二 禳	四四〇二 禝
四五九三 筓	四五八三 等	四五七三 笫	四五六三 笙	四五五三	四五四三 竝	四五三三 竄	四五二三 窯	四五一三 窗	四五〇三 窀	四四九三	四四八三 穜	四四七三 稿	四四六三 稟	四四五三 程	四四四三 秫	四四三三 秔	四四二三 秀	四四一三 禴	四四〇三 禦
四五九四 答	四五八四 筊	四五七四 第	四五六四 笛	四五五四 竹	四五四四 竟	四五三四 竅	四五二四 窳	四五一四 窓	四五〇四 窄	四四九四 穴	四四八四 稸	四四七四 穀	四四六四 稠	四四五四 稌	四四四四 秭	四四三四 秘	四四二四 私	四四一四	四四〇四 禠
四五九五 策	四五八五 筋	四五七五 笮	四五六五 笞	四五五五 竺	四五四五 章	四五三五 竇	四五二五 窵	四五一五 窘	四五〇五 窅	四四九五 穵	四四八五 穟	四四七五 穄	四四六五 稭	四四五五 稍	四四四五 秬	四四三五 秖	四四二五 秈	四四一五 禸	四四〇五 禫
四五九六 筠	四五八六 筌	四五七六 笆	四五六六 笿	四五五六 竽	四五四六 竣	四五三六 竈	四五二六 窶	四五一六 窟	四五〇六 窆	四四九六 究	四四八六 穢	四四七六 穆	四四六六 稹	四四五六 稊	四四四六 秷	四四三六 租	四四二六 秉	四四一六 禹	四四〇六 禧
四五九七 筤	四五八七 筍	四五七七 笐	四五六七 笠	四五五七 竿	四五四七 童	四五三七 竊	四五二七 窸	四五一七 窠	四五〇七 窈	四四九七 穸	四四八七 穠	四四七七 稺	四四六七 種	四四五七 稔	四四四七 秸	四四三七 秠	四四二七 秊	四四一七 禺	四四〇七 禪
四五九八 筥	四五八八 筎	四五七八 笱	四五六八 笥	四五五八 笄	四五四八 竦	四五三八	四五二八 窣	四五一八 窨	四五〇八 窋	四四九八 穹	四四八八 穨	四四七八 穋	四四六八 稱	四四五八 稗	四四四八 移	四四三八 秣	四四二八 秋	四四一八 离	四四〇八 禨
四五九九 筦	四五八九 筏	四五七九 笳	四五六九 符	四五五九 笈	四五四九 竪	四五三九 立	四五二九 窺	四五一九 窩	四五〇九 窊	四四九九 突	四四八九 穩	四四七九 穌	四四六九 稷	四四五九 稙	四四四九 稀	四四三九 秤	四四二九 种	四四一九 禽	四四〇九 禮
四六〇〇 筧	四五九〇 筐	四五八〇 筅	四五七〇 笨	四五六〇 笊	四五五〇 竭	四五四〇 竑	四五三〇 窾	四五二〇 窪	四五一〇 窒	四五〇〇 空	四四九〇 穫	四四八〇 積	四四七〇 稻	四四六〇 稚	四四五〇 稂	四四四〇 秦	四四三〇 科	四四二〇	四四一〇 禰

四七九一 紡	四七八一 紐	四七七一 紉	四七六一 糸	四七五一 糙	四七四一 糕	四七三一 粱	四七二一 粒	四七一一 籫	四七〇一 籚	四六九一 籃	四六八一 簪	四六七一 簜	四六六一 篼	四六五一 篨	四六四一 篘	四六三一 箴	四六二一 箐	四六一一 箍	四六〇一 筩
四七九二 索	四七八二 紓	四七七二 紊	四七六二 系	四七五二 糧	四七四二 糇	四七三二 粲	四七二二 粕	四七一二 籮	四七〇二 籛	四六九二 籊	四六八二 簫	四六七二 簞	四六六二 簇	四六五二 篩	四六四二 篔	四六三二 箸	四六二二 箒	四六一二 箇	四六〇二 筮
四七九三 紫	四七八三 純	四七七三 紋	四七六三 糾	四七五三 糦	四七四三 糖	四七三三 粹	四七二三 粗	四七一三 籬	四七〇三 籜	四六九三 籌	四六八三 簷	四六七三 簟	四六六三 簋	四六五三 篦	四六四三 篙	四六三三 箾	四六二三 箑	四六一三 箔	四六〇三 筲
四七九四 紩	四七八四 紗	四七七四 紵	四七六四 紀	四七五四 糯	四七四四 糗	四七三四 粳	四七二四 粘	四七一四 籯	四七〇四 籟	四六九四 籍	四六八四 簸	四六七四 簠	四六六四 簍	四六五四 篪	四六四四 篚	四六三四 節	四六二四 箘	四六一四 箕	四六〇四 筴
四七九五 紬	四七八五 紘	四七七五 紃	四七六五 紂	四七五五 糲	四七四五 糜	四七三五 粺	四七二五 粟	四七一五 籲	四七〇五 籠	四六九五 籄	四六八五 簬	四六七五 簡	四六六五 簌	四六五五 篲	四六四五 篝	四六三五 篁	四六二五 箜	四六一五 算	四六〇五 筳
四七九六 紮	四七八六 紙	四七七六 紏	四七六六 約	四七五六 糴	四七四六 糝	四七三六 粼	四七二六 粢	四七一六	四七〇六 籤	四六九六 籐	四六八六 簻	四六七六 簣	四六六六 簏	四六五六 篳	四六四六 篠	四六三六 範	四六二六 箊	四六一六 箛	四六〇六 筯
四七九七 累	四七八七 級	四七七七 紝	四七六七 紅	四七五七 糵	四七四七 糞	四七三七 精	四七二七 粤	四七一七 米	四七〇七 籥	四六九七 籔	四六八七 簽	四六七七 簥	四六六七 篌	四六五七 篺	四六四七 篡	四六三七 篆	四六二七 箸	四六一七 箝	四六〇七 筱
四七九八 細	四七八八 紛	四七七八 紞	四七六八 紆	四七五八 糱	四七四八 糟	四七三八 糈	四七二八 粥	四七一八 粃	四七〇八 籢	四六九八 籓	四六八八 簾	四六七八 簦	四六六八 簊	四六五八 篴	四六四八 篤	四六三八 篇	四六二八 箭	四六一八 箠	四六〇八 箋
四七九九 紲	四七八九 紜	四七七九 紽	四七六九 紇	四七五九 糶	四七四九 糠	四七三九 糊	四七二九 粦	四七一九 籹	四七〇九 籧	四六九九 籀	四六八九 簿	四六七九 簧	四六六九 簃	四六五九 篷	四六四九 簑	四六三九 築	四六二九 箯	四六一九 管	四六〇九 筦
四八〇〇 紳	四七九〇 素	四七八〇 納	四七七〇 紈	四七六〇	四七五〇 糓	四七四〇 糉	四七三〇 粧	四七二〇 粉	四七一〇 籩	四七〇〇 籙	四六九〇 簴	四六八〇 簨	四六七〇 簸	四六六〇 簀	四六五〇 篧	四六四〇 篋	四六三〇 箱	四六二〇 箏	四六一〇 箂

四九九一 罝	四九八一 罌	四九七一 缸	四九六一 纏	四九五一 纂	四九四一 繫	四九三一 繕	四九二一 績	四九一一 縫	四九〇一 縗	四八九一 緡	四八八一 緵	四八七一 綯	四八六一 綻	四八五一 綮	四八四一 綑	四八三一 絹	四八二一 絢	四八一一 紱	四八〇一 紹
四九九二 罟	四九八二 罍	四九七二 缺	四九六二 纊	四九五二 繽	四九四二 繭	四九三二 繙	四九二二 緊	四九一二 縱	四九〇二 縛	四八九二 緜	四八八二 編	四八七二 緒	四八六二 綽	四八五二 綰	四八四二 經	四八三二 絺	四八二二 給	四八一二 絅	四八〇二 紺
四九九三 罡	四九八三 罏	四九七三 缾	四九六三 纑	四九五三 繾	四九四三 繮	四九三三 繚	四九二三 繅	四九一三 縲	四九〇三 縝	四八九三 緲	四八八三 緩	四八七三 緘	四八六三 緅	四八五三 綱	四八四三 綃	四八三三 綠	四八二三 絨	四八一三 紲	四八〇三 紼
四九九四 罣	四九八四 罐	四九七四 䍬	四九六四 纓	四九五四 纆	四九四四 繯	四九三四 繐	四九二四 繆	四九一四 縳	四九〇四 縟	四八九四 繄	四八八四 緬	四八七四 緝	四八六四 緌	四八五四 網	四八四四 綜	四八三四 綁	四八二四 絪	四八一四 結	四八〇四 紾
四九九五 罥	四九八五	四九七五 罃	四九六五 纔	四九五五 纇	四九四五 繳	四九三五 繞	四九二五 繇	四九一五 縵	四九〇五 縣	四八九五 緹	四八八五 緯	四八七五 綿	四八六五 緎	四八五五 綳	四八四五 綠	四八三五 綈	四八二五 絮	四八一五 絕	四八〇五 紿
四九九六 罦	四九八六 网	四九七六 罁	四九六六 纛	四九五六 纈	四九四六 繹	四九三六 繢	四九二六 繑	四九一六 縶	四九〇六 縑	四八九六 縈	四八八六 練	四八七六 緞	四八六六 綾	四八五六 綴	四八四六 綢	四八三六 綉	四八二六 絰	四八一六 絛	四八〇六 絀
四九九七 罪	四九八七 罔	四九七七 罄	四九六七 纚	四九五七 纘	四九四七 辮	四九三七 繡	四九二七 繖	四九一七 縷	四九〇七 繁	四八九七 縉	四八八七 緻	四八七七 締	四八六七 緇	四八五七 綵	四八四七 綦	四八三七 綆	四八二七 統	四八一七 絜	四八〇七 終
四九九八 罭	四九八八 罕	四九七八 罇	四九六八 纜	四九五八 續	四九四八 繻	四九三八 繒	四九二八 繂	四九一八 縹	四九〇八 縞	四八九八 縊	四八八八 緼	四八七八 緣	四八六八 緊	四八五八 綸	四八四八 綫	四八三八 綌	四八二八 絲	四八一八 絝	四八〇八 絃
四九九九 置	四九八九 罘	四九七九 罈	四九六九 纙	四九五九 纍	四九四九 繼	四九三九 繩	四九二九 繈	四九一九 縻	四九〇九 縠	四八九九 縋	四八八九 緗	四八七九 緤	四八六九 緋	四八五九 綹	四八四九 綬	四八三九 綍	四八二九 絳	四八一九 絞	四八〇九 組
五〇〇〇 罰	四九九〇 罛	四九八〇 罋	四九七〇 缶	四九六〇 纖	四九五〇 纁	四九四〇 繪	四九三〇 織	四九二〇 總	四九一〇 縢	四九〇〇 縐	四八九〇 緙	四八八〇 緦	四八七〇 綣	四八六〇 綺	四八五〇 維	四八四〇 綏	四八三〇 絖	四八二〇 絡	四八一〇 絆

明密碼電報書　糸　糸缶网　二十五

五一九一 脥	五一八一 脈	五一七一 胥	五一六一 胙	五一五一 肺	五一四一 肢	五一三一 肉	五一二一 聽	五一一一 聘	五一〇一 耳	五〇九一 耜	五〇八一 耎	五〇七一 老	五〇六一 翳	五〇五一 翡	五〇四一 翅	五〇三一 羯	五〇二一 羔	五〇一一 罿	五〇〇一 罨
五一九二 脫	五一八二 脊	五一七二 朐	五一六二 胚	五一五二 胃	五一四二 肥	五一三二 肋	五一二二 聾	五一一二 聚	五一〇二 耶	五〇九二 耝	五〇八二 耐	五〇七二 考	五〇六二 翹	五〇五二 翣	五〇四二 翊	五〇三二 羲	五〇二二 羖	五〇一二 羅	五〇〇二 署
五一九三 脖	五一八三 脚	五一七三 胼	五一六三 胛	五一五三 胄	五一四三 肭	五一三三 肌	五一二三	五一一三 聞	五一〇三 耻	五〇九三 耞	五〇八三 耑	五〇七三 耄	五〇六三 翺	五〇五三 翥	五〇四三 翌	五〇三三 羵	五〇二三 羜	五〇一三 羆	五〇〇三 罳
五一九四 脯	五一八四 脘	五一七四 能	五一六四 胝	五一五四 背	五一四四 肩	五一三四 育	五一二四 聿	五一一四 聯	五一〇四 耽	五〇九四 耡	五〇八四	五〇七四 者	五〇六四 翻	五〇五四 翦	五〇四四 翎	五〇三四 羶	五〇二四 羚	五〇一四 羇	五〇〇四 罫
五一九五 脹	五一八五 脛	五一七五 胾	五一六五 胞	五一五五 胗	五一四五 肫	五一三五 肖	五一二五 肄	五一一五 聰	五一〇五 耿	五〇九五 耤	五〇八五 耒	五〇七五 耆	五〇六五 翼	五〇五五 翩	五〇四五 習	五〇三五 羸	五〇二五 羝	五〇一五 羈	五〇〇五 罶
五一九六 脾	五一八六 脞	五一七六 脂	五一六六 胸	五一五六 胔	五一四六 肯	五一三六 肘	五一二六 肅	五一一六 聱	五一〇六 聃	五〇九六 耦	五〇八六 耔	五〇七六 耇	五〇六六 翽	五〇五六 翫	五〇四六 翔	五〇三六 羹	五〇二六 羞	五〇一六	五〇〇六 罵
五一九七 腆	五一八七 脤	五一七七 脃	五一六七 胠	五一五七 胍	五一四七 肱	五一三七 肚	五一二七 肆	五一一七 聳	五一〇七 聆	五〇九七 耨	五〇八七 耕	五〇七七 耋	五〇六七 翾	五〇五七 翬	五〇四七 翕	五〇三七	五〇二七 羢	五〇一七 羊	五〇〇七 罷
五一九八 腊	五一八八 脣	五一七八 脅	五一六八 胭	五一五八 胎	五一四八 肓	五一三八 肛	五一二八 肇	五一一八 聵	五一〇八 聊	五〇九八 耬	五〇八八 耗	五〇七八	五〇六八 翿	五〇五八 翮	五〇四八 翛	五〇三八 羽	五〇二八 羣	五〇一八 羌	五〇〇八 罹
五一九九 腋	五一八九 脧	五一七九 脇	五一六九 胯	五一五九 胏	五一四九 肴	五一三九 肝	五一二九 盡	五一一九 聶	五一〇九 聒	五〇九九 耰	五〇八九 耘	五〇七九 而	五〇六九 耀	五〇五九 翯	五〇四九 翟	五〇三九 翀	五〇二九 羨	五〇一九 美	五〇〇九 羃
五二〇〇 腎	五一九〇 脩	五一八〇 脁	五一七〇 胡	五一六〇 胖	五一五〇 肸	五一四〇 股	五一三〇	五一二〇 職	五一一〇 聖	五一〇〇	五〇九〇 耙	五〇八〇 耍	五〇七〇	五〇六〇 翰	五〇五〇 翠	五〇四〇 翁	五〇三〇 義	五〇二〇 羑	五〇一〇 罽

明密碼電報書　网羊羽老而耒　耳聿肉　二十六

5201 腐	5211 腯	5221 膏	5231 膠	5241 臀	5251 臚	5261 自	5271 臻	5281 興	5291	5301 般	5311 舴	5321 艟	5331 色	5341 芋	5351 芤	5361 芯	5371 苐	5381 苛	5391 英
5202 腑	5212 腰	5222 膝	5232 膩	5242 臂	5252 臝	5262 臬	5272	5282 舉	5292 舛	5302 舫	5312 艇	5322 艨	5332 艴	5342 芍	5352 芧	5362 芰	5372 芾	5382 苜	5392 苴
5203 腓	5213 腱	5223 腳	5233 膰	5243 臄	5253 臟	5263 臭	5273 臼	5283 舊	5293 舜	5303 舩	5313 艋	5323 艪	5333 艷	5343 芎	5353 芨	5363 花	5373 苑	5383 苞	5393 苹
5204 腔	5214 腸	5224 膈	5234 膳	5244 臆	5254 臠	5264 臯	5274 臾	5284 舋	5294 舞	5304 舷	5314 艄	5324 艦	5334	5344 芑	5354 芥	5364 芳	5374 茆	5384 苟	5394 苻
5205 腕	5215 腹	5225 膊	5235 膺	5245 臉	5255	5265 臲	5275 舁	5285	5295 舝	5305 舵	5315 艖	5325 艫	5335 艸	5345 芒	5355 芩	5365 芷	5375 苒	5385 苣	5395 苽
5206 腥	5216 腠	5226 膕	5236 膴	5246 臊	5256 臣	5266	5276 舀	5286 舌	5296	5306 舶	5316 艗	5326	5336 艽	5346 芙	5356 芪	5366 芸	5376 苓	5386 苡	5396 苾
5207 腦	5217 腿	5227 膚	5237 膽	5247 臍	5257 臥	5267 至	5277 舂	5287 舍	5297 舟	5307 船	5317 艎	5327 艮	5337 艾	5347 芝	5357 芫	5367 芹	5377 苔	5387 若	5397 茀
5208 腴	5218 膀	5228 膛	5238 膻	5248 臘	5258 臧	5268 致	5278 舃	5288 舐	5298 舠	5308 舸	5318 艘	5328 良	5338 芃	5348 芟	5358 芬	5368 芻	5378 苗	5388 苦	5398 茁
5209 腫	5219 膂	5229 膜	5239 膾	5249 臙	5259 臨	5269 臶	5279 舅	5289 舒	5299 舡	5309 舲	5319 艙	5329 艱	5339 芄	5349 芡	5359 芭	5369 芼	5379 苕	5389 苧	5399 茂
5210 腮	5220 膋	5230 膝	5240 膿	5250 臑	5260	5270 臺	5280 與	5290 舘	5300 航	5310 舳	5320 艤	5330	5340 芊	5350 芣	5360 芮	5370 芽	5380 苙	5390 苫	5400 范

5401 茄	5411 茦	5421 茷	5431 荍	5441 荻	5451 莞	5461 莉	5471 菖	5481 菲	5491 萋	5501 萼	5511 著	5521 葭	5531 葑	5541 蒨	5551 蓂	5561 蔀	5571 蓮	5581 蓿	5591 蔡
5402 茈	5412 茨	5422 茸	5432 荏	5442 荼	5452 莠	5462 莽	5472 菔	5482 菴	5492 萌	5502 萬	5512 蓄	5522 葯	5532 葹	5542 蒴	5552 蓄	5562 蓐	5572 蓰	5582 蔂	5592 蔣
5403 茅	5413 茳	5423 茹	5433 荐	5443 荽	5453 莢	5463 菟	5473 菘	5483 菶	5493 萍	5503 萱	5513 葚	5523 葱	5533 蒐	5543 蒲	5553 蓆	5563 蓓	5573 蒓	5583 蔑	5593 蔭
5404 茇	5414 茭	5424 荀	5434 荑	5444 莅	5454 莧	5464 菁	5474 菠	5484 菹	5494 萎	5504 萵	5514 葛	5524 葳	5534 葊	5544 蒸	5554 蓉	5564 蓾	5574 蓴	5584 蔫	5594 蔴
5405 茍	5415 茯	5425 荃	5435 荒	5445 莊	5455 莆	5465 菅	5475 菜	5485 菼	5495 萑	5505 萸	5515 葡	5525 葵	5535 蒔	5545 蒹	5555 蓊	5565 蔌	5575 蔻	5585 蔓	5595 蔥
5406 茉	5416 茱	5426 荺	5436 荎	5446 莎	5456 莨	5466 菇	5476 菩	5486 菽	5496 萏	5506 萹	5516 董	5526 葷	5536 蒙	5546 蒺	5556 蓋	5566 蔮	5576 蓺	5586 蔕	5596 蔦
5407 茗	5417 茲	5427 荊	5437 荄	5447 莒	5457 莩	5467 菉	5477 菫	5487 萁	5497 菌	5507 落	5517 葦	5527 葸	5537 蒜	5547 蒼	5557 蓌	5567 蒱	5577 薌	5587 蔗	5597 蔔
5408 茘	5418 茴	5428 荸	5438 莛	5448 莓	5458 莪	5468 菊	5478 華	5488 萃	5498 萩	5508 葆	5518 葩	5528 葺	5538 蒡	5548 蒿	5558 蓍	5568 蓧	5578 蓼	5588 蔚	5598 蕐
5409 茜	5419 茵	5429 荇	5439 荳	5449 莖	5459 莫	5469 菑	5479 菰	5489 萆	5499 葏	5509 葉	5519 葫	5529 葽	5539 蒞	5549 蓀	5559 蓏	5569 蓫	5579 蔆	5589 蔞	5599 蔽
5410 茢	5420 茶	5430 草	5440 荷	5450 莘	5460 莵	5470 菓	5480 菱	5490 萊	5500 萇	5510 葍	5520 葬	5530 蒂	5540 蒟	5550 蓁	5560 蓑	5570 蓬	5580 蔇	5590 蔟	5600 蔬

明密碼電報書　艸　虍　虫

五六〇一 蕺	五六〇二 蕠	五六〇三 蕃	五六〇四 蕉	五六〇五 蕊	五六〇六 蕎	五六〇七 蕕	五六〇八 蕖	五六〇九 蕘	五六一〇 蕙
五六一一 蕝	五六一二 蕞	五六一三 蕡	五六一四 蕢	五六一五 蕨	五六一六 蕩	五六一七 蕪	五六一八 蕭	五六一九 蕰	五六二〇 著
五六二一 蕆	五六二二 蕈	五六二三 蕳	五六二四 蕼	五六二五 蕇	五六二六 蕷	五六二七 [illegible]	五六二八 蕾	五六二九 薐	五六三〇 薢
五六三一 薄	五六三二 薅	五六三三 薇	五六三四 薈	五六三五 薉	五六三六 薊	五六三七 薑	五六三八 薔	五六三九 薖	五六四〇 薙
五六四一 薛	五六四二 孽	五六四三 薜	五六四四 薦	五六四五 薨	五六四六 薩	五六四七 薪	五六四八 薤	五六四九 蘖	五六五〇 薏
五六五一 薰	五六五二 蓬	五六五三 薹	五六五四 薺	五六五五 薽	五六五六 薿	五六五七 蓁	五六五八 藇	五六五九 藉	五六六〇 藎
五六六一 藏	五六六二 藐	五六六三 藍	五六六四 藁	五六六五 藕	五六六六 蔿	五六六七 藚	五六六八 藜	五六六九 藝	五六七〇 藟
五六七一 藤	五六七二 藩	五六七三 藥	五六七四 藪	五六七五 藷	五六七六 藹	五六七七 藺	五六七八 蘱	五六七九 藻	五六八〇 藾
五六八一 藿	五六八二 蘄	五六八三 蘅	五六八四 蘆	五六八五 蘇	五六八六 蘊	五六八七 蘂	五六八八 蘷	五六八九 蘋	五六九〇 [illegible]
五六九一 蘚	五六九二 蘞	五六九三 蘢	五六九四 蘩	五六九五 蘭	五六九六 蘨	五六九七 蘼	五六九八 蘧	五六九九 蘚	五七〇〇 蘺
五七〇一 蘼	五七〇二 [illegible]	五七〇三 蘽	五七〇四	五七〇五 虍	五七〇六 虎	五七〇七 虐	五七〇八 虒	五七〇九 虔	五七一〇 處
五七一一 虛	五七一二 虜	五七一三 虞	五七一四 號	五七一五 虡	五七一六 虢	五七一七 戲	五七一八 虩	五七一九 虧	五七二〇 虤
五七二一	五七二二 虫	五七二三 虱	五七二四 虬	五七二五 虹	五七二六 虺	五七二七 蚓	五七二八 蚔	五七二九 蚕	五七三〇 蚊
五七三一 蚋	五七三二 蚌	五七三三 蚣	五七三四 蚤	五七三五 蚧	五七三六 蚩	五七三七 蚪	五七三八 蚨	五七三九 蚯	五七四〇 蚰
五七四一 蚱	五七四二 蚳	五七四三 蚶	五七四四 蚺	五七四五 蛄	五七四六 蛀	五七四七 蛆	五七四八 蛇	五七四九 蛉	五七五〇 蛑
五七五一 蛋	五七五二 蛙	五七五三 蛛	五七五四 蛟	五七五五 蛣	五七五六 蛤	五七五七 蛩	五七五八 蛺	五七五九 蛭	五七六〇 蛾
五七六一 蛸	五七六二 蜂	五七六三 蜃	五七六四 蜇	五七六五 蜈	五七六六 蜋	五七六七 蜓	五七六八 蛸	五七六九 蛹	五七七〇 蜕
五七七一 蜀	五七七二 蜉	五七七三 蜍	五七七四 蜊	五七七五 蜎	五七七六 蜘	五七七七 蜚	五七七八 蜜	五七七九 蜡	五七八〇 蜣
五七八一 蜩	五七八二 蜥	五七八三 蜺	五七八四 蝃	五七八五 蜴	五七八六 蜞	五七八七 蝀	五七八八 蝍	五七八九 蝹	五七九〇 蜮
五七九一 蝎	五七九二 蝓	五七九三 蝕	五七九四 蝗	五七九五 蝘	五七九六 蝙	五七九七 蝝	五七九八 蝟	五七九九 蝠	五八〇〇 蝏

二十九

明密碼電報書　虫　血　行　衣

五八〇一 蝥	五八〇二 蝦	五八〇三 蝮	五八〇四 蝱	五八〇五 蝶	五八〇六 蜷	五八〇七 蟮	五八〇八 蜻	五八〇九 蝌	五八一〇 蝨
五八一一 蝡	五八一二 蝣	五八一三 蝤	五八一四 蝴	五八一五 蝸	五八一六 融	五八一七 螓	五八一八 螞	五八一九 螘	五八二〇 螟
五八二一 螢	五八二二 螣	五八二三 螥	五八二四 螃	五八二五 螂	五八二六 螫	五八二七 螱	五八二八 螺	五八二九 螻	五八三〇 螽
五八三一 螿	五八三二 蟄	五八三三 蟊	五八三四 螬	五八三五 螭	五八三六 螮	五八三七 螯	五八三八 螳	五八三九 蟀	五八四〇 蟆
五八四一 蟈	五八四二 蟋	五八四三 蟣	五八四四 蟪	五八四五 蟒	五八四六 蟞	五八四七 蟠	五八四八 蟬	五八四九 蟲	五八五〇 蟭
五八五一 蟹	五八五二 蟻	五八五三 蟾	五八五四 蟳	五八五五 蟶	五八五六 蠃	五八五七 蟿	五八五八 蠁	五八五九 蠅	五八六〇 蠆
五八六一 蠍	五八六二 蠕	五八六三 蠖	五八六四 蠘	五八六五 蠭	五八六六 蠟	五八六七 蠡	五八六八 蠢	五八六九 蠣	五八七〇 蠨
五八七一 蠹	五八七二 蠱	五八七三 蠲	五八七四 蠶	五八七五 蠻	五八七六	五八七七 血	五八七八 卹	五八七九 衁	五八八〇 衄
五八八一 衅	五八八二 衂	五八八三 衆	五八八四 衇	五八八五 蠛	五八八六	五八八七 行	五八八八 衍	五八八九 衎	五八九〇 術
五八九一 衒	五八九二 衕	五八九三 衖	五八九四 街	五八九五 衙	五八九六 衚	五八九七 衝	五八九八 衛	五八九九 衡	五九〇〇 衢
五九〇一	五九〇二 衣	五九〇三 表	五九〇四 衫	五九〇五 衰	五九〇六 衲	五九〇七 衷	五九〇八 衰	五九〇九 衵	五九一〇 衽
五九一一 衾	五九一二 衿	五九一三 袁	五九一四 袈	五九一五 袋	五九一六 袍	五九一七 袒	五九一八 袖	五九一九 袗	五九二〇 袜
五九二一 袚	五九二二 袞	五九二三 袤	五九二四 袞	五九二五 袪	五九二六 被	五九二七 袂	五九二八 袴	五九二九 袿	五九三〇 袷
五九三一 裓	五九三二 裁	五九三三 裂	五九三四 裊	五九三五 裎	五九三六 裀	五九三七 裏	五九三八 裒	五九三九 裔	五九四〇 裕
五九四一 裘	五九四二 裙	五九四三 補	五九四四 裝	五九四五 裟	五九四六 裦	五九四七 裨	五九四八 裯	五九四九 裰	五九五〇 裱
五九五一 裳	五九五二 裴	五九五三 裸	五九五四 裼	五九五五 裹	五九五六 製	五九五七 裾	五九五八 複	五九五九 褊	五九六〇 褌
五九六一 褉	五九六二 褂	五九六三 褪	五九六四 褐	五九六五 褓	五九六六 褘	五九六七 褙	五九六八 褡	五九六九 褚	五九七〇 褥
五九七一 褧	五九七二 褫	五九七三 褰	五九七四 褳	五九七五 襱	五九七六 褵	五九七七 褶	五九七八 褻	五九七九 褒	五九八〇 襄
五九八一 襟	五九八二 襁	五九八三 [illegible]	五九八四 襖	五九八五 襚	五九八六 襌	五九八七 襜	五九八八 襞	五九八九 襛	五九九〇 襝
五九九一 襠	五九九二 襟	五九九三 襦	五九九四 襪	五九九五 襏	五九九六 襤	五九九七 褸	五九九八 [illegible]	五九九九 [illegible]	六〇〇〇 襯

三十

六〇〇一 欄	六〇一一 覇	六〇二一 覡	六〇三一 覽	六〇四一 觝	六〇五一 觸	六〇六一 訊	六〇七一 訑	六〇八一 訩	六〇九一 詈
六〇〇二 囊	六〇一二 覈	六〇二二 覦	六〇三二 覿	六〇四二 觕	六〇五二 觶	六〇六二 討	六〇七二 訒	六〇八二 訢	六〇九二 詋
六〇〇三 欜	六〇一三 覊	六〇二三 覩	六〇三三 覼	六〇四三 解	六〇五三 觼	六〇六三 訐	六〇七三 訛	六〇八三 訴	六〇九三 詎
六〇〇四 纖	六〇一四	六〇二四 親	六〇三四 觀	六〇四四 觥	六〇五四 觿	六〇六四 訓	六〇七四 訧	六〇八四 訶	六〇九四 詐
六〇〇五	六〇一五 見	六〇二五 覬	六〇三五 覾	六〇四五 觩	六〇五五	六〇六五 訕	六〇七五 訟	六〇八五 診	六〇九五 詒
六〇〇六 襾	六〇一六 規	六〇二六 覯	六〇三六	六〇四六 觫	六〇五六 言	六〇六六 訖	六〇七六 訣	六〇八六 証	六〇九六 詔
六〇〇七 西	六〇一七 覓	六〇二七 覲	六〇三七 角	六〇四七 觭	六〇五七 訂	六〇六七 託	六〇七七 訥	六〇八七 註	六〇九七 評
六〇〇八 要	六〇一八 視	六〇二八 覷	六〇三八 觔	六〇四八 觱	六〇五八 訃	六〇六八 記	六〇七八 訪	六〇八八 訾	六〇九八 詖
六〇〇九 覃	六〇一九 覘	六〇二九 覵	六〇三九 觖	六〇四九 觳	六〇五九 訇	六〇六九 訌	六〇七九 許	六〇八九 詁	六〇九九 詘
六〇一〇 覆	六〇二〇 覗	六〇三〇 覺	六〇四〇 觚	六〇五〇 觴	六〇六〇 計	六〇七〇 訏	六〇八〇 設	六〇九〇 詆	六一〇〇 詛

六一〇一 詞	六一一一 詭	六一二一 誅	六一三一 誘	六一四一 說	六一五一 談	六一六一 諛	六一七一 諮	六一八一 謁	六一九一 謌
六一〇二 詠	六一一二 詮	六一二二 誇	六一三二 誚	六一四二 誰	六一五二 諉	六一六二 諝	六一七二 諱	六一八二 謂	六一九二 謊
六一〇三 詡	六一一三 詰	六一二三 誂	六一三三 語	六一四三 課	六一五三 請	六一六三 諞	六一七三 諳	六一八三 諜	六一九三 謎
六一〇四 詢	六一一四 話	六一二四 詹	六一三四 誠	六一四四 誶	六一五四 諍	六一六四 諟	六一七四 諷	六一八四 諡	六一九四 謐
六一〇五 詣	六一一五 該	六一二五 誌	六一三五 誡	六一四五 誹	六一五五 諏	六一六五 諠	六一七五 諸	六一八五 諴	六一九五 謔
六一〇六 詤	六一一六 詳	六一二六 認	六一三六 誣	六一四六 誼	六一五六 諒	六一六六 諤	六一七六 諺	六一八六 諶	六一九六 謗
六一〇七 試	六一一七 詼	六一二七 誐	六一三七 誤	六一四七 誾	六一五七 諑	六一六七 諦	六一七七 諵	六一八七 謄	六一九七 謙
六一〇八 詩	六一一八 詿	六一二八 誑	六一三八 誥	六一四八 調	六一五八 論	六一六八 諧	六一七八 諼	六一八八 謅	六一九八 謚
六一〇九 詫	六一一九 誆	六一二九 誓	六一三九 誦	六一四九 諂	六一五九 諗	六一六九 諫	六一七九 諾	六一八九 謆	六一九九 講
六一一〇 詬	六一二〇 誄	六一三〇 誕	六一四〇 誨	六一五〇 諄	六一六〇 諐	六一七〇 諭	六一八〇 謀	六一九〇 謇	六二〇〇 謝

六二〇一 謟	六二一一 謾	六二二一 識	六二三一 議	六二四一 讎	六二五一 讜	六二六一 豌	六二七一 豝	六二八一	六二九一 貍
六二〇二 謠	六二一二 譁	六二二二 譙	六二三二 譴	六二四二 讋	六二五二	六二六二 豉	六二七二 象	六二八二 豸	六二九二 貓
六二〇三 謖	六二一三 謿	六二二三 譚	六二三三 護	六二四三 讒	六二五三 谷	六二六三 豇	六二七三 豢	六二八三 豹	六二九三 貔
六二〇四 謏	六二一四 證	六二二四 譍	六二三四 譸	六二四四 讖	六二五四 谿	六二六四 豎	六二七四 豨	六二八四 豺	六二九四 貛
六二〇五 謦	六二一五 譌	六二二五 譜	六二三五 譽	六二四五 讓	六二五五 豁	六二六五 豐	六二七五 豪	六二八五 貂	六二九五
六二〇六 謨	六二一六 譎	六二二六 警	六二三六 讀	六二四六 讙	六二五六 豄	六二六六 豑	六二七六 豫	六二八六 貆	六二九六 貝
六二〇七 謪	六二一七 譏	六二二七 譟	六二三七 譾	六二四七 讚	六二五七	六二六七 豔	六二七七 豬	六二八七 貅	六二九七 貞
六二〇八 謬	六二一八 譒	六二二八 譫	六二三八 讁	六二四八 讛	六二五八 豆	六二六八	六二七八 豭	六二八八 貉	六二九八 負
六二〇九 謳	六二一九 譔	六二二九 譬	六二三九 變	六二四九 讟	六二五九 豈	六二六九 豕	六二七九 豳	六二八九 貊	六二九九 財
六二一〇 謹	六二二〇 譖	六二三〇 譯	六二四〇 讌	六二五〇 讞	六二六〇 登	六二七〇 豚	六二八〇 豵	六二九〇 貌	六三〇〇 貢

六三〇一 貤	六三一一 貴	六三二一 賁	六三三一 賑	六三四一 賠	六三五一 賴	六三六一 贅	六三七一 贑	六三八一	六三九一 趕
六三〇二 貧	六三一二 貶	六三二二 貰	六三三二 賒	六三四二 賷	六三五二 賵	六三六二 贈	六三七二 贗	六三八二 走	六三九二 趙
六三〇三 貨	六三一三 貸	六三二三 賂	六三三三 賓	六三四三 賢	六三五三 賫	六三六三 贊	六三七三 贛	六三八三 赳	六三九三 趣
六三〇四 貪	六三一四 買	六三二四 賃	六三三四 賕	六三四四 賣	六三五四 賺	六三六四 贇	六三七四	六三八四 赴	六三九四 趦
六三〇五 販	六三一五 貺	六三二五 賄	六三三五 賙	六三四五 賤	六三五五 賻	六三六五 贍	六三七五 赤	六三八五 赶	六三九五 趨
六三〇六 貫	六三一六 費	六三二六 賅	六三三六 賚	六三四六 賦	六三五六 購	六三六六 贏	六三七六 赦	六三八六 起	六三九六 趡
六三〇七 責	六三一七 貼	六三二七 資	六三三七 賜	六三四七 質	六三五七 賽	六三六七 贐	六三七七 赧	六三八七 趁	六三九七
六三〇八 貯	六三一八 貽	六三二八 賈	六三三八 賝	六三四八 賬	六三五八 賾	六三六八 贓	六三七八 赫	六三八八 趄	六三九八 足
六三〇九 貲	六三一九 貿	六三二九 賊	六三三九 賞	六三四九 賟	六三五九 賸	六三六九 贔	六三七九 赭	六三八九 超	六三九九 趵
六三一〇 貳	六三二〇 賀	六三三〇 賉	六三四〇 賡	六三五〇 賭	六三六〇 贄	六三七〇 贖	六三八〇 赬	六三九〇 越	六四〇〇 趾

明密碼電報書　足身　身車辛辰辵　三十三

六四九一 躒	六四八一 躁	六四七一 蹯	六四六一 蹌	六四五一 蹂	六四四一 踡	六四三一 踏	六四二一 跨	六四一一 跕	六四〇一 跁	六五九一 辰	六五八一 辜	六五七一 轒	六五六一 轄	六五五一 輸	六五四一 輟	六五三一 輊	六五二一 軷	六五一一 軍	六五〇一 躬
六四九二 躓	六四八二 躃	六四七二 蹲	六四六二 蹕	六四五二 蹄	六四四二 踟	六四三二 踐	六四二二 跪	六四一二 跖	六四〇二 趺	六五九二 辱	六五八二 辟	六五七二 轎	六五六二 轅	六五五二 輹	六五四二 輦	六五三二 輒	六五二二 軼	六五一二 軏	六五〇二 躭
六四九三 蹮	六四八三 躅	六四七三 蹴	六四六三 蹔	六四五三 踱	六四四三 踦	六四三三 踔	六四二三 跬	六四一三 跚	六四〇三 趹	六五九三 農	六五八三 辠	六五七三 轘	六五六三 轀	六五五三 輻	六五四三 輩	六五三三 輓	六五二三 軺	六五一三 軒	六五〇三 躲
六四九四 躚	六四八四 躇	六四七四 蹶	六四六四 蹙	六四五四 蹀	六四四四 踰	六四三四 踖	六四二四 路	六四一四 跛	六四〇四 跂	六五九四	六五八四 辣	六五七四 轞	六五六四 轆	六五五四 輭	六五四四 輪	六五三四 輔	六五二四 軾	六五一四 軔	六五〇四 軀
六四九五 躡	六四八五 躉	六四七五 蹺	六四六五 蹟	六四五五 蹐	六四四五 踴	六四三五 踝	六四二五 跱	六四一五 距	六四〇五 跋	六五九五 辵	六五八五 辥	六五七五 轟	六五六五 轇	六五五五 輮	六五四五 輞	六五三五 輕	六五二五 較	六五一五 軛	六五〇五 躶
六四九六 躩	六四八六 躊	六四七六 蹡	六四六六 蹣	六四五六 蹇	六四四六 踵	六四三六 踞	六四二六 跳	六四一六 跗	六四〇六 跅	六五九六 迂	六五八六 辦	六五七六 轡	六五六六 轕	六五五六 輴	六五四六 輠	六五三六 輗	六五二六 輅	六五一六 軟	六五〇六 軃
六四九七 躪	六四八七 躋	六四七七 蹢	六四六七 蹤	六四五七 蹈	六四四七 踶	六四三七 踢	六四二七 跽	六四一七 跫	六四〇七 跌	六五九七 迄	六五八七 辨	六五七七 轢	六五六七 轉	六五五七 輶	六五四七 輥	六五三七 輙	六五二七 輈	六五一七 軨	六五〇七
六四九八 蹷	六四八八 蹋	六四七八 蹬	六四六八 蹜	六四五八 蹉	六四四八 蹆	六四三八 踣	六四二八 踉	六四一八 跟	六四〇八 跎	六五九八 迅	六五八八 辭	六五七八 轤	六五六八 轍	六五五八 輾	六五四八 輧	六五三八 輛	六五二八 載	六五一八 軫	六五〇八 車
六四九九	六四八九 躐	六四七九 蹭	六四六九 [illegible]	六四五九 蹊	六四四九 踽	六四三九 踧	六四二九 踊	六四一九 跡	六四〇九 跏	六五九九 迋	六五八九 辯	六五七九	六五六九 轎	六五五九 輿	六五四九 輯	六五三九 輜	六五二九 軻	六五一九 軸	六五〇九 軋
六五〇〇 身	六四九〇 躑	六四八〇 躝	六四七〇 蹠	六四六〇 躍	六四五〇 蹁	六四四〇 踘	六四三〇 跼	六四二〇 跣	六四一〇 跑	六六〇〇 迆	六五九〇	六五八〇 辛	六五七〇 [illegible]	六五六〇 轂	六五五〇 輳	六五四〇 輝	六五三〇 輇	六五二〇 軹	六五一〇 軌

明密碼電報書　辵　辵邑酉　三十四

六七九一 酌	六七八一 鄚	六七七一 鄜	六七六一 郵	六七五一 郟	六七四一 郉	六七三一 邶	六七二一 邦	六七一一	六七〇一 邁	六六九一 遶	六六八一 遢	六六七一 達	六六六一 逾	六六五一 進	六六四一 逝	六六三一 透	六六二一 迺	六六一一 迪	六六〇一 迎
六七九二 配	六七八二 鄺	六七七二 鄧	六七六二 鄔	六七五二 部	六七四二 郄	六七三二 邸	六七二二 邨	六七一二 邑	六七〇二 邂	六六九二 遷	六六八二 遝	六六七二 違	六六六二 遊	六六五二 逵	六六四二 逞	六六三二 逐	六六二二 退	六六一二 迫	六六〇二 近
六七九三 酎	六七八三 鄰	六七七三 鄫	六七六三 鄉	六七五三 郭	六七四三 郕	六七三三 郤	六七二三 邪	六七一三 邛	六七〇三 還	六六九三 選	六六八三 遨	六六七三 遘	六六六三 運	六六五三 逶	六六四三 速	六六三三 逑	六六二三 送	六六一三 迭	六六〇三 迓
六七九四 酒	六七八四 酃	六七七四 鄭	六七六四 鄗	六七五四 郴	六七四四 郛	六七三四 邽	六七二四 邰	六七一四 邡	六七〇四 邅	六六九四 遹	六六八四 適	六六七四 遙	六六六四 遍	六六五四 逸	六六四四 造	六六三四 途	六六二四 适	六六一四 迮	六六〇四 返
六七九五 酖	六七八五 酆	六七七五 鄰	六七六五 鄖	六七五五 郵	六七四五 郎	六七三五 郁	六七二五 邯	六七一五 邙	六七〇五 邇	六六九五 遺	六六八五 遭	六六七五 遛	六六六五 過	六六五五 逿	六六四五 逡	六六三五 逕	六六二五 逃	六六一五 述	六六〇五 迕
六七九六 酗	六七八六 酈	六七七六 鄱	六七六六 鄙	六七五六 郯	六七四六 郡	六七三六 郅	六七二六 邱	六七一六 邕	六七〇六 邃	六六九六 遻	六六八六 遮	六六七六 遜	六六六六 遏	六六五六 逼	六六四六 逢	六六三六 逖	六六二六 逅	六六一六 迴	六六〇六 迢
六七九七 酢	六七八七 郝	六七七七 鄴	六七六七 鄘	六七五七 都	六七四七 郢	六七三七 郇	六七二七 邲	六七一七 邢	六七〇七 邈	六六九七 遼	六六八七 遯	六六七七 遞	六六六七 遐	六六五七 遇	六六四七 連	六六三七 逗	六六二七 逆	六六一七 迷	六六〇七 迤
六七九八 酥	六七八八 酉	六七七八 鄶	六七六八 鄢	六七五八 郿	六七四八 郤	六七三八 郊	六七二八 邴	六七一八 祁	六七〇八 邊	六六九八 遽	六六八八 遲	六六七八 遠	六六六八 遑	六六五八 遁	六六四八 逭	六六三八 這	六六二八 逋	六六一八 迸	六六〇八 迥
六七九九 酣	六七八九 酊	六七七九 鄲	六七六九 鄞	六七五九 鄂	六七四九 郙	六七三九 郲	六七二九 邳	六七一九 那	六七〇九 邏	六六九九 避	六六八九 遴	六六七九 遡	六六六九 遒	六六五九 遂	六六四九 逮	六六三九 通	六六二九 逌	六六一九 迹	六六〇九 迦
六八〇〇 酤	六七九〇 酋	六七八〇 鄹	六七七〇 鄠	六七六〇 鄒	六七五〇 郗	六七四〇 郃	六七三〇 邵	六七二〇 邠	六七一〇 邐	六七〇〇 邀	六六九〇 遵	六六八〇 遣	六六七〇 道	六六六〇 遄	六六五〇 週	六六四〇 逛	六六三〇 逍	六六二〇 追	六六一〇 迨

明密碼電報書　酉釆里金　三十五

六九九一 鐮	六九八一 鏐	六九七一 鏖	六九六一 鎡	六九五一 鍥	六九四一 鍪	六九三一 錨	六九二一 鋼	六九一一 鋏	六九〇一 銛	六八九一 鉦	六八八一 鉉	六八七一 鈒	六八六一 釧	六八五一 野	六八四一 釁	六八三一 醰	六八二一 醒	六八一一 酺	六八〇一 酡
六九九二 鐲	六九八二 鏦	六九七二 鏗	六九六二 鎌	六九五二 鍭	六九四二 鍬	六九三二 錫	六九二二 錄	六九一二 鋒	六九〇二 銜	六八九二 銀	六八八二 鉏	六八七二 鈔	六八六二 釬	六八五二 量	六八四二 醻	六八三二 醯	六八二二 醓	六八一二 醃	六八〇二 酩
六九九三 鐵	六九八三 鏨	六九七三 鏘	六九六三 鎧	六九五三 鍰	六九四三 鍵	六九三三 錮	六九二三 錐	六九一三 鋟	六九〇三 銚	六八九三 銃	六八八三 鉗	六八七三 鈕	六八六三 釦	六八五三 釐	六八四三 醨	六八三三 醴	六八二三 醜	六八一三 醅	六八〇三 酪
六九九四 鐶	六九八四 鐃	六九七四 鏜	六九六四 鎬	六九五四 鎔	六九四四 鍼	六九三四 錯	六九二四 錕	六九一四 鋘	六九〇四 銳	六八九四 銅	六八八四 鉛	六八七四 鈞	六八六四 釭	六八五四	六八四四	六八三四 醲	六八二四 醞	六八一四 醆	六八〇四 酬
六九九五 鐸	六九八五 鏵	六九七五 鏡	六九六五 鎰	六九五五 鎘	六九四五 鍾	六九三五 錞	六九二五 錘	六九一五 鋤	六九〇五 銶	六八九五 銎	六八八五 鉞	六八七五 鈴	六八六五 釵	六八五五 金	六八四五 釆	六八三五 醵	六八二五 醡	六八一五 醇	六八〇五 酲
六九九六 鐩	六九八六 鐓	六九七六 鏝	六九六六 鎭	六九五六 鎖	六九四六 鍺	六九三六 錡	六九二六 錙	六九一六 鋌	六九〇六 銷	六八九六 銍	六八八六 鉢	六八七六 鈸	六八六六 鈇	六八五六 釗	六八四六 采	六八三六 醺	六八二六 醢	六八一六 醉	六八〇六 酵
六九九七 鐺	六九八七 鏹	六九七七 鏢	六九六七 鎊	六九五七 鎗	六九四七 鍍	六九三七 錬	六九二七 錚	六九一七 鋪	六九〇七 銹	六八九七 銑	六八八七 鉤	六八七七 鈺	六八六七 鈀	六八五七 釘	六八四七 釋	六八三七 醹	六八二七 醩	六八一七 醊	六八〇七 酷
六九九八 鐻	六九八八 鐘	六九七八 鏞	六九六八 鏃	六九五八 鎚	六九四八 鍔	六九三八 鍋	六九二八 錠	六九一八 鋙	六九〇八 銼	六八九八 銓	六八八八 鉋	六八七八 鉁	六八六八 鈍	六八五八 釜	六八四八	六八三八 醁	六八二八 醪	六八一八 醋	六八〇八 酸
六九九九 鑄	六九八九 鐙	六九七九 鏤	六九六九 鏈	六九五九 鎛	六九四九 鍠	六九三九 鍛	六九二九 錢	六九一九 鋥	六九〇九 鋈	六八九九 銖	六八八九 鉶	六八七九 鈿	六八六九 鈎	六八五九 針	六八四九 里	六八三九 醼	六八二九 醫	六八一九 醍	六八〇九 酴
七〇〇〇 鑊	六九九〇 鐫	六九八〇 鏟	六九七〇 鏑	六九六〇 鎞	六九五〇 鍤	六九四〇 鍪	六九三〇 錦	六九二〇 鋸	六九一〇 鋋	六九〇〇 銘	六八九〇 鉸	六八八〇 鉅	六八七〇 鈐	六八六〇 釣	六八五〇 重	六八四〇 釀	六八三〇 醬	六八二〇 醐	六八一〇 酹

明密碼電報書　金長門阜隶隹雨　三十六

七一九一 雷	七一八一 難	七一七一 雕	七一六一 雅	七一五一 隨	七一四一 隣	七一三一 隋	七一二一 陼	七一一一 陪	七一〇一 陔	七〇九一 阻	七〇八一 阞	七〇七一 闃	七〇六一 闐	七〇五一 閻	七〇四一 閤	七〇三一 閃	七〇二一	七〇一一 鑰	七〇〇一 鑌
七一九二 雹	七一八二	七一七二 雟	七一六二 集	七一五二 隶	七一四二 隤	七一三二 階	七一二二 陽	七一一二 陬	七一〇二 陘	七〇九二 阼	七〇八二 阡	七〇七二 闇	七〇六二 闍	七〇五二 閼	七〇四二 閩	七〇三二 閈	七〇二二 長	七〇一二 鑱	七〇〇二 鑑
七一九三 電	七一八三 雨	七一七三 雖	七一六三 雇	七一五三 隸	七一四三 隧	七一三三 隔	七一二三 陻	七一一三 陰	七一〇三 陞	七〇九三 阿	七〇八三 阤	七〇七三 闌	七〇六三 闊	七〇五三 閽	七〇四三 閨	七〇三三 閑	七〇二三	七〇一三 鑲	七〇〇三 鑒
七一九四 需	七一八四 雩	七一七四 雘	七一六四 雉	七一五四	七一四四 隩	七一三四 隕	七一二四 隍	七一一四 陲	七一〇四 陜	七〇九四 陀	七〇八四 阨	七〇七四 闕	七〇六四 闋	七〇五四 閾	七〇四四 閥	七〇三四 閒	七〇二四 門	七〇一四 鑵	七〇〇四 鑤
七一九五 霂	七一八五 雪	七一七五 雙	七一六五 雋	七一五五 隹	七一四五 險	七一三五 隖	七一二五 隄	七一一五 陳	七一〇五 陛	七〇九五 陂	七〇八五 阮	七〇七五 闒	七〇六五 闈	七〇五五 閿	七〇四五 閫	七〇三五 間	七〇二五 閂	七〇一五 鑷	七〇〇五 鑕
七一九六 霅	七一八六 雯	七一七六 雛	七一六六 雌	七一五六 隻	七一四六 隮	七一三六 隗	七一二六 隅	七一一六 陴	七一〇六 陟	七〇九六 附	七〇八六 阬	七〇七六 闠	七〇六六 闔	七〇五六 闆	七〇四六 閬	七〇三六 閔	七〇二六 閃	七〇一六 鑬	七〇〇六 鑛
七一九七 霄	七一八七 雰	七一七七 雜	七一六七 雍	七一五七 隼	七一四七 隰	七一三七 隘	七一二七 隆	七一一七 陵	七一〇七 陡	七〇九七 陋	七〇八七 阯	七〇七七 闚	七〇六七 闓	七〇五七 閬	七〇四七 閭	七〇三七 閘	七〇二七 閆	七〇一七 鑼	七〇〇七 鑠
七一九八 霈	七一八八 雱	七一七八 雝	七一六八 雎	七一五八 雀	七一四八 隱	七一三八 隙	七一二八 隈	七一一八 陶	七一〇八 院	七〇九八 限	七〇八八 阱	七〇七八	七〇六八 闖	七〇五八 閭	七〇四八 閱	七〇三八 閟	七〇二八 閉	七〇一八 鑽	七〇〇八 鑣
七一九九 霉	七一八九 雲	七一七九 雞	七一六九 雊	七一五九 雁	七一四九 隳	七一三九 際	七一二九 隍	七一一九 陷	七一〇九 陣	七〇九九 陌	七〇八九 防	七〇七九 阜	七〇六九 闒	七〇五九 閱	七〇四九 閶	七〇三九 閡	七〇二九 閌	七〇一九 鑾	七〇〇九 鑢
七二〇〇 霆	七一九〇 零	七一八〇 離	七一七〇 雒	七一六〇 雄	七一五〇 隴	七一四〇 障	七一三〇 隊	七一二〇 陸	七一一〇 除	七一〇〇 降	七〇九〇 阪	七〇八〇 阝	七〇七〇 闕	七〇六〇 闆	七〇五〇 閹	七〇四〇 閣	七〇三〇 開	七〇二〇 鑿	七〇一〇 鑪

港僑須知（一九三三）

雨青非面革韋韭音
音頁風飛食

七二〇一 霙	七二〇二 霍	七二〇三 霎	七二〇四 霏	七二〇五 霑	七二〇六 霓	七二〇七 霖	七二〇八 霜	七二〇九 霞	七二一〇 霰
七二一一 霤	七二一二 霧	七二一三 霰	七二一四 霪	七二一五 需	七二一六 露	七二一七 霶	七二一八 霸	七二一九 霹	七二二〇 霾
七二二一 霽	七二二二 霿	七二二三 靃	七二二四 靄	七二二五 靂	七二二六 靆	七二二七 靈	七二二八 靉	七二二九 霨	七二三〇 青
七二三一 靖	七二三二 靚	七二三三 靘	七二三四 靜	七二三五	七二三六 非	七二三七 靠	七二三八 靡	七二三九	七二四〇 面
七二四一 靦	七二四二 靧	七二四三 靨	七二四四	七二四五 革	七二四六 靳	七二四七 靴	七二四八 鞅	七二四九 靶	七二五〇 靮
七二五一 靸	七二五二 鞀	七二五三 鞉	七二五四 鞍	七二五五 鞏	七二五六 鞋	七二五七 鞗	七二五八 鞘	七二五九 鞙	七二六〇 鞞
七二六一 鞚	七二六二 鞟	七二六三 鞠	七二六四 鞦	七二六五 鞫	七二六六 鞬	七二六七 鞭	七二六八 鞮	七二六九 鞥	七二七〇 鞶
七二七一 韠	七二七二 [illegible]	七二七三 鞾	七二七四 韁	七二七五 韃	七二七六 韆	七二七七 韉	七二七八	七二七九 韋	七二八〇 韍
七二八一 韓	七二八二 韌	七二八三 韎	七二八四 韐	七二八五 韒	七二八六 韔	七二八七 韝	七二八八 韘	七二八九 韙	七二九〇 韜
七二九一 韞	七二九二 韤	七二九三 韡	七二九四	七二九五 韭	七二九六 韮	七二九七 韱	七二九八	七二九九 音	七三〇〇 韶
七三〇一 韻	七三〇二 響	七三〇三 韺	七三〇四 頀	七三〇五	七三〇六 頁	七三〇七 頂	七三〇八 頃	七三〇九 項	七三一〇 頇
七三一一 順	七三一二 須	七三一三 頌	七三一四 頏	七三一五 預	七三一六 頑	七三一七 頒	七三一八 頜	七三一九 頓	七三二〇 頊
七三二一 頍	七三二二 頎	七三二三 頖	七三二四 頗	七三二五 領	七三二六 頞	七三二七 頡	七三二八 頤	七三二九 頦	七三三〇 頲
七三三一 頴	七三三二 頫	七三三三 頭	七三三四 頮	七三三五 頰	七三三六 頷	七三三七 頼	七三三八 頸	七三三九 頹	七三四〇 頻
七三四一 顆	七三四二 顇	七三四三 顋	七三四四 題	七三四五 額	七三四六 顏	七三四七 顎	七三四八 顓	七三四九 願	七三五〇 顙
七三五一 顛	七三五二 類	七三五三 顗	七三五四 顢	七三五五 顥	七三五六 顦	七三五七 顧	七三五八 顫	七三五九 顯	七三六〇 顰
七三六一 顱	七三六二 顴	七三六三	七三六四 風	七三六五 颭	七三六六 颯	七三六七 颶	七三六八 颸	七三六九 颿	七三七〇 颺
七三七一 颻	七三七二 颼	七三七三 飄	七三七四 飆	七三七五 飀	七三七六 飂	七三七七	七三七八 飛	七三七九	七三八〇 食
七三八一 飡	七三八二 飢	七三八三 飣	七三八四 飦	七三八五 飱	七三八六 飩	七三八七 飪	七三八八 飫	七三八九 飭	七三九〇 飲
七三九一 飯	七三九二 飴	七三九三 飼	七三九四 飽	七三九五 飾	七三九六 飶	七三九七 餂	七三九八 餃	七三九九 餅	七四〇〇 餈

三十七

明密碼電報書

食首香馬
馬骨高髟鬥鬯

七四〇一 餉	七四〇二 養	七四〇三 餌	七四〇四 餐	七四〇五 餖	七四〇六 餗	七四〇七 餒	七四〇八 餓	七四〇九 餔	七四一〇 餕
七四一一 餘	七四一二 餛	七四一三 餚	七四一四 餡	七四一五 餞	七四一六 餤	七四一七 餟	七四一八 餧	七四一九 館	七四二〇 餬
七四二一 餮	七四二二 餱	七四二三 餲	七四二四 餳	七四二五 餹	七四二六 餼	七四二七 餽	七四二八 饁	七四二九 饅	七四三〇 饈
七四三一 饉	七四三二 饋	七四三三 饌	七四三四 饎	七四三五 饐	七四三六 饑	七四三七 饒	七四三八 饔	七四三九 饕	七四四〇 饗
七四四一 饜	七四四二 饟	七四四三 饞	七四四四	七四四五 首	七四四六 馘	七四四七 馗	七四四八	七四四九 香	七四五〇 馥
七四五一 馨	七四五二 馝	七四五三 馡	七四五四 馣	七四五五	七四五六 馬	七四五七 馭	七四五八 馮	七四五九 馳	七四六〇 馴
七四六一 馱	七四六二 馹	七四六三 駁	七四六四 駃	七四六五 駐	七四六六 駑	七四六七 駒	七四六八 駕	七四六九 駘	七四七〇 駙
七四七一 駛	七四七二 駋	七四七三 駜	七四七四 駝	七四七五 駟	七四七六 駪	七四七七 駧	七四七八 駢	七四七九 駬	七四八〇 駭
七四八一 駮	七四八二 駱	七四八三 駻	七四八四 駰	七四八五 駸	七四八六 駿	七四八七 騌	七四八八 騁	七四八九 騅	七四九〇 騂
七四九一 騃	七四九二 隲	七四九三 騑	七四九四 騎	七四九五 騋	七四九六 騏	七四九七 騖	七四九八 騄	七四九九 騙	七五〇〇 驄
七五〇一 騠	七五〇二 騣	七五〇三 騤	七五〇四 騧	七五〇五 騫	七五〇六 騰	七五〇七 騶	七五〇八 騵	七五〇九 騸	七五一〇 驋
七五一一 騮	七五一二 騾	七五一三 驀	七五一四 驁	七五一五 驂	七五一六 驃	七五一七 驅	七五一八 騷	七五一九 騻	七五二〇 驊
七五二一 驔	七五二二 驍	七五二三 驖	七五二四 驕	七五二五 驌	七五二六 驗	七五二七 驒	七五二八 驚	七五二九 驘	七五三〇 驙
七五三一 驛	七五三二 驟	七五三三 驢	七五三四 驤	七五三五 驥	七五三六 驩	七五三七 驪	七五三八	七五三九 骨	七五四〇 骫
七五四一 骭	七五四二 骯	七五四三 骱	七五四四 骰	七五四五 骷	七五四六 骸	七五四七 骼	七五四八 骰	七五四九 髀	七五五〇 骾
七五五一 髏	七五五二 髆	七五五三 髑	七五五四 髒	七五五五 體	七五五六 髖	七五五七 髓	七五五八	七五五九 高	七五六〇
七五六一 髟	七五六二 髡	七五六三 髢	七五六四 髣	七五六五 髦	七五六六 髧	七五六七 髫	七五六八 髭	七五六九 髮	七五七〇 髹
七五七一 髯	七五七二 髴	七五七三 髻	七五七四 髼	七五七五 鬆	七五七六 鬈	七五七七 鬅	七五七八 鬋	七五七九 鬍	七五八〇 鬐
七五八一 鬒	七五八二 鬑	七五八三 鬘	七五八四 鬔	七五八五 鬙	七五八六 鬚	七五八七 鬞	七五八八 鬣	七五八九 鬢	七五九〇
七五九一 鬥	七五九二 鬨	七五九三 鬧	七五九四 鬩	七五九五 鬪	七五九六 鬮	七五九七	七五九八 鬯	七五九九 鬱	七六〇〇

三十八

七六〇一 鬲	七六〇二 鬴	七六〇三 鬹	七六〇四 鬷	七六〇五 鬻	七六〇六	七六〇七 鬼	七六〇八 魀	七六〇九 魂	七六一〇 魃
七六一一 魄	七六一二 魊	七六一三 魋	七六一四 魏	七六一五 魅	七六一六 魼	七六一七 魈	七六一八 魍	七六一九 魎	七六二〇 魑
七六二一 魔	七六二二 魕	七六二三 魘	七六二四	七六二五 魚	七六二六 魨	七六二七 魯	七六二八 鮀	七六二九 魴	七六三〇 鮎
七六三一 鮒	七六三二 鮐	七六三三 鮓	七六三四 鮩	七六三五 鮪	七六三六 鮝	七六三七 鮑	七六三八 鯗	七六三九 鮮	七六四〇 鮫
七六四一 鯀	七六四二 鯉	七六四三 鯇	七六四四 鯊	七六四五 鯖	七六四六 鯢	七六四七 鯧	七六四八 鯫	七六四九 鯤	七六五〇 鯨
七六五一 鯽	七六五二 鯛	七六五三 鯿	七六五四 鰈	七六五五 鰍	七六五六 鱅	七六五七 鰕	七六五八 鰓	七六五九 鰥	七六六〇 鰜
七六六一 鰣	七六六二 鰭	七六六三 鰲	七六六四 鰷	七六六五 鰻	七六六六 鱄	七六六七 鱉	七六六八 鱔	七六六九 鱘	七六七〇 鱟
七六七一 鱠	七六七二 鱣	七六七三 鱗	七六七四 鱎	七六七五 鱖	七六七六 鱛	七六七七 鱷	七六七八 鱸	七六七九	七六八〇 鳥
七六八一 鳦	七六八二 鳩	七六八三 鳧	七六八四 鳲	七六八五 鳳	七六八六 鳴	七六八七 鳶	七六八八 鴎	七六八九 鴇	七六九〇 鴆
七六九一 鳺	七六九二 鴈	七六九三 鴉	七六九四 鴃	七六九五 鳫	七六九六 鴛	七六九七 鴣	七六九八 鶘	七六九九 鵞	七七〇〇 鴨
七七〇一 鴒	七七〇二 鴝	七七〇三 鴻	七七〇四 鴿	七七〇五 鴐	七七〇六 鴦	七七〇七 鴴	七七〇八 鵓	七七〇九 鵝	七七一〇 鵑
七七一一 鴜	七七一二 鵜	七七一三 鵡	七七一四 鵒	七七一五 鵪	七七一六 鵰	七七一七 鵲	七七一八 鶉	七七一九 鵬	七七二〇 鵩
七七二一 鶂	七七二二 鶃	七七二三 鶖	七七二四 鷉	七七二五 鶚	七七二六 鶩	七七二七 鶯	七七二八 鶱	七七二九 鶴	七七三〇 鶵
七七三一 鸗	七七三二 鷔	七七三三 鷓	七七三四 鷇	七七三五 鶬	七七三六 鶺	七七三七 鶻	七七三八 鷁	七七三九 鷂	七七四〇 鷀
七七四一 鶏	七七四二 鷄	七七四三 鷗	七七四四 鳫	七七四五 鷕	七七四六 鷘	七七四七 鷙	七七四八 鷥	七七四九 鷩	七七五〇 鷲
七七五一 鷹	七七五二 鷺	七七五三 鷦	七七五四 鸂	七七五五 鷳	七七五六 鷸	七七五七 鸇	七七五八 鸑	七七五九 鸒	七七六〇 鸕
七七六一 鸚	七七六二 鸞	七七六三 鸜	七七六四 鸛	七七六五 鸝	七七六六	七七六七 鹵	七七六八 鹹	七七六九 鹼	七七七〇 鹽
七七七一 鹺	七七七二	七七七三 鹿	七七七四 麂	七七七五 麈	七七七六 麀	七七七七 麋	七七七八 麇	七七七九 麆	七七八〇 麕
七七八一 麌	七七八二 麐	七七八三 麑	七七八四 麒	七七八五 麓	七七八六 麠	七七八七 麗	七七八八 麚	七七八九 麛	七七九〇 麝
七七九一 麞	七七九二 麟	七七九三 麢	七七九四 麤	七七九五	七七九六 麥	七七九七 麪	七七九八 麯	七七九九 麰	七八〇〇 麴

明密碼電報書　鬲鬼魚鳥 鹵鹿麥　三十九

七八〇一	七八〇二 麻	七八〇三 麼	七八〇四 麾	七八〇五	七八〇六 黃	七八〇七 黈	七八〇八 黌	七八〇九	七八一〇 黍
七八一一 黏	七八一二 黎	七八一三 黐	七八一四	七八一五 黑	七八一六 黔	七八一七 默	七八一八 黛	七八一九 黜	七八二〇 點
七八二一 黝	七八二二 黠	七八二三 黥	七八二四 [illegible]	七八二五 黨	七八二六 黯	七八二七 黴	七八二八 黮	七八二九 黶	七八三〇 黷
七八三一	七八三二 黹	七八三三 黻	七八三四 黼	七八三五	七八三六 黽	七八三七 黿	七八三八 鼃	七八三九 鼂	七八四〇 鼇
七八四一 鼈	七八四二 鼉	七八四三	七八四四 鼎	七八四五 鼐	七八四六 鼏	七八四七 鼒	七八四八	七八四九 鼓	七八五〇 鼕
七八五一 鼗	七八五二 鼖	七八五三 鼙	七八五四 鼛	七八五五 鼘	七八五六	七八五七 鼠	七八五八 鼢	七八五九 鼬	七八六〇 鼯
七八六一 鼴	七八六二 鼷	七八六三 鼸	七八六四	七八六五 鼻	七八六六 鼽	七八六七 鼾	七八六八 齁	七八六九 齅	七八七〇
七八七一 齊	七八七二 齋	七八七三 齎	七八七四 齏	七八七五	七八七六 齒	七八七七 齔	七八七八 齕	七八七九 齗	七八八〇 齟
七八八一 齡	七八八二 齠	七八八三 齦	七八八四 齧	七八八五 齩	七八八六 齬	七八八七 齪	七八八八 齮	七八八九 齵	七八九〇 齶
七八九一 齷	七八九二	七八九三 龍	七八九四 龐	七八九五 龔	七八九六 龕	七八九七	七八九八 龜	七八九九	七九〇〇 龠
七九〇一 龢	七九〇二 龥	七九〇三	七九〇四	七九〇五	七九〇六	七九〇七	七九〇八	七九〇九	七九一〇

補遺

八〇〇一 万	八〇〇二 丌		八〇一一 弗		八〇二一 井		八〇二六 么		八〇三一 乿
	八〇四一 亍	八〇四二 亓	八〇四三 亘	八〇四四 亝		八〇五〇 侢	八〇五一 仈	八〇五二 伾	八〇五三 伀
八〇五四 仔	八〇五五 伈	八〇五六 傢	八〇五七 佂	八〇五八 伫	八〇五九 佉	八〇六〇 低	八〇六一 佫	八〇六二 佴	八〇六三 佹
八〇六四 佼	八〇六五 例	八〇六六 侊	八〇六七 侐	八〇六八 佗	八〇六九 侚	八〇七〇 俤	八〇七一 俁	八〇七二 俜	八〇七三 俴
八〇七四 偭	八〇七五 倞	八〇七六 倢	八〇七七 倮	八〇七八 倩	八〇七九 偩	八〇八〇 偬	八〇八一 俍	八〇八二 偸	八〇八三 傁
八〇八四 傒	八〇八五 儡	八〇八六 僤	八〇八七 僬	八〇八八 儦	八〇八九 偒	八〇九〇 儺	八〇九一 儶	八〇九二 倲	八〇九三 偘
八〇九四 儥	八〇九五 僼	八〇九六 党		八一〇一 冔		八一一一 冕		八一二一 刓	八一二二 剬
八一二三 刱	八一二四 剌	八一二五 剩	八一二六 刻	八一二七 劇		八一三一 勑	八一三二 勔	八一三三 勵	八一三四 勡

明密碼電報書　麻黃黍黑黹黽鼎鼓鼠鼻齊齒龍龜龠 補遺 一丨丶丿乙二人儿八刀力　四十

八四三五 抄		八三九六 惷	八三七二 弎	八三五一 庈	八三三八 岊	八三二八 崟	八三一三 厡	八二七八 嫽	八二六八 娸	八二五二 奠	八二四二 垕	八二三二 塊	八二二二 圾	八二一一 囩	八一九九 噭	八一八九 嗷	八一七九 嗟	八一六六 叐	
八四三六 据	八四一一 戭	八三九七 憣		八三五二 庤		八三二九 嵗	八三一四 厬	八二七九 嬇	八二六九 娍	八二五三 㚖	八二四三 墺	八二三三 堋	八二二三 坱	八二一二 圚	八二〇〇 喴	八一九〇 嘆	八一八〇 嘖		八一四一 勾
八四三七 捏		八三九八 愃	八三八一 彴	八三五三 廖	八三四一 巻	八三三〇 嶓		八二八〇 嫂	八二七〇 婀		八二四四 埥	八二三四 堳	八二二四 坴	八二一三 圖	八二〇一 唇	八一九一 [illegible]	八一八一 嘌	八一七一 呟	八一四二 匋
八四三八 拔	八四二一 尼	八三九九 愓	八三八二 彽	八三五四 廒	八三四二 幞	八三三一 嶥	八三二一 芀		八二七一 婤	八二六一 妵	八二四五 坿	八二三五 塙	八二二五 垌	八二一四 圜	八二〇二 嘜	八一九二 嚄	八一八二 嘍	八一七二 咮	八一四三 匑
八四三九 掂	八四二二 孢	八四〇〇 愊		八三五五 廥	八三四三 幠	八三三二 嶢	八三二二 崽	八二九一 窩	八二七二 婺	八二六二 姁	八二四六 垓	八二三六 墂	八二二六 垗	八二一五 圝	八二〇三 听	八一九三 嚆	八一八三 嘓	八一七三 唶	
八四四〇 挻		八四〇一 惷	八三九一 怭	八三五六 廍	八三四四 幤	八三三三 嶮	八三二三 岍		八二七三 婼	八二六三 姶	八二四七 埈	八二三七 墻	八二二七 垟		八二〇四 嘛	八一九四 嚌	八一八四 嘮	八一七四 啍	八一五一 郵
八四四一 掙	八四三一 拖	八四〇二 懠	八三九二 怲		八三四五 幨	八三三四 嶰	八三二四 峪	八三〇一 尌	八二七四 媮	八二六四 姹		八二三八 壒	八二二八 埇	八二一八 坯	八二〇五 噠	八一九五 嚎	八一八五 嘸	八一七五 哵	八一五二 卼
八四四二 掤	八四三二 抵	八四〇三 懮	八三九三 恓	八三六一 异	八三四六 幘	八三三五 巇	八三二五 峫		八二七五 婿	八二六五 姺	八二四九 垺	八二三九 埔	八二二九 埌	八二一九 城	八二〇六 哹	八一九六 嚕	八一八六 嘽	八一七六 喨	
八四四三 捺	八四三三 拸	八四〇四 懰	八三九四 恔		八三四七 幛	八三三六 崞	八三二六 猛	八三一一 屄	八二七六 嫏	八二六六 姽		八二四〇 埝	八二三〇 埽	八二二〇 埕	八二〇七 响	八一九七 嚦	八一八七 噗	八一七七 㱿	八一六一 厖
八四四四 揎	八四三四 挐	八四〇五 懹	八三九五 悘	八三七一 弌		八三三七 嵂	八三二七 崆	八三一二 屜	八二七七 嫢	八二六七 娀	八二五一 奜	八二四一 塡	八二三一 堀	八二二一 坃	八二〇八 咪叨	八一九八 嚭	八一八八 噂	八一七八 嘑	

八七一〇 熯	八七〇〇 燆	八六九〇 瀌	八六八〇 渼	八六七〇 渭	八六六〇 泜	八六五〇 泫	八六二三 殣		八五九一 楟	八五八一 楬	八五七一 樅	八五六一 桍	八五五一 杝	八五四一 机	八五二〇 晾		八四七一 敘	八四五五 攢	八四四五 揕
八七一一 熵	八七〇一 炅	八六九一 瀳	八六八一 湢	八六七一 滅	八六六一 洏	八六五一 氽		八六一一 欵	八五九二 檿	八五八二 楰	八五七二 楑	八五六二 栖	八五五二 柅	八五四二 朾	八五二一 暋	八五一一 昄	八四七二 敳	八四五六 撇	八四四六 摎
八七一二 㷫	八七〇二 烙	八六九二 潍	八六八二 溴	八六七二 淥	八六六二 洑	八六五二 氿	八六三二 㲃	八六一二 飲	八五九三 櫌	八五八三 構	八五七三 棸	八五六三 栵	八五五三 枎	八五四三 杅	八五二二 暌	八五一二 昇	八四七三 數	八四五七 撕	八四四七 揥
八七一三 焵	八七〇三 焄	八六九三 洤	八六八三 滉	八六七三 淵	八六六三 洩	八六五三 汋		八六一三 歊	八五九四 欑	八五八四 樿	八五七四 椌	八五六四 棱	八五五四 柤	八五四四 杙	八五二三 晵	八五一三 昊	八四七四 敲	八四五八 擽	八四四八 揲
八七一四 烓	八七〇四 煁	八六九四 灥	八六八四 瀛	八六七四 淶	八六六四 浧	八六五四 沈	八六四一 毿	八六一四 歗	八五九五 檏	八五八五 檥	八五七五 椏	八五六五 棨	八五五五 栘	八五四五 杷	八五二四 晙	八五一四 昧		八四五九 摻	八四四九 揶
八七一五 燈	八七〇五 燂	八六九五 灉	八六八五 滏	八六七五 淼	八六六五 淴	八六五五 汽		八六一五 歐	八五九六 槩	八五八六 欒	八五七六 椑	八五六六 桭	八五五六 柲	八五四六 杻	八五二五 曚	八五一五 昱	八四八一 棠	八四六〇 撊	八四五〇 揵
八七一六 焨	八七〇六 燩	八六九六 馮	八六八六 [illegible]	八六七六 渢	八六六六 涑	八六五六 沆	八六四六 涂	八六一六 歎	八五九七 橚	八五八七 檇	八五七七 橋	八五六七 梡	八五五七 柶	八五四七 枏	八五二六 冣	八五一六 晅		八四六一 擕	八四五一 揃
八七一七 煝	八七〇七 燋	八六九七 爔	八六八七 瀟	八六七七 濮	八六六七 涒	八六五七 沇	八六四七 湋		八五九八 槃	八五八八 檎	八五七八 楂	八五六八 梩	八五五八 栔	八五四八 枒	八五三一 朌	八五一七 㫛	八四九一 斫	八四六二 搌	八四五二 搯
八七一八	八七〇八 焻	八六九八 燚	八六八八 澐	八六七八 渮	八六六八 洴	八六五八 沕	八六四八 漨	八六二一 歾	八五九九 樳	八五八九 檑	八五七九 楄	八五六九 梴	八五五九 栝	八五四九 枓	八五三二 朣	八五一八 最		八四六三 攏	八四五三 揟
八七一九 牏	八七〇九 熿	八六九九 烽	八六八九 瀅	八六七九 渲	八六六九 涝	八六五九 泃	八六四九 泒	八六二二 殈	八六〇〇 橒	八五九〇 檴	八五八〇 楎	八五七〇 棑	八五六〇 栞	八五五〇 枴		八五一九 晢	八五〇一 旗		八四五四 捽

八九八九 綮	八九七九 綪	八九六九 粇	八九五一 筷	八九四一 簝	八九三一 笣	八九〇五 穮	八八九一 袄	八八八一 硃	八八五八 睻	八八四八 睅	八八三一 盚	八八一四 瘢	八八〇四 瘄		八七七二 瑄	八七六二 琱	八七四三 獢	八七三三 狌	八七二〇 牐
八九九〇 縇	八九八〇 綿			八九四二 篟	八九三二 筏	八九〇六 秴	八八九二 袾	八八八二 碍		八八四九 睒	八八三二 盦	八八一五 瘸	八八〇五 瘦	八七八六 豯	八七七三 琗	八七六三 琿	八七四四 猗	八七三四 狉	八七二一 牼
八九九一 緱	八九八一 緄	八九七一 紃	八九六一 籼	八九四三 篥	八九三三 第		八八九三 禚	八八八三 碏	八八六一 矟	八八五〇 睞		八八一六 癟	八八〇六 痤		八七七四 琼	八七六四 璅	八七四五 獫	八七三五 狘	八七二二 犆
八九九二 纙	八九八二 線	八九七二 紑	八九六二 粞	八九四四 篢	八九三四 笄	八九一一 突	八八九四 禜	八八八四 碈		八八五一 睬	八八四一 盵	八八一七 癠	八八〇七 痱	八七九一 昄	八七七五 玶	八七六五 瑞	八七四六 獾	八七三六 狨	八七二三 犇
	八九八三 緰	八九七三 紕	八九六三 粮	八九四五 簉	八九三五 笵	八九一二 窌	八八九五 褶	八八八五 碻	八八七一 矬	八八五二 睽	八八四二 盹	八八一八 痧	八八〇八 痔	八七九二 曈	八七七六 瓗	八七六六 璚	八七四七 獼	八七三七 狫	八七二四 犥
八九九六 鉢	八九八四 緶	八九七四 絓	八九六四 粻	八九四六 簹	八九三六 筎	八九一三 窴		八八八六 磒		八八五三 瞌	八八四三 眡	八八一九 瘠	八八〇九 癠	八七九三 曚	八七七七 瑁	八七六七 璩	八七四八 獶	八七三八 猆	八七二五 犛
八九九七 鏝	八九八五 縚	八九七五 繞	八九六五 粽	八九四七 籯	八九三七 筭	八九一四 窿	八九〇一 稑	八八八七 磠	八八七七 硍	八八五四 罨	八八四四 眅	八八二〇 疶	八八一〇 瘈	八八〇〇 瘰	八七七八 璔	八七六八 瓌		八七三九 猝	八七二六 犨
	八九八六 縮	八九七六 綅	八九六六 糉	八九四八 籣	八九三八 筳		八九〇二 稺	八八八八 磡	八八七八 䃮	八八五五 瞟	八八四五 眎	八八二一 皀	八八一一 瘌	八八〇一 疰	八七八一 甀	八七六九 瓖	八七五一 玹	八七四〇 猧	
九〇〇一 罦	八九八七 繳	八九七七 綎	八九六七 糰	八九四九 籠	八九三九 箪	八九二一 竢	八九〇三 穈	八八八九 砝	八八七九 礄	八八五六 瞫	八八四六 眏	八八二二 皭	八八一二 瘭	八八〇二 痁	八七八二 甏	八七七〇 琄	八七五九 琰	八七四一 獀	八七三一 犵
九〇〇二 罻	八九八八 繑	八九七八 縰	八九六八 粿	八九五〇 篺	八九四〇 箙		八九〇四 穧		八八八〇 礞	八八五七 矔	八八四七 眕		八八一三 瘯	八八〇三 痐	八七八三 甒	八七七一 瑢	八七六一 玗	八七四二 獉	八七三二 犺

明密碼電報書

補遺 片牛犬玄玉瓦生田疒白皿目

補遺 目矛矢石示禾穴立竹米糸缶网

四十三

九二九五 轑	九二七六 蹻	九二六二 趫		九二一六 詻		九一八〇 褻		九一五七 蟢	九一四七 蜒		九一一九 藻	九一〇九 蒵	九〇九九 𦨴	九〇八九 舺	九〇七四 脺	九〇六四 脡	九〇五四 胆		九〇〇三 罾
九二九六 輱	九二七七 蹲		九二四一 豗	九二一七 詾	九二〇一 觜	九一八一 褎	九一七一 衩	九一五八 蠋	九一四八 蝭	九一三一 虒	九一二〇 蒲	九一一〇 蒢		九〇九〇 艌	九〇七五 膨	九〇六五 脢	九〇五五 胊	九〇三一 耏	
九二九七 轝	九二七八 躛	九二六八 跴	九二四二 豜	九二一八 誃	九二〇二 觡	九一八二 褕	九一七二 衰	九一五九 蠐	九一四九 螺	九一三二 虖	九一二一 蘬	九一一一 蓪	九一〇一 苴	九〇九一 舨	九〇七六 膷	九〇六六 脰	九〇五六 膄		九〇一一 羋
	九二七九 躨	九二六九 跤	九二四三 豶	九二一九 諆	九二〇三 觷	九一八三 褽	九一七三 袡	九一六〇 蠙	九一五〇 蜿		九一二二 藙	九一一二 蕟	九一〇二 荅	九〇九二 艑	九〇七七 䑋	九〇六七 腂	九〇五七 胹	九〇四一 聓	九〇一二 羭
九三〇一 辧	九二八〇 躘	九二七〇 踪	九二四四 豷	九二二〇 諢		九一八四 襆	九一七四 袢	九一六一 蠓	九一五一 蝯	九一四一 蚉	九一二三 蘤	九一一三 蓷	九一〇三 蔽	九〇九三 艛	九〇七八 臏	九〇六八 腌	九〇五八 胅	九〇四二 聝	九〇一三 羱
		九二七一 跦		九二二一 讖	九二一一 訆	九一八五 襍	九一七五 衮	九一六二 蠭	九一五二 螉	九一四二 蚡	九一二四 蘺	九一一四 蓑	九一〇四 荓	九〇九四 艥	九〇七九 臐	九〇六九 腍	九〇五九 脆	九〇四三 聱	
九三一一 逢	九二九一 軞	九二七二 跲	九二五一 豻	九二二二 讂	九二一二 訧	九一八六 襡	九一七六 袺	九一六三 蠗	九一五三 螬	九一四三 蚰	九一二五 蘔	九一一五 蕆	九一〇五 菸	九〇九五 艩	九〇八〇 朦	九〇七〇 腒	九〇六〇 脉		九〇二一 羿
九三一二 邀	九二九二 軜	九二七三 踹	九二五二 貜	九二二三 讕	九二一三 詢	九一八七 襢	九一七七 袽	九一六四 蝻	九一五四 螵	九一四四 蛓	九一二六 莦	九一一六 蔙	九一〇六 菻	九〇九六 艬	九〇八一 臛	九〇七一 腶	九〇六一 脖	九〇五一 肜	九〇二二 羾
九三一三 邈	九二九三 軝	九二七四 蹏			九二一四 謸	九一八八 襮	九一七八 袿	九一六五 蜆	九一五五 蠱	九一四五 蛔	九一二七 茈	九一一七 蔦	九一〇七 葥	九〇九七 舢		九〇七二 膇	九〇六二 胳	九〇五二 肦	九〇二三 翃
	九二九四 軥	九二七五 蹩	九二六一 趡	九二三一 谿	九二一五 詧	九一八九 襱	九一七九 裋	九一六六 蟓	九一五六 蟜	九一四六 蝥	九一二八 蕧	九一一八 蕘	九一〇八 葄	九〇九八 艚	九〇八八 舿	九〇七三 膘	九〇六三 脝	九〇五三	九〇二四 翍

明密碼電報書

補遺 四羊羽耒耳肉舟艸虍虫

補遺 虫衣角言谷豕豸走足車辛辵

四十四

九三二一 祁	九三二二 郶	九三二三 郈	九三二四 郔	九三二五 郕	九三二六 郚	九三二七 郝	九三二八 郠	九三二九 鄀	九三三〇 郭
九三三一 鄉	九三三二 郳	九三三三 都	九三三四 鄆	九三三五 御	九三三六 鄚	九三三七 鄍	九三三八 鄎	九三三九 鄏	九三四〇 鄐
九三四一 鄙	九三四二 鄭	九三四三 鄸	九三四四 鄩	九三四五 鄬	九三四六 鄴	九三四七 鄠	九三四八 鄺		九三六一 酡
九三六二 醎	九三六三 醑	九三六四 醨	九三六五 醻	九三六六 釃	九三六七 鉌	九三六八 鋧	九三六九 鐄	九三七〇 鍏	九三七一 鈹
九三七二 鉀	九三七三 鉑	九三七四 鋂	九三七五 鉼	九三七六 錩	九三七七 鍛	九三七八 鏇	九三七九 鏊	九三八〇 鏚	九三八一 錦
九三八二 鐐	九三八三 鏄	九三八四 鐔	九三八五 鐧	九三八六 鍱	九三八七 鑫	九三八八 錁	九三八九 鍪	九三九〇 錆	九三九一 鎣
九三九二 錟	九三九三 鑾	九三九四 釙	九三九五 鈁	九三九六 鋕	九三九七 鉉	九三九八 鉍	九三九九 錂	九四〇〇 鉒	九四〇一 閘
九四〇二 関	九四〇三 閾		九四一一 陋	九四一二 陝	九四一三 隃	九四一四 隨	九四一五 隵		九四二一 雂
九四二二 雃		九四三一 霙	九四三二 霣	九四三五 霝		九四四一 靇		九四五一 靮	九四五二 靺
九四五三 鞃	九四五四 鞏	九四五五 鞈	九四五六 鞨	九四五七 韅		九四六一 韡	九四六二 韣		九四六六 韹
	九四七一 頏	九四七二 頜	九四七三 頟	九四七四 頠	九四七五 頩	九四七六 顗		九四八一 颶	
九四九一 飜		九五〇一 飥	九五〇二 養	九五〇三 餑	九五〇四 餪	九五〇五 餫	九五〇六 餺	九五〇七 餻	九五〇八 饘
九五〇九 饍	九五一〇 饚		九五一五 馪		九五二一 馵	九五二二 駓	九五二三 駔	九五二四 駴	九五二五 騆
九五二六 駾	九五二七 騢	九五二八 騯	九五二九 驑		九五四一 髁		九五五一 髽	九五五二 鬃	
九五六一 魆	九五六二 魋	九五六三 魖		九五七一 鮚	九五七二 鯈	九五七三 鯔	九五七四 鰉	九五七五 鰋	九五七六 鰒
九五七七 鰱	九五七八 鰾	九五七九 鱆	九五八〇 鱅	九五八一 鱓	九五八二 鱧	九五八三 鱭	九五八四 鱮	九五八五 鱯	九五八六 鱻
九五九〇 魷	九六〇一 鴂	九六〇二 鵰	九六〇三 鴃	九六〇四 鷄	九六〇五 鵻	九六〇六 鷊	九六〇七 鸛	九六〇八 鸂	九六〇九 鸂
九六一〇 鸔		九六二一 麩	九六二二 麪	九六二三 麱		九六三一 黟	九六三二 黰		九六四一 鼪
九六四二 龥		九六五一 龡							

香港電話公司章程

(一) 價目

電話租費。乃照電話則例執行。幷詳列於左。其未及列入表內者。請通函詢問可也。

香港(在域多利城內)直接總線……每年一百一十七元

山頂直接總線……每年一百一十七元

九龍(在舊界之南)直接總線……每年一百一十七元

(甲)雜類

支線與總線同一屋內者……每年三十元

駁線機(用於一條支線者)……每年六元

支線與總線不同一屋內者。每年由四十元起。其餘按線遠近而定。

小交換機(用於多過一條支線之外者)……每年每號一元

小交換機之電流線。(照機之大小而定)每年由三十六元至八十一元。

電話鐘(細號)……每年六元

增設電話號碼盤……每年六元

增設司機聽講筒……每年十二元

用戶有時在休息時間。不欲與外界接談。或欲避免騷擾。每將聽筒拈離架鈎。此舉於電機殊爲窒碍。本公司現爲解決此種困難起見。特就新式電話機。加裝一活動電掣。用戶在必要時。將此掣拔除。電訊即行截止。而於電機幷無損害。斯誠一舉兩得之利便也。此種新式機連掣。每年每具加收費用十八元。

電話租費。俱分四季上期繳收。於陽曆正・四・七・十・四個月一號。請交到德輔道中十四號交易行五樓本公司辦事處。

(乙)遷移費。

在一屋之內者五元。

遷往別處者。總線十二元。支線五元。

屋外支線遷移地位。在一屋之內者五元。遷往別處者十二元。

電話鐘駁線機等五元。

小交換機按工程定價。

(丙)安設新電話。

貴客新設電話。如用足一年。概免較費。否則收回較費。

(丁)遷移電話

貴客若遷居別處。將電話移往。請先期十天函知敝公司。否則自誤。至於搬遷費用。照上表定價預交。

(戊)拆卸電話

貴客欲將電話折卸不用。須早一個月行信通知。若不預行通知。則照收租銀一月。

(己)逾期欠數。

如電話租或別項費用。逾期不交者。本公司不用通告。可將該用戶電話停止通話。

(庚)賠 償

各機件如有損壞(除平常修葺之外)而應賠償者。或遇水火盜賊及屋宇傾陷而雲話機件有損失者。用戶應負賠償之責。故本公司據各用戶須將所設之電話購買保險爲宜。每電話機等約值銀一百元。

(辛)號碼部

本公司之號碼部分編中西文。于陽曆正月及七月每半年發刋一次。每電話只派中文或西文一本。不取分文。多取則每本收回價銀七毫五仙。

每號電話只印一名。若加印名數。每次出版收費五元。

本公司竭力將所有各用戶之名號住址及號碼印于此部內。以六月一號及十二月一號爲止截之期。如遲則不能加入。倘有錯漏等情。本公司槪不任其咎。

(二)新界電話分局

本公司新界分局。約於一九三二年一月落成。屆時可在粉嶺　上水　安樂　大埔　大埔墟等處安設電話矣。茲將簡章訂列如左

(一)在分局一英里內電話總線每年每具收費一百一十七元。

(二)由新界用戶打電話往香港九龍及山頂之用戶。每次另加收銀一毫。以三分鐘爲限。

(三)由香港及九龍或山頂各用戶打電話與新界用戶。每次亦收銀一毫。亦以三分鐘爲限。

(四)新界用戶互相通話。則免額外收費。

(五)上述之額外電費。俱由打電話者負責。

各界諸君倘有意在上列各地裝設電話者。請函示本公司可也。

新界電話用法

新界用戶欲搭電話往香港九龍或山頂。可由號碼盤攪「○」字。待司機生應後。則代搭該線。

用戶在香港九龍及山頂欲搭線往新界。可電第九一號。待司機生應後。則代搭該線。

用戶在新界者互相通話。則請向號碼部上檢查號碼。自行搭線。

欲再知詳細。請電詢第九零號。或本公司司理。當能完美答覆也。

(三)香港電話公司省港長途電話章程

凡欲用長途電話者。須先繳按金二十元。本公司則編發暗碼與該用戶。以爲通話之用。(用法詳見下文。)用戶者不

用長途電話。并清結賬項。本公司則將此按金交回。

電費價目表

	普通通話	指定人通話	預約留線
首三分鐘或未足三分鐘	二元	二元七毫	二元七毫
首三分鐘之後每分鐘或未足一分鐘	陸毫半	九毫	九毫
	（計算法見下文）		

長時間。專線價目另議。

普通通話

先轉號碼盤之「○」字。待司機生答話時。則告以廣州收電者之電話號數。與自己之電話號數。及長途電話所編定之嗌碼。彼將請用戶持聽筒稍待。俾得從事發電工作。倘所有長途電話線均為別人先用。司機生當即告知。俟有線時。再由電話通告。通話時間由雙方開始接談時起計。（應電者無論為何人）

指定人通話

通話手續。一如上述。（見「普通通話」）但除告以廣州電話號數外。更須將接電者之姓名告知。司機生（除該指定人外者有別人得代為接電者。則亦請將該替代者之姓名一併告知。）如能與所覓之人談話。則電費照「指定人通話」計。若該指定人不能覓得。而願與任何人通話。則照「普通通話」計。或不願與別人通話而作罷論者。則須繳交手續費捌毫半。

預約留線

倘用戶欲于一定時刻與廣州通話者。最低限度。須在半小時前與司機生預約。通電手續亦如上述外。（見「普通通話」）更聲明通電時刻。司機生當設法按時為之通電。費用照「指定人通話」計。此種預約留線。如遇長途電話冗忙時。本公司恕不預先通告。隨時得停止之。

長時間專線

如有用戶每日欲與廣州作長時之通話。而每星期最少用五日。每次通電不能少過十分鐘者。本公司可照定價與以折扣。凡需用此長時間專綫者。請先函示知。聲明每日通話次數。并約在何時間通話。至於該時間能否留專線。與折扣若干。本公司自當商覆。此種線額有限。用戶茍有意者。望速函訂。倘遇長途電話冗忙時。本公司對此種辦法。保留自動撤消之權。

裝有小交換機者注意

大商號中多有裝置小交換機。并僱用私家司機生者。為避免耗時悞事起見。用戶須令該司機生徹底了解長途電話收發電訊辦法。并宜令之全責擔任收發工作。譬如該號內有二人同時不經由私家司機生。而各內線直接發電。惟一時未得對方接收。過後長途司機生再由電話通知時。私家司機生不知其詳。將不辨此二處發電人中誰是通訊之人。無從爲之接駁矣。似此種種。貽誤實多也。

長途電話公衆發電處

本公司爲利便一般未掛號之用戶。偶有急事。而用長途電話者起見。特設公衆發電所二處。一在交易行五樓本公司總寫字樓。一在彌敦道電話行九龍分局。惟祇可於辦公時間內發電。費用照「指定人通話」計算。卽席先交。

通話時間計算法

普通通話　由對方任何人答話時起計。

指定人通話　由指定人答話時起計。

當用戶交談時。已過時間多少。司機生恕不中途通知。以免騷擾。

長途電話費結單

長途電話費結單。將於相當期間發出。如一收到。卽須繳納。否則本公司將該用戶通電權利停止。至清結該數後。再行恢復之。

用戶負責

無論何人由長途電話用戶處發電。所有電費。須由該用戶負責。爲用戶計。則本公司所編定之暗碼。除重要人外。宜守秘密。以免閒人亂用爲要。

廣州市電話號碼部

廣州市電話號碼部。華英分裝。一如本號碼部之格式。長途電話用戶。自應手此一本。以備查考。雖則本公司之司機生可以代查對方號碼。究不若事求諸己。免費時誤事也。

注意

上述諸端。請長途電話用戶。切實注意。並共同合作。則一切錯誤耗時。自可避免。至如其他事宜。未載此章程中者。用戶苟有所欲知。請就詢於本公司司理人可也。

本公司對於長途電話用戶收發電訊。備盡職責。設不幸阻遲隕越。以致用戶或受損失。本公司當不負責。特此聲明。

(四)附則

(一)本公司特行佈告用戶。須嚴守上列章程。俾得收消息靈通之效。

(二)不能借用　貴客所設之電話。係專供尊處各伴或貴府家人等而設。幸勿濫聽外人借用。或代人傳遞消息。否則本公司有權收回。

(三)查驗電機　本公司各伴到尊處查看電機者。俱有表記。否則是假冒本公司人員。貴客切宜拒之勿悞。

(四)發生阻礙　如有發生阻礙等事。則請卽時用電話告之司機總管。倘過二十四點鐘外。仍未收妥。請行信來本公司總理。並聲明該電話號數。

(五)警告　有等用戶。因不願聽電話。欲防止別人打電來鈴聲之騷擾。每將聽筒拈離原位。此種習慣。必須戒除。蓋聽筒若離開架上過久。則該用戶之電話線。必被割斷。非俟報告本公司後。派人修理。不能再用也。用戶切須注意此點爲盼。

（六）注意　請各用戶將自己之電話號碼列在信紙。或告白文件內。俾其他用戶易於駁線爲要。

（五）電話用法

（一）當風雨交作。閃電流行之時。請切勿打電話爲要。

（二）將聽筒一手提起『切勿猶疑閃縮。致令乘聽筒之彈弓架上下顫動。蓋若有此弊。則必有搭錯線。或拆線之虞也。』

（三）將聽筒置於耳靜候一息。俟聽得一種聲浪。『此聲係一種連續不斷之嗚嗚聲。』方可開始轉動號盤。

（四）將號碼盤轉動。譬如所欲搭對方之號碼爲四五六七八號。則先將手指放進(4)字之圓孔內。如(甲圖)

甲

隨即轉動號碼盤之白鐵面。『由左至右。如時計針所行之方向。』直拉盤面至掣處方止。如(乙圖)。

乙

乃將手指拔出。任號碼盤自行轉回原位。如(丙圖)

丙

『但切勿將號碼盤擾動。或阻窒。必要完全任其自由轉回。否則又有搭錯線之弊矣』。(4)字既轉妥之後。乃照上法放手指于(5)字之圓孔。轉動如前。由是而至(6)字。而(7)字。而(8)字。此五個號碼依法轉完則線已搭妥。可靜候對方來講矣。

（注意一）以上所舉之辦法。若施用時稍有錯誤。可即將聽筒掛回。待二三秒鐘即可再用。

（注意二）提起聽筒之後。一聞嗚嗚之聲。即須開始轉動號碼盤。切勿延遲。過二十秒鐘。轉動一個號數字之後。一俟號碼盤轉回原位。即開始轉第二個字間。亦切勿延遲過二十秒鐘。若延遲過久。則必搭線不通。並聽聞「不通」之號。「見下文(七)」如有此弊。請即掛回聽筒。隨後再電可也。

(五)用戶照上法將機盤號數轉動妥當之後。則必聞攪鐘聲號表。示搭線已妥。並對方之鐘已接續攪緊，此聲頗低沉。而間以一長一短之停息。

(六)對方講開　如遇欲通電之電話與別號講開。則不聞搖鐘聲號。另聞一種聲浪。表示講開者。此聲係較高而間以同度之短停息。若聞此聲。宜即將聽筒掛回。待數分鐘後再搭過。

(七)對方不通碼如對方之電話因有損壞。或種種原因。以致不通。則又有一種聲浪。以表示之此聲之高度與「講開」之聲同。但係連續不斷者。

(八)與對方談講時。切勿觸動號碼盤。或掛聽筒之架。否則必被拆線。又要搭過矣。若未講完。而因事要離開。亦勿將聽筒掛回。否則又被拆線矣。

(九)談畢將聽筒掛回架上勿延。

(電話九零號)

若有損壞。報告修葺各種困難。有所詢問。檢查某人號數而號碼部未詳者。皆可電詢。第九零號。當有完滿答覆矣。

民國二十一年正月　總理些利謹啓

香港交通

香港爲我國南中國商務總滙之區。萬商雲集。庶富星羅。以故交通日臻發達。如輪船。火車。電車。汽車。電船。以及人力車。肩輿等。種類至繁。價格不一。茲爲利便各界人士起見。特將交通事項。分別詳載。以便有所參閱焉

汽車類

汽車分私家車。私家運貨車。公衆汽車。租賃運貨汽車。俱須每年向中央警署領取牌照。每年七月繳納牌費。否則不准行駛。車牌上寫有Public Vehicle二字者。即指公衆汽車也。

公衆汽車分三種

(一)巴士汽車　專行一路線。沿途依站停車。以便搭客上落。

(二)德士汽車　俱按路程之遠近。看鏢取値。毋庸訂價。如黃邊。紅邊。明星等汽車是也。車之鏢上有紅旗樹起者。即表示車中無客。如放下者。即表示車中已有客乘坐也。

(三)(營業車)此種汽車。常停駐於繁盛地方附近。或遊行路上。以招生意。如車上無客。均可舉手使其停車。訂價乘坐。其價額亦以路程之遠近而定。

(四)各處汽車公司之營業車。均有一定之舖位以停車輛。分大中小三等車。大車可坐六七人。每點鐘租價約五六元。中小車可容四五人。每點鐘租價約三四元。

(五)公衆運貨物傢私汽車。租額以重量及路程而定。每點鐘或每次裝運或每日而取費。

香港中華長途汽車時間及車費表

第一號路綫

皇家碼頭至跑馬地

自上午六時十八分起至夜十一時廿八分止
由皇家碼頭起每十分鐘開一次

自上午六時零二分起至夜十一時卅二分止
由跑馬地起每十分鐘開一次

第二號路綫

皇家碼頭至太古船澳東閘

自上午八時起至夜十時止
由皇家碼頭起每半點鐘開一次

自上午八時起至夜十時止
由太古船澳（東閘）起每半點鐘開一次

第三號路綫

皇家碼頭至大學堂（經花園道）

自上午七時卅二分起至上午九時卅七分止
由皇家碼頭起每五分鐘開一次

自上午九時卅七分起至正午十二時零七分止
由皇家碼頭起每十分鐘開一次

自正午十二時零七分起至下午八時卅七分止
由皇家碼頭起每五分鐘開一次

自下午八時卅七分起至夜十一時五十七分止
由皇家碼頭起每十分鐘開一次

自上午七時四十七分起至上午十時零二分止
由大學堂起每五分鐘開一次

自上午十時零二分起至正午十二時廿二分止
由大學堂起每十分鐘開一次

自正午十二時廿二分起至下午八時五十二分止
由大學堂起每五分鐘開一次

自下午八時五十二分起至夜十二時零二分止
由大學堂起每十分鐘開一次

第四號路綫

皇家碼頭至大學堂（經皇后大道）

自上午七時卅二分起至夜十一時四十二分止
由皇家碼頭每十分鐘開一次

自上午七時四十七分起至夜十一時五十七分止
由大學堂每十分鐘開一次

第五號路綫

大坑村至堅尼地城

自上午六時卅分起至夜深十二時止

由大坑村每五分鐘開一次
自上午七時〇五分起至夜深十二時卅五分止
由堅尼地城每五分鐘開一次

第六號路綫

皇家碼頭至淺水灣
自上午七時起至夜十二時止
由皇家碼頭每一句鐘開一次
自上午七時卅分起至夜候十二時卅分止
由淺水灣每一句鐘開一次

第七號A路綫

香港仔至赤柱
自上午七時起至下午七時止
由香港仔每一句鐘開一次
自上午七時卅分至下午七時卅分止
由赤柱每一句鐘開一次

第三號A路綫

皇家碼頭至摩星嶺

皇家碼頭開行時間

上午七時三十分	下午四時二十分
上午八時廿五分	下午五時十五分
上午九時十五分	下午六時二十分
上午十時二十分	下午七時十五分
正午十二時廿分	下午八時二十分
下午一時十五分	下午九時十五分
下午二時二十分	下午十時二十分
下午三時二十分	下午十一時廿分

摩星嶺開行時間

上午八時正	下午四時五十分
上午八時五十分	下午五時五十分
上午九時四十分	下午六時五十分
上午十時五十分	下午七時五十分
正午十二時五十分	下午八時五十分
下午一時五十分	下午九時五十分
下午二時五十分	下午十時五十分
下午三時五十分	下午十一時四十五分

第七號路綫

西營盤至香港仔

每日行車時間

由上午五時卅分起至下午六時止

由香港仔每十五分鐘開一次
自下午六時起至下午九時四十分止
由香港仔每廿分鐘開一次
自上午六時至下午六時止
由西營盤每十五分開一次
自下午六時起至下午十時止
由西營盤每廿分鐘開一次
星期六及星期日
自上午五時卅分起至上午十時止
由香港仔每十五分鐘開一次
自上午十時至下午六時
由香港仔每十分鐘開一次
自下午六時至下午九時四十分止
由香港仔每廿分開一次
自上午六時至上午十時
由西營盤每十五分鐘開一次
自上午十時至下午六時
由西營盤每十分鐘開一次
自下午六時至下午十時
由西營盤每廿分鐘開一次

香港各路綫車費表

行車來往地點	二等車費	頭等車費
皇家碼頭至跑馬地		一毫
皇家碼頭至太古澳(東閘)		一毫
皇家碼頭至大學堂(經花園道)		一毫
皇家碼頭至大學堂(經皇后大道)		一毫
大坑至堅尼地城		一毫
皇家碼頭至摩星嶺		三毫
皇家碼頭至大學堂球塲		二毫
大學堂至摩星嶺		二毫
大學堂至皇家碼頭		一毫
大學堂至大學堂球塲		一毫
摩星嶺至大學堂球塲		一毫
皇家碼頭至淺水灣	頭等來回柒毫半	四毫
皇家碼頭至黃泥涌峽		二毫
淺水灣至黃泥涌峽		二毫
皇家碼頭至嶺南中學		一毫
西營盤至香港仔	一毫半	二毫五仙
香港仔至赤柱	一毫半	二毫五仙
香港仔園至赤柱	一毫	二毫

壽臣山道至赤柱……二毫
深水灣至赤柱……一毫五仙
淺水灣至赤柱……一毫五仙
淺水灣至香港仔圍……一毫五仙
香港仔至淺水灣……一毫五仙
香港仔至深水灣……一毫五仙
深水灣至淺水灣……一毫五仙

長行月票。每月拾元。一號二號三號四號五號通用。三號A可乘搭來往大學堂止。及皇家碼頭往摩星嶺及六號七號七號A另須收費。

搭車規則

(一)凡有大人携帶四歲以下之小孩搭車概免收費

(二)凡海陸軍人員穿有制服者及十弍歲以下之小童搭頭等位可照弍等位價繳費但乘無等位之車或弍等位者須照定價費買票

(三)凡警察人員及郵局人員搭車概免收費

聖士提反男校來往香港赤柱汽車

由大學堂至赤柱經薄扶林道香港仔深水灣淺水灣。

每日由上午八點在香港大學堂前開行。

下午四點由赤柱開。每日開行一次。來往車費一元。

九龍長途汽車規則

(一)長行車票。每月拾元。購買月票者。搭客須將車票隨身携帶。以便查票員檢驗。否則須照給車費。

(二)學生長行車票。每月四元。通用時間。每日由上午七點鐘起。至下午五點鐘止。五點鐘後及星期日與假期日。均不通用。(來往新界車輛不通用)。

(三)凡携帶四歲以下之小童搭車免費。

(四)凡英國軍人(穿制服者)。與十二歲以下四歲以上之小童。搭頭等座位俱收半價。二等則照價收取。

(五)警察及郵差當值時。(穿制服者)。乘車免費。

(六)各車輛所經之街道。俱有小紅牌安設於路傍。指明車站。如欲搭車或落車。須在車站方可上落。

九龍與新界行車時間表

路綫號數	往來地點／開車與收車時間	車輛相隔
第一號	尖沙咀至深水埔……經彌敦道荔枝角道 上午五點四十五分…下午一點十五分…	每十分鐘一次
第二號	尖沙咀至荔枝角……經彌敦道青山道 上午五點四十五分…下午十二點三十分…	每十分鐘一次
第三號	尖沙咀至九龍城……經漆咸道紅磡九龍城道 上午五點四十五分…下午一點十五分…	每十分鐘一次

第四號 油蔴地新碼頭至九龍城經加士居道紅磡九龍城道
上午五點三十分⋯下午一點十五分⋯每十分鐘一次

第五號 尖沙咀至柯士甸道⋯⋯⋯經彌敦道金馬倫道
上午七點三十分⋯下午九點卅分⋯每十分鐘一次

第六號 尖沙咀至九龍城⋯⋯⋯⋯經彌敦道太子道
上午五點四十五分⋯下午一點十五分⋯每十分鐘一次

第七號 尖沙咀至九龍塘⋯⋯⋯經彌敦道亞皆老街何文田
上午六點⋯⋯⋯下午一點十五分⋯每十分鐘一次

第八號 油蔴地新碼頭至九龍塘⋯⋯⋯經彌敦道太子道
上午六點⋯⋯⋯下午一點十五分每十分鐘一次

第九號 油蔴地新碼頭至元朗⋯⋯⋯經彌敦道青山道
上午五點四十分⋯下午七點十分⋯每卅分鐘一次

第十號 尖沙咀至牛池灣⋯經油蔴地新碼頭上海街太子道
上午五點四十五分⋯下午十二點⋯每十分鐘一次

第十一號 深水埔至土瓜灣⋯⋯經荔枝角道上海街紅磡油蔴地新碼頭⋯⋯⋯⋯⋯⋯⋯⋯⋯⋯
上午六點⋯⋯⋯下午一點⋯⋯⋯每十分鐘一次

第十二號 尖沙咀至深水埔⋯⋯經廣東道新填地街荔枝角道
上午六點十五分⋯下午十二點⋯⋯每十分鐘一次

第十三號 油蔴地新碼頭至九龍城⋯⋯經彌敦道太子道
上午六點⋯⋯下午十二點⋯⋯每十分鐘一次

第十四號 油蔴地新碼頭至深水埔⋯⋯經新填地街上海街
上午六點⋯⋯⋯下午壹點⋯⋯⋯每十分鐘一次

第十五號 元朗至錦田⋯⋯⋯⋯⋯⋯⋯⋯⋯⋯⋯⋯⋯⋯⋯⋯⋯⋯
上午九點墟日七點⋯⋯下午五點⋯每三十分鐘一次

第十六號 粉嶺至大埔⋯⋯⋯⋯⋯⋯⋯⋯⋯⋯⋯⋯⋯
上午六點⋯⋯⋯下午六點⋯⋯⋯每卅分鐘一次

第十七號 元朗至上水⋯⋯⋯⋯⋯⋯⋯⋯⋯⋯⋯⋯⋯
上午六點三十分⋯下午五點卅分⋯每卅分鐘一次

第十八號 粉嶺至沙頭角⋯⋯⋯⋯⋯⋯⋯⋯⋯⋯⋯⋯
上午七點十五分⋯下午六點卅分⋯⋯每點鐘一次

九龍汽車公司來往各路綫車輛價目表

來往地點	頭等	二等
尖沙咀來往柯士甸道站⋯⋯⋯⋯⋯⋯⋯⋯	一毫⋯	
尖沙咀來往柯士甸道或北海道⋯⋯⋯⋯	一毫⋯	五仙
尖沙咀來往九龍船澳。馬頭角道。亞皆老街。深水埗。窩打老道及英皇子道交界分叚。欽州街。⋯⋯	毫半⋯	一毫
尖沙咀來往九龍城。（經漆咸道）。或九龍塘。九龍城。（經彌敦道）至牛池灣。黃屋村。荔枝角⋯⋯	二毫⋯	一毫
柯士甸道來往九龍船澳⋯⋯⋯⋯⋯⋯⋯⋯	一毫⋯	五仙
柯士甸道來往馬頭角道或九龍城（經漆咸道）⋯	毫半⋯	一毫
北海街來往亞皆老街⋯⋯⋯⋯⋯⋯⋯⋯⋯	一毫⋯	五仙
北海街來往深水埗。或窩打老道。及英皇子道交界分叚。九龍塘。九龍城。（經彌敦道）欽州街⋯⋯	毫半⋯	一毫
北海街來往牛池灣或荔枝角⋯⋯⋯⋯⋯	二毫⋯	一毫
九龍船澳來往馬頭角道⋯⋯⋯⋯⋯⋯⋯⋯	一毫⋯	五仙
九龍船澳來往九龍城（經漆咸道）⋯⋯⋯⋯	毫半⋯	一毫

馬頭角道來往九龍城(經漆咸道)……一毫……五仙

亞皆老街來往深水埗。窩打老道。及英皇子道交界分段。欽州街……一毫……五仙

亞皆老街來往九龍塘。或九龍城。(經彌敦道)黃屋村。荔枝角……毫半……一毫

窩打老道及英皇子道交界分段來往九龍塘或九龍城(經英皇子道)……一毫……五仙

窩打老道及英皇子道交界分段來往牛池灣……毫半……一毫

九龍城來往牛池灣……一毫……五仙

欽州街來往黃屋村……一毫……五仙

欽州街來往荔枝角……毫半……一毫

黃屋村來往荔枝角……一毫……五仙

佐頓道新碼頭來往政府遊樂會或亞皆老街……一毫……五仙

佐頓道新碼頭來往九龍船澳。或馬頭角道。深水埔。窩打老道及英皇子道交界分段。九龍塘。九龍城(經彌敦道、欽州街。黃屋村……毫半……一毫

佐頓道新碼頭來往牛池灣或荔枝角。九龍城(經漆咸道)……二毫……一毫

士瓜灣來往政府遊樂會……一毫……五仙

士瓜灣來往佐頓道新碼頭或亞皆老街……毫半……一毫

士瓜灣來往深水埔……二毫……一毫

政府遊樂會來往亞皆老街或深水埔……毫半……一毫

政府遊樂會來往九龍船澳……一毫……五仙

政府遊樂會來往馬頭角道或九龍城(經漆咸道)毫半……一毫

來往新界各路線價目

旺角至元朗……七毫……五毫

旺角至平山……七毫……五毫

旺角至青山……六毫……四毫

旺角至大欖涌……五毫半……三毫半

旺角至青龍頭……四毫半……三毫

旺角至登九……四毫……二毫半

旺角至全灣……三毫……二毫

旺角至荔枝角……毫半……一毫

上水至松柏朗……五仙

上水至錦田小園……一毫

上水至洲頭……毫半

上水至落馬洲新田……二毫

上水至米埔……二毫半

上水至竹園新圍逢吉鄉……三毫

上水至紅毛橋凹頭……三毫半

上水至元朗……四毫

粉嶺至安樂村龍骨頭……五毫

粉嶺至軍地……一毫

粉嶺至孔嶺馬尾下黎洞……毫半

粉嶺至和坑蔴竹嶺……二毫

粉嶺至石涌凹……二毫半

粉嶺至新村沙埔角……三毫

紛嶺至來往大埔墟……毫半

錦田來往元朗……五仙

電車路線

凡搭電車。務要小心。車未停定。不可上落。并須注意前後有無汽車來往。然後橫過。

凡搭電車。須看明車上之路線。免悞乘之虞。

每段每次搭車價目

頭等一毫。小童半價。三等半毫。

頭等月票　拾元。

五仙車票每本一百張　五元。

電車分段來往時間表

第一段　由銅鑼灣至屈地街。

由銅鑼灣　頭車上午六點二分。　尾車下午十一點開。

由屈地街　頭車上午六點卅二分。　尾車下午十一點半開。每四分鐘開一次。

特別遲車

由銅鑼灣開　下午十一點至十一點半。每五分鐘開一次。十一點半至十二點止。每十分鐘開一次。

由屈地街開　下午十一點半至十二點止。每五分鐘開一次　十二點至十二點半止。每十分鐘開一次

第二段　由銅鑼灣至堅尼地城。

由銅鑼灣　頭車上午六點開。　尾車下午十點四十四分開。

由堅尼地城　頭車上午六點卅六分開。　尾車下午十一點式十分開。

特別遲車

由銅鑼灣開　下午十點五十六分開一次。

十一點零五分開一次。

十一點十五分開一次。

由堅尼地城開　下午十一點卅一分開一次。

十一點四十一分開一次。

十一點五十一分開一次

第三段　愉園至堅尼地城。

由愉園　頭車上午六點二十一分開。　尾車下午十點五十五分開。

堅尼地城　頭車上午七點開。　尾車下午十一點卅四分開。每七分鐘開一度。

第四段　愉園至上環街市。

愉　園　頭車上午七點開。　尾車下午十一點半開。

由上環街市　頭車上午七點廿分開。　尾車下午十一點十二分開。每七分鐘或八分鐘開一次

第五段　上環街市至筲箕灣。

上環街市　頭上車午七點半開。　尾車下午十點五十五分開。

由筲箕灣　頭車六點四十分開。　尾車下午十一點半開。每約五分鐘開一次。

特別遲車

由上環街市至筲箕灣。下午十點五十一分鐘開一次。

由上環街市至鰂魚涌。下午十一點十一分鐘開一次。

由筲箕灣至銅鑼灣。下午一點四十三分鐘開一次。

由鰂魚涌至銅鑼灣。下午十一點五十五分鐘開一次。

特別早車

由銅鑼灣至筲箕灣。上午六點十分至七點四十一分鐘每七分鐘開一次。

山頂纜車價目表

來往花園道及山頂車站

頭等……二毫

三等……一毫

(一)頭等票每部二十張價……五元四毫

(二)三等票每部二十張價……一元八毫

(三)頭等月票每張……一十二元

(四)凡來往頭等收二毫之站者月票收……十元

凡持十元月票搭車。越過規定站額。另補車費。

(五)晚上過十二点五分鐘欲上落山頂者。規定至少六人爲額。每人車費五毫算。若一人包六人之數。亦準可開車。

山頂纜車上落時間表

上午 七點十分。三十分。四十五分。

八點十分。二十分。三十分。四十分。五十分。

九點十分。分二十分。三十分。四十分。五十分。

十點十分。二十分。三十分。四十分。五十分。

十一點十五分。三十分。四十分。五十分。

下午 十二點十分。二十分。三十分。四十分。五十分。

一點十分。二十分。三十分。四十分。五十分。

兩點十分。二十分。三十分。四十分。五十分。

三點十分。二十分。三十分。四十分。五十分。

四點十五分。三十分。四十分。五十分。

五點十分。二十分。三十分。四十分。五十分。

六點十分。二十分。三十分。四十分。五十分。

七點十分。二十分。三十分。四十分。五十分。

八點十分。二十分。三十分。四十五分。

九點十五分。三十五分。

十點五分。三十五分。

十一點五分。二十分。三十五分。五十分。十二點。五分。

搬運貨物傢私汽車租賃價目

貨儎重量	香港租價	九龍租價
三噸半	每點鐘 三元半	每點鐘 三元
三噸半	每日 二十五元	每日 二十二元
二噸	每點鐘 三元	每點鐘 二元五
二噸	每日 二十二元	每日 一十八元
一噸	每點鐘 二元半	每點鐘 二元
一噸	每日 一十八元	每日 一十八元

注意。用車九點鐘作一日租計算。過時須預先酌量補給。每噸重量伸中國一十六担八十斤。

一九三二年車輛交通則例

肩輿手車價目。均照點鐘收費。

街轎費

時間多少	兩人扛者	四人扛者
十分鐘	毫半	三毫
十五分	二毫	四毫
半小時	三毫	六毫
一小時	四毫	八毫
一小時以上每小時	貳毫半	四毫

手車費（香港各馬路堅道九龍及新九龍收費如下）

十分鐘	一毫
半小時	二毫
一小時	三毫
一小時以上每小時	三毫

以上各費。祇限于一人牽者而言。如兩人牽者倍之。凡在下午九點鐘後。僱用手車。由城多利城而往城外之西便者。車費加半。

山頂及較高道路手車費如下。

十五分鐘	貳毫
半小時	三毫
一小時	四毫

各項車輛之停放地方。均有指定。

在香港方面。凡僱用德士汽車。在一英里路程者。車費五毫。一英里外。每里之四份一者。加收一毫。停車時間。每五分鐘一毫。僱客不得强廹行車速度每點鐘超過十八英里。

在九龍方面價目列左

金邊的士公司　細的士。車頭一英里收銀三毫。以後每四份一英里收銀五仙。停車每五分鐘收銀五仙。

大的士車。每行車一英里收銀四毫。以後每四份一英里收銀一毫。停車每五分鐘收銀一毫。遊客汽車。四座位每點收銀二元四毫。五座位每點收銀三元。七座位每點收銀四元二毫。停車收半價。

電話 五七四一七
五七七一四

私家汽車停車地点

中區

(一)都爹利街之西便。

(二)德忌利士街之西便。

(三)干諾道中之中心。間於鉄行輪船公司碼頭及德忌利士碼頭。

(四)干諾道中之中心。在於尖沙咀碼頭及德士停車塲之東。

(五)干諾道中之中心。間於昃臣道與美利道。卽德士停車塲之東便。

(六)遮打道之中心。間於德輔道中與雪廠街。

(七)遮打道之南便。間於昃臣道與美利道。

(八)昃臣道之東便。間於德輔道中與干諾道中。

(九)機利文街之西便。間於干諾道中與德輔道中。

(十)欖士街之西便。間於干諾道中與德輔道中。

(十一)永和道之西便。

(十二)文華里之西便。間於干諾道中與德輔道中。

(十三)禧利街之西便。間於干諾道中與文咸東街。

(十四)士丹利街之北便。間於德忌笠街與砵甸乍街。

(十五)乍畏街卽蘇杭街之北便。

(十六)獲利街。間於德輔道中與干諾道中。

西區

(一)晉成街。

(二)南里卽石塘咀街市之西便。

(三)山道之中心。間於德輔道西與大道西。

(四)山道。間薄扶林道與橋界。

東區

(一)利園街。

(二)勿地臣街之西便。

(三)囒杜街之西便。

(四)晏頓街之西便。

(五)跑馬塲之正門。(無賽馬時期)

九龍區域

(一)柯士甸路之北便。
(二)中間道之兩便。間於彌敦道與漢口道。
(三)北京道之南便。間於漢口道與亞士厘道。
(四)麼地道之南便。間於彌敦道與康和里。
(五)加士居道之南便。間於佐頓道與漆咸道。
(六)西貢道之南便。間於彌頓道與志和街。
(七)白加士街之東便。間於西貢街與寧波街。
(八)炮台街之西便。間於北海街與甘肅街。
(九)文明里之南便。間於彌頓道與砵倫街。
(十)廣華道。在廣華醫院對面。
(十一)石峽尾街之南便。間於荔枝角道與大南街。
(十二)啓仁道之南便。間於三德路與二德路。
(十三)疏利士巴利道之停車場。即九龍滅火局對正。
(十四)自由道。
(十五)海防道之南便。即廣東道交界。
(十六)窩打道。由亞皆老街至英皇子道。
(十七)柯士甸道之南便。間於今巴利道與漆咸道。

來往香港九龍過海小輪時間價目表

香港開 每日上午五點三十五分開行。至下午九點零五分止。每十分鐘開一次。下午九點十五分至夜間十二點卅分鐘止。每十五分鐘開一次。夜間一點鐘。特別開多一次。

尖沙咀開 每日上午五點二十分開。至下午九點止。每十分開一次。夜間九點十五分鐘起至十二點十五分鐘止。每十五分鐘開行一次。夜間十二點四十五分。特別開多一次。

上午八點半至九點半
正午十二點半至兩點半
下午四點半至五點半
以上三時間。往返者衆。每五分開鐘行一次

價目

頭等票每次一毫。 學生小童半價。
式等票每次五仙。
三等票每次四仙。
頭等月票六元。
頭等兄弟月票三張共九元。男界用。
頭等家庭票五張共拾式元。男女通用。
頭等學生月票式元。

香港往佐頓道

由上午五點至上午六點四十分每二十分鐘開一次
由上午七點至下午十點每十分鐘開一次
由下午十點十弍分至十一點三十六分每十二分鐘開一次
又下午十一點四十五分鐘開一次　半夜十二點鐘開一次

特別夜船時間

由半夜十二點二十分至二點四十分每二十分鐘開一次

汽車船時間

由上午五點至下午十點每二十分鐘開一次
又下午十點廿四分鐘開一次　又十點卅六分鐘開一次
又十一點鐘開一次　又十一點十二分鐘開一次
又十一點三十六分鐘開一次　又十一點四十五分鐘開一次

香港往旺角

由上午五點十分至上午六點五十分每二十分鐘開一次
由上午七點十二分至下午九點每十二分鐘開一次
由下午九點十五分至半夜十二點鐘每十五分鐘開一次

香港往深水埗

由上午五點十分至上午六點五十分每二十分鐘開一次
由上午七點十二分至下午九點每十二分鐘開一次
由下午九點十五分至半夜十二點每十五分鐘開一次

佐頓道往香港

由上午五點至上午六點二十分每二十分鐘開一次
由上午六點四十分至下午九點五十分每十分鐘開一次
由下午十點零六分至下午十一點五十四分每十二分鐘開一次　又半夜十二點鐘開一次

特別夜船時間

由半夜十二點二十分至二點四十分每二十分鐘開一次

汽車船時間

由上半五點至下午九點四十分每二十分鐘開一次
又下午十點零六分鐘開一次　又十點十八分鐘開一次
又十點四十二分鐘開一次　又十點五十四分鐘開一次
又十一點十八分鐘開一次　又十一點三十分鐘開一次
又十一點五十四分鐘開一次　又半夜十二點鐘開一次

旺角往香港

由上午五點至上午六點四十分每二十分鐘開一次

由上午七點至下午九點每十二分鐘開一次

由下午九點十五分至下午十一點四十五分每十五分鐘開一次

深水埗往香港

由上午五點至上午六點四十分每二十分鐘開一次

由上午六點五十四分至下午八點三十分每十二分鐘開一次

由下午八點四十五分至下午十一點卅分每十五分鐘開一次

往來香港油蔴地旺角深水埗客脚價目

日 頭等一毫。 二等四仙。 三等二仙。

下午六點以前作日價收。 下午六點後作夜價收。

夜 頭等一毫。 二等五仙。 三等三仙。

特別時間(由半夜十二點鐘起至兩點四十分止)一律收二毫。月票不能通用。

頭等月票每張四元。 頭等學生月票每張二元。

月票注意。

凡油蔴地深水埗旺角過海月票。一律通用

學生月票搭船時間

(一)禮拜一二四五。由上午七點半至十點。 下午四點至六點。

(二)禮拜三六。由上午七點半至十點。 正午十二點及兩點止。以外時間。學生月票無效。

車輛渡海價目

脚踏單車每架……壹毫

電單車每架……二毫

電單車連孖仔每架……五毫

各種汽車

壹噸以下每架……六毫

壹噸以上二噸以下每架……九毫

如超過二噸者則每噸加收銀……六毫

如汽車有客乘坐者每位收銀五仙但該客不能離開車外

貨物附輪價目

小包 不過一立方尺(即長一尺闊一尺高一尺)每包……五仙

大包 不過尺半長。尺半闊。尺半高。每包……壹毫

加大包 超過上以尺寸者。作加大計。每包……二毫

香港紅磡九龍筲箕灣過海小輪時間價目表

由香港中環。九龍。紅磡。筲箕灣碼頭。早五點鐘開頭次。先到紅磡。次到九龍。尾至筲箕灣。爲一渡。隔一點鐘開行一次。至下午五點五十分止。

由香港筲箕灣碼頭。早五點四十分鐘開頭次。先到九龍。次到紅磡。尾到香港中環碼頭。爲一渡。隔一點鐘開一次。至下午五點四十分鐘止。

價目

香港紅磡頭等票。每本一十五張。價銀一元。

香港九龍頭等票。每本一十三張。價銀一元。

香港筲箕灣頭等票。每本一十一張。價銀一元。

學生每月票。搭頭等票價半折。

		紅磡	九龍	筲箕灣
香港至	一等	八仙	一毫	一毫二
	二等	四仙	六仙	七仙
紅磡至	一等		四仙	一毫
	二等		二仙	六仙
九龍至	一等			一毫
	二等			六仙

本港對海小輪碼頭規則

一九三三年

關於香港政府新建過海碼頭。如干諾道中一座。深水埔北河街一座。旺角咀山東街一座。九龍佐頓道一座。港督會同行政局員於一九三三年三月廿八日判定取締規則六欵。

(一)出入碼頭。須經過出孔道。不准行人騎過欄柵。

(一)不准毀壞碼頭所有建築物。

(一)不准擅自加設事物於碼頭之內。

(一)不准船艇灣泊。或有損害碼頭之建築物。

(一)除設置救生圈外。不准其他事物縛掛或放置碼頭兩旁。

(一)除上落交通過往搭容外。不准其他船舶停留灣泊。

香港往附近小埠輪船時間價目表

埠名	香港灣泊處	開行時間	價目
長洲	西營盤海傍 長洲碼頭	由港開。早六點。下午一點。五點半。星期六下午兩點。 由長洲開。早三點。七點四十五分。下午三點十五分。星期六三點四十五分。	頭等三毫半 二等二毫 頭等每部廿六張六元
荃灣 青衣島	鹹魚欄口	由港早五點開。八點半上午十二點。下午兩點半。五點。 由荃灣開早七點。十點。下午一點。四點。	頭等二毫 二等一毫半
汲水門 屯門 青山 大澳		由港開。上午九點半。及下午兩點。 由大澳開。上午七點四十五分。下午六點廿五分。 由青山開。上午十一點鐘。	價目另列於後
南頭	三角碼頭	由港每日上午四點開。	頭等四毫 二等二毫
澳頭	聯昌碼頭	由港每日上午六點開。	頭等二元 三等一元二毫
汕尾	船名長安 廣榮碼頭	由港開。三日一水。夜四點鐘啓行。	房位三元五毫 大艙一元五毫
媽宮	船名祥發 廣榮碼頭	由港開。三日一水。夜四點鐘啓行。	頭等三元五毫 二等二元五毫 三等一元五毫

香港汲水門屯門青山大澳客脚價目

	香港	汲水門	屯門	青山
至汲水門	頭等二毫半 二等一毫半			
至屯門	頭等四毫 二等三毫	頭等二毫半 二等二毫		
至青山	頭等三毫 二等二毫	頭等二毫半 二等二毫	頭等二毫半 二等二毫	
至大澳	頭等五毫 二等三毫	頭等四毫半 二等式毫半	頭等三毫半 二等三毫	頭等三毫半 二等三毫

由香港開行往各地拖渡時間價目表

埠名	香港灣泊	開行時間	價目
太平	康樂西 平安倉碼頭	每日早六點半開	餐樓二元六 大艙一元五
石岐	聯昌碼頭	每日早三點半開	包房一人九元 二人十元 餐樓三元二 二等二元八 大艙一元六
馬溜洲 木洲 雙水口 三江 石牌 三八七堡 石咀 公益 牛灣 單水口 新昌 長沙荻海	康樂西 平安倉碼頭	每逢單日早四點開	餐樓二元五 大倉一元六
汕尾	西江碼頭	三天一水 晚上開十一點至十二點	餐房三元 餐樓二元 大艙一元五

省港輪船時間及價目表

每晚夜船上。省俱開十點。由省返港。俱開下午四點半。但在省有時因潮水關係。畧改開行時刻。每日早船下省及返港俱開八點。但星期日。省港兩方俱無日船開行。

由港上省客位俱收港銀。由省返港收省銀。但泰山 龍山 金山 佛山。西餐房位。上落均收港銀。

船名	泰山	龍山	金山	佛山	東安	西安	廣東	廣西	天一
西餐房	八元	八元	六元	六元	五元	五元	二元半	二元半	四元
唐餐房	四元	四元	二元半	二元半	四元	四元	一元四	一元四	二元八
唐餐樓	二元六	無	無	無	二元六	二元六	無	無	二元
尾樓房	無	二元六	無	無	無	無	無	無	無
尾樓	一元八	一元八	一元四	一元四	一元八	一元八	九毫	九毫	一元半
大艙	一元	一元	七毫	七毫	一元	一元	五毫	五毫	八毫
香港碼頭	康樂道中省港輪船公司碼頭電話二〇一〇二號				康樂道中同安碼頭		康樂道西元安碼頭電話二一三八七		康樂道西平安碼頭
省城碼頭	西堤省港澳輪船公司碼頭				西堤同安碼頭		西堤河面		西堤
公司名	省港澳輪船公司				同安公司		元安公司		天成公司
公司住址	康樂道中電話二〇一〇一號				大道中一百廿二號電話二四一三九號		大道中八號電話二〇二五三號		康樂中一百五十五號電話二五四七
	華人經理處康樂道西電話二二三四五號						港停星期六省停星期日		
船上電話	二一九六八號		二一九六七號						

港澳輪船時間價目表

各輪往澳客脚俱收港銀。返港則收廣東銀。但西餐樓西餐房唐餐房．來往均收港銀。

日期	船名	上省或回港收價脚銀	西餐房	唐餐房	唐餐樓	尾樓房	尾樓	大艙
星期六晚夜船	金山或佛山	上省收價脚銀	八元	四元二	三元二		二元	一元
星期晚夜船	金山或佛山	返港收價脚銀	八元	四元二	三元二		二元	一元
星期六晚夜船	東安或西安	上省收價脚銀	五元	四元	二元六		一元八	一元
星期晚夜船	東安或西安	返港收價脚銀	五元	四元	二元六		一元八	一元

<table>
<tr><th>船名</th><th>泉州</th><th>瑞安</th><th>瑞泰</th></tr>
<tr><td>西餐樓</td><td>單程三元 來回五元</td><td colspan="2">單程四元 來回七元</td></tr>
<tr><td>西餐房</td><td></td><td colspan="2"></td></tr>
<tr><td>唐餐房</td><td></td><td colspan="2">二元</td></tr>
<tr><td>唐餐樓</td><td>一元六</td><td colspan="2"></td></tr>
<tr><td>尾樓</td><td>一元二</td><td colspan="2">一元二</td></tr>
<tr><td>大艙</td><td>七毫</td><td colspan="2">八毫</td></tr>
<tr><td>香港碼頭</td><td>元安碼頭</td><td colspan="2">三角碼頭</td></tr>
<tr><td>澳門碼頭</td><td>泉州碼頭</td><td colspan="2">省港澳輪船公司碼頭</td></tr>
<tr><td>由香港開</td><td></td><td>早八點開 禮拜上午九點開</td><td>下午兩點開 禮拜停</td></tr>
<tr><td>由澳門開</td><td></td><td>下午三點開 禮拜下午四點開</td><td>早八點開 禮拜停</td></tr>
</table>

來往香港江門九江輪船時間價目表

船名	安利	大利	廣福祥	粵安		永安	新南海
西餐房	六元	六元	五元	江門	六元	六元	六元
				九江	七元		七元
唐餐房	五元	五元	三元	江門	五元	五元	四元
				九江	五元六		五元六
唐餐樓	三元六	三元六	三元	江門	三元六	三元六	三元六
				九江	五元		五元
尾樓	二元六	二元六	二元四	江門	二元六	二元六	二元六
				九江	三元八		三元八
大艙	一元四	一元四	一元二	江門	一元二	一元三	一元四
				九江	二元		二元
香港碼頭	泰興碼頭		寶德碼頭	寶德碼頭		寶德碼頭	同安碼頭
江門碼頭	新寧鐵路碼頭		岡州碼頭傍	鐵碼頭右邊		鐵路碼頭	
由香港開	星期一、三、五、	下午七點開	星期一、三、五、下午六點半開	星期日、二、四、	下午七點開	星期一、三、五、	下午七點開
由江門開	星期日、二、四、	下午三點半開	星期二、四、六、下午三點半開	星期一、三、五、	下午三點半開	星期二、四、六、	下午三點半開

來往香港梧州三水肇慶德慶都城輪船時間價目表

大興 灣泊潮安碼頭

大明 生和公司 康樂道西二十九號三樓 電話 二零八九三號

超等西餐房價目

	香港	三水	肇慶	德慶	都城
三水	六元				
肇慶	七元	三元			
德慶	八元	四元	三元		
都城	九元	五元	四元	三元	
梧州	十元	六元	五元	四元	三元

頭等西餐房價目

	香港	三水	肇慶	德慶	都城
三水	四元				
肇慶	五元半	二元半			
德慶	六元半	三元	二元半		
都城	八元	四元	三元	二元半	
梧州	八元	四元半	四元	三元	二元半

大興特別西餐房價目

	香港	三水	肇慶	德慶	都城
三水	三元				
肇慶	三元八	一元六			
德慶	四元八	二元二	一元六		
都城	五元二	三元	二元二	一元六	
梧州	六元	三元八	三元	二元二	一元六

唐餐樓價目

	香港	三水	肇慶	德慶	都城
三水	二元半				
肇慶	三元	一元			
德慶	三元六	一元六	一元二		
都城	四元	二元二	一元六	一元	
梧州	四元入	二元半	二元二	一元六	一元

大明尾樓價目

	香港	三水	肇慶	德慶	都城
三水	一元八				
肇慶	二元四	八毫			
德慶	二元八	一元二	九毫		
都城	三元	一元半	一元二	六毫	
梧州	三元六	一元八	一元半	一元	八毫

大倉價目

	香港	三水	肇慶	德慶	都城
三水	一元三				
肇慶	一元七	五毫			
德慶	二元	八毫	六毫		
都城	二元二	一元一	八毫	五毫	
梧州	二元六	一元三	一元一	八毫	五毫

廣九鐵路客脚章程

(一)凡欲定各等客車座位。須預早一天。向九龍或廣州車務課長接商。

(二)凡欲預定一頭等客房者。至少須買票四條。

(三)凡團體旅行欲定全架車者。每輛應收運費毫銀三十五元。或港銀二十八元。

頭等客車。每架須購票二十八張。

二等客車。每架須購票三十五張。

三等客車。每架須購票五十張。

(四)凡欲另開專車。須先函商車務課長。其費用除應納之運費及票額價第三條外。單程每公里應收省毛三元。或港銀二元四毫。如在二十四點鐘內來回者。每公里收省毫二元五毫。或港銀二元。

凡開專車。無論遠近。單程或來回。至少以港銀八十元。或省毫一百元起碼。

(五)凡旅客人數。頭等足一百人。或二等足二百人。或三等足三百人者。得免收專車費。倘專車搭客所持客票不同者。應按下折合計算。

三等客票三張。或二等客票二張。作頭等客票一張。

三等客票二張。作二等客票一張。

(六)如因搭客太多。尋常列車不够應用。加開專車。不另收專車費。

(七)凡專車在中途停車。或不照原定時候開行。每小時或不滿一小時。應補收延期費。省銀十元。或港銀八元。

(八)凡租花車。須照下列價目。

(一)單程每公里省銀三毫。港銀二毫四仙。

(二)來回每公里省銀四毫五仙。港銀三毫六仙。

(三)留用每夜租銀。省銀一十二元五毫。港銀十元。

(四)至少一百公里起碼。及至少買頭等客票四張。華英兩段通用。

廣九鐵路華英段行車時刻

民國廿二年六月一日實行

直通快車

上省

由九龍開	上午八點十五分	下午一點卅六分	下午四點卅五分
由深圳開	八點五十四分	兩點十四分	五點十四分
樟木頭開	九點四十四分	三點二十五分	六點〇四分
常平開	不停	三點四十三分	不停
石龍開	十點二十二分	四點四十七分	六點四十二分
到大沙頭	十一點廿五分	祇於星期六日行走	七點四十五分

來港

由大沙頭開	上午八點	下午四點十二分	下午六點十四分
由石龍開	九點〇六分	五點廿七分	七點十九分
常平開	不停	不停	
樟木頭開	九點四十三	六點〇三分	七點五十八分
深圳開	十點卅分	六點五十分	八點四十四分
到九龍	十一點〇八分	七點廿八分	九點廿三分
			祇於星期日行走

快車票價

	由九龍往省	由省來九龍
	港銀	省銀
頭等	五元一毫	七元二毫
二等	三元一毫	四元
三等	元一一毫	一元六毫

省城西濠口有票賣駁客汽車由西濠口至東堤車站免費上省慢快車搭客行李未開車前半點鐘須在九龍車站由海關人員檢查來港之車搭客行李乃在車上檢查

廣九直通慢車時間表

由九龍至大沙頭

由	開行時間	由	開行時間
九龍	上午 九點十五分	平常	下午 一點四十分
油蔴地	九點二十四分	橫瀝	兩點零二分
沙田	九點三十六分	南社	兩點十四分
大埔	九點五十一分	茶山	兩點二十三分
大埔墟	九點五十五分	石龍	兩點五十分
粉嶺	十點零六分	石瀝滘	三點零四分
上水	十點十一分	石灘	三點十五分
深圳	十一點	石廈	三點二十六分
深圳墟	十一點二十分	仙村	三點四十二分
布吉	十一點三十二分	沙埔	三點五十八分
李朗	十一點四十五分	唐美	四點十一分
平湖	下午 十二點零三分	新塘	四點二十二分
天堂圍	十二點十九分	沙村	四點三十一分
石鼓	十二點二十七分	南岡	四點四十八分
塘頭廈	十二點四十二分	烏涌	五點
林村	十二點五十分	吉山	五點零九分
樟木頭	一點零九分	車陂	五點十五分
土塘	一點二十五分	石牌 到大沙頭	不停 五點三十六分

廣九直通慢車價目表

由九龍至各站客票價目表收港銀

站名	頭等	二等	三等
油蔴地	二毫半	一毫半	一毫
沙田	七毫	四毫	二毫半
大埔	一元一毫半	六毫半	四毫
大埔墟	一元二毫	七毫	四毫半
粉嶺	一元六毫	一元零五仙	五毫半
上水	一元八毫半	一元一毫半	六毫
深圳	二元零五仙	一元四毫	六毫半
深圳墟	二元零五仙	一元四毫	六毫半
布吉	二元三毫	一元五毫半	七毫半
李朗	二元六毫半	一元八毫	九毫
平湖	二元九毫	一元九毫半	一元
天堂圍	三元二毫	二元一毫半	一元一毫半
石鼓	三元四毫	二元三毫	一元二毫半
塘頭厦	三元六毫半	二元四毫半	一元三毫半
林村	四元	二元七毫	一元五毫
樟木頭	四元二毫半	二元八毫半	一元六毫
土塘	四元五毫半	三元零五仙	一元七毫半
常平	四元七毫半	三元二毫	一元八毫半
橫瀝	五元	三元三毫半	一元九毫半
南社	五元三毫半	三元六毫	二元一毫
茶山	五元六毫	三元七毫半	二元二毫
石龍	五元九毫	三元九毫半	二元三毫半
石瀝滘	六元零五仙	四元零五仙	二元四毫
石灘	六元二壹半	四元二毫	二元五毫
石厦	六元三毫半	四元二毫半	二元五毫半
仙村	六元五毫半	四元四毫	二元六毫半
沙浦	六元八毫	四元五毫半	二元七毫半
唐尾	六元九毫半	四元六毫半	二元八毫
新塘	七元一毫半	四元八毫	二元九毫
沙村	七元二毫半	四元八毫半	二元九毫半
南岡	七元四毫半	五元	三元零五仙
烏涌	七元七毫	五元一毫半	三元一毫半
吉山	七元八毫	五元二毫半	三元二毫
車陂	八元零五仙	五元四毫	三元三毫
大沙頭	八元三毫半	五元六毫	三元四毫半

廣九直通慢車時間表

由大沙頭至九龍

由	開行時間
大沙頭	上午八點四十分
石牌	不停
車陂	九點零六分
吉山	九點十二分
烏涌	九點廿四分
南岡	九點三十九分
沙村	九點四十七分
新塘	九點五十七分
唐美	十點七分
沙埔	十點十八分
仙村	十點四十分
石廈	十點五十分
石灘	十一點二分
石瀝滘	十一點八分
石龍	十一點二十一分
茶山	十一點四十四分
南社	下午十一點五十三分
橫瀝	十二點十五分
常平	十二點三十二分
土塘	十二點四十六分
樟木頭	一點五分
林村	一點二十一分
塘頭夏	一點三十九分
石鼓	一點四十八分
天堂圍	兩點四分
平湖	兩點廿二分
李朗	兩點三十六分
布吉	兩點五十六分
深圳墟	三點十六分
深圳	三點十九分到 四點八分開
上水	四點十五分
粉嶺	四點二十分
大埔墟	四點三十一分
大埔	四點三十五分
沙田	四點五十分
油蔴地	五點零四分
到九龍	五點十分

華段客車

	深圳至石龍		石龍至大沙頭		
	由深圳往石龍沿途停站	由石龍往深圳沿途停站	由大沙頭往石龍沿途停站	由石龍往大沙頭沿途停站	由石龍往大沙頭貨車
開	下午兩點二十分開	上午六點三十分開	下午四點五十分開	上午七點四十五分開	下午五點二十分開
到	下午五點十七分到	上午十點十分到	下午七點零九分到	上午十點三十二分到	下午七點零六分到

廣九直通慢車價目表

由大沙頭至各站客票價目表收省銀

站名	頭等	二等	三等
車坡	五毫	三毫半	二毫半
吉山	八毫	五毫半	三毫半
烏涌	一元	七毫	四毫半
南崗	一元三毫半	九毫	五毫半
沙村	一元五毫半	一元	七毫
新塘	一元九毫	一元二毫半	八毫
唐尾	二元	一元三毫半	九毫
沙浦	二元三毫半	一元五毫半	一元
仙村	二元五毫半	一元六毫半	一元一毫
石廈	二元九毫	一元九毫	一元二毫半
石灘	三元	二元	一元三毫半
石瀝滘	三元三毫	二元二毫	一元四毫半
石龍	三元五毫半	二元三毫半	一元五毫半
茶山	三元九毫半	二元六毫	一元七毫半
南社	四元二毫半	二元八毫半	一元九毫
橫瀝	四元六毫半	三元一毫	二元零五仙
常平	四元九毫半	三元三毫	二元二毫
土塘	五元四毫	三元六毫	二元四毫
樟木頭	五元七毫半	三元八毫	二元五毫半
林村	六元一毫半	四元一毫	二元七毫
塘頭廈	六元四毫	四元三毫	二元九毫
石鼓	六元九毫	四元六毫	三元零五仙
天堂圍	七元二毫半	四元八毫	三元二毫
平湖	七元六毫	五元一毫	三元四毫
李朗	七元九毫半	五元三毫	三元五毫半
布吉	八元四毫	五元六毫	三元七毫
深圳墟	八元五毫半	五元七毫	三元八毫
深圳	八元五毫半	五元七毫	三元八毫
上水	八元五毫半	五元七毫	三元八毫
粉嶺	八元八毫	五元九毫半	三元八毫
大埔墟	九元三毫	六元四毫	四元
大埔	九元四毫	六元四毫半	四元零五仙
沙田	十元零五仙	六元八毫	四元三毫
油蔴地	十元零六毫	七元零五仙	四元四毫半
九龍	十元零九毫	七元三毫	四元五毫

由九龍往深圳行車時間表

（注意）八點卅七分及兩點二十分九點〇五分之三次車只載頭等客沿途可以停須預早通知站長或車守

九龍開	上午 六點廿五分	八點十五分	九點十五分	十點十二分	十二點十二分	下午 一點廿分	四點三十五分	四點五十五分	六點〇八分	七點四十分
油蔴地開	六點卅三分	不停	九點二十四分	十點十九分	十二點十九分	一點二十七分	不停	五點〇二分	六點十五分	七點四十八分
沙田開	六點四十五分	不停	九點三十六分	十點三十一分	十二點卅一分	一點三十九分	不停	五點十五分	六點二十七分	八點
大埔開	六點五十九分	不停	九點五十分	十點四十六分	十二點四十五分	一點五十二分	不停	五點二十八分	六點四十一分	八點十四分
大埔墟開	七點〇四分	不停	九點五十五分	十點五十分	十二點四十九分	一點五十六分	不停	五點三十二分	六點四十六分	八點十九分
粉嶺開	七點十五分	不停	十點〇六分	十一點〇一分	十二點五十九分	兩點〇六分	不停	五點四十二分	六點五十七分	八點二十九分
上水開	七點二十分	不停	十點十一分	十一點〇六分	一點〇四分	兩點十一分	不停	五點四十七分	七點〇二分	八點三十四分
到深圳	七點二十六分	八點五十四分	十一點	十一點十二分	一點〇十分	兩點十七分	五點十四分	五點五十三分	七點〇八分	八點四十分
九龍開	禮拜及公衆假期	八點三十七分	九點〇五分	兩點二十分						
九龍開	禮拜及海關假期	十一點半								

由深圳往九龍行車時間表

（注意）下午七點十一分之車祇載頭等客沿途可以停但須預早通知站長或車守

深圳開	上水開	粉嶺開	大埔墟開	大埔開	沙田開	油蔴地開	到九龍
上午 七點〇二分	七點〇九分	七點十四分	七點廿五分	七點卅分	七點四十三分	七點五十六分	八點〇二分
七點五十分	七點五十七分	八點〇二分	八點十二分	八點十六分	八點三十分	八點四十三分	八點四十九分
十點四十六分	十點五十五分	十一點	十一點十分	十一點十四分	十一點廿八分	十一點四十二分	十一點四十七分
十二點十六分	十二點廿三分	十二點廿八分	十二點卅九分	十二點四十四分	十二點五十八分	一點十二分	一點十八分
下午 兩點四十四分	兩點五十一分	兩點五十六分	三點〇六分	三點十一分	三點廿四分	三點卅七分	三點四十二分
四點卅四分	四點四十一分	四點四十五分	四點五十五分	五點	五點十四分	五點廿六分	五點卅二分
六點十二分	六點十九分	六點廿五分	六點卅五分	六點四十分	六點五十三分	七點〇五分	七點十一分
七點十一分	七點十八分	不停	不停	不停	不停	不停	七點五十二分

新界車票特價

（一）由粉嶺至大埔墟……三等來回票每條……一毫半

（二）由九龍至沙田……頭等來回票每十條……九元二毫

（三）由九龍至大埔……頭等來回票每十條……十三元八毫

（四）由九龍至粉嶺……頭等來回票每十條……十七元二毫半

二等來回票每十條……十一元五毫

（五）由九龍至上水……頭等來回票每十條……十八元四毫

二等來回票每十條……十二元六毫半

來往九龍新界各站火車月票價目表

車站名	各等票價	九龍至	油蔴地至	沙田至	大埔至	大埔墟至	粉嶺至	上水至
九龍								
油蔴地	頭二三等	無						
沙田	頭二三等	十八元四毫 十二元一毫 九元二毫	十三元二毫半 八元六毫半 六元三毫半					
大埔	頭二三等	廿五元三毫 十七元二毫半 十二元六毫半	廿一元八毫半 十三元八毫 十元九毫半	十一元五毫 七元五毫 五元七毫半				
大埔墟	頭二三等	廿八元七毫半 十九元五毫 十三元八毫	廿六元四毫半 十六元七毫 十二元一毫	十四元九毫半 十元三毫半 七元五毫	八元零五 五元七毫半 三元四毫半			
粉嶺	頭二三等	卅三元三毫半 廿一元八毫半 十六元七毫	廿九元三毫半 十九元五毫半 十五元五毫半	廿元七毫 十三元八毫 十元九毫半	十元三毫半 八元零五 五元七毫半	六元九毫 五元二毫 三元四毫半		
上水	頭二三等	卅五元六毫半 廿三元六毫 十七元八毫半	卅一元零五 廿元七毫 十六元七毫	廿二元四毫半 十四元九毫半 十二元一毫	十二元六毫半 九元二毫 六元九毫	九元二毫 六元九毫 五元二毫	無	
深圳	頭二三等	四十三元七毫 廿九元九毫 廿一元八毫半	四十一元四毫 廿七元六毫 廿元七毫	廿九元九毫 廿元七毫 十五元五毫半	十九元五毫半 十三元八毫 九元八毫	十四元九毫半 十元九毫半 八元零五	無 無 四元六毫	無

粵海關規定來往省港搭客攜帶行李及貨物辦法

粵海關自實行新稅則後。爲防範走私起見。對於來往旅客行李。檢查倍爲嚴密。并規定携帶行李定章。印發分派。而各輪船亦將此項定章標貼船內。以便搭客依據定章辦理。惟對于省港快慢車。則由九龍關派出關員。在對海尖沙咀車站內。檢查搭客行李。若有携帶貨品。則可當堂完稅。本甚利便。惟各界多有未明稅率之規定。所帶旅費。除車脚外。所餘無多。不足繳納現稅。因而折返。凡有貨物應要付稅者。當預多帶銀両。免徒勞跋涉也。

粵海關旅客行李章程

旅客應將章程先行詳細閱看再於報單之正面逐欵填寫

(一) 凡旅客携帶物件係載於本章程第三・(乙)五・六・七・等項內如由外洋而來者務於該輪未到中國領海之先如由中國境內而來未經完稅者應於該輪駛離最後之通商口岸時填具報單惟眷屬隨行可由家長彙總行李繕單呈報於登岸時呈交驗關關員

(二) 旅客繕具報單須將行李一一報明倘有應報而漏報者其漏報之件例應扣留充公者向關員行賄則作犯法論

(三) (甲)旅客携帶必要之品如自用衣服首飾梳妝需品及同類之物實係自用而非賣品及曾經用過者可免徵稅

(乙)其餘物品無論在行李內或藏身上均須填註單內報明至傢具等項並煙捲紙煙以及工匠所用之器具或代人携帶之物如出賣品營業品專門學用等項均是應報之物須詳細填註報單內

(四) 旅客行李之價值須逐件填寫報單之內旅客於納稅之物如不滿意其估價可呈請海關重新驗估惟已經搬離碼頭不由海關保管者不在此例

(五) 旅客行李如携有洋貨土貨無論為自己為別人者均須將貨樣之件數種類價值一一填註於報單內惟貨物則不准作為行李携帶

(六) 戲園之佈景戲箱戲服等等為唱戲或陳列之用者無論其為洋土性質均須逐一填註報單之內

(七) 禁運進口之品(除經領有准照者外)列舉如下

(甲)軍械戰時需品炸藥炸彈及原料之用以製造上項者(惟旅客携帶短槍或手槍各一枝配彈子五百顆係屬自衛之用者及獵槍三枝配彈子不過三千顆准其携帶於行李內但必須聲明)

(注意)以上各項無論曾經用與否如非證明是復入口來華之物一律應徵稅

(乙)食鹽

(丙)洋藥及用洋藥製成者高根大麻製之致醉物皮下注射器

(丁)淫書淫畫等等

(戊)無線電器具

粵海關旅客行李報單

旅客於未塡此報單之先請細閱後方章程
下方空白處由旅客塡註

船名　　何處來　　具報單人姓名

何等客　　何國人　　趁此船由　　來

隨從者姓名　「與本人有何關繫須註明」

所携行李內有應稅之貨物列下隨從之同國籍人行李在內

貨物花色　　估值

共稅銀　　由關員簽註

右列物品爲本人及隨從人在行李內或在身上携帶之直接或間接發賣品或別人應用之品均已照塡明確合併聲明

呈報人簽名具押

中華民國　年　月　日　　關員簽名

此聯必須在針眼夾縫處由搭客自行裁下謹愼收執作爲已完稅銀及認領行李之憑據並行李出棧之准照

搭客姓名（搭客自簽）

船名（搭客自簽）

稅銀共數　　已完納

關員簽名

第　　號

商旅携帶物件出入口注意

（一九三三年八月）

近日香港政府。對於出入口貨物條例。嚴例執行。凡出入口之貨物。無論多寡。均須有輪船艙紙。及向出入口統計處報明。方合手續。倘有携帶或運儎貨物入本港海口。而不依照手續辦理者。則定作違例論。除罰欵外。并將貨物充公。但旅客對於此例多未明瞭。往往因而觸犯。小則貨物充公。大則被控處罰。此寔不暗此例所致耳。茲將各手續分列如左。

塡寫關單之手續

凡有貨物輸入或輸出香港者。無論多寡。均須向出入口貨物統計部報關。該部備有中英文報關單兩種。領取者概免收費。旣將關單塡妥後。呈交該部收囘。惟所附運或携帶之貨物。仍須交託輪船辦房附寄。否則定受警局控告。（塡寫儎紙報由輪船辦房辦理）

出入口貨物統計部辦公時間

除星期日及公衆假期日外。每日由上午九時至下午一時止。又由下午二時至五時止。

（地址）康樂道中　華民政務司署樓下

出口報關單各項目如下

船名
開行日期
如何運出
提單號數
嘜頭與號數
件數若干
貨品
重量或尺寸
價値
寄往何埠
付貨人署名
付貨地址

入口報關單各項目如下

船名
抵步日期
如何運到
提單號數
嘜頭與號數
件數若干
貨品
重量或尺寸
價値
貨品來自何處
入口貨商署名
入口貨商地址

附記

香港政府。對於貨物出入口條例。如此嚴例執行者。實爲杜絕走私者起見。至於商旅自携少數自用品物。則限制並不如是之嚴。惟一般船員或水客携帶貨物走私以謀利者。一經查出。定必充公或處罰。故爲商旅貨物亦不宜多帶。以免悞認爲走私者而被拘控。旅客不可不注意也。

携帶貨物來往省港辦法詳載本書第叁叁八頁至三四零頁

由香港往外埠輪船客脚

一九三二年專訪

航線（分東南西北四種）

（一）東航線

由香港起航經上海日本擅香山舊金山溫哥華及美洲西印度沿海各埠

（二）南航線

由香港起航經南洋群島至歐洲沿海各埠

（三）西航線

由香港起航經南洋群島至歐洲沿海各埠

（四）北航線

由香港起航往汕頭厦門福州上海青島烟台大連天津沿海各埠

十二歲以下之小童減收半價

三歲以下之小童俱免費但以一名爲額

客脚價目各公司隨時均有更改

東航線

由香港往各埠	輪船公司	地址	價目 頭等位	價目 二等位	價目 三等位	價目 大艙位	備考
夏灣拿	大來洋行	必打行	美金五八一元	美金三六〇元	美金一六五元	無	
雪梨	麥堅安麥堅士公司（鐵行）	鐵行	單程八六金鎊 來回一四七金鎊	單程五二金鎊 來回九一金鎊	無	無	
域多利	昌興公司	於仁行	▲美金三八五元	×美金二三〇元	☯美金一〇〇元	美金九〇元	▲加拿大皇后只收三八〇元 ×俄國及亞洲皇后只收三六〇元 ☯俄國及亞洲皇后只收二〇〇元 俄國及亞洲皇后只收九五元
域多利	大來洋行	必打行	美金三六〇元	美金二〇〇元	美金九〇元	無	
些路	大來洋行	必打行	美金三六〇元	美金二〇〇元	美金九〇元	無	
羅省	大來洋行	必打行	美金三七五元	美金二三五元	美金九五元	無	
溫哥華	昌興公司	於仁行	▲美金三八五元	×美金二三〇元	☯美金一〇〇元	美金九〇元	▲加拿大皇后只收三八〇元 ×俄國及亞洲皇后只收三六〇元 ☯俄國及亞洲皇后只收二〇〇元 俄國及亞洲皇后只收九五元
檀香山	大來洋行	必打行	美金三〇〇元	美金一八七元	美金六七元	無	
舊金山	大來洋行	必打行	美金三七五元	美金二三〇元	美金九〇元	無	

由香港往各埠	輪船公司	地址	價目 頭等位	二等位	三等位	大艙位	備考
哥林堡	大來洋行	必打行	三四金鎊	無	八金鎊五司令	無	
哥林堡	天祥洋行	皇后行	三四金鎊	一九金鎊	一五金鎊	七金鎊	
哥林堡	吻嗜士洋行 盛記公司代理	皇后行	三一金鎊	一九金鎊	無	無	
哥林堡	德國郵船 捷成洋行代理	必打行	三七金鎊	無	無	無	
哥林堡	鐵行輪船 麥堅安麥堅士公司代理	鐵行	單程三六金鎊 來回六三金鎊	單程二零金鎊 來回三五金鎊	無	無	
哥林堡	法國郵船	皇后行	四二金鎊	二五金鎊	一七金鎊	八金鎊十司令	
橫濱	昌興公司	於仁行	美金八五元	×美金五二元五	☯美金二一元	美金一九元	×俄國及亞洲皇后只收五十元 ☯俄國及亞洲皇后只收二十元
橫濱	大來洋行	必打行	美金八五元	美金五零元	美金一九元	無	
橫濱	天祥洋行	皇后行	無	九金鎊	無	五金鎊	
橫濱	渣甸公司	渣甸行	港幣一八〇元	無	無	港幣二五元	

由香港往各埠	輪船公司	地址	價目 頭等位	二等位	三等位	大艙位	備考
橫濱	法國郵船	皇后行	一六金鎊	一零金鎊	五金鎊十司令	四金鎊	
橫濱	德國郵船 捷成公司 德記公司代理	必打行	七四金鎊	無	無	無	
橫濱	鐵行輪船 麥堅安麥堅士公司代理	鐵行	單程一六金鎊 來回二八金鎊	單程一零金鎊 來回一七金鎊	無	無	
橫濱	鴨家輪船 麥堅安麥堅士公司代理	鐵行	單程港幣一八七元 來回港幣三三七元	單程港幣一二〇元 來回港幣二二〇元	無	無	
神戶	昌興公司	於仁行	美金七五元	美金四八元五 ×	美金一八元七五 ☯	美金一七元	×俄國及亞洲皇后只收四四元 ☯俄國及亞洲皇后只收一七元七五
神戶	大來洋行	必打行	美金七五元	美金四四元	美金一七元	無	
神戶	天祥洋行	皇后行	無	八金鎊	無	六金鎊	
神戶	渣甸洋行	渣甸行	港幣一六〇元	港幣五五元	無	港幣二二元	
神戶	德國郵船 捷成洋行 嗇記公司代理	必打行	七三金鎊	無	無	無	
神戶	鐵行輪船 麥堅安麥堅士公司代理	鐵行	單程一五金鎊 來回二六金鎊	單程九金鎊 來回一六金鎊	無	無	

由香港往各埠	輪船公司	地址	價目 頭等位	二等位	三等位	大艙位	備考
神戶	鴨家輪船 麥堅安麥堅士公司代理	鐵行	單程港幣一七三元 來回港幣三〇三元	單程港幣一〇九元 來回港幣一八七元	無	無	
神戶	法國郵船	皇后行	一五金鎊	九金鎊	五金鎊	三金鎊十司令	
長崎	昌興公司	於仁行	美金六〇元	×美金三八元五	◎美金一六元	美金一四元五	×俄國及亞洲皇后只收三五元 ◎俄國及亞洲皇后只收二元二五
長崎	鐵行輪船 麥堅安麥堅士公司代理	鐵行	單程一二金鎊 來回二一金鎊	單程八金鎊 來回一四金鎊	無	無	
門司	渣甸公司	渣甸行	港幣一六六元	無	無	港幣二二元	
門司	鐵行輪船 麥堅安麥堅士公司代理	鐵行	單程一二金鎊 來回二一金鎊	單程八金鎊 來回一四金鎊	無	無	
門司	鴨家輪船 麥堅安麥堅士公司代理	鐵行	單程港幣一六〇元 來回港幣二八〇元	單程港幣九五元 來回港幣一六六元	無	無	

南航線

由香港往各埠	輪船公司	地址	價目 頭等位	二等位	三等位	大艙位	備考
山打根	渣甸公司	渣甸行	港幣一六〇元	港幣四五元	無	港幣二五元	
孟加錫	渣華中國輪船公司	沃行	美金一〇〇元	港幣一八五元	港幣九二元五	港幣五〇元	
泗水	渣華中國輪船公司	沃行	美金一一〇元	港幣一八五元	港幣九二元五	港幣五〇元	
八打威	渣華中國輪船公司	沃行	美金八〇元	港幣一八五元	港幣九二元五	港幣五〇元	
三孖冷	渣華中國輪船公司	沃行	無	港幣二三〇元	港幣一一〇元	港幣六五元	
小呂宋	大來洋行	必打行	美金三七元五	美金二五元	美金一五元	無	
小呂宋	昌興公司	於仁行	美金三七元五	美金二五元×	美金一六元五☯	美金一五元	×俄國及亞洲皇后只收二三元五 ☯俄國及亞洲皇后只收一三元七五
小呂宋	德國郵船 捷成公司代理	必打行	美金三〇元	無	無	無	
小呂宋	吻嗜士洋行 盛記公司代理	皇后行	美金三〇元	美金一七元五	無	無	

由香港往各埠	輪船公司	地址	價目 頭等位	二等位	三等位	大艙位	備考
小呂宋	渣華中國輪船公司	沃行	美金三二元五	港幣六〇元	無	無	
架厘吉打	鴨家輪船麥堅安麥堅士公司代理	鐵行	單程港幣四三五元 來回港幣七六二元	單程港幣三三〇元 來回港幣五六〇元	無	無	
架厘吉打	渣甸公司	渣甸行	港幣三五〇元	港幣一六〇元	無	港幣八零元	
孟買	鐵行輪船麥堅安麥堅士公司代理	鐵行	單程四〇金鎊 來回七〇金鎊	單程二二金鎊 來回三九金鎊	無	無	
孟買	大來公司	必打行	三八金鎊	無	〇金鎊五司令	無	
仰光	鴨家輪船麥堅安麥堅士公司代理	鐵行	單程港幣三七五元 來回港幣六五六元	單程港幣二六〇元 來回港幣四五五元	無	無	
庇能	大來公司	必打行	一七金鎊	無	四金鎊五司令	無	
庇能	鴨家輪船麥堅安麥堅士公司代理	鐵行	單程港幣二七七元 來四港幣三七二元	港幣一二〇元	無	無	
庇能	鴨家輪船麥堅安麥堅士公司代理	鐵行	單程一六金鎊 來回二八金鎊	單程一二金鎊 來回二一金鎊	無	無	
庇能	渣甸公司	渣甸行	港幣一九五元	港幣一〇〇元	無	港幣八〇元	

由香港往各埠	輪船公司	地址	價目 頭等位	二等位	三等位	大艙位	備考
庇能	法國郵船	皇后行	二二金鎊	一五金鎊	九金鎊	六金鎊	
星加波	大來公司	必打行	一四金鎊	無	四金鎊	無	
星加波	法國郵船	皇后行	一八金鎊一八令司	三金鎊三司令	七金鎊七司令	五金鎊五司令	
星加波	天祥洋行	皇后行	一二金鎊	九金鎊	七金鎊	三金鎊	
星加波	渣甸公司	渣甸行	港幣一六五元	港幣九〇元	無	港幣七五元	
星加波	太古洋行	干諾道中一號	港幣一四〇元	無	無	港幣一六元(船面)	
星加波	德國郵船捷成洋行代理	必打行	七四金鎊	無	無	無	
星加波	吻嗜士洋行盛記公司代理	皇后行	一四金鎊	九金鎊	無	無	道經小呂宋
星加波	鴨家輪船麥堅安麥堅士公司代理	鐵行	單程港幣一八六元 來回港幣三六元	港幣一〇〇元	無	無	
星加波	鐵行輪船麥堅安麥堅士公司代理	鐵行	單程一四金鎊 來回二四金鎊	單程一〇金鎊 來回一八金鎊	無	無	

香港・澳門雙城成長經典

由香港往各埠	輪船公司	地址	價目 頭等位	二等位	三等位	大艙位	備考
暹羅	太古洋行	干諾道中一號	港幣一四〇元	無	無	港幣一六元(船面)	
暹羅	振盛行	文咸西街二十號	港幣一四〇元	港幣八〇元	無	港幣一八元	
西貢	陳東亞行	文咸西街二十一號	港幣四二元	港幣二四元	港幣七元五	港幣六元五	
西貢	和發成	永樂街八十一號	港幣六五元	港幣二二元 二八元	無	港幣七元	
西貢	法國郵船	皇后行	一六金鎊一六司令	一〇金鎊一〇司令	六金鎊六司令	三金鎊一四司令	
西貢	海洋公司	永樂街二〇三號	港幣四五元	港幣三〇元	無	港幣七元	
廣州灣	順昌公司	干諾道西六號	港幣二五元	港幣一五元	港幣七元	港幣五元	
廣州灣	法國郵船	皇后行	西貢銀三〇元	西貢銀二五元	西貢銀一〇元	西貢銀四元	
海防	成記	永樂街三十號	港幣五〇元	港幣二五元	港幣二〇元	港幣六元	
海防	太古洋行	干諾道中一號	港幣六五元	無	無	港幣六元(船面)	

由香港往各埠	輪船公司	地址	價目 頭等位	價目 二等位	價目 三等位	價目 大艙位	備考
海防	順泰公司	大道西二號A	(中國人)港五〇元 (外國人)幣六〇元	(中國人)港三〇元 (外國人)幣三五元	港幣一六元	港幣六元	
海防	法國郵船	皇后行	西貢銀六〇元	西貢銀四五元	西貢銀三〇元	港幣六元	
北海	太古洋行	干諾道中一號	港幣五〇元	無	無	港幣五元(船面)	
北海	成記	永樂街三十號	港幣四〇元	港幣二〇元	港幣一五元	港幣五元五	
北海	法國郵船	皇后行	西貢銀五〇元	西貢銀三五元	西貢銀二〇元	港幣五元	
海口	和發成	永樂街八十一號	港幣三五元	港幣二十元	無	港幣四元半	
海口	順泰行	囉嚤下街六六號	港幣三五元	港幣三十元	港幣十三元	港幣四元半	
海口	成記	永樂街卅號	港幣三十元	港幣十五元	港幣一十元	港幣四元半	
海口	法國郵船	皇后行	西貢銀三五元	西貢銀二五元	西貢銀十五元	港幣四元	
海口	太古洋行	干諾道中一號	港幣三五元	無	無	港銀四元(船面)	

西航線

由香港往各埠	輪船公司	地址	價目 頭等位	二等位	三等位	大艙位	備考
波士頓	大來洋行	必打行	美金六六〇元	美金三八〇元	美金一七五元	無	
倫敦	鐵行輪船 麥堅安麥堅士公司代理	鐵行	A 單程一〇三金鎊 來回一七八金鎊	A 單程七二金鎊 來回一三六金鎊	無	無	
倫敦	仝上	仝上	B 單程九六金鎊 來回一六八金鎊	B 單程六六金鎊 來回一二六金鎊	無	無	
倫敦	渣甸公司	渣甸行	六〇金鎊	無	無	無	
紐約城	大來公司	必打行	美金六六〇元 一二一金鎊	美金三八〇元	美金一七五元	無	道經巴拿馬

北航線

由香港往各埠	輪船公司	地址	價目 頭等位	二等位	三等位	大艙位	備考
打狗	德國郵船 捷成洋行代理	必打行	七二金鎊	無	無	無	
煙台	太古洋行	干諾道中一號	港幣一〇〇元	無	無	港幣二三元(船面)	
威海衛	太古洋行	干諾道中一號	港幣一〇〇元	無	無	港幣二三元(船面)	
牛莊	太古洋行	干諾道中一號	港幣一八〇元	無	無	港幣一八元(船面)	
大連	吻啫士洋行 德記公司代理	皇后行	一四金鎊	八金鎊	無	無	經打狗
大連	太古洋行	干諾中一一號	港幣一八五元	無	無	港幣二〇元(船面)	
大連	德國郵船 捷成洋行代理	必打行	七四金鎊	無	無	無	
青島	太古洋行	干諾道中一號	港幣一三〇元	無	無	港幣一四元(船面)	
青島	吻啫士洋行 盛記公司代理	皇后行	A一六金鎊	A一〇金鎊	無	無	道經打狗大連

由香港往各埠	輪船公司	地址	價目 頭等位	價目 二等位	價目 三等位	價目 大艙位	備考
青島	仝上	仝上	B一〇金鎊	B六金鎊	無	無	道經上海
青島	渣甸公司	渣甸行	港幣一三〇元	無	無	港幣一六元	
青島	德國郵船捷成洋行代理華人代理盛記	必打行	七六金鎊	無	無	無	
厦門	太古洋行	干諾道中一號	港幣三六元	無	無	港幣三元(船面)	
厦門	德忌利士輪船公司	鐵行	港幣三六元	海寧港幣一八元 海澄海陽港幣一五元	無	不定	
厦門	渣華中國輪船公司	沃行	美金一〇元	港幣三五元	港幣二〇元	港幣八元	
福州	德忌利士輪船公司	鐵行	港幣六〇元	海寧港幣三五元 海澄海陽港幣三〇元	無	不定	
汕頭	潮安公司	永樂街二〇九號	港幣二〇元	港幣一〇元	無	港幣三五元	
汕頭	德忌利士輪船公司	鐵行	港幣二四元	海宸港幣一三元 海澄海陽港幣一〇元	無	不定	
汕頭	太古洋行	干諾道中一號	港幣二四元	無	無	港幣二元(船面)	

由香港往各埠	輪船公司	地址	價目 頭等位	價目 二等位	價目 三等位	價目 大艙位	備考
汕頭	渣甸公司	渣甸行	港幣二四元	無	無	港幣三元	
上海	昌興公司	於仁行	單程美金四〇元 來回美金七三元	美金三〇元×	美金一一元◎	美金一〇元	×俄國及亞洲皇后只收二五元 ◎俄國及亞洲皇后只收一〇元五
上海	大來公司	必打行	單程美金四〇元 來回美金七三元	單程美金三〇元 來回美金五四元	無	美金一〇元	
上海	美國郵船公司	亞細亞行	單程美金四〇元 來回美金七三元	單程美金二五元 來回美金四五元	無	美金一十元	
上海	法國郵船	皇后行	九金鎊	六金鎊	三金鎊一〇司令	二金鎊	
上海	德國郵船 捷成洋行代理	必打行	美金三十元	美金二二元半	無	無	
上海	鐵行輪船 麥堅安麥堅士公司代理	鐵行	單程八金鎊 來回一四金鎊	單程五金鎊十司令 來回一十金鎊	無	無	
上海	太古洋行	干諾道中一號	單程八金鎊 來回一四金鎊	無	無	港幣一三元(船面)	
上海	吻啫士洋行 盛記公司代理	皇后行	美金三十元	美金一七元五	無	無	
上海	渣甸公司	渣甸行	港幣八五元	無	無	港幣一十元	

由香港往各埠	輪船公司	地址	價目 頭等位	價目 二等位	價目 三等位	價目 大艙位	備考
上海	天祥洋行	皇后行	八金鎊	六金鎊	四金鎊	一金鎊一〇司令	
上海	渣華中國輪船公司	沃行	單程美金三〇元 來回美金五四元	港幣六十元	港幣三十元	國幣二五元或港銀二十元	
上海	意國郵船公司	皇后行	八金鎊	六金鎊	四金鎊	國幣三五元	
上海	鴨家輪船 麥堅安麥代理 堅士公司	鐵行	單程港幣一〇七元 來回港幣一八七元	程單港幣六〇元 來回港幣一〇五元	無	無	
天津	渣甸公司	渣甸行	港幣一四〇元	無	無	港幣一六元	
天津	太古洋行	干諾道中一號	港幣一四〇元	無	無	港幣一六元(船面)	

香港域多利城街道表

街名		索引
英文	中文	
Aberdeen Street	鴨巴甸街	由大道中一六四傍上
A Chung's Lane	亞松里	由摩囉下街六十六轉上
Albany Lane	亞彬彌里	由大道東二二一側入
Albany Road	亞彬彌道	上亞厘畢道與堅道交界
Albany, The	亞彬彌	舊公園之後山頂道與花園道交界
Albany, Upper	上亞彬彌	羅邊臣道之上山頂道之西
Albert Road, Upper	上亞厘畢道	堅道之東至花園道止
Albert Road Lower	下亞厘畢道	忌連拿利與雲咸街交界至花園道口
Algar Court	亞厘架巷	由大道西三三六轉入
Alveston Terrace	亞威士頓台	由卑利街五十七側入
Amoy Street	厦門街	由大道東一八四側入
Anton Street	晏頓街	由大道東四十六側入
Arbuthnot Road	亞畢諾道	由荷李活道與雲咸街交界至忌連拿利止
Arsenal Street	軍器廠街	由大道東二號側起
Babington Path	巴丙頓道	般含道二十三號對正
Basilea	巴色里	在列打勞頓道中間
Battery Path	炮台道	在大道中二號側止
Beacons field Arcade	柏拱街	大會堂對正
Belcher's Bay	西灣	在薄扶林道上城多利道附近
Belcher's Street	卑路乍街	由大道西六零八號側起
Bonham Road	般含道	在堅道尾卽合一堂起
Bonham Strand	文咸東街	大道中一八七號側斜落街口

香港·澳門雙城成長經典

街名 英文	街名 中文	索引
Bonham Strand West	文咸西街	又名南北行街在上環街市左便
Boundary Path	包打梨路	由花園道轉堅尼地道
Bowen Road	寶雲道	花園道盡處轉過東邊
Bowrington Canal Road East	堅拿道東	在灣仔軒鯉詩道四三四號側
Bowrington Road	寶靈頓道	在灣仔道一二零號側
Breezy Path	卑利士道	由柏道前往
Brewin Path	蒲魯賢徑	花園道上寶雲道之南
Bridges Street	必列者士街	在荷李活道文武廟之後
Bullock Lane	普樂里	灣仔道一二三號轉入
Burd Street	畢 街	在孖沙街十七號側
Burrows Street	巴路士道	在灣仔莊士敦道二一二號側
Cadogan Street	加多近街	西環卑路乍街一別亭之右
Caine Road	堅 道	在半山與般含道相續
Caine Lane	堅 巷	堅道西微生學及硫硝局前
Calde Path	歌老打道	麥當奴道之東
Canal Road West	堅拿道西	在灣仔軒鯉詩道四二九號側
Caroline Hill Road	加路連山道	法國嬰堂附近
Caroline Road	加路連道	銅鑼灣之西南角
Castle Road	衞城道	在堅道八十八側上
Catchick Street	吉直街	在西環東接山市街西至海旁
Causeway Road	高士威道	加路連道與怡和街交界馬房附近
Centre Street	正 街	干諾道西一五二號側入
Chancery Lane	瀘沙厘巷	雲咸街五十二號石級側
Chan Tung Lane	陳東里	在灣仔道一八一側

街名		索引
英文	中文	
Chater Road	遮打道	美利道與必打街之間
Chatham Path	漆咸徑	在梅道纜車站附近
Chee (or Tze) Tung Lane	紫桐里	在西營盤第一街四十號側
Cheuk On Lane	竹安里	在中環士丹利街十六號側
Cheung Fuk Lane	長福里	在西營盤第一街內
Cheung Hing Street	長興街	在荷李活道二一九號側
Cheung Kan Lane	長庚里	往德輔道西四六八號側
Cheung On Lane	長安里	在西營盤第三街內
Chico Terrace	知高台	在中環卑利街尾
Chinese Street	中國街	在中環大道中七十三號側
Ching Lin Terrace	青蓮台	第三街尾卑路乍行對上一條
Chi Shing Lane	置成里	在灣仔道二百公十號側
Chiu Kwong Street	朝光街	在大道西三六五號側
Chiu Lung Street	昭隆街	在大道中三十七號側
Chuen Hing Lane	全慶里	在中環鴨巴甸街中段東便
Chuk Hing Lane	竹興里	在中環結志街一號側
Chuk Kui Terrace	竹居台	在灣仔大道東一八三號側
Chung Ching Street	中正街	在大道西三三九號側
Chung Wo Lane	中和里	在中環士丹頓街六十六號側
Chun Sing Street	晉成街	在大道西四六六號側
Circular Pathway	弓弦巷	在中環由歌賦街石級落
Clarence Street	加剌連士街	在大道西四九六號側
Clarence Terrace	加剌連士台	在加剌連士街內
Cleverly Street	急庇利街	在干諾道中一四三號側

街名 英文	街名 中文	索引
Clovelly Path	高化利徑	在梅道之北纜車站附近
Cochrane Street	閣麟街	在中環大道中一零四號側
College View	育才坊	在醫院道
Collinson Street	歌連臣街	在堅尼地城海旁十七號側
Conduit Road	干讀道	在羅便臣道之上一條
Connaught Road Central	干諾道中 又名康樂道中	即中環海旁由美利道起至上環街市前止
Connaught Road West	干諾道西 又名康樂道西	由海旁上環街市前起至石塘咀電車站止
Coronation Terrace	加冕台	在中環鴨巴甸街五十七號對正
Cross Lane	交加里	在灣仔二號差館對面巷內
Cross Street	交加街	在灣仔道三十六號側
D' Aguilar Street	德忌笠街	由中環大道中三十四號側
David Lane	爹核里	在正街四十六號側
David Street	爹核士街	由堅尼地城海旁入
Des Voeux Road Central	德輔道中	由中環絨球塲起至上環街市止
Des Voeux Road West	德輔道西	由干諾道西五十一號起
Douglas Lane	德忌利士巷	在堅尼地城海旁三十三號側
Duddell Street	都爹利街	在大道中二號側
East Point	渣甸倉	
East Point Hill	東邊山	
Eastern Street	東邊街	在干諾道西一二八號側
Elgin Street	伊利近街	在荷李活道六十六號側上
Ewo Hill Street	怡和山街	在禮頓山道內
Excelsoir Terrace	妙高台	在羅便臣道四十三號隔鄰
Ezra's Lane	伊士剌里	在砵甸乍街四十七號側

港僑須知（一九三三）

街名		索引
英文	中文	
Fat Hing Street	發興街	在上環水坑口二號側
Fenwick Road	分域街	在灣仔軒鯉詩道三十九號側
First Street	第一街	在西營盤七號差館上
Fleming Road	勳寧路	在灣仔莊士敦道一七九號側
Forbes Street	科士街	在西環與士美非路相接
French Street	朝光街	在大道西三六五號側
Fuk Hing Lane	福興里	在銅鑼灣渣甸街三十五號側
Fuk Luk Lane	福祿里	在西營盤第四街一零七號後便
Fuk On Lane	福安里	在普慶坊與律打街之間
Fuk Sau Lane	福壽里	在第三街附近
Fung Un Street	逢源街	在銅鑼灣由怡和街二十一號側
Fung Wong Ferrace	鳳凰台	在灣仔大道東一八三號側
Gage Street	結志街	在中環鴨巴甸街十二號側
Gap Road	灣仔峽道	在灣仔大道東二二一號側
Garden Road	花園道	在中環大道中之東操兵地側
George's Lane	佐治里	在中環士丹頓街四十二號側
Gilman's Bazaar	機利文新街	在大道中一四三號側
Gilman Street	機利文街	在中環大道中一三五號側
Glenealy	忌連拿利	即鐵崗在雲咸號上
Gloucester Road	高士打道	即灣仔新塡地海旁第一條直街
Gough Street	歌賦街	在鴨巴甸街十一號A側
Graham Street	嘉咸街	在中環大道中一二六號側
Great George Street	記利佐治街	在銅鑼灣渣甸糖房前
Gresson Street	顧利臣街	在大道東九十號側

街名		索引
英文	中文	
Gutzlaff Street	吉士笠街	在中環大道中一百二十號側
Hatton Road	克頓道	與羅便臣道相接
Hau Fung Lane	厚豐里	在灣仔洋船街三十號轉入
Hau Wo Street	厚和街	在西灣士美非路街中段轉入
Heard Street	克 街	在灣仔道一百八十號側
Hee Wong Terrace	羲皇台	在西灣山市街之東
Hennessy Road	軒鯉詩道	即灣仔新塡地海旁對埋第三條直街
Hing Heung Lane	馨香巷	在大道西四十五號A轉入
High Street	高 街	又名第四街在第三街之上
Hill Road	山 道	由德輔道西四二四號側直上
Hillier Street	禧利街	在干諾道中一二七號側
Hill Side Terrace	山邊台	在灣仔洋船街之上
Hing Hon Road	興漢道	在西營盤第四街尾之西
Hing Lung Lane East	興隆東街	在德輔道西三七八號側
Hing Lung Lane West	興隆西街	在德輔道西三九四號側
Hing Lung Street	興隆街	在中環大道中一零五號側
Hing Wan street	慶雲街	在灣仔石水渠街內左便第二條橫街
Hok Ling Terrac	鶴齡台	在大道東一八三號側
Hok Sz Terrace	學士台	在西環山市街入
Ho Kwok Lane	何郭里	在威靈頓街十三號側
Holland' Street	荷蘭街	在西環由海旁西三十一號側入
Hollywood Road	荷李活道	由中環大館前起至大道西口止
Holy Infant Lane	聖嬰孩里	在灣仔聖佛蘭西街內
Hong Ning Lane	康寧里	在中環士丹頓街之上

街名 英文	街名 中文	索引
Hospital Road	醫院道	由般含道至國家醫院
Ice House Street	雪廠街	由干諾道中五號側至雲咸街止
In Ku Lane	賢居里	在高陞街四十八號側
In Mi Lane	賢美里	在普慶坊之上
Irving Street	伊榮街	在銅鑼灣邊寧頓街中
I. Yik Lane	義益里	在大道西五二四號側
Jackson Street	昃臣道	在中環臬署之後
Jardine's Bazaar	渣甸街	在銅鑼灣渣甸糖房對入
Jervoi's Street	乍畏街	在文咸東街東頭卽蘇杭街
Johnston Road	莊士敦道	在灣仔新填地𡁻杜街口起至廣生行倉止
Jublee Street	租庇利街	在大道中九十九號側
Kai Un Lane	溪源里	在堅道之上摩囉廟街內
Kat Cheong Lane	吉祥里	在荷李活道四方街之上
Kat On Street	吉安街	在灣仔大道東二四七號側
Kau U Fong North	九如坊北	在威靈頓街一九四號側上
Kau U Fong	九如坊	在中環鴨巴甸街五號側
Kau U Fong West	九如坊西	在九如坊北口
Kee Cheong Street	旗昌街	在西環爹核士街之東便
Kennedy Road	堅尼地道	在花園道之東
Kennedy Street	堅尼地街	在大道東二六七號側
Kennedy Town, New Praya	堅尼地城新海旁	西環之西
Keswick Street	奇士域街	在灣仔邊寧頓街附近
Ki Ling Lane	奇靈里	在大道西三三三號側
King Sing Lane	景星里	即灣仔石水渠街內之第一條橫街

街名		索引
英文	中文	
Kin Hang Terrace	乾亨台	在大道東一七九號側
Kin Sau Lane	乾秀里	在結志街三十三號側
Kom U Street	甘雨街	在高陞戲院右便
Ko Shing Street	高陞街	在高陞戲院後便
Kui In Fong	居賢坊	在荷李活道四方街之上
Kui Yan Lane	居仁里	在西營盤一百八十號側
Kung Ho Terrace	共和台	在般含道八十六號側
Kwai Heung Street	桂香街	在大道西二六三號側
Kwai Wa Lane	貴華里	在中環禧利街三十一號側
Kwan Yick Street	均益街	在西環爹核士街及加多近街附近
Kwok Hing Lane	郭興里	在第三街十三號側
Kwong Fung Lane	廣豐里	在大道西四百四十號側
Kwong Fung Terrace	廣豐台	在廣豐里內
Kwong Hon Terrace	光漢台	在鴨巴甸街中叚東便
Kwong Ming Street	光明街	在灣仔大道東六十五號側聖佛蘭西街之內
Kwong Yik Lane	廣益里	在大道東三十五號A側
Kwong Yuen Street East	廣源西街	在中環文咸東街十三號側
Kwong Yuen Street West	廣源東街	在中環文咸東街二十五號側
Ladder Street	樓梯街	在大道中二九二號側
Ladder Street Terrace	樓梯台	在樓梯街尾之東便
Lai On Lane	荔安里	在西營盤朝光街之西便
Lamont's Lane	林文巷	在銅鑼灣由福興里轉上
Landale Street	囒杜街	在大道東五十二號側
Lan Kwai Fong	蘭桂坊	在中環由德忌笠街轉入

港僑須知（一九三三）

街名		索引
英文	中文	
Lascar Row, Lower	摩囉下街	在樓梯街一號側
Lascar Row, Upper	摩囉上街	在荷李活道文武廟斜對落樓梯街側
Lau U Lane	留餘里	在西營盤正街之西及第四街之下
Lee Tung Street	利東街	在大滄東一九弍號B側
Leighton Hill Road	禮頓山道	在跑馬地莫禮信山道四十一號側
Leung Fee Terrace	梁輝台	在中環堅道四十八號後便
Leung I. Fong	兩儀坊	在西營盤第四街廿五號側
Leung Wa Tai Lane	梁華泰里	卽第一街七九至九三號之地牢
Li Chit Street	李𣆶街	在大道東七十號側
Li Po Lung Path	李寶龍路	在西環卑路乍街二十四號側
Li Po Lung Terrace	李寶龍台	在李寶龍路內
Li Sing Street	李陞街	在大道西一八一號側
Li Yuen Street East	利源東街	在大道中九十一號側
Li Yuen Street West	利源西街	在中環德輔道中四十六號側
Lockhart Road	駱克道	在灣仔新填地海旁第二條直街
Lok Hing Lane	樂慶里	在砵甸乍街三十四號側
Lower Albert Road	下亞厘畢道	卽港督署後之小道
Lugard Road	盧押道	在灣仔軒鯉詩道八十五號B側
Lun Fat Street	聯發街	在灣仔大道東一一二號側
Lung On Street	隆安街	在灣仔堅尼地街七號側
Lyndhurst Terrace	擺花街	在中環威靈頓街之上
Lyttelton Road	列提頓道	在般含道上之柏道尾
Macdonald Road	麥當奴道	在花園道之東堅尼地道上一條
Mac Gregor Street	麥加力歌街	在大道東四百二十號側上

街名 英文	街名 中文	索引
Magazine Gap Road	馬已仙山峽道	在寶雲路上
Mallory Street	茂蘿街	在灣仔莊士敦道二二六號側
Man Hing Lane	文興里	在中環皐利街三十一號A側
Man Ming Lane	文明里	在灣仔大道東九十九號側
Man Wa Lane	文華里	在文咸東街四十五號側
Marsh Road	馬師道	在灣仔軒鯉詩道三七一號側
Mason's Lane	美臣里	在雲咸街十六號側
Matheson Street	勿地臣街	在灣仔波斯富街內
May Road	梅道	在馬已仙山峽道
Mee Lun Street	美輪街	在荷李活道八十一號側
Mercer Street	孖沙街	在文咸東街三十號側
Mercer Wang Lane	孖沙橫巷	在孖沙街十四號側
Ming Yan Lane	明仁里	在大王東街四號側
Miu Kang Terrace	妙鏡臺	在大道東一三八號側直上
Monmouth Path	捫茂扶路	在大道東一號側直上
Moon Street	月街	在灣仔日街後永豐街三十一號側入
Moreton Terrace	摩頓台	在銅鑼灣打波地附近
Morrison Hill Road	摩理臣山道	在灣仔道附近
Morrison Street	摩理臣街	在上環郵政局及街市右便
Mosque Junction	摩囉廟交街	在堅道之上皐利街上便
Mosque Street	摩囉廟街	在羅便臣道十四號側
Mosque Terrace	摩囉廟台	在皐利上街西便
Mount Shadwell	蓪威厘山	在大道東尾之東便
Mui Fong Street	梅芳街	在大道西二五一號側入

街名 英文	街名 中文	索引
Murray Road	美利道	在大道中波塲之東便側
New Market Street	新街市街	在永樂西街與干諾道西之中
New Praya, Kennedy Town	堅尼地城新海旁	在西灣山市街附近海旁
New Street	新　街	在大道西一百號側
Ng Fuk Lane	五福里	在東愛街三十六號側
Ng Kwai Fong	五桂坊	在荷李活道二三一號側
North Street	北　街	在西環卑利乍街內第二條橫街
Oaklands Path	屋蘭士路	在柏道之上
Observation Plate	天樂里	在灣仔軒鯉詩道三七二號側
O Brien Road	柯布連道	在灣仔軒鯉詩道一四七號側
Old Bailey Street	澳老卑利街	在中環大館左便
On Hing Terrace	安慶台	在雲咸街十八號側
On Lan Street	安蘭里	在雲咸街八號側
On Ning Lane	安寧里	在大道西三九七號側
On Tai Street	安泰街	在永樂街一一四號側
On Wai Lane	安懷里	在正街四十三號側
On Wo Lane	安和里	在中環歌賦街附近
Pak Tsz Lane	百子里	在結志街三十四號側
Pan Kwai Lane	攀桂里	在高陞戲院左便和豐街五號側
Park Road	柏　道	在般含道之上
Peak Road	山頂道	在羅便臣道東頭轉上
Pedder Street	必打街	在中環大道中二十九號側
Peel Street	卑利街	在中環大道中一百四十號側
Pennington Street	邊寧頓街	在銅鑼灣記利佐治街附近

街名		索引
英文	中文	
Percival Street	波斯富街	在軒鯉詩道四八一號側
Ping On Lane	平安里	在荷李活道中
Ping On Lane	平安里	在太平山福安街附近
Pokfulam Conduit Road	干讀道	在羅便臣道上一條
Pokfulam Road	薄扶林道	在大道西三五八號側
Possession Street	水坑口街	在大道中三八六號側
Pottinger Street	砵甸乍街	在干諾道中三十七號側
Po Tuck Street	保德街	在大道西四百九十號側
Pound Lane	磅 巷	在荷李活道一九六號側
Po Wa Street	寶華里	在城隍街上橫街
Po Yan Street	普仁里	在荷李活道二二二號側
Po Yuen Lane	普源里	在般含道四十二號側
Praya East	海旁東	由灣仔軍器廠街海皮起
Praya Kennedy Town	堅尼地城海旁	在德輔道西盡頭
Prince's Terrace	太子台	在堅道五十號後通卑利上街
Prospect Terrace	光景台	在般含道八十八號側
Queen's Garden	皇后花園	在山頂道與干讀道之間
Queen's Road Central	皇后大道中	由灣仔水師船澳至上環水坑口止
Queen's Road East	皇后大道東	由軍器廠街口起至灣仔街市止
Queen's Road West	皇后大道西	由上環水坑口起至石塘咀止
Queen's Street	皇后街（又名和興西街）	在大道西六十三號側
Queen's Victoria Street	域多利皇后街	在中環貼近中環街市東便
Rednaxela Terrace	列拿士地台	在卑利街五十八號後
Remedios Terrace	廉未地士台	在堅道下亞畢諾道內

港僑須知（一九三三）

街名		索引
英文	中文	
Robinson Road	羅便臣道	花園道尾與山頂道交界
Rock Hill Street	石山街	在西環山市街內
Rock Lane	石　巷	在大道東一三九號側
Rose Lane	玫瑰里	在西營盤水街十二號側
Rozario Street (U Lam Terrace)	老沙路街	在樓梯街之西便
Rumsey Street	欖士街	在干諾道中一零四號側
Russell Street	剌士利街	在寶靈頓道東
Rutter Lane	律打里	在上環水池巷
Rutter Street	律打街	在上環普仁街南便
Rutter Street Upper	律打上街	在律打街之上
St. Francis Street	聖佛蘭士街	在大道東六十三號側
St. Francis Yard	聖佛蘭士地	在聖佛蘭士街內
St. John's Place	聖若翰地	在花園道內
St. Stephen's Lane	聖士提反里	在般含道上巴丙頓道口之西
Sai Hing Lane	西興里	在大道西朝光街之西
Sai On Lane	西安里	在中環興隆里內
Sai Street	西　街	在大道中三四四號側
Sai Wa Lane	西華里	在薄扶林道八號側
Sai Woo Lane	西湖里	在大道西二二五號側
Sai Yuen Lane	西源里	在德輔道西二四二號側
Salt Fish Street	鹹魚街	在大道西東邊街之西
Sam Ka Lane	三家里	在鴨巴甸街十四號側
Sam Pan Street	三板街	在大道東二百一十號側
Sam To Lane	三多里	在西營盤水街二號側轉入

街名 英文	街名 中文	索引
Sands Street	山市街	在西環海旁五十一號側入
Sau Wa Fong	秀華坊	在灣仔聖佛蘭士街十四號側入
Schooner Street	撻船街	在大道東一一九號側
Second Street	第二街	在西營盤第一街之上
Seymour Road	西摩道	在堅道之上合一堂之右
Seymour Terrace	西摩台	在西摩道與羅便臣道交界
Shan Pin Lane	山邊里	在大道東一九三號側
Sharp Street East	霎東街	在鵝頸橋東勿地臣街六號側
Sharp Street West	霎西街	在鵝頸橋西莫禮臣山道廿一號側
Shau Ki Wan Road	筲箕灣道	由香港馬會馬房起
Shek Chan Lane (or Stone Godown Lane)	石棧里	在西營盤畸玲里內
Shek Kai Lane	石溪里	在灣仔石水渠街六十三號側
Shelley Street	舍利街	在荷李活道三十號側
Sheung Fung Lane	常豐里	在西營盤第二街八十二號側
Shing Hing Lane	成慶里	在西營盤東邊街內
Shing Wong Street	城皇街	在中環歌賦街尾轉上
Ship Street	船 街	在大道東一三六號側
Shing Hing Street	善慶街	在歌賦街三十四號側
Siu Cheung Fong	兆祥坊	在聖佛蘭士街四號之東
Smithfield	士美非路	在西環吉直街附近
South Lane	南 里	在石塘咀即街市橫街
Spring Garden Lane	春園里	在大道東二百一十號側
Square Street	四方街	在荷李活道文武廟之左
Stanley Street	士丹利街	在中環德忌笠街一號側入

街名 英文	街名 中文	索引
Star Street	星 街	在大道東二十一號側永豐街尾入
Station Street Upper	差館上街	在荷李活道一八二號側巷入
Staunton Street	士丹頓街	在澳卑利街十七號側
Staveley Street	士他花利街	在大道中一四六號側
Stewart Road	史釗域道	在灣仔軒鯉詩道二六七號側
Stonecutters Lane (or Ping On Lane)	平安里	在荷李活道一一六號側
Stone Nullah Lane	石水渠街	在皇后大道東街市後便
Sui Cheung Lane	瑞祥里	在大道西二零四號側
Sui Wah Terrace	萃華坊	在西營盤第四街尾之西
Sung Hing Lane	崇慶里	在大道西二八五號側
Sun Street	日 街	在大道東之上電燈局之下
Sutherland Street	修打蘭街	在大道西一六五號側
Swatow Street	汕頭街	在大道東一百七十號側
Tai Loi Lane	泰來里	在西營盤第一街十八號側
Tai On Terrace	大安台	在普慶坊後便
Tai Pak Terrace	太白台	在西環半山中
Tai Ping Shan Street	太平山街	在普慶坊卜公花園貼近
Tai Wong Street East	大王東街	在大道東一五二號側
Tai Wong Street West	大王西街	在大道東一四四號側
Tai Wo Street	太和街	在灣仔道三十八號側
Tai Yuen Street	太源街	在灣仔大道東二四八號側
Tak Sing Lane	德星里	在第二街六十六號側
Tam Lane	譚 里	在西營盤水街六號側
Tang Lung Street	登龍街	在灣仔堅拿道東一號側

街	名	索引
英文	中文	
Tank Lane	水池巷	在摩羅下街二十號側
Ta Tit Hong (or Blacksmith Lane)	打鐵巷	在銅鑼灣怡和街內逢源街之中
The Albany	亞彬彌	在堅道上山頂道之下
The Old Bailey	澳老卑利街	在荷李活道二十號側
Third Street	第三街	在西盤營第二街之上
Tien Poa Street	天寶街	在灣仔永豐西巷七號側
Tik Lung Lane	廸龍里	在大道東二零九號側
Tin Lok Lane	天樂里	
Tit Hong Lane	鐵行里	在中環租卑利街十二號側
Togo Terrace	度高台	在堅尼地道內入
To Li Terrace	桃李台	在西環山市街轉入
Tonnochy Road	杜老誌道	在軒鯉詩道三一一號側
Tramway Path	火車路	在山頂火車旁路至寶雲道止
Tregunter Path	地利根德道	在梅道內起
Triangle Street	三角街	在灣仔道五十八號側
Tsing Kai Lane	清溪里	在太原街六十號側
Tsui In Lane	聚賢里	在灣仔晏頓街內
Tsui Lung Lane	聚龍里	在大道東五十一號側
Tsui On Lane	聚安里	在中環禧利街至弓弦巷
Tsung Sau Lane East	松秀東街	在大道西七十七號側
Tsung Sau Lane West	松秀西街	在大道西九十三號側
Tsun Wing Lane	俊榮里	在加咸街五十四號側
Tse Mi Alley	紫微街	在大道西二一一號側
Tse Tung Lane	紫桐里	在西營盤第一街四十號側

街名 英文	街名 中文	索引
Tung Hing Lane	東興里	在永樂街一七六號側至干諾道西二十七號
Tung Loi Lane	東來里	在上環安泰街一號側入
Tung Man Street	同文街	在大道中一一五號側
Tung Shing Lane	東成里	在威靈頓街一四八號側
Tung Street	東　街	在大道中三三四號側
Tung Tak Lane	同德里	在閣麟街二十四號側
Tung Wa Lane	東華里	在鴨巴甸街二號A側
Tun Wo Lane	敦和里	在關麟街四十六號側
U Hing Lane	餘慶里	在大道中二七八號側
Ui On Lane	滙安里	在第二街十二號側
U Lam Terrace	儒林台	在堅道尾之下樓梯街尾之左
U Lok Lane	餘樂里	在西營盤第三街內
U Fuk Lane (or Fuk Shing Lane)	元福里或福星里	在第三街四十一號側
Un On Lane East	元安里東	在弓弦巷三十七號側
Un On Lane West	元安里西	在弓弦巷三十八號側
Un Shing Lane	元勝里	在第三街二十六號側
Un Wo Lane	元和里	在荷李活道一零二號側
U Po Lane East	餘步里東	在第一街二十六號
Upper Albany	上亞彬彌	羅便臣道之上山頂道之西
Upper Albert Road	上亞厘畢	堅道東頭即公園前之西
Upper Lascar Row	摩羅上街	由樓梯街至西街
Upper Rutter Street	律打上街	在普慶坊大安台之後
Upper Station Street	差館上街	在荷李活道一八二號橫巷轉上
U Yam Lane	餘蔭里	在上環東街二號側

街名		索引
英文	中文	
Wa Hing Lane	華興里	在中環城隍街內
Wa In Fong East	華賢坊東	在士丹頓街七十四號側
Wa In Fong West	華賢坊西	在士丹頓街八十六號側
Wa Lane	華里	由摩羅下街五十六號A轉上
Wa Ning Lane	華寧里	在普慶坊四號側上
Wa On Lane	華安里	在鴨巴甸街二號側
Wai Sun Lane	維新里	在中環租卑利街七號側
Wai Tak Lane	懷德里	在中環威靈頓街八號側
Wanchai Gag Road	灣仔峽道	在大道東二二一號側
Wanchai Road	灣仔道	在灣仔街市前
Wardley Street	獲利街	在中環皇后像對正上海銀行側
Water Lane	水巷	在大道中三三八號側
Water Street	水街	在西營盤第二街尾
Wellington Street	威靈頓街	在大道中一六四號之後
West End Terrace	西尾台	在般道含之下高街之上
Western Street	西邊街	在干諾道西一五八號側
West Street	新西街	即西街
West Terrace	西台	在衞城道堅道對上
Whitty Street	屈地街	在干諾道西一八五號側
Wilmer Street	威利蔴街	在大道西一八九號A側
Wing Fung Lane West	永豐西街	在灣仔永豐街六號側
Wing Fung Street	永豐街	在大道東二十一號側
Wing Kut Street	永吉街	在大道中一五五號側
Wing Lee Street	永利街	在中環城隍街六號對正

街名		索引
英文	中文	
Wing Lok Lane	永樂里	在大道東三十五號A側
Wing Lok Street	永樂街	在德輔道中一六八號側入
Wing On Street	永安街	在大道中一二五號側
Wing Sing Street	永勝街	在大道中一八七號側
Wing Wah Lane	榮華里	在德忌笠街二十一號A側入
Wing Wo Road	永和道	在德輔道中一七九號側
Wing Wo Street	永和街	在大道中一七一號側
Wo Fung Street	和風街	在高陞街三十二號側
Woodlands Terrace	活蘭士台	在衞城道附近
Woo Hop Street	和合街	在大道西尾轉入南里
Wo On Lane	和安里	在德忌笠街十五號側
Wood Road	活　道	在灣仔道二百號對正
Wongneichong Road	黃泥涌道	在跑馬地禮頓山道三十三號對正
Wyndham Street	雲咸街	由大道中三十二號側起至荷李活道頭
Yan Shau Lane	仁壽里	在德忌笠街二十號側
Yan Wo Lane	仁和里	在鴨巴甸街東士丹頓街之上
Yat Fu Lane	日富里	在大道西五六二號側
Yau Yee Lane	由義里	在第三街一九弍號側
Yee Wo Street	怡和街	在銅鑼灣記利佐治街口轉入
Yen Wa Terrace	賢華台	在大道東二二一號側入
Yeung Lok Street	洋樂街	由差館上街上
Yim Fong Lane	染房里	在威靈頓街一百一十號側
Ying Fai Terrace	英輝台	在堅道上由卑利上街尾轉左
Ying Wa Terrace	英華台	在般含道下正街之東

街名		索引
英文	中文	
Yiu Wa Street	耀華街	在灣仔勿地臣街十三號側
Yuk Chos Fong	育才坊	在醫院道中華會館側
Yuk Ming Street	毓明街	在第三街二二六號之西
Yuk Sau Street	毓秀里	在水街九號側
Yu On Terrace	遇安台	在石塘咀南里之後
Zetland Street	泄蘭街	在大道中十四號側

香港山頂街道表

街名 英文	街名 中文	索引
Aberdeen Road	押巴甸新道	由歌賦山道起
Barker Road	白加道	由種植道起
Bluff Path	布剌符路	由歌賦山道起
Cameron Villa	今蔴連屋宇	在加列山道
Coombe Road	甘 道	由馬已仙山峽道起
Des Voeux Road Villa	德輔屋宇	在加列山道
Findlay Path	芬梨徑	在域多利峽道起
Gough Hill Road	歌賦山道	界於加列山道及甘道之間
Lugard Road	盧吉道	由域多利峽道而入
Magazine Gop Road	馬已仙山峽道	
Middle Gap Road	中峽道	由灣仔峽道起
Mount Cameron Road	金馬麟山道	在灣仔峽道之南
Mountain View	山 景	在賓吉道
Monnt Kellet Road	加列山道	在甘道與歌賦山道交界處
Mount Parker	柏加山	
Peak Road	山頂道	由域多利山頂起
Plantation Road	種植道	在賓吉道之峽起
Plunkett's Road	賓吉道	在甘道起
Severn Road	施勳道	由芬梨道與種植道交界處起
Stewart Terrace	十 間	在歌賦山道
Stubb's Road	司徒拔道	由域多利峽道起
Broadwood Road	樂活道	在養和園之東北頭
Ventris Road	雲地利道	由黃泥涌峽道起

香港黃泥涌街道表

街名		索引
英文	中文	
Man Chung Fong	萬松坊	在黃泥涌道
Sing Woo Road	成和道	由萬松坊入
Village Road	山村道	由黃泥涌道起
Shan Kwong Road	山光道	在山村道四十二號側
Yuk Sau Street	毓秀街	在山光道十號對正
King Kwong Street	景光街	在山光道三號側
Yik Yam Street	奕蔭街	即景光街下一條街
Tsi Tak Street	載德街	成和道內第一條橫街
Yuen Yuen Street	源遠街	成和道內第二條橫街
Min Fat Street	綿發街	成和道內第三條橫街
Cheung Ming Street	昌明街	成和道內第四條橫街對正山村道
Shing Ping Street	昇平街	成和道內第五條橫街
Lun Hing Street	聯興街	成和道內第六條橫街
Tsun Yuen Street	晉源街	成和道內第七條橫街

香港大坑村街道表

街名		索引
英文	中文	
First Lane	第一巷	
Front Row	馬球場	在筲箕灣道附近
Jones Street	鍾士街	由馬球場至第二巷
King Street	京　街	
Perfection Terrace	十全台	在第二巷
School Street	書館街	
Second Lane	第二巷	
Shepherd Street	施弼街	
Third Lane	第三巷	
Tai Hang	大　坑	卽舊村
Tunglowan	銅鑼灣	在大坑之北
Warren Street	華倫街	

香港筲箕灣道街道表

街名		索引
英文	中文	
Gordon Road	歌頓道	在威非路一一六號側
Hing Fat Street	興發街	在威非路附近
Lau Li Street	琉璃街	在興發街之東
Lau Sin Street	留仙街	在興發街敬記船廠之南
Ming Yuen Western Street	名園西邊街	
Ngan Mok Street	銀幕街	在留仙街之南
Shau Ki Wan Road	筲箕灣道	直至筲箕灣
Tsat Tze Mui	七姊妹	
Tsing Fung Street	清風街	在興發街之東
Watson Road	屈臣道	在威非路一二四號側
Whitfield	威非盧路	在筲箕灣道敬記船廠之北
Whitfield Road	威非路道	在威非盧路一二二號側
Wing Hing Street	永興街	在威非盧路九十二號側
Yacht Street	帆船街	在威非盧路二十九號側

香港鰂魚涌街道表

街名		索引
英文	中文	
Tai Cheong Street	太祥街	
Tai Foo Street	太富街	
Tai Hong Street	太康街	
Tai Kat Street	太吉街	
Tai Ning Street	太寧街	
Tai On Street	太安街	

香港西灣河街道表

街名		索引
英文	中文	
Main Street	大街	在成安街之西
Shing On Street	成安街	在筲箕灣道之南
Sai Wan Ho Street	西灣河街	在大街及大石街之間
Tai Shek Street	大石街	

香港筲箕灣街道表

街名		索引
英文	中文	
Main Street	大街	
Holy Cross Path	聖十字路	在大街一六六號側
Praya	海旁	
Shing On Street	成安街	在大街一百九十號之南
Lam On Street	林安街	在大街轉角
Sai Wan Ho Street	西灣河街	在大街西南角
Kam Wa Street	金華街	近街市
Shan Pin Terrace	山邊台	在大街二十九號側
Tai Wong Lane	大王里	在大街二十九號側
Temple Street	廟街	在大街五十一號側
Tung Hing Lane	同慶里	在大街一二九號側
Sai Yuen Lane	西元里	在大街九十四號側
Ming Un Lane	明元里	在大街一一八號側
Ah Kung Ngan	亞公巖	

香港薄扶林街道表

街名		索引
英文	中文	
Mount Davis Road	摩星嶺道	由域多利道之北起
The Pokfulum Road	薄扶林道	在摩星嶺道附近
Sassoon Road	沙宣道	在薄扶林道
Victoria Road	域多利道	由堅尼地城直上之路

香港香港仔街道表

街名		索引
英文	中文	
Aberdeen	石排灣	由紙廠起
Wu Pak Street	湖北街	街市之南
Wu Nam Street	湖南街	
Tung Sing Street	東勝道	
Sai On Street	西安街	街市之北
Hung Shing Street	洪聖街	在洪聖廟附近
Ho King Street	好景街	在洪聖廟附近
San Shi Street	新市街	在洪聖廟附近
Wai Fung Street	惠風街	在好景街之南
Ping Lan Street	平瀾街	在惠風街之東
Shan Ming Street	山明街	在平瀾街之東
Shui Shau Street	水秀街	在山明街之東
Main Street	大　街	在鴨脷洲

九龍街道表

街名		索引
英文	中文	
Aimai Building	俟買屋宇	在尖沙咀柯士甸道
Anchor Street	晏架街	在大角咀荔枝角道
Antrim Villas		在尖沙咀漆咸道
Armand Building		在尖沙咀金巴利道
Argyle Street	亞皆老街	在旺角上海街六零五號側
Argyle Street Extension	亞皆老道	在旺角太平街附近
Arron Street	鴉蘭街	在旺角上海街六九三號A側
Arthur Street	鴉打街	在油蔴地廟街十九號側
Ashley Road	亞士厘道	在尖沙咀北京道二號側
Austin Avenue	柯士甸路	在尖沙咀柯士甸道一五二號側
Austin Road	柯士甸道	在尖沙咀彌敦道一四二號側
Baker Street	碧嘉街	在紅磡漆咸道二十三號側
Banoo Building		在尖沙咀漢口道
Barrow Terrace	巴老台	在尖沙咀即二號至十六號加連威老道
Battery Street	礮台街	在油蔴地廣東道六三零號側
Bay Veiw	海灣景	在尖沙咀即漆咸道二號五號
Bedford Road	必發街	在旺角上海街
Boundary Street East	界限街	在碼頭涌道與英皇子道交界
Bowring Street	寶靈街	在油蔴地上海街四十三號側
Bulkeley Street	寶其利街	在紅磡漆咸道一號側
Bute Street	弼 街	在旺角上海街六六五號側
Cameron Road	金蔴倫道	在尖沙咀彌敦道八十號側

港僑須知（一九三三）

街名 英文	街名 中文	索引
Cameron Terrace	金蓀倫台	在尖沙咀卽金蓀倫道十三號至二十七號
Canton Road	廣東道	在尖沙咀碼頭對入水師樓側
Canton Villas	廣東屋宇	在尖沙咀今巴利道
Carnarvon Road	加拿分道	在尖沙咀彌敦道六十四號側
Carnarvon Villas	加拿分屋宇	在尖沙咀加拿分道內
Changsha Street	長沙街	在旺角上海街四六四號側
Chatham Road	漆咸道	在尖沙咀柯士甸道尾轉出
Cheong Lok Street	長樂街	在油蔴地彌敦道三二六號側
Ching Lung Street	青龍街	在旺角界限街之東
Chi Ma Terrace	芝蔴台	在旺角亞皆老街四十一號側
Chi Wo Street	志和街	在油蔴地西貢街二十二號側
Chung Hing Street	重慶街	在深水埗東便海旁
Clermont Villas		在尖沙咀卽漆咸道九號十號
Cook Street	曲　街	在紅磡漆咸道九號側
Cornwall Avenue	康和里	在尖沙咀由麼地道至加拿加道
Cox's Path	覺士徑	在尖沙咀覺士道之西北便
Cox's Road	覺士道	在尖沙咀柯士甸道一零五號側
Dock Lane	船澳巷	在紅磡船澳街內
Dock Street	船澳街	在紅磡保其利街二十九號側
Dundas Street	登打街士	在旺角上海街四三七號側
Durbar Villas		在尖沙咀卽今蓀倫道三號至九號
Ema Avenue	艷馬道	在何文田梭椏道西北便
Empress Buildings		在尖沙咀卽麼地道二號至十二號
Fa Yuen Street	花園街	在旺角豉油街之北

街名 英文	街名 中文	索引
Fat Kwong Street	佛光街	在碼頭圍道之西
Fife Street	快富街	在旺角上海街六四五號側
Foochow Street	福州街	在界限街口對面
Gascoigne Road	加士居道	在尖沙咀漆咸道附近
Gillies Avenue	機利士路	在紅磡過海碼頭對正
Gomes Villas		在尖沙咀卽漆咸道一號至三號
Gordon Terrace	歌敦台	在尖沙咀河內道內
Granville Villas	加連威老台	在尖沙咀卽加連威老道十入至三十二號
Granville Road	加連威老道	在尖沙咀彌敦道九十六號側
Ha Heung Road	下鄉道	由土瓜灣村西北方起
Haiphong Road	海防道	在尖沙咀廣東道五十六號側
Hak Po Street	黑布街	在旺角豉油街之北
Hamilton Street	咸美頓街	在旺角上海街四零五號側
Han Kow Road	漢口道	在尖沙咀海防道四十四號側
Hanoi Road	河內道	在尖沙咀加拿分道四號對正
Hart Avenue	赫德道	在尖沙咀加拿分道三號側
Hau Pui Loong Road	靠背壟道	
Hi Lung Lane	熙龍里	在油蔴地上海街三零五號側
Hok Yuen Street	鶴園街	在碼頭圍道之西便
Hong Lok Street	康樂街	在旺角亞皆老街三十九號側
Humphreys Avenue	堪富利士道	在尖沙咀彌敦道七十二號側
Humphreys Building	堪富利士屋宇	在尖沙咀康樂里及河內道之間
Ivy Street	埃華街	在大角咀橡樹街至金馬街中
Jordon Road	佐敦道	在油蔴地上海街九十六號側

街名 英文	街名 中文	索引
Joss Street	佐士街	在大角咀金馬街六十五號側
Julia Avenue	梨黎雅道	在梭椏道之東
Junk Street	唐船街	在大角咀橡樹街至樹德街中
Kansu Street	甘肅街	在油蔴地上海街二三六號側
Kau Pui Shek Road	杯石道	在譚公道二一五號側
Ki Lim Street	紀念街	在九龍城道至土瓜灣道之間
Kimberley Road	今巴利道	在尖沙咀彌敦道九十六號側
Kimberley Villas	今巴利屋宇	在尖沙咀今巴利道內
King's Park Building		在尖沙咀即柯士甸道一五四號側
King's Terrace	英皇台	在油蔴地柯士甸道與佐頓道之間
Knutsford Terrace	諾士佛台	在尖沙咀今巴利道內
Koo Chick Street	古蹟街	在宋皇台附近
Koon Chung Street	官涌街	在油蔴地上海街五十五號側
Kowloon City Road	九龍城道	在碼頭圍道之東北
Kremer Street	金馬街	在大角咀埃華街尾
Kun Yam Street	觀音街	在紅磡保其利街一零三號側
Kung Yuen Road	公園道	在界限街東附近
Kwong Wa Street	廣華街	在旺角碧街尾側廣華醫院傍
Lai Chi Kok Road	荔枝角道	在旺角上海街七一一號轉上
Liberty Avenue	自由道	在太平街六號側
Lo Lung Hang	老龍坑	在紅磡蕪湖街一二四號側
Lo Lung Hang Street	老龍坑街	在碼頭圍道之西
Lochiel Terrace	洛喜台	在尖沙咀即金蔴倫道二號至十四號
Louren Villas		在尖沙咀即漆咸道十一至十二號

街名		索引
英文	中文	
Lycemoon Villas	鯉魚門屋宇	在尖沙咀即麽地道一號至二號及漆咸道四號至六號
Ma Hang Chung Road	馬坑涌道	由九龍城道落去
Main Street	大 街	
Man Ming Lane	文明里	在油蔴地上海街三二四號側
Market Street	街市街	在油蔴地新填地一三六號側
Marsh Street	孖庶街	紅磡保其利街八十五號側
Ma Tau Chung Road	碼頭涌道	在杯石道頂轉入
Ma Tau Kok Road	碼頭角道	在北帝街源廣和對正
Ma Tau Wai Road	碼頭圍道	在紅磡船澳街附近
Mau Lam Street	茂林街	在油蔴地志和街七號側
Middle Road	中間道	在尖沙咀彌敦道三十號側
Minden Avenue	棉登徑	在尖沙咀由緬甸台轉過
Minden Row	緬甸台	在尖沙咀麽地道康和里口對正
Minden Villas	緬甸屋宇	在尖沙咀即麽地道十四號至二十二號
Mody Road	麽地道	在尖沙咀彌敦道五十二號側
Mok Cheong Street	木廠街	在土瓜灣道之東南
Mong Kok Road	旺角道	在旺角上海街五六一號側
Nam Tau Street	南頭街	在旺角街市之南
Nan King Street	南京街	在油蔴地上海街一二一號側
Nanning Street	南寧街	在紅磡觀音廟街廟左旁
Nathan Building		在尖沙咀即彌敦道四十六號至五十二號
Nathan Road	彌敦道	由尖沙咀疏利士巴利道起至旺角英皇子道止
Naval Street	水師街	在尖沙咀廣東道口水師船塢南
Nelson Street	奶路臣街	在旺角上海街五六三號側

街名 英文	街名 中文	索引
Newchwang Street	牛莊街	在重慶街之北
Ning Po Street	寧波街	在油蔴地上海街一四五號側
Oak Street	橡樹街	在大角咀晏架街附近
Observatory Road	天文台道	在尖沙咀漆咸道十六號側
Observatory Villas	天文台屋宇	在尖沙咀天文台道
Orient Buildings		即彌敦道五六三號至五九一號
Ormsby Terrace	奄士卑台	在尖沙咀加連威老道二十一號至三十二號
Ormsby Villas	奄士卑屋宇	在尖沙咀加連威老道三十五號至四十號
Pakhoi Street	北海街	在油蔴地上海街一九五號側
Pak Kung Street	北拱街	在碼頭圍道之西
Pak Tai Street	北帝街	在譚公道一四零號側
Parkes Street	白加士街	在油蔴地寶靈街二十號側
Patell Villas	八爹屋宇	在尖沙咀漢口道一號至五號
Pau Chung Street	炮仗街	在碼頭圍道之東北
Peace Avenue	太平街	在旺角亞皆老街尾之東
Peking Road	北京道	在尖沙咀彌敦道二十一號側
Pilken Street	庇利金街	在油蔴地寶靈街八號側
Pine Street	杉樹街	在大角咀埃華街一號側
Ping Street	丙　街	在杯石道附近
Pitt Street	碧　街	在旺角上海街三七八號側
Portland Street	砵蘭街	在油蔴地文明里之北
Prat Avenue	寶勒巷	在尖沙咀赫德道附近
President Terrace		即彌敦道五二六號至五三八號
Prince Edward Road	英皇子道	在旺角上海街七零九號側

街名		索引
英文	中文	
Public Square Street	公衆四方街	在油蔴地過海碼頭對正之街
Punjob Building	品汁屋宇	在尖沙咀即加連威老道一號至十九號
Reclamation Street	新塡地街	在油蔴地煤汽局之北起
Rose Terrace	玫瑰台	在尖沙咀卽彌敦道三十號至四十四號
Saifee Terrace		在尖沙咀卽彌敦道二三零號至二三八號
Saigon Street	西貢街	在油蔴地上海街一六九號側
Sai Yee Street	洗衣街	在旺角豉油街之北
Sai Yeung Choi Street	西洋菜街	在旺角亞皆老街二十六號側
Salisbury Avenue	疎利士巴利路	在尖沙咀加拿分道中叚轉左
Salisbury Road	疎利士巴利道	在尖沙咀碼頭對入
San Lau Street	新柳街	
San Shan Road	新山道	在碼頭圍道之東南便
San Wei Street	新圍街	在機利士路附近
Shamchun Street	深圳街	在旺角街市之西
Shanghai Street	上海街	在油蔴地柯士甸道至英皇子道
Shantung Street	山東街	在旺角上海街五二二號側
Sheklung Street	石龍街	在油蔴地新塡地街一八七號附近
Shek Shan Street	石山街	在碼頭角道之中叚
Sheung Heung Road	上香道	由碼頭圍道至土瓜灣
Sheung On Lane	常安里	在紅磡觀音街附近
Ship Lane	船巷	在大角咀金馬街四十三號側
Shu Tak Street	樹德街	在大角咀金馬街四十四號轉上後便
Sing Ti Street	聖地道	在宋皇台附近
So'rees Avenue	梭椏道	在旺角亞皆老街之東南

街 名		索 引
英 文	中 文	
Soy Street	豉油街	在旺角上海街四八二號側
Station Lane	差館里	在紅磡大沽街六號側
Stockwell Villas		在沙尖咀即今蔴倫道二十九號至三十一號
Suchow Lane	蘇州街	在油蔴地佐頓道附近
Sung Street	宋 街	由譚公道內廟側轉入
Sung Wong Toi Road	宋皇台道	在宋皇台附近
Tai Kok Tsui Road	大角咀道	在荔枝角道之北
Tai Nan Street	大南街	在深水埗南昌街七十五號側
Tai Street	帝 街	在杯石街附近
Tai Wan Road	大環路	在紅磡碼頭圍道附近
Taku Street	大沽街	在紅磡保其利街五十七號側
Tam Kung Road	譚公道	在宋皇台側
Temple Street	廟 街	在油蔴地天后廟前之街
Thistle Street	地士道街	在旺角山東街起
Tientsin Street	天津街	在紅磡保其利街一二三號側
To Kwa Wan Road	土瓜灣道	即九龍城至馬坑涌對正之道
Tong Mi Road	塘美街	在旺角亞皆老街附近
Torres Building	佗利士屋宇	在尖沙咀今巴利道內
Tung Choi Street	通菜街	在旺角亞皆老街三十四號側
Tung Fong Street	東方街	在旺角窩打老道廿一號即南景台
Tung Kun Street	東莞街	在油蔴地新塡地街一八五號側
TungOn Street	東安街即東興街	在旺角豉油街直入對正之街
Victoria View	域多利台	在尖沙咀中間道
Victory Avenue	勝利道	在旺角亞皆老道接近

街名		索引
英文	中文	
Wa Fung Street	華豐街	在紅磡漆咸道三十五號側
Wai Ching Street	偉晴街	在廣東道五十號側
Waterloo Road	窩打老道	在旺角上海街三四四號郵局側
West Bund	西濱	在尖沙咀疎利士巴利道即九龍大酒店處
West View Terrace		在尖沙咀卽彌敦道五六二號至五六八號
Wing On Buildings		在尖沙咀即彌敦道三四三號至三六一號
Wing Sing Lane	永星街	在油蔴地新填地街一六零號側
Winslow Street	溫思勞街	卽紅磡過海碼頭海旁之道
Wong King Street	黃麖街	在宋皇台道附近
Wong Tai Street	黃帝街	在公園路附近
Woo Sung Street	吳松街	在油蔴地廟街之上一條街
Wuhu Street	蕪湖街	在紅磡機利士街尾
Yim Po Fong Street	染布房街	在旺角豉油街之北
Yunnam Lane	雲南里	在油蔴地上海街三四四號側

新九龍街道表

街名		索引
英文	中文	
Apliu Street	鴨寮街	在深水埗南昌街一三一號側
Boundary Street	界限街	在深水埗南昌街一號側（即碼頭東便）
Castle Peak Road	青山道	在桂林街與大埔道交界
Cheung on Street	長安街	在九龍西貢路四十八號側
Cheung Sha Wan Road	長沙灣道	在深水埗南昌街一四九號附近
Hai Tan Street	海壇街	在深水埗南昌街十七號側
Kai Chi Road	啓智路	在九龍西貢道之東現改為飛機場
Kai Lai Road	啓禮路	在西貢道現改為飛機場
Kai Shun Road	啓信路	在啓德濱之北現改為飛機場
Kai Tack Bund	啓德濱	在西貢道東與三德路接
Kai Yan Road	啓仁路	在西貢道三十九號側
Kai Yee Road	啓義路	在西貢道五十八號側
Kau Tak Road	九德路	在啓德濱現改為飛機場
Ki Lung Street	基隆街	在南昌街九十五號側
Kweilin Street	桂林街	在荔枝角道四十一號附近
Lai Chi Kok Road	荔枝角道	在南昌街五十九號側
Luk Tack Road	六德路	在啓德濱現改為飛機場
Nam Chang Street	南昌街	在荔枝角道一一七號側即深水埗碼頭對正之街
Ng Tack Road	五德路	在啓德濱現改為飛機場
Nga Tsin Wai Road	衙前圍道	在西貢道之西便
Om Yau Street	菴由街	在南昌街一六五號側
Pat Tack Road	八德路	在啓德濱附近

街名		索引
英文	中文	
Pei Ho Street	北河街	在荔枝角道八十一號側
Po Kong Road	寶崗道	附近九龍城
Prince Edward Road	英皇子道	由東樂戲院轉入直至啓德濱
Sa Po Road	沙浦道	附近九龍城
Sei Kung Road	西貢道	在九龍城警署前
Sam Tak Road	三德道	在啓德濱三十六號側
Shek Kip Mei Road	石硤尾街	在荔枝角道一四零號側
Shek Ku Lung Road	石鼓壟道	由衙前圍道三十號側入
Sze Tack Road	四德路	在啓德濱北至西貢道
Tai Nam Street	大南街	在南昌街七十五號側
Tai Po Road	大埔道	在南昌街尾
Tak Ku Ling Road	打鼓嶺道	由旺角英皇子道三十號側入
Tin Liu Street	田寮街	在南昌街一八三號側
Tung Chau Street	通州街	在深水埗碼頭之西海旁
Tsat Tack Road	七德路	在啓德濱現改爲飛機塲
Un Chau Street	元州街	由田寮街四十五號側入
Yat Tack Road	一德路	在啓仁路二號對正
Yee Kuk Street	醫局街	在南昌街三十九號側
Yee Tack Road	二德路	在啓仁路二十一號側
Yen Chow Street	欽州街	在荔枝角道八號側
Yu Chau Street	汝州街	在南昌街一一零號側

香港華商總會章程

第一條 名目

本會定名爲香港華商總會。

(按)本會原名香港華商公局。於民國七年改組定名爲香港華商總會。由公局之受託人。將公局所存之物業銀両概轉與本會承受接理。

第二條 宗旨

本會之宗旨如左。 爲設法保護華人商務各項利益。凡有關切於華人商務之事。皆廣諮博採。且盡力籌商。合例善法以求除弊而興利。凡本港之律法條例。隨時擇其要者繙譯解釋。俾同人得以明白。凡政府定立則例。籌辦公務。有關及華人者。則將輿情入告獻可替否或以筆札陳明。或以謁見剖訴。俾得爲政府之助。凡生意事務。間有爭執。求本會調處者。均可隨時代爲設法。持平解釋。

第三條 同人

甲凡港內華人各邑商會。及商業行頭等。皆可舉爲本會同人。其入會基本金每商會壹百員。每行頭大者弍百員。小者壹百員。另每年捐費銀每商會柒拾五員。每行頭大者壹百弍拾伍員。小者柒拾伍員。

乙凡港內華商行店公司。皆可舉爲本會同人。其入會基本金。每公司拾伍員。另每年捐費銀弍拾員。每行店入會基本金拾員。另每年捐費銀拾伍員。

丙凡華人在香港有商務生理或屋宇物業者。亦可舉爲本會同人。其入會基本金伍員。另每年捐費銀拾員。以上各項年捐。於每年國曆正月上期交納。

凡交基本金年捐。一概均收香港通用銀幣。

第四條

凡華人行店華商人等。於公局初創時。已捐出伍員或伍員以上者。均作本會同人論。不須再捐入會基本金。但年捐仍須照第三條章程乙丙欵交納。

第五條

凡欲入爲本會同人者。須先有本會同人一位倡舉。復有一位和舉。於值理敘會時。當堂提名付表決。以多數通過作實。

第六條

凡同人年捐必須遞年清繳。如到一年期滿。仍不清繳。則由司理通函催交。倘於三個月後仍不照交。則於值理月會提出除名。然若有可原之處。而其人又將所有欠項交出者。仍可准其依舊得爲本會同人。如同人有欲告退者。可函知司理。凡告退或開除之同人。所有本會權利。亦同時銷滅。以前捐過之欵。亦不給還

第七條

凡同人中有欠交年捐者。不許到會議事或投籌。

第八條

凡値理或同人之行爲。有碍本會進行或權利者。一經値理査確。於叙會時可將其名暫行除出。俟値理額外叙會時。在塲有過半認可。即作實行。

第九條 値理

凡本會事務銀両物業。由値理分任管理。

甲本會値理由同人內選舉。多不得過一百名。旣由同人選舉爲本會値理後。不得兼任各邑商會行頭所舉之本會代表値理。

乙値理以兩年爲一任。如未滿期而缺額者。由値理叙會舉補。期滿仍可復舉。每商會每行頭可舉代表二位。爲本會値理。名爲各邑商會行頭代表値理。該値理不在同人所舉之數內。仍以兩年爲一任。但各商會及各行頭所舉之代表。可隨時更換。而本會亦可隨時請其更換。

丙選舉之法。由同人總叙會公推十人爲監票員。所有發票收票開票各事宜。概由監票員指揮各職員妥善辦理。其選舉値理由本會同人投票選舉。以票數多者入選。惟同人選票要本人簽名。其店號要蓋圖章。並由司理人簽名。乃爲有效。各邑商會及行頭。亦須由該代表親筆簽名。

丁本會正主席一名。副主席一名。司庫二名。幹事値理十五名。由値理自行投籌選舉。被選者限于本會同人所舉之本會値理一百名中。惟本條庚欵所規定者不在此限內。

戊主席會同幹事値理。可由値理及同人內選擇。分任値理。分辦各事。

己本港行政局。議例局、及清淨局。之當任華紳。推爲本會名譽幹事値理。

庚名譽幹事値理。若允願爲本會主席或司庫。本會可以照章選舉。

第十條

所有本會貲籍入息等項。皆交入殷實銀行銀號暫貯。値理與銀行銀號均須設立數簿。所有銀則銀單由正主席簽名。如正主席不在港。則副主席簽名。復以司庫一人簽名。以昭愼重。所有數目。須經値理或同人二名核對無訛。然後於每年總叙會時。當衆宣佈。

第十一條

本會欵項。除日用所需外。若有餘存。須由値理安放出息。或置業求利。務期穩當。並有利益。方可爲之。安放之法。須遵如下所列辦理。仍聽値理等於三者之中擇善而行。按照公道利息之價而算。貯在殷實銀行銀號。或將銀典按香港屋宇物業。其地契期限。由借出之日起計。至速亦須有六十年之期。或買受此等屋宇物業。其地契期限如上節所云者。但無論何法放出。利息若干。或購買物業。收租若干。値理須列其詳細。彙爲一帙。使會內同人。得以知悉其情。查閱其事。

第十二條
凡值理放置本會貲欵。照其所有之權而行。並照上第十一條所開各節而辦。既已盡其小心謹慎。而猶有意外受虧者。值理皆不任咎。

第十三條
值理如遇有特別事故。必要時有權設立臨時規條附章。惟須敘會時在埸有三份二認可。方能作實。

第十四條
值理辦理本會之事。有權任用妥適之人贊助。其薪水由本會給發。薪水若干。由值理定奪。

第十五條
本會經費。倘有不敷。值理須隨時設法籌欵。

第十六條
凡有捐助本會財物。值理有權代收。該捐助之人不能藉此得為本會同人。如欲為本會同人。仍須要照上第三條及第五條章程辦理。

第十七條　敘會
本會同人。每年至遲國曆三月內。須集衆敘會。名為總敘會。接收及察閱值理上年辦事報章。及通過上年數目。倘是年為值理滿任期。則照例舉行選舉。本會值理至少每月須敘會一次。幹事值理亦至少每月須敘會一次。

第十八條
凡總敘會。赴會者至少須有二十人。值理敘會。赴會者至少須有十人。幹事值理敘會。赴會者至少須有五人。主席請開之同人額外敘會。赴會者至少須有十五人。值理或同人請開之同人額外敘會。赴會者至少須有三十人。方為合額。如不足額。展期再敘會。

第十九條
如有要事。主席可隨時請值理或同人額外敘會。或值理十位亦可函請開值理或同人額外敘會。至同人有欲請開值理或同人額外敘會。須有同人七十五人。方可請議。

第二十條
凡值理或同人請開額外敘會。必須將所欲議何事。預期三天。函知司理。由司理通知主席。定期集議。至所議決之事。須有在埸者三份之二認可。方能作實。主席所請之額外敘會所議決之事。亦須在埸者有三份之二認可。方能作實。

第廿一條
凡敘會。如主席不到埸。則以副主席為主席。如正副主席均不到埸。則由到埸之值理中。舉一位為主席。

第廿二條
凡本會敘會以行店名義入會者。只可許該行店之東主或司事或授權一人赴會投籌。

第廿三條
凡本會敘會。除額外敘會之外。均以舍寡從衆之法取決。如贊成反對人數相等者。主席可加一籌以決之。

第廿四條

以上章程。均可隨時增改。如欲增改。須要同人額外叙會議決施行。所有議增或議改各節。預先三日佈告同人。由赴會者三份二認可。方能作實。

第廿五條

以上章程。及以後增改。及設立附章。須排印成帙。以一帙有主席或副主席簽名爲據者。存於本會。以爲本會冊籍存據之一宗。

中華民國廿一年　月　日　香港華商總會同人重訂

華商總會辦事規則

第一欵　職員權責

正主席有主持會務。監察職員。及籌畫進行事宜之責。責任重大。爲同人之表率。宜視會事爲己事。各事須認眞辦理。無偏無倚。方不負同人期望。

第二欵

副主席係舉以幫助正主席辦事。正主席缺席時。有代行其職務之責。常時亦須到會幫忙。

第三欵

司庫有保管本會一切契據文件。及收支銀両。清釐數目之責。凡一進一支各數目。須隨時認眞稽查。并將所存銀両。如何安置生息。倘不敷支。及如何籌畫。須隨時商知主席及幹事值理。妥籌辦法。

第四欵

幹事值理。有幫助主席籌設各事。監管同人遵守章程及規則等件之責。凡有要事。先經幹事值理熟商後。交由主席訂定日期傳單叙會。

第五欵

值理乃舉以幫同主席辦理會內一切事宜。凡華人商務。無論在港或在內地外洋。均宜隨時調查。以資討論

第六欵

凡值理經主席選爲分任值理者。其應辦各事。務須認眞担任。

第七欵

司理有商承主席暨幹事值理。執行一切會務。及贊助主席籌畫之責。其人須熱心公益。勤勞弗懈。常在本會。至本會所應辦各事。及所僱用之人。均須隨時隨事留心管理。佈置妥善。料理全會事務。宜報議事日期。并於年終督同書記。造妥本會總結。印送本會各同人。並凡事商准主席乃可舉辦。至其份內應爲各事。須認眞辦理。遵規勿違。其辛金由主席商諸幹事值理訂定。由公欵支給。住食自理。

第八欵

繙譯員須要通曉西文。畧識法律。幫同司理辦公。至西文來往文件。與政府各官員各西商籌商事件。繙譯中西文要事。及政府新例。爲佈告之用者。歸其專管。倘有要件會同司理商知主席幹事值理。一切交涉事

件。歸其專管。須要認眞勤懇。幷常駐本會辦事。其辛金由主席商知幹事值理訂定。由公欵支給。住食自理。或由主席從值理或同人中選舉一位或兩位。暫當義務。或變通酌給酬勞。

第九欵

本會聘一外人。或從同人中選舉一人爲法律顧問員。俾遇有要事時。請其指陳利害。及代負辯論之責。並從同人中選舉一人。爲西文主任員。以便指導重要西文等件。應送酬金否。由主席會同幹事值理酌定。

第十欵

書記員乃管理本會來往文牘。起稿抄寫之職。幷管理登記進支數目埋結等事。所有簿籍登記。隨時清理妥善。幷常駐會。其辛金由主席商諸幹事值理訂定。由公欵支給。住食自理。書記等統歸司理管轄。

第十一欵

其餘雜役人等。均由司理隨時商允主席及幹事值理僱用。其辛金亦照公訂。由公欵支給。住食自理。

第十二欵

凡值理所辦之事。未經敘議決許。而逕持已見自辦者。爲經手是問。與本會無涉。

第十三欵

凡本會按章程內載。由主席選定之分任值理。須各司其事。幸勿越界。倘有聞知不妥及作弊等事。可卽報明。由主席集議查究。凡分任值理。如有中途辭職。不暇代辦者。主席另選一位補入。

第十四欵

司理及以下各員。倘有辦公不妥。或行爲不合者。爲值理者幸勿擅自執責。宜報知主席及幹事值理。秉公辦理。

第十五欵

書記及以下各員。如有辦公不妥。或行爲不合者。司理須隨時報知主席及幹事值理。秉公辦理。至雜役人等。如有不妥當之處。司理有權卽將其革除。

第十六欵

司理以下各員。如有犯本會規則。辦事不妥。或行爲不端等弊者。主席有權卽將其暫行革職。待妥商值理。方作實行。

第十七欵

主席會同幹事值理。可隨時增設規則。俾本會各值理同人及辦事人員雜役等遵守。幷可將該規則卽時照行。但該規則須繕列清楚。俟總敘會時或額外敘會時。從衆訂定後。方附入本會章程。一律遵守。

第十八欵

所有來往之銀行銀號司庫。須遵章與幹事值理當衆妥議。定實何號可與交易者。登諸議案。司庫須遵照存放。倘有不測。司庫不任其咎。如或司庫與未經妥議之銀行銀號交易者。倘有損失。司庫要照數塡償。

第十九欵

在銀行存銀至一千員以外。司庫可商允主席暨幹事值理。提出附與殷實銀號生息。并須照上列第十八條辦理。

第二十欵

凡有人因訟務而請本會派人或作證。或作公證人者。由幹事值理會通過。認爲有派人之必要時。得由主席會同幹事值理委任本會一位值理。或同人。或多過一位。作爲本會之代表。前往作証。或作公証人。

第廿一欵

本會主席有權給發證書。以便本會同人前往內地及外埠各處。證實其係香港商人。先由主席查其是否妥實。乃爲發給。無庸集衆敘會。其證書由主席及司理簽押。並蓋本會圖印。以資憑證。

第廿二欵　宴客規則

凡招待賓客。必定有鐘點。先行通告同人。各同人宜於所定之鐘點。預早十五分到候。幸勿逾限。遲到致不雅觀。

第廿三欵

凡塲內招待事務。宜由主席選定分任值理辦理。

第廿四欵

凡演說詞及頌詞。宜由分任值理擬稿。交由主席訂決。

第廿五欵

凡塲內座位。宜由分任值理會商主席編定。如編定之後。若未商由主席同意。不得更換。

第廿六欵

凡在座同人。若非由主席邀請。不得起立演說。

第廿七欵

此規則。無論茶會或宴會或平常接洽。均適用之。

第廿八欵　議事規則

本會幹事值理。每月至少敘會一次。其會期應在值理月會之前。由主席召集本會値理。按月照章集議一次。日期由司理商請正主席訂定。如正主席有事他往。則商請副主席。如副主席有事他往。則商請幹事值理訂定。其餘總敘會及額外敘會。亦照法辦理。

第廿九欵

凡有敘會。司理須預日將敘會理由約畧列出。用傳單通告同人。或登報紙佈告。

第三十欵

凡有敘會。於未開議之先。司理須將上次議決各案。交主席對衆問明。有無錯漏登記。如無錯漏。主席即簽名作實。

第卅一欵

凡上次議決各案。主席當詢問有無錯記漏登。當時在座者不得辯論。祇可將錯漏指出。請爲更正。或補入而已。至或有不應記而記。及辭意不妥。在座者方可倡議删去。或另行更錄。然仍須從衆取決。

第卅二欵

上次議案。主席簽名作實後。司理即將是會之傳單宣讀。然後逐欵開議。

第卅三欵

總敘會及額外敘會。無庸將上次决議各案。向衆宣讀

第卅四欵

凡倡議或改議一事。須有和議後。方准辯論。

第卅五欵

倘或同人在塲有喧鬧。主席彈壓不遵。儘可展期再議。主席離位。便作完塲。

第卅六欵

凡於敘會時。或値理或同人自己另有題目倡議。未列在議案傳單者。須於敘會前三天。將其題目書明。函知司理。俾得遍告同人。方准列入議案同議。倘主席問明在塲多數認爲急要不容遲緩者。亦可即時開議。

第卅七欵

凡分任値理於復報事時。其自舉之主任。可在塲倡議。請將其値理所呈之報章作實。及詳解各事。

第卅八欵

主席擇舉分任値代查究事件時。在座者亦可議加入某位。許與否。仍由主席酌奪。

第卅九欵

無論原議改議或加議。須依次序請衆决斷。後即議別案。不容延緩。

第四十欵

各議之次序。原議要和議後。別人方得改議。改議亦要和議後。方得加議。如各無和議。均作罷論。倘原議改議及加議。均有和議。則主席先將改議或加議。問衆允許否。如不允許。則將改議或加議作罷。仍提原議。請衆决定。

第四十一欵

凡原議和議改議及抗議之人。均准演說。但要切題。每人祇准演說一次。如原議人仍有辯論。則准其評質同人。勿攙亂閧駁。其餘倘仍有意見欲對衆伸說者。須問准主席方合。

第四十二欵

凡同人辯論時。有特別起立。謂其犯規則者。須將其所犯之規則指明。論者暫停坐下。俟主席定奪是否果犯。方得續論。

第四十三欵

凡議案。經在塲同人從衆决定後。不得再辯論。

第四十四欵

同人欲知事故。可隨時列入問題。凡問題須預早三日函交司理。俾照列入議案。送呈同人。

第四十五欵

凡問題不准演說辯論。主席只照題答復而已。倘所答未善。問者要衆合辯。則由彼提倡。然必有和議。及經在塲三份二同人允許。將規則暫擱勿行。方能辯論。辯論畢。規則仍照舊施行

第四十六欵
凡同人演說辯論時。須起立。不得坐談。

第四十七欵
凡遇有煩瑣事件。須細酌者。主席或同人可倡議。將規則暫擱。准於斯時。各依本位坐談。

第四十八
分任値理之復報。須交司理轉呈。主席不可自行直接

第四十九欵
値理遠出。或因事不暇到敍。如逾兩月者。宜函知司理。

第五十欵
凡議案與同人私家事有關涉者。本人只准在塲言辯。但不准投籌。於投籌決定時。彼須退出。俟決定後。方能囘坐原位。同議別案。

第五十一欵
無論値理或同人敍會。准請報界到塲參觀。但遇秘密事件。主席或同人。可屆時倡請局外人離坐。

第五十二欵
所有議決各事。由主席及幹事値理督同司理舉行。

第五十三欵
凡本會文件議案數簿等件。未問准主席者。無論何人不得取閱。或携離會所。

第五十四欵
凡本會敍會。如有外人欲參觀者。須問准主席方可參觀。

中華民國廿一年　月　日　香港華商總會重訂

華商會所會章

字義　一　會章內所用名詞。除其意義有與上下文理不能貫通者。則其解法如左。

（會所）指本會所而言。
（本埠）指香港九龍及新界而言。
（會友）除名譽會友及賓友之外。指本會所各會友而言。
（値理）指本會所現任內値理而言
（主席）指本會所現任內正主席而言
（副主席）指本會所現任內副主席而言
（司理）指本會所現任內義務司理而言
（司庫）指本會所現任內義務司庫而言
（常會）指本會所會友每年總會議而言
（非常會）指値理或會友照章規定召集之總會議而言
（事務所）指會所辦公之處而言
（月份）指國曆月份而言

會所宗旨 二 本會所專爲同志公餘休憩。消遣閒情而設。以互相聯絡感情爲宗旨。

會欵用途 三 本會所所有收入。必須全數撥歸整理及改善會所之用。分毫不得作爲溢息花紅等項。而直接或間接分給與任何會友。遇有爲會所効力而應得相當酬金者。不在此例。

會友負担 四 本會所若遇停辦結束時。凡各會友或雖已告退而未及一年者。皆一律平均担負。清償會所所欠一切賬目及結束經費等項。

會友資格 五 凡華人年及廿一歲者。皆得請求入會所爲會友。

入會手續 六 凡欲爲會友者。必須經過投珠手續。投珠之權則由值理操之。請求者須由一會友介紹。及另一會友贊成。又須向事務所取入會志願書格式塡寫。幷親筆署名。遞交司理方合。

志願書格式如左

華商會所值理先生鑒。敬啓者。弟自願入貴會所爲會友。如蒙通過。請將弟名列入會友名冊。而弟定當遵守會章各條也。

請求者姓名

年齡

職業

通訊處

國歷　年　月　日　署名

介紹書格式如左

華商會所值理先生均鑒。敬啓者弟等熟識　先生。並深信其具有爲會友之資格。特函介紹於　貴值理。倘祈照章舉行投珠手續爲盼。

介紹人　署名

贊成人　署名

司理接到志願書後。即將請求者姓名住址職業年齡並介紹及贊成人姓名標貼在會所啓事處。歷二星期之久。乃得投珠。

投珠方法 七 先備黑白珠二種。由各值理取一顆親投於篋內。凡投珠值理。人數不得少過八名。開篋時必須有值理在場監視。如篋內各珠每四顆之數係白占三而黑占一者。則不得通過。倘投珠值理不足八名之數。即須展期再投。但不得延遲過十天。

函知通過 八 請求者如得通過入會所。司理當即函知。並附夾會章一本。及應交入會金與月費若干之清單一紙。

未經通過權利先享 九 凡請求入會所。其志願書經已標貼。而未經值理部及期通過者。請求者可先享受會友權利。倘其後不得通過。則前因享受權利而至或有欠下本會所數目者。當由介紹人負責清找。

誤選辦法 十 凡入會所後三個月內。若多數值理查悉其人。平素行爲大招物議。又或前之獲選者實由陳說不實所致。則值理部由會友册中除去其名。並函知其人。不得復爲會友。

復行請求 十一 凡經介紹而未能通過者。須三閱月後方得復行請求入會所。

函告介紹 十二 凡不得通過者。司理須函告其介紹及贊成人。

應守秘密 十三 投珠結果若遇有黑珠。無論其數多寡。值理應守秘密。

入會基金 十四 凡入會所者。須先交入會基金伍拾元。

會友兩種 十五 會友分爲「駐境」「海外」兩種。常居本埠者爲駐境會友。離埠他去。逾六閱月者。爲海外會友。若原爲駐境而轉作海外會友者。須函知司理。方得作實。及其回本埠時。應卽復爲駐境會友。

駐境會費 十六 駐境會友每月納費五元。先期交納。如先交全年會費者。則定收五十五元。須於每年一月份內一次交足。如年內退出。餘費不得討回。

海外會費 十七 海外會友。每年納費拾元。一月一日先期交納。若回來本埠享用會所權利。逾一月者。該月份須加納會費五元。

海外會友欠費之處置 十八 海外會友如欠交會費已及兩年者。司理應按址去函催交。倘發函後三閱月仍未見交到者。其人不得復爲會友。

遷居報明 十九 會友遷居別處。應卽關照司理。倘不將新址報明。凡有函件按舊址寄交該會友者。遞到與否。當作妥收。

交納會費 二十 會友不論何時入會所。其會費應由是月一日起計。

權利暫停 廿一 會友如有欠入會基金或會費什項。逾兩月而未清付者。值理有權停止其享用之權利。並將其姓名標貼於會所啓事處。

入會金不交之處置 廿二 凡新入會友。經兩月之久。仍未將入會基金清交者。值理可向會友册中取銷其名。若情有可原。則作別論。

退出手續 廿三 會友如欲退出。須預先一月函知司理。否則該月會費仍須照常繳納。

權利獨享 廿四 會友權利。祇許其本人獨享。如本人身故或經退出。其權利亦卽取銷。

會友退出不得拖欠 廿五 會友退出。無論自動被動。倘有欠下會所款項。須卽清找。不得以退出爲藉口。

名譽會友 廿六 凡本港及海外名流碩望。如值理部認會應

得其加入會所者。可柬請其人為名譽會友。享受權利。與會友無異。惟會費免納。會務無須使其與聞

賓友資格　廿七　凡遊客而非從澳省來者。當其在本埠勾留時。如欲為本會賓友。苟得會友介紹及贊成。即可准其任會所內盤桓。但每人每年祇限一次。每次多不過三月。會費按月繳納五元。未及一月者亦須照交。不滿一星期者則可豁免。

賓友欠項之担負法　廿八　賓友如有欠下本會所賬項。應為介紹及贊成人是問。但二人均塡。抑一人獨負。當聽其便。

取銷賓友權利　廿九　值理部隨時有權將賓友應享之權利取銷。

外客到會應加限制　三十　凡會友偕同外客到會所。無論該客為過往或常居本埠。每年同來多不過十二次。每次到時須將其姓名登記來賓冊內。

值理權限　卅一　本會所一切事務。均歸值理部主持。

款待名人　卅二　值理有權用會所名義。款待任何過往或常居本埠之人。如遇有此種款待。無論日間或晚上。隨時得將會所一部份或完全劃出。以為款待該客之用。凡各會友均得加入。惟與會者須擔負值理所預定之費用一份

值理額數　卅三　值理額數。連正副主席。司理。司庫。在內。至多不過十一人。至少亦限九人。俱由每年常會舉定。如年內遇有缺額。除正主席外。其餘由值理部擇人補充。

常會選舉　卅四　每年常會時。會友應先選舉正副主席。隨及司理司庫值理核數員。以次推定。至足額為止。

供職期限　卅五　正副主席、司理、司庫、值理、核數員、任期至下屆常會時為止。但滿期仍有復選資格。

值理分任　卅六　值理部辦理會務。可自行分班擔任。

任事章程　卅七　值理任事章程。由值理部自定。

補選主席　卅八　年內如遇須補充正主席缺者。司理即召集非常會議。由會友再舉一人以承乏。任期仍限至下屆常會時為止。

值理權之擴大　卅九　除此會章所載者外。值理更有權興革一切會務。

員役用舍　四十　本會所所有僱用員役。壹用壹舍。與酌定薪金。均由值理主持。惟遇必要時。司理有權先行處斷。隨通告值理部追認。

收支手續　四壹　本會所一切進款。由司理或司庫妥收後。即交入值理部指定之銀行存貯。但動用欵項時。須由司庫及正副主席中之壹人署名於銀行。支票內方能提取。

每年總結　四二　每年進支存欠總結。應計至十二月三十壹

日止。經司理列交核數員核妥後。須再由主席司理司庫三位署名於內。以示鄭重。

派送年結　四三　每年須於常會前。至少七日將年結印本派送本埠各會友。

值理會議出席人數　四四　值理部會議。至少有五人出席。方生效力。若值理中有二人聯函要求開值理部特別會議者。司理應卽舉行。

每年常會人數及期限　四五　每年常會出席會友。至少須十五人方合格。開會時值理先將任內進支存欠數目。及經過手續。作一簡明報告。次則選舉下屆正副主席司理司庫值理及核數員。凡關於會所應興應革事宜。同時亦可由會友提議討論。至每年舉行常會之期。不得過四月卅日。

非常會議人數定額　四六　凡關非常會議。出席人數至少須三十名方合格。

開會主席　四七　凡總會議之主席。應由本屆主席担任。如已過開會時十五分鐘主席未到。或經將不能赴會原因關照司理。則應由副主席承之。如副主席亦不在塲。則會友可於值理部選舉一人以承乏。倘理值無人到塲。或到塲而不願就主席位。則由在塲會友中舉出一人亦可。

值理召集非常會議　四八　值理如欲舉辦一事。認爲非取決於會友不可者。應卽由司理通函會友召集非常會。

增訂附則　五五　值理部可隨時增訂附則。惟必須該部三份但須於函內說明提案方可。

會友要求開非常會　四九　會友如有事欲開非常會議解決者。若得二十人聯函請求。並聲明提案。值理部當允予召集。至其來函及開會通啓。須標貼於本會所啓事處。

改易會章　五十　會章各條。如有修改。應照四十八或四十九兩款召集總會議。並得出席人數三份之二通過者。方能改易。

本會解散　五一　不論何時。如會所會友人數減少。以致入不敷出。值理可按照四十八款邀集非常會以定意應否解散。惟須得出席人數三份之二表決。方能通過。

決議特權　五二　凡非常會議之提案。當從多數取決。如在塲可否各半。則由主席決定。

開會手續　五三　凡召集總會議。無論通函或登報。須將提議之事列明。並至少於開會前七日通知方可。其函報並須另備一份標貼於本會所啓事處。

人數不足展期再開　五四　凡關總會議時。倘逾十五分鐘之久。仍未足法定人數。此會議如係會友請開者。可立即散會。若是值理召集者當展期至下七日復開。倘復開時。出席人數仍未足額。則在塲會友可將其事議決。無庸再候。

之二人數通過方可。該附則概不與本會章有背。

執行附則 五六 凡增立之附則。會友必須遵守。但該附則須設簿登記。並標貼一份於會所啓事處。

懲治敗行會友之手續 五七 如有會友違犯會或附則。又或在會所內外內。其行檢在值理以爲有礙會所名譽或利益。又或其個人在社會上聲望有玷。而爲值理等發覺。或由任何二十位會友聯名函訴於值理部者。司理即召集值理部開會審查。並同時請該會友出席咨問。如該會友對於值理部不能作完滿解釋。或抗不出席者。值理部中若有三份二人數同意。即可警告該會友。着其退出會所。倘警告後七天內仍不自行告退。則可由會友冊中實行刪除其名。倘除其名後。該會友仍要求召集非常會爲覆實值理部所議決者。亦可照准。惟必須由值理議決之日起計。十四天內得會友二十人聯名致函司理。方生效力。如所犯之事。其情形足令值理部認爲嚴重者。則於未審查其行檢前。可得先制止其享用會友之權利。並不許其自行退出。以避免斥逐。

聯請覆議 五八 凡值理部表決之議案。若有會友二十人聯名函請覆議者。亦可再行討論。

除名原因 五九 會友如破產減債所犯法逃匿。或因罪被逮。或在公受黜。凡有此實迹昭彰。則不得復爲會友。而所有會所之權利亦同時取銷。若其人恢復名譽時。函請復入。經值理部審查後。仍可將其名復登入冊。無須再交入會基金。

會費交還 六十 凡會友因值理部勸請而告退者。由退出之日起計。其已先期交過之會費。應得取回。

值理避嫌 六一 凡因審查某值理之行檢而開會議者。該值理應避嫌不出席。又凡因某值理有事投訴而召集會議者員該值理亦不應到會參議。

受累代償 六二 本會所值理及某役等。倘有代本會所担負債項及值事而致受虧累。或墊過費用者。值理應由會所之資耤內撥款塡還。此等償項。更當入作按揭數計。應提先清還。然後及其他欠數。

本會章經於國歷十九年六月廿八日非常會議通過實行以前所有會章俱作無效

香港中華基督教青年會入會細則

地址　必列者士街七十號　電話　二六六一八

甲　會友種類與享受權利

(一)普通會友　每年會費二十元。如在徵求期內祇收十元。所有本會閱書報室。藏書樓。修函室。辯論會。研經班。同樂會。公議會。桌球室。招待室。理髮所。會食堂。參觀團。介紹科。寄宿舍。健身室。洒浴室。游泳池。體操班。商業夜學。青年週刊等利益。得憑會證照章參加享受。

(二)贊助會友　如有熱心贊助每年一次過樂助本會五十元者。本會認爲贊助會友。所享利益。除別更衣室外。餘均與普通會友同。仍將其芳名鐫刻銅牌。及加送證書。以爲紀念。

(三)勵翼會友　如有特別贊助。每年一次過樂助本會一百元者。本會認爲勵翼會友。除照贊助會友享受利益。並將芳名鐫刻鋼牌。永遠懸掛。以爲紀念。至其贊助熱忱。本會尤爲景仰。

(四)基金會友　如有特別贊助。願永久維持本會樂助基本金一千元或以上者。本會認爲基金會友。除自入會之日起。得終身照勵翼會友享受利益外。並將其相片製成八寸瓷質真像。懸掛會內。永表景仰。

乙　入會年齡及繳費限制

(一)年齡　凡年在十八歲以上者。得入成人會友。十九歲以下者。得入童子會友。

(二)繳費　入會時須將全年會費一次繳足。

丙　會友改隸種類及賡續繳費

(一)改隸　(甲)凡願改隸別種會友者。其會費例須遞加。例如普通會友。得補費改隸贊助勵翼基金等類。其會費依類推算繳交。

(乙)會證更換。係依原有會證除去其經過月份。將所餘會費。撥抵新入某類會友會費內。其全年所短之數。照數補繳。然後另發某類會證。其原有會證。即日註銷。

(二)賡續　普通會友。如在會費期滿一月內續繳會費者。得照徵求期內減費。

丁　鄰會會友改入本會

(一)凡鄰會(他處基督教青年會)會友遷居香港。願改入本會者。須先將原有會證繳交本會註銷。另由本會發回新證。方得同享本會一切利益。此項換證手續。仍舊收費五角。

戊　會證期限及補手發續

(一)會友憑會證。得享本會利益。至會證截孔之年月為止。逾期無效。

(二)會友如有遺失會證。應到會填明遺失緣由。經本會認可。幷繳納手續費五角。然後由本會補發副件。其原失會證作廢。

己 招待鄰會會友及來賓

(一)鄰會會友。憑原入該地基督教青年會會證。來港暫享本會利益者。須携證到本會事務所。聲明在港日期。並將會證送交本會存貯。另由本會給回短期優待證一紙。依照原有會友種類享受利益優待。期滿卽須將證繳回。本會卽將會友存會之證發還。

(二)來賓如欲享受本會利益。得由本會會友或幹事介紹。請由本會給予介紹證。享受某項利益一次。如過兩次。須請照章加入本會爲會友。

會友膳宿價目

三人同住一房。每人每月拾伍元。
二人同住一房。每人每月拾捌元。
一人居住細房。每房每月貳拾壹元。
一人居住大房。每房每月貳拾伍元。
三人房。每日一元算。
一人房。每日一元五毫算。
另膳費每餐每人二毫算。

學生膳宿價目

學生房俱是兩人同住一間。膳宿費每年每人收銀二百二拾四元。分兩期上期繳交。另按金拾壹元。離校時收回。

香港中華基督教青年會禮堂及其他房室出租規約

(一)凡租借禮堂或他項房室爲集會之用者。須先以正式公函通報本會總幹事。

(二)租用禮堂或他項房室租費。及一切用款。須於簽約時清繳。方得作實。

(三)租借人如簽約後。因事不取用所租之堂室。則經繳各費。祇准領回其半。

(四)凡與本會會旨相違。或以政黨有關之各項運動及宣傳。不得任所租之地方內舉行。

(五)所有秩序表。戲本廣告等。須先得本會總幹事同意。方得發散。

(六)如在演講或演劇中。言詞有不能滿本會特派監視人之意者。得隨時制止之。

（七）租借人如未得充許。不得在堂之內外，標貼佈告廣告等物。及將牆壁毀汚。

（八）辦事人或來賓。如發生越軌行爲。租借人須負責約束。致不與本會發生妨碍爲止。

（九）凡在堂內舉行之各事件。苟政府認爲有違港例時。則租借人當獨負其責。

（十）禮堂內除原有椅桌外。不得任意增加。致違警律。

（十一）用物如非爲堂內所有。又非在租借表內租用者。須先得本會總幹事同意。方可取用。

（十二）所有用物及堂內地方。如遇毀損。租借人須負責賠償。

（十三）堂內或室內。不准售賣菓餅茶水或其他一切之食品

（十四）除原有主管該堂室之工役。得商請其協助外。其他一切會內工役。一概不得任意使喚。致碍其職務。

（十五）堂室出租時間。日租由正午起至下午六時止。夜租由下午六時起至夜十一時止。逾時每半小時加收二元。

禮堂租價

一　社團學校租爲籌欵用者。日租四十五元。

二　社團學校或個人租爲非籌款用者。日租二十元。

三　單一教會租爲非籌款用者。日租十元。

四　額外費。

甲

夜租。增收燈火電力費五元。

乙

加設檯口燈。增收電力費二元。

丙

晝機及電費等。每次用費六元

如增設特別燈色。須預早一星期。由租借人向電燈公司討准人情。方得安設。所有安裝及電錶電費等用款。均歸租借人自理。

房室租價

本會會食堂。或支會餐室租爲

一　展覽會或餐會用者。日租七元。夜租九元。

二　集會用者。日租四元。夜租六元。

健身室或童子部二樓。租爲

一　籌款用者。日租十五元。夜租十八元。

二　展覽會或餐會用者。日租十元。夜租十三元。

三　集會用者。日租七元。夜租十元。

以上房室及禮堂。如日夜租用者。租費得照價交收八折。如爲教會聯會事業。或佈道事業。租爲非籌款用者。則租費概免。

用品租價（以一天爲限）

一、國旗每面二毫。

二、週番旗每套二元。

三、羽紗布每疋五毫。

四、大檯布每張三毫。中檯布二毫。細檯布一毫。

五、茶杯。水杯。餅碟。餅叉。或茶匙等。每打二毫。

六、奶盅。糖盅。每對五仙。

七、銀花挿每對一毫。

八、摺椅每打八毫。

茶壺免費。滾水另議。倘有破爛。依價賠償。借出外用。担工自理。

No.

租約

上項規約及租價經已細閱。茲特簽字爲據。願負責遵守一切。現由　　月　　日　　時起至　　時止。租

貴會　　堂。爲　　之用。並先繳用款

貴會　　元　　毫正。如查簽約人有不能履行上項規約時。願由

貴會隨時儆告。或停止開會此據。

租借負責人　　簽押

年　　月　　日

香港中華基督教青年會寄宿舍章程

本舍要旨　本會設此宿舍之旨。乃本基督教教義。接待遠離家庭之青年。陶融其完善品格。使免一切不正當之誘惑。得善用光陰。作一完人。故寄居本舍者。務須體會此意。

（一）本宿舍原爲基督教青年會會友便利而設。如非本會普通會友或非別處青年會會友欲暫留本舍寄宿不過一月者。須納特別會員費三元。

（二）住客初到房位。須由事務所當值幹事。按序指定。一經遷入。以後如非得本舍主任幹事同意。不得任意更移

（三）（甲）本舍長期客房。每月租銀十八元。如加搭床一張。每晚增收七毫。

散期客房。每天收費一元。每星期六元。膳費每人每餐三毫。

（乙）上列各項房租。均須在事務所上期一月清繳。領回收條爲據。如不依期繳交。得隨時勒令移出。惟確屬有不得已時。須具殷實店舖圖章担保。但仍不能拖欠至一月以外。倘一月既滿。不能將舊欠及下月之上期租值清結。則管理本舍主任人。仍可令其移出。並向担保店舖追繳欠項。

（丙）長期住客。如經上期清繳租項。又經寄住一月以上。苟遇未滿期而須離舍者。則該住客之租項餘款。得以本舍主任人收到通告離舍函後之第六日起。至租項滿期日止。爲找還計算之標準。

（丁）住客離舍。須於離舍日下午六時前。將房退回。否則本舍得增收下一天之租費。來客如未先期得本舍主任人准可。則每日下午九時以後。即不能遷進舍內。

（四）本舍枕袋被單。例定每星期更換一次。沐浴毛巾。隔日一條。至住客洗衣。皆歸自理。本舍約定洗衣店每晨八時至九時。及下午三時至四時。派伴到舍收取。無須住客飭役送往。

（五）住客不得放置物品於公路上或騎樓內。物品有不需用時。得寄存於本舍貯物室。　須按月照下列納回租費。

（甲）衣箱舖蓋傢私等。每件每月五毫。

(乙)小件包裹。每件每月三毫。

(六)住客領用鎖匙。貯下按金一元。離舍時得將鎖匙交回事務所。取回按金。

(七)住客攜來什物。須自留意。如帶有貴重品物。須交事務所當值幹事代爲存貯。否則萬一損失。本舍概不負責。住客外出。須將房門關鎖。

(八)各房內除原有用具及一切陳設外。住客如有更張。須得本舍主任人同意方可。

(九)本舍內之電燈。均屬三十二燭光燈胆。除原設電燈外。住客不得任意增設各種電器用具。致耗電力。(住客不得在房內用火酒爐煮食免生危險)(苟被查出。該用具定必沒收。決不歸還。)各房燈光。每晚一律於十二時關制。住客如需燈光。於必要時。祇可燃燭爲代。不得用火油燈等。免致汚濁危險。

(十)住客晚出。務望無過十時半返舍。如有特別要事。須先攜帶本會特製出入証章。以便司閽人查驗。以免宵小假冒混入。

(十一)住客不得在宿舍怪叫狂呼。肆意喧嘩。歌唱戲曲。以及舉止行動違背本會宗旨。越出本舍定章。否則隨時得令移出。如屬來賓到探。有以上怪象發見。亦得即令離舍。至晚上十時後。住客不宜彼此縱談或玩弄樂器及使門戶等大發響聲。致碍他人安睡。

(十二)來賓到探。不得過晚上九時四十五分。如係女客。只可在樓下款接室叙談。確有不得已事。如探訪病人之類。須到宿舍者。必先得事務所當值幹事許可。方得登樓。

(十三)本舍浴室。爲專利便住客而設。故住客不得留來賓在宿舍浴室洗浴。

(十四)住客不能貯藏酒類鴉片等及一切危險違禁品物。

(十五)住客有病。須報知本舍主任人或事務所當值幹事。如患傳染病症。或經醫生認該病症爲有傳染性者。則該住客須即遷出醫治。以免妨害別人。

(十六)本舍主任人。有權隨時進房巡視及整理。住客不得有所梢阻。

(十七)除上列規則外。如有其他舉動。爲本舍主任人認爲有碍本舍主旨者。得隨時干涉制止。如住客不服。須即遷出。

大中華民國二十年一月一日

香港中華基督教青年會董事會訂

青年會游泳場章程

(一)本會游泳場專爲會友而設。各界人士。如非經本會會友介紹及依本規第二條之規定入場者。概不招待。

(二)凡到場游泳者。除署名於題名冊外。並須攜便入場證券。以備查驗。證券種別。分類如下。

甲・會友游泳證：凡會友得憑會證到本會中央會所登記。即得領取游泳證一紙。備入場查驗之用。惟領證者。須備款一元。購親友游泳券一本。用作介紹親友入場之用。

乙・普通游泳證：凡外界人士。經本會會友介紹。如爲成年人。須繳費五元。或十八歲以下少年繳費三元。即得領取全期游泳證一紙。用備入場憑證。

丙・親友游泳券：凡屬會友之親友。均得購取游泳券一本或多本。以備入場之用。每本十張。可用十次。售價一元。(不設門沽)

(三)凡娼妓或行爲不端者。不許入場。否則一經察覺。管理人仍得隨時令其退出。

(四)游泳場內。不許飲酒或賭博。更不准於更衣室內吸煙。

(五)游泳者不得穿背心內褲作游泳衣用。更不得身穿濕衣坐臥於乾椅櫈上。

(六)凡救生艇救生用具或藥品等。非經主管人許可。不得動用。

(七)游泳者不宜攜帶貴重物品入場。所有帶來用物。須自行處理。如有損失或被竊等事。本會概不負責。

(八)游泳者或來賓。對於本游泳場規則。負有遵守及維持之責。對於一切物業與用具。負有保存之職。如有損壞。應任賠償。

(九)場內工役或夥伴等。游泳者對之有不滿意時。祇可告之管理人查辦。不得任意斥罵。致滋紛擾。

(十)所有零星棄物。如紙碎菓皮等穢物。不得任意拋擲於地上或水面上。致碍公德。

(十一)如違犯以上規則或管理人認爲有碍場內秩序時。管理人得按情節之輕重分別處理。或即令離場內。以示懲儆。

香港中華基督教女青年會章程

會所般含道三十八號C
電話二六七八一

宗旨 本會本基督的精神。促進婦女德智體羣四育之發展。俾有高尚健全之人格。團契之精神。服務社會。造福人羣。

會員資格 凡婦女品行端莊。贊成本會宗旨。經會員介紹及董事會認可者。皆得爲會員。

會費 成人會員。每年會費三員。惟學生及少女。（十二至十八歲者）每年一元半。

會員之責任
一 謀求發揚本會宗旨。及擴張本會事業之方法。
二 量力負捐本會經費。
三 反對婢妾陋習。

會員事業 本會會員。老幼參差。欲適應各期婦女之需要。而施以適當之訓練與娛樂者。必須按其年齡與環境。分爲小團體。故現分爲；

（一）少女華光團　十二至十八歲
（二）少女先進團　十九歲以上者
（三）少婦團　四十歲以下之婦女
（四）普通會員

宗教事業

（一）宗教敍會　每二星期一次。或請名人演講。或開討論會。或舉行崇拜儀式。各種敍會俱欲適應人生問題之要求。解決宗教哲理之秘奧。

（二）研經班
分級研經　每星期四下午二時半
宗教問題討論　每星期三下午四時一刻
少女領袖團契　每星期四四時一刻

嬰兒保育會

本會專爲未及學年兒童而設。全年舉辦。未嘗間斷。到會兒童。權其輕重。間或量其高矮。以研究嬰兒之發育。遇有應注意之處。隨由主任醫生指導爲母者以良方。每星期四上午十時在男青年會。十一時在女青年會舉行。

智育事業

(一) 各級開設

科目

國語班　時間　每星期二。四時一刻至五時一刻。星期五。三時至四時。
　　　　學費　每學期八元。

鋼琴班　時間　每星期半句鐘。時間面商。
　　　　學費　每月會員四員非會員四元半。

家庭看護　時間　每星期四。四時一刻至五時半。
　　　　學費　共十二次二元。

太極拳班　時間　每星期一四。四時一刻至五時一刻。
　　　　學費　每學期五元。

西烹飪　時間　每星期五。四時至六時。
　　　　學費　共十二次。會員十元。非會員十一元。物料照分

中烹飪　時間　每星期二。二時半至三時三刻。
　　　　學費　共十二次。會員四元。非會員五元。另物料三元。

圖畫班　時間　每星期一。四時一刻至五時一刻。或星期三二時半至三時半。
　　　　學費　每學期十二元

傭婦班　時間　每星期一。下午七時至九時。
　　　　學費　免費

家務訓練班　時間　每星期四。七時半至八時半。

啓課日期：除中西烹飪及體操班外。其餘各班人數。若足十人。可隨時啓課。

掛號費：中西烹飪鋼琴二元。其餘各一元。凡欲入班者。請先掛號及交掛號費。(在學費內扣除)如掛號而不到學者。恕不繳回。

學期：陽歷三月中旬起讀。以五个月為一學期。

(二) 智育研究團

除各班外。更組織智育研究團。使畢業學生。學校教員。各種職業的女子。或新婚的婦女。得有機會研究書籍。討論社會家庭種種問題。開會時間。乃隨各人興趣與問題而定。有或一星期一次。有或兩星期一次。

羣育事業（每月一次交誼會）

（一）旅行 一月廿四日
（二）拾一週年會 三月拾日
（三）出海旅行 地點時間屆時續佈 四月間
（四）戶內歡敍會 五月廿三日
（五）參觀 地點時間屆時續佈 六月廿五日

寄宿舍

香港乃繁盛之商埠。船隻來往之要衝。本會特設寄宿舍。使女賓過往港地者。得適宜駐宿之所。有如家庭之安舒怡悅。且所收費用。亦非甚昂。如欲詳知本宿舍章程者。請隨時到會取閱。

本會爲謀女界得有安穩居停之所起見。特在會內附設寄宿舍。以應婦女需求。

宿舍簡章

一凡來寄宿者。須有本會職員或商店學校團體負責人介紹。方許駐宿。

一住客如有拖欠房租。或有不規則行動。均由該介紹人負責。

一長期駐宿者。膳宿費一律上期繳交。（如有半途遷出者不能藉口取回）短期者每膳二毫半。

一宿舍內地。請勿吸烟聚賭。一切喧嘩舉動。概行禁止。

一寄宿者。攜來行李及珍貴品物。請自保管。

一親朋到探。請在應接室接洽。時間至晚上十時止。

一晚間十點半閉門。十一點熄燈。如有特別事由。須過時而返者，應預先通知宿舍幹事。

膳宿費

	四人或六人房	兩人房	單房
每日	一元五毫	二元	二元五毫
每星期	八元	十元	十五元
每月	二十三元		

一長期住客被鋪自備

一賞給僕役請交幹事轉給

一凡宣敎師繳費七五折

民國廿壹年　月　日

香港南華體育會章程

第一章 總則

第一條 本會定名爲南華體育會。

第二條 本會以提倡體育。養成强健國民。並訓練能員赴國際運動爲宗旨。於德智兩育。兼而幷重。

第三條 本會現假香港大道中華人行八樓爲會所。

第二章 體育設施

第四條 現先設技擊田徑賽。游泳。足球。壘球。絨球。籃球。排球。及各種柔軟運動。其他逐漸推廣。務臻美備。

第五條 每年舉辦運動大會一次。及下列各種比賽會。(甲)游泳(乙)足球(丙)壘球(丁)絨球(戊)籃球(己)排球(庚)乒乓波(申)桌球(壬)國技

第三章 會員及其權利義務

第六條 凡屬中華民國國民。品格高尚。有志研究體育。有本會會員介紹者。均得爲會員。惟本會幹事部。有權接納或却退之。但不將却退理由宣佈。

第七條 本會每年在新歷二月組織會員徵求隊。徵求新會員。幷徵收舊會員常年會費。

會費共分五種如下

(甲)永遠會董……一次一千元
(乙)永遠會員……一次五百元
(丙)協助員……全年一百元
(丁)贊助員……全年五十元
(戊)樂助員……全年廿五元
(己)普通員……全年十 元

(半費員全年五元)

以上各欵會費。聽其自由担任。均一次上期繳足。惟學生准其至少繳納全年會費二元五角。以資普及。惟無第十二條(甲)(乙)二種權利。

第八條 本會徵求結束之後。始加入爲會員者。一律歡迎。惟概照徵求辦法。繳足一年會費。

第九條 會員入會後。須繳納常年會費。倘徵求結束後。凡舊會員或新會員尚未交欵者。卽停止其會員資格。

第十條 會員自行告退。須通函本會除名。惟所納各費。例不發還。

第十一條 會員中如有惡劣行爲。或損壞本會名譽。經查出實據。得由幹事部職員敍會時討論。如認爲成案。乃交全體職員投珠取决。得三分之二人

數同意。即取消其會員資格。

第十二條 本會會員有左列之權利。

(甲) 選舉及被選之權。

(乙) 通函獻議之權。

(丙) 同人大敍會時有表决之權。

(丁) 享受各種運動及游樂之權。惟內中有徵收特別費之規定者。須照章繳納。方能享受。

(戊) 被選爲代表出塲運動之權。

第十三條 本會會員有左列之義務。

(甲) 遵守本會定章。及本會加入其他各體育社會之定章。

(乙) 負担本會會費。

(丙) 籌劃本會進行。及宣傳本會宗旨。

(丁) 擔承委任各職。

(戊) 代表出塲運動。

(己) 愛惜本會名譽。

(庚) 會員互相協助。

(辛) 介紹親友入會。

第四章 職員之組織及其權責

第十四條 本會規定職員如左

正會長一人 (有監督本會一切事務之權)

副會長二人 (有協助正會長監督本會一切事務之權)

幹事部

正主席一人 (有總理一切事務之權)

副主席二人 (有協助正主席總理一切事務之權)

司庫一人 (有出納本會經費之權)

西文部主任 (有統理本會一切西文之權)

學務部主任 (有統理一切學務之權)

智育部主任 (有統理書樓及關於智育事務之權)

交際主任 (有統理一切交際事務之權)

童子軍部主任 (有統理童子軍一切事務之權)

技擊部主任 (有統理技擊一切事務之權)

田徑賽部主任 (有統理田徑賽一切事務之權)

游泳部主任 (有統理游泳一切事務之權)

足球部主任 (有統理足球一切事務之權)

壘球部主任 (有統理壘球一切事務之權)

絨球部主任 (有統理絨球一切事務之權)

籃球部主任 (有統理籃球一切事務之權)

排球部主任 (有統理排球一切事務之權)

卓球部主任 (有統理卓球一切事務之權)

音樂部主任 (有統理音樂一切事務之權)

游戲部主任　（有統理游戲一切事務之權）

叅　事　（至多不過三十五人。有協助幹事辦事部之權。）

「附註」各部主任。除正主任一人外。副主任則由幹事部。因各部事務之繁簡。而定人數惟不得多過三人。

第十五條　核數員

義務核數員一人。（由同人大敍會選出。有核算本會一切數目之權。）

法定核數員一人。（由同人大敍會公定聘任。核算本會一切數目。）

第十六條　本會之職員。由會員選舉。手續如下。

（甲）由全體會員有一人提議。一人和議。函推初選人至少有五票。方有被選資格。每票以舉二十五人爲限。）

（乙）再將初選當選人彙列分寄全體會員。覆選五十人。爲選舉職員之選舉人。

（丙）正副會長。正副主席。及司庫。由此五十位選舉人會同用記名票選舉。至各部正副主任及參事。則由各選舉人公定之。

（丁）幹事部可隨時組織特務委員會。辦理指定事務。

（戊）各部主任。可組織委員會。協助該部進行。惟必須呈請幹事部通過。

第十七條　各職員任務。以一年爲期。每年七月一號接任。不能受同一職責。連續二任以外。

第十八條　各職員因特別事故辭職者。須先經幹事部部議決。方爲有效。另由幹事部補選。

第五章　名譽員

第十九條　本會另敬請海內外名流。爲名譽會長及名譽會董。以勷助本會進行。而永遠會董。則暫行遵照本章程第七條甲項辦法推舉之。

第六章　集會

第二十條　每年陽歷十一月以前。擇一日開同人大敍會。由上屆職員。宣佈任內年結。及辦事成績。幷將修改之章程。提出追認。及公定核數員。幷介紹新職員。以二十一人到會爲足法定人數。不到者作爲默認。

第廿一條　幹事部職員。例會每月一次。須預先三日以前通告。以七人爲足法定人數。不到者作爲默認。

第廿二條　如有重要問題討論。則幹事部得召集特別會議。預期通告。

第七章 業餘運動員之定義

第廿三條 有下開情形之一者。無論何人。不得被選入本會。或其他機關所舉行之公共比賽或會賽

（甲）曾因謀利之故。而加入運動會競賽者。

（乙）曾受金錢之獎勵者。

（丙）曾售賣或抵押其獎品者。

（丁）曾冒他人姓名加入競賽者。

（戊）曾受金錢或與金錢同等之物。要求或承認比賽者。

（己）曾在自己所參與之競賽中。以金錢賭勝負者。

（庚）曾因得爲或因繼續得爲一運動機關之會員。而得金錢之獎賞。或承受免除對於該機關應當納費之權利者。

（辛）曾因欲得金錢。或任何貴重物品之故。而教授訓練。或預備各種運動游戲者。

第八章 財產之保管及處置

第廿四條 本會財產之保管及處置權。

（甲）常款與品物。統歸幹事部保管及處置之。

（乙）基本金及產業統歸會長及幹事部保管及處置之。

（丙）特籌款之保管權。屬諸信托委員會。而信托委員會之組織凡五人。即現任會長主席司庫及由籌該款之委員中。舉出二人爲之。至特籌款之處置權。全屬諸幹事部。

（丁）凡按年續辦同等之特別籌款。所有歷屆存數。統歸最近之信托委員會保管。以資集中。

第九章 附則

第廿五條 各職員或會員。代表本會與他團體或個人。商訂條件。非經幹事部正式通過。不生效力。

第廿六條 正副會長及幹事部職員。須担任維持本會當年經費。及負該部會議一切責任。

第廿七條 本會章程如有未盡妥善之處。得由職員提議。或會員五人連署獻議於幹事部職員。會議時修改之。表決後。再交下次敍會審查。通過後。須呈由會長簽押執行。惟須於同人大敍會時。宣佈追認。

第廿八條 凡關於各種體育游樂間及細則。另訂佈告。

第廿九條 本章程自刊行日起。發生效力。

中華民國拾八年一月廿一日刊行

香港中華體育會章程

第一章　總則

第一條　本會定名爲中華體育會(Chinese Athletic Association)

第二條　本會以提倡體育。養成强健國民。訓練能員赴國際運動爲宗旨。并不涉及政治黨派宗教。

第三條　本會所設在香港。

(甲)辦事處　中環

(乙)會　所　麼禮信山道十六號二樓

(丙)運動塲

一　跑馬地G字段足球塲

二　銅鑼灣足球塲

三　九龍皇囿P字段足球塲

四　鯽魚涌游泳塲

第二章　體育設施

第一條　各項普通體育。統由執委會審定設施。務臻美備。

第三章　會員及其權利義務

第一條　凡屬中華民國國民。品格高尚。有志研究體育。及有本會會員介紹。并繳納會費者。均得爲會員。惟本會執委會有權接納或退却之。可不將却退理由宣佈。

第二條　本會每年組織徵求隊一次。以求徵新會員。并徵收舊會員常年會費。會費共分五種如下。

(甲)協助員……………全年一百元

(乙)贊助員……………全年五十元

(丙)樂助員……………全年廿五元

(丁)普通員……………全年十元

(戊)學生會員…………全年五元

第三條　如捐助一千元者。則爲永遠會董。捐助五百元者。則爲永遠會員。

第四條　本會徵求結束之後。始加入爲會員者。亦一律歡迎。惟槪照徵求辦法繳足一年會費。

第五條　倘徵求結束之後。會員有未繳會費者。本會當派員按址到收。如逹一個月仍未繳交者。執委會有權停止其會員資格。但居留遠方。或因特別事故者。不在此限。

第六條　會員有告退者。須通函本會除名。惟所納各費。槪不發還。

第七條　會員中如有惡劣行爲。或損壞本會名譽。或違背章程者。若經查出實據。得由執委會職員敘會時討論。如認爲成案。乃投珠取決。得三分之二人

數同意。卽取消其會員資格。及不交還所納各費

第八條　本會會員有左列之權利

(甲)選舉及被選舉之權。

(乙)通函獻議之權。

(丙)同人大叙會時有表決之權。

(丁)享受各種運動及游樂之權。惟內有徵收特別費之規定者。須照章繳納。方能享受。

(戊)被選爲代表出席運動之權。

第九條　本會會員有左列之義務

(甲)遵守本會定章。及本會加入其他各體育社會之定章。

(乙)負担本會會費。

(丙)籌劃本會進行。及宣傳本會宗旨愛惜本會名譽。

(丁)負担委任各職。

(戊)代表出席運動。

(己)會員互相協助。

(庚)介紹親友入會。

第四章　會制之組織及職員之職責

第一條　本會設正副會長監察委員及執行委員會。統理一切會務。

(甲)會　長　正會長有監督一切會務之權。副會長有協助正會長監督一切會務之權。

(乙)監察委員　監察委員。有會同正副會長監視一切會務之權。

(丙)執行委員會　本會常務。由執行委員會辦理之。

(丁)核數員　有核算本會一切數目之權。

第二條　正副會長監察委員及執行委員會之組織法。

(甲)先由全體會員用罝記名函投票。選舉人選委員三十人。

(乙)次由人選委員會票選正會長一人。副會長若干人。監察委員三人。或至多不得過七人。核數員二人。及執行委員十五人。或至多不過三十七之人。辦理會務。正副委員長由執委會互選。

(丙)名譽會長。名譽會董。名譽顧問。及參議各若干人。由執委員選聘之。

(丁)本會各部。正副部長由執委會簡任之。

(戊)各部正副部長。各執委中能兼任者可兼任之。但須經執委會通過。以重責權。

第三條　各部事務。由各部值理會管理該會。以該部部長爲主席。其值理由該部長選任。交執委會加任之。至各部所議事項。須先自行存案。方交該部部長。于執委會議時。提出取決。

第四條　以上各職員。任務以一年爲期。由選定之日起。

至下屆新職員蒞任之日止。如下屆再被選。仍可機任。惟不能受同一職責。連續二任以外。（惟名譽各職及參議與救傷部不在此例）。

第五條　各職員或值理。因事辭職。須先經執委會議決照准。方爲有効。各職員有遺缺時。執委會有權補選之。

第六條　各部如須增減時。執委會有權處理之。

第七條　凡運動員。不能兼執行委員及各部正副部長之職。以歸專一。而重體育。（倘有特別原故而得執委會特許者不在此例）

第五章　運動員

第一條　凡屬運動員。須具業餘之資格。倘有下開情形之一者。不得被選入本會。或其他機關所舉行之公共比賽或會賽。

（甲）曾因謀利之故。而加入運動會競賽者。

（乙）曾受金錢之獎勵者。

（丙）曾售賣或抵押其獎品者。

（丁）曾冒他人姓名加入競賽者。

（戊）曾受金錢或與金錢同等之物。要求或承認比賽者。

（己）曾在自己所參與之競賽中。以金錢博勝負者。

（庚）曾因得爲或因繼續得爲一運動機關之會員。而得金錢之獎賞。或承受免除對于該機關應當納費之權利者。

（辛）曾因欲得金錢。或任何貴重物品之故。而教授訓練預備各種運動游戲者。

第六章　集會

第一條　每年七月內擇一日。由會長預先七天通告開同人大叙會。（以十五人到會爲足法定人數）由上屆職員宣佈任內年結及辦事成績。并將修改之章程。提出追認。

第二條　倘有特別事故。須開同人大叙會以解決者。執委會可通函召集開會。以會員十五人蒞會爲足法定人數。方生効力。惟須註明開會理由。

第三條　執委會叙會。每月至少一次。以五人爲足法定人數。所議事項。均須存案。爲所定叙會之期。倘不足法定人數。以致不能開會。則俟下星期同日同時再行叙會。倘仍不足人數。亦不再展期。由到會執委有權決定之。

第四條　如會員擬召集同人大會時。得由廿五人連署建議召集。如執委會認爲理由充足。當爲集會。惟須詳註開會理由。

第七章　財產之保管及處置

第一條　本會財產之保管及處置分別列下

(甲)特籌之欵。概歸正副會長。正副委員長。正副財政部長。共同保管之。

(乙)常欵。歸正副委員長。正副財政部長。共同保管之。

(丙)本會財產及品物。(須詳細登記)概歸執委會保管及處置之。

第二條　凡各部預算或特別支欵。概交由財政部核算通過。呈報執委會認可。始得支撥。(財政部設有正副部長及部員共五人)

第三條　本會現金多過二百元以上。須存入指定銀行。提欵時。須由正財政部長。或副財政部長。連同正委員長。或副會員長署名。方得提支。

第八章　修改章程

第一條　本會章程。如有未盡妥善之處。得由職員提議或會員十五人。連署獻議于執委會。會議時修改之表決後。再交下次叙會審查。通過後。惟須於同人大叙會時宣佈。

第九章　附則

第一條　所有各項細則。執委會有權訂立之。

第二條　各執委或會員代表。本會與他團體或個人商訂條件。非經執委會正式通過。不生効力。

第三條　本會章程自刊行日起。發生効力。

中華民國二十年八月廿五日

香港精武體育會章程

第一章　會名及宗旨

第一條　本會定名為香港精武體育會。

第二條　本會以提倡體育。發揚智仁勇三德。以期養成健全之國民為宗旨「政治宗教概不干與」

第二章　會所

第三條　本會會所。暫在堅道弍號。

第三章　會員

第四條　凡屬中華民國國民。品格高尚。能遵守本會規則及有本會會員介紹者。均得為會員。惟本會參事會有權接納或却退之。但不將却退理由宣佈。

第五條　會員須填寫入會志願書。繳納會費。由本會發給會証為憑。此項會証。不得交給別人。本會

第六條 得隨時查驗。以昭鄭重。

會員自行告退。須通函本會除名。所納各費。概不發還。

第七條 會員如有損害本會名譽或不法行動。經查出實據。得由參事會會議時討論。如認爲成案。乃交全體參事員取決。得三分之二人數同意。卽取消其會員資格。所納各費。概不發還。

權利

第八條 會員有下列之權利。

(一) 選舉及被選權。

(二) 通函獻議權。

(三) 享受本會各種設備之利益。惟內中有征收特別費之規定者。須照章繳納。方能享受。

(四) 本會所發之會証。在有效時期。得通行各省及各埠之精武體育會。

議務

第九條 會員有遵守會章發展會務之義務。

第四章 會費

第十條 本會每年在十一月。組織徵求隊徵求新會員。及徵收舊會員常年會費。共分下列數種。

(一)永遠會董……………………一次一千元

(二)永遠會員……………………一次五百元

(三)協助員……………………全年一百元

(四)贊助員……………………全年五十元

(五)樂助員……………………全年二十元

(六)普通員……………………全年十元

(七)學生會員……………………全年五元

凡學生會員。須報明何校何級。以便調查。

以上各欵會費。聽隨自由担任。均一次上期交足。

第十一條 本會徵求結束後。始加入爲會員者。亦一律歡迎。會費照徵求辦法。繳足一年。惟在六月後入會者。則可折半繳納。(永遠會董及永遠會員不在此例)

第十二條 徵求結束後。逾兩星期舊會員或新會員。倘未交款者。卽停止其會員資格。

第十三條 繳納會費。須交本會財政科長。或財政副科長。擘回正式收條。方能有效。

第五章 職員

第十四條 本會職員。除正副會長外。幷設參事會。參事會下分設各科。正副會長。正副參事長。及各科科長。由參事會選舉之。

參事會會員十五人

參事會職員及各科科長開列如左

(一) 正副參事長各一人　參事員十　三　人
(二) 財政科正科長一人　副科長一人或二人
(三) 文事科正科長一人　副科長一人或二人
(四) 國操科正科長一人　副科長一人或二人
(五) 音樂科正科長一人　副科長一人或二人
(六) 游藝科正科長一人　副科長一人或二人
(七) 宣傳科正科長一人　副科長一人或二人
(八) 交際科正科長一人　副科長一人或二人
(九) 審計科正科長一人　副科長一人或二人
(十) 總務科正科長一人　副科長一人或二人

第十五條 各職員職責開列如左

(一) 甲正副會長監督本會一切事務
乙正副參事長。暨各參事員協同主理一切會務。并隨時規劃本會進行事宜。
(二) 財政科　管理本會一切欵項出納事宜。
(三) 文事科　管理本會一切文書事務。國文臨池國話等組隸屬之。
(四) 國操科　管理國操科內一切事宜。
(五) 音樂科　管理音樂科內一切事宜。
(六) 游藝科　管理本會各種游藝事項。游泳·乓乒·跳舞·旅行·攝影·新劇·槓子等組隸屬之。
(七) 宣傳科　管理本會一切文字及言語宣傳事宜。
(八) 交際科　管理本會一切交際事宜。
(九) 審計科　審查本會一切款項出納事宜。
(十) 總務科　凡不屬於上列各科者。均歸總務科辦理。

第十六條 本會除上述職員外。另敦請海內外名流。為名譽會長或顧問。以勷助本會進行。

第十七條 本會參事員。每年自行集會投票。選回原任三分之二。其餘三分之一。由會員大會補選。惟上屆參事員。亦得被選連任。

第六章　集會

第十八條 每年在十二月內。開會員大會。由參事會宣佈會務經過情形。并補選下屆參事員。

第七章　會具

第十九條 會內武器。書籍樂器。及一切雜用器物。均屬本會會具。會員不得擅取出外。違者一經查出。由參事會處分之。

第二十條 如欲借用會具。須得該科管理人之允許。始得携出。但須依時交還。若遺失或損壞時。須照價賠償。

第廿一條 如在會內有毀壞會具者。亦須照價賠償。

第八章　附則

第廿二條 本會各科細則。由各該科科長擬訂。呈由參事

會審定之

第廿三條　國操科教授時間。男子部。每晨由七時至九時。晚上七時至九時半。女子部。下午四時至六時。星期日自由溫習。

第廿四條　章程如有未盡事宜。得由參事會議。酌量修改之

第廿五條　本會章程由公佈之日起。發生效力。

附技擊術目錄

少林派

（一）獨習拳術

潭腿　工力拳　節拳
大戰　十字戰　短戰
穿掌　插拳　黑虎拳
練手拳　二郎拳　殺蚊拳
脫戰　伏虎拳　太祖拳
少林拳　金剛拳　關西拳
關東拳　青龍拳　醉八仙
溜脚勢　小紮拳　五虎拳
孫拳　擋拳　硬捶
長拳　五路叉　馬武拳
四六拳　七步拳　行拳十路
鷹爪連拳五十路　羅漢拳
八步捶　大雄拳　小雄拳
五花豹　大棉掌拳　小棉掌拳
前溜勢　飛龍拳　太師捶
太師連環拳　劈卦拳　醉猴拳
八把貓功　花拳　六步花
大蟒拳

（二）對手拳術

接潭腿　合戰　串子
八拆　擋步捶　三步架
通步拳　套拳　紮拳
開門豹　踢步拳　盤捶
一百零八手　棉掌拳　對子腿
長拳　對手醉八仙　銅背捶

（三）兵器獨習

達摩劍　綿袍劍　大連環劍
小連環劍　雙八卦劍　喪門劍
昆吾劍　白鶴雙劍　白鶴單劍
五虎槍　夜戰槍　露花捶
攔門槍　坐盤槍　斷門槍
梅花槍　雙舌槍　大六合槍
中六各槍　小六合槍　羅漢槍
提爐槍　八卦刀　式郎刀
抱月刀　解腕刀　劈山刀
露花雙刀　春秀刀　雪片刀

六合刀　梅花刀　醉酒刀
雙　刀　雙八卦刀　大金剛雙刀
小金剛雙刀　春秋大刀　提爐大刀
梅花大刀　劈卦刀　十字大刀
地堂軟鞭　判官筆　方天戟
玄靈杖　雙　斧　虎頭鈎
雙　鐧　銅　鏈　九節軟鞭
單刀鞭　攔門抉　孫濱枴
大掃子　虎撲羣羊棍　齊眉棍
奇門棍　五郎棍　星　鈎

(四)對手兵器

對　槍　戟　槍　對手齊眉棍
對手三節棍　雙刀串槍　單刀串槍
鴛子槍　大掃子對棍　玄靈杖對槍
虎頭鈎對刀　棍對槍　穿袖槍
雙刺對槍　雙刀對單刀　雙枴對槍
大刀對槍　對手雙刀　截腕刀
三節棍對槍　雙掃對槍　坐盤刀
方天戟對大刀　大變刀　盤龍變
對手大刀　霹靂棍　斷門刀
小對二槍　單節槍　雙掃子對枴

(五)(空手入白類)

空手奪刀　空手破刀　空手奪雙刀
空手奪槍　空手奪雙匕　空手奪單匕
空手奪棍

武當派

(六)拳術類

太極拳　太極推手　形意六合拳
五行拳　鷄行拳　雁行拳
虎行拳　蛇行拳　鴿行拳
龍行拳　駘行拳　猴行拳
四把拳　連環拳　鷹熊拳
八式拳　雜式捶　馬行拳
八掛掌　八掛連環掌

(七)兵器類

太極劍　太極槍　太極刀
五行劍　十二行槍　十二行劍
五行槍　形意槍　連環槍
形意連環劍　連環對棍　連環戟
岳武穆十三槍　連環棍　六合三節棍
六合單刀五合刀　麟角刀　雷公鏟
三才劍　鹿角刀　八掛劍
八掛大刀　六合鈎　六合三尖兩刃刀

中華民國十九年十月十日印行

香港華商俱樂部章程

（一）俱樂部專為同人公餘休息談敍而設。以互相聯絡為宗旨。

（二）凡華人有聲望者。均可舉為同人。除先發起人外。凡欲入本俱樂部者。須有兩位同人荐引。然後由值理照章投珠。如每八籌中內有一黑者。則不得入選。至投籌之值理。其額數不得少過十六人。黑籌之數若干。不得向人宣洩。

（三）凡欲為同人者。雖倡而未中選。須俟十弍閱月之期已過。方可復行倡舉。

（四）中選後三閱月內。若值理過半數以其人獲選。由於陳說失實。或其人素招物議。而故為隱匿者。一經查明後。知照其人。則有權摘除其名。以後不得復稱為同人。

（五）凡入本俱樂部者。每名須先交基本金伍百元。並每月科費壹拾伍元。每月上期交納。如適外埠已逾六閱月。則免其月科之費。惟往返之月不免。但必須預早函知方可。

（六）各同人無論某日入本俱樂部。其應科之費。由是月一日起計。

（七）新選之同人。於選後一十四天內。不清付基本金。值理得除其名。

（八）各同人如有欠交基本金。或月中科費或別項銀両。越兩月不清者。則不得分沾本俱樂部一切權利。並無論何項事宜。亦不准與議。並值理有權標帖其姓名於當眼之處。

（九）同人有欲脫離本俱樂部者。須預先一月內。以此意函致司理。否則仍須納月費。

（十）各同人之權利。只許本人享受。不得轉授別人。雖據法律亦所不准。如本人身故或因別事而照此條退出。則其人之權利亦止。

（十一）各同人無論因何故出本俱樂部。其出本部時。所有欠到各項銀両。必須清找。不得謂經出本俱樂部。藉詞推却。

（十二）本俱樂部倘遇結束時期。經費概由現為同人或雖停作同人而不及一年者。均分担負。

（十三）同人有權得隨時依章訂定。並更改章程及規則。

（十四）本俱樂部所有進欵溢利。不拘何處得來。必須全數撥歸俱樂部之用。分毫不得作為溢息花紅等項。明交暗撥與人。惟俱樂部員役。應支薪水。或同人暨別項人等。委係為本俱樂部效勞。應奉酬金者。不在此例。

（十五）本俱樂部內事。俱歸主席司理及值理辦理。

(十六)值理之額。多不過廿四名。少亦不過十六名。其中本俱樂部之主席司理司庫在內。由每年總敘會時。由同人公舉。如在一年內司理人或值理人。遇有缺額。由值理擇人充補。

(十七)每年總敘會時。由同人先舉主席一名。副主席一名。後舉司理一名。司庫一名。然後續舉值理。至額滿爲止。

(十八)主席司理並值理。須供職至下期。每年總敘會之時而止。惟於每年總敘會時。仍可復選。

(十九)值理辦事章程。皆照本俱樂部同人所議定之章程舉行。

(二十)如年內遇有急要事。宜須擇人續充主席者。可由值理中內舉一人以繼之。至下次年會時止。

(廿一)除此規條所載者外。凡一切本俱樂部可以施行之事。此規條內或總敘會時。未有提及者。值理皆可操權爲之。

(廿二)未俱樂部書記員暨待役人等。一用一舍。與酌定辛金。均由司理主權。

(廿三)所有入會金月中科費。並同人賒欠賬目。及本俱樂部應收別項銀両。一概皆由司庫員收入。所有收到之欵。依值理議定交入某銀行或銀號貯積。至支銀之單。則經司理簽名。方可收銀。

(廿四)本俱樂部每年之進支存欠等數。俱以新歷十二月三十一號止截。司庫人應將是年等數。從實列出。作一結單。交非值理之同人二名核對。果無訛誤。即先自簽名。然後交與主席一併簽名。以示的當。

(廿五)值理敘會時。其斷事人數。若有六名。則爲足額。值理中若有八人寫出其意欲爲特別敘會者。司理人則集諸值理而爲之。

(廿六)本俱樂部同人。每年總會一次。到會者其數少不過廿名。所議之事。爲公舉下一年值理。而告退諸值理。則將現年本俱樂部各事列爲簡明報章。於此敘會時呈閱。

(廿七)當此敘會時。凡事之有關於本俱樂部體制及辦法者。皆可以討論。每年總會之期。雖遲亦不得過三月三十一號。

(廿八)凡總敘會時。主席應主其席。如無主席人。或過期十五分鐘而主席人不到。或已將不能赴會之意。先行關照司理人者。則同人可於值理中。擇一人以爲主席。若值理中無人到場。或其到場者無人肯主其席。到會同人。可從中擇一人以爲主席。

(廿九)值理等亦可邀集同人爲額外總敘會。至會議何事。則先由佈告詳聞。敘議時祇可將其事酌裁耳。

(三十)同人如有事欲爲額外總敘會以決之者。若其中有十二人聯名函請。而聲明所議爲某事。如此則值理人亦集同人爲總區會也。至其聯請之書函。與及會議之佈告。須張貼在本俱樂部當眼之處。

(卅一)此規條各款。不能改易。惟遇其中事情有不洽者。則可照第三十或三十一款額外總會而改易之。

(卅二)不論何時。如問人數減少。以至入不敷出。值理人可邀集同人爲額外總敍會。按照第三十一款而行。而會議時可定一條議。聲明應將本俱樂部結束。如衆意以爲可行。則舉定理事人結束賬目。

(卅三)凡額外總敍會時。如有條議。須經當場斷事。必須允從者過半。方能成議照行。如在塲者可否各半。即由主席决之。

(卅四)凡邀集總敍會。將通告寄至諸同人處。或刋登本港日報。將所敍議之事。至少亦須足滿三日先行通知。其通告或告白並敍議情節。皆須如期張貼在本俱樂部。

(卅五)凡總敍會時。倘候至一句鐘之久。而到會之人未及斷事之額數。倘此敍會係由同人函請召集者。則可散會。若非同人函請者。則可展期至下七日復在是處舉行。若雖經展期再會。而到塲之人仍未能足斷事額數。則在塲之人。可將其事議决。毋庸再候。

(卅六)凡敍會時。如在塲之人允願。則主席可將敍會之事展緩其期。並將敍會之塲。改移別處。至完此一次所議之事而止。

(卅七)本俱樂部之規條章程。同人若有違犯者。或該人在本俱樂部內外所爲之事。值理等以爲壞名聲。傷利益。失體面。或同人中聯名者二十八。以此致函告訴。則值理可查察。而函知該人。倘欲其告退者三居其二。則可勸令自行告退。勸令後二十四日。其仍不告退。則可邀集同人爲額外總敍會。然至少須七日前先行知照。如敍會時三居其二。以爲宜將該人除名。則應從其議。不能別邀敍會、或於訟衙門以求伸理也。如所犯係事關重大。則不能聽其自退。則值理有權立刻將該人除名。使其不得在本俱樂部周旋。

(卅八)同人如或報窮。減債。或犯法在逃。或因罪被囚。或在公黜辱、凡此寔迹彰聞。則不得爲本俱樂部同人。本俱樂部權利亦與此人無涉。不得借事藉端爭執。

(卅九)凡同人因值理等所請而告退者。其科本俱樂部之費。則於是月停止。

(四十)凡敍會若爲議論某值理之人品行而設者。則該值理於此敍會時。例應避席。又凡敍會爲某值理之告訴而設者。則該值理於此敍會時。亦應避席。

(四十一)本俱樂部之值理。司理。及別項人員或受僱人等。當其充此職役時。或爲本俱樂部借銀立劵。或幹辦別事不等。所有虧累以及費用。本俱樂部則爲之塡償。而值理應向本俱樂部之資籍撥欵。以淸其數。此等償項。即入爲本俱樂部賬。如不敷支。則由全體同人担負償還。以淸手續。

婚姻註册手續

凡華人在港生長或久居。而在港舉行婚禮者。可稟求政府註册。(註册署在臬署田土廳)其手續如左。

(一)無論男女。均可稟呈註册。既稟呈後。註册署即將註册者之姓名。在署前標佈告。至發給註册執照之日止。如稟呈十五天後(頭尾兩日計即十七天)無人反對者。可准領取執照。註册費用銀壹元。

(三)凡結婚無論男女。如在二十一歲(西歷計)以下者。須有正當家長墨函允許。方准註册。如未足年歲而私自註結婚册。或助別人婚事者。可處罰兩年之監禁。

(三)凡註册人之父母或管理人。有墨函通告政府。不應允婚事者。倘經註册。亦作無效。

(四)結婚男女。在二十一歲以下。倘未得有家長墨函允許。而註册官如認爲理由充足者。可有特權允許註册。

(五)如註册後三個月內。仍不舉行結婚者。該執照作爲無效。

(六)男女如未有正式離婚証據者。不准稟求重婚註册。

(七)如外教會人領執照。可將執照交與牧師在合法之敎堂舉行婚禮。

(八)如欲在臬署結婚。及請政府爲證婚人。須在註册官前。彼此簽立誓章。及至少有兩位證人簽字。方合手續。臬署舉行結婚時間。乃在辦公日上午十點至下午四點止。該證書給與新娘收存爲據。并收費用銀十元。

(九)如結婚日在入稟後十五天內(即未足十五天期限)舉行者。須稟請港督特令婚姻註册官發給執照。并另繳註册費銀十元。

(十)凡婚禮非在敎堂或臬署舉行。而欲領取婚姻註册執照者。可親向註册官稟請。轉達港督。求發給特別婚姻註册執照。無庸照平常註册手續辦理。但須繳特別註册費五十元。

(十一)結婚証書須簽立兩套。一套交新婦收存。一套由註册署保存。

(十二)凡主行婚禮者。如七天內不將証書呈交註册官。可罰欵五十元。

基督敎徒在敎堂結婚費用

(一)凡屬於香港中華基督聯會者。收費用二十元。

(二)非屬於本港聯會者。費用銀約收四十元。

一九三二年八月本港新訂離婚辦法

英廷本有離婚法。英屬各地法庭處理離婚案件。多數依照此項法典執行。但各地有各地環境之不同。民情之各異。若一惟英廷法律是遵。則未免有南轅北轍之嫌也。故前者英屬海峽殖民地政府卽根據上述理由。參照英京離婚法之精神。自訂離婚法典。以匡英廷法律之不逮。查新訂離婚法內容。對於離婚分居贍養種種。均有具體之規定。茲擇要錄下

一例文之權限

該例規定

（甲）結婚儀式。非是屬基督教者。或非在臬署註冊舉行者。

（乙）呈請時雙方非在本港居住者。

則法庭不得判令離異。分居結合。及宣告婚約無效。

二請求離婚之理由

丈夫可入稟法庭。以其妻於結婚後犯姦淫罪爲理由。請求法庭解除婚約。或妻可入稟法庭以其夫犯（一）姦淫。（二）强姦或鷄姦或獸姦爲理由。請求解除婚約。須將一切事實及理由詳細繕明。

三離婚案之第三造

（甲）凡此案稟呈爲丈夫者。須將其姦夫指出。而爲是案之第三造。但遇有下列原因之一。爲法庭特恕者。則不在例內。

（一）如被告立身爲妓者。及不知其姦夫爲何人。

（二）原告人盡力偵查後。仍不知姦夫姓名。

（三）姦夫已死。

（乙）如遇女子方面爲原告。則法庭認爲適當時。可令第三造到庭。

四法官審理之範圍

（甲）凡遇此項請求離婚之請求。法庭要認爲滿意。不特滿意其理由及所指訴之事實爲已足。尤須審查其犯姦淫是否有縱容行爲。而於被告方面之反辯。尤應詳爲審考。

（乙）若法庭遇有下列情由時。可將稟呈駁斥不理。

（一）入稟人案情之證據不足信者。

（二）姦淫事情不足信者。

（三）發覺入稟人有協助。或有意縱容被告犯罪。或宥恕被告者。

（四）發覺入稟人與被告或第三造互相串謀。狼狽爲奸者。

五請求稟呈之批准

（甲）如法庭對於原告所證之理由。認爲滿意。及不能查出被告有協助或縱容被告人犯罪。可判令離異。但被告仍可請呈上訴。

（乙）如遇下列情形。則不得判令離異。

(一)發覺原告人有犯姦淫罪者。

(二)遲延入禀。而不能說明理由者。

(三)虐待被告者。

(四)在被告未犯姦淫以前。先行將之遺棄者。

(五)行爲不端。致令被告犯姦淫者。

六宣告婚約無效理由

男子或女子如有下列情形者。可請求宣佈婚約無效。

(一)對方於結婚時及入禀時。係屬陽萎或虛弱者。

(二)兩方親族因血統關係。於法律上或自然上在禁止程度者。

(三)在結婚期。對方係患癲狂。或精神錯亂。或發瘋。或白癡者。

(四)在婚姻期內。前夫或前妻尚生存者。

(五)雙方結婚係出於權勢或騙婚者。

(六)該婚約係不合法者。

上述各種情形。一經証實。當可宣佈該婚約無效。但仍准上訴。

七合法之分居

男子或女子以其對造犯姦淫。或虐待。或無故遺棄。或外宿娼妓爲理由。無論男女。可請求分居兩年或兩年以上。法庭當可准許。

八呈請再行結合

如男子或女子與第三造絕交之後。仍得請求與其夫或妻結合。

九賠償

(甲)男原告人。可要求與其妻犯姦淫罪之第三造賠償損失。如經証明確有犯姦淫事情。則法庭得令第三造繳納堂費。全部或一部份。

(乙)如遇下列情形。則無須賠償。

(一)女子係爲賣淫者。

(二)第三造於行姦時。不能知被告爲已婚婦人。

十贍養費供給標準

無論原告人爲女子或男子。在審訊期內。女子可請求其夫討取贍養費。至贍養費之數目。不能多過其夫平均實在入息五份之一。由判令之日起計。至三年止。如係解除婚約。則要繼續至此法令實行之時止。

該命令判以最公平之贍養費。如男子中途無力供給。法庭準可酌量遞減。或暫時停止供給。倘男子日後入息豐富。法庭亦可令將贍養費遞加。

十一贍養費不遵供給

(甲)凡不遵命令供給贍養費者。其男子是爲無理由遺棄其妻室。雖未過兩年期限。其妻仍可請求卽行離異。

(乙)凡丈夫不依命令供給贍養費而犯遺棄之罪。兼犯姦淫之罪。其妻可據此理由。請求卽行離異。

(丙)凡命令宣佈後。須三個月後方能實行。

十二合法子女

凡男女重婚時。確信前夫或前妻經已去世。但日後證得前夫或前妻尙在爲理由。或以對方患癲狂病爲理由。而請求取銷婚約者。當未發給命令前所生兒女。須載列於命令上。以後稱爲合法子女。能有承襲遺產權。蓋因結婚時。男女算爲合法。幷無癲狂等情。

十三離婚婦之財產

婦人因犯姦淫而離婚者。應有財產利益。法庭以爲適當。可判歸其夫所有。或其子女結婚時之粧奩。或其夫與其子女。均同享受。

十四離婚後子女之處置

凡對於離婚取銷婚約或請求分居案件進行時。或命令宣佈實行之時。法庭爲關於管理未及年歲子女之教養起見。可更易或取銷其命令。或將其子女由政府直接保護。

十五重婚合法程度

凡離婚或取銷婚約命令宣佈後。如上訴期限已滿。及期內無人頂訴。或上訴經已駁斥不理。男女則可自由與別人重婚。不受任何法律縛束。

報生產冊格式

嬰兒初生之日	嬰兒在某街某號門牌某樓生	嬰兒父某姓名	嬰兒母姓名	嬰兒有名否	嬰兒男或女	嬰兒父作何事業

死亡册執照格式

EXTRACT OF AN ENTRY
IN A REGISTER KEPT IN THE COLONY OF HONG KONG.
IN TERMS OF THE BIRTHS AND DEATHS REGISTRATION ORDINANCE, 1896.

No.	When and where died.	Name and Surname.	Sex.	Age.	Rank, Profession or Occupation.	Cause of Death,	Signature, Description & Residence of Imformant.	When Registered.	Signature of Registrar.

Extract from the Register of Deaths in the Colony of Hong Kong this day of 1929.

Fee, $ 1.

True Copy.

Registrar of Births & Deaths.

生死註册規則

生死註册。頗爲重要。註生册者。即入英籍之凴證。及領受遺產者足滿年歲之實據也。註死册者。政府據此。能知死者乃死於天命。有無受毒非命嫌疑。及死者之後人承領遺產及人壽保險之凴證。

（一）註生產册。

（甲）免費註册　凡嬰孩出世四十二天內註册。免收費用。如四十二天外至一年內。收費二元五毫。一年外俱收費用銀五元。

（乙）如在公共醫局或贊育醫院生產者。該醫局當代爲辦妥。無庸自報。壹月後須自行赴註册署。照章繳費。領取執照便妥。

（丙）如欲證明自己之子是親生者。須父母會同簽名於册內。

（丁）凡嬰孩註册時。未改定有名字。或既有名而欲更改者。如在四十二天內。收費一元。如在四十二天外。則收費二元五毫。

（戊）凡嬰孩出世六星期後。須要種痘。

（二）註死册

（甲）凡病重時。須請西醫診視。（該醫生須能簽發死者病症憑證者。）如病終時。其家屬可向該醫生簽發憑照。然後死者之最親家屬携此執照往潔净局生死册署呈報。并須親筆簽字於註册部內。

（乙）凡逝世後。當其病終時在塲之最親者。或服侍者。或同居者。或主喪者。須于四十八小時內。將死者之姓名住址時日。呈報生死註册署。（假期內不在此例。）

（丙）凡在屋外去世。屍骸無論在何地方。其親屬人知其原因者。或目擊其死者。或見屍骸者。或將其殮葬者。必須于二十四小時內。呈報生死註册署註册。

（丁）凡死後。或屍骸尋得後。十二個月外。非經註册官允許。不得註册。

（戊）凡死後。無論嬰孩與否。未得註死册執照前。不能殯葬。須得醫生憑證。方能有效。如病終時。無醫生在塲者。則須主喪者簽字誓章。方准埋葬。

（己）如無醫生執照。或註册官不滿意者。則註册官即知會政府醫官。將該死者查驗。俟得理由確實。方准發給落葬執照。

（三）查册費。

（甲）凡欲查閱及謄抄某項生死册戶口者。每次須繳費二元五毫。

（乙）如查閱註册各部。其時間須六句鐘之久者。繳費五元。

由香港運柩往廣州手續

凡由港運棺往廣州安葬。必須携備去世時所註死册之人情紙。向衛生局領取運棺出口護照。方能落船。幷須先一日向輪船公司預定船位。其手續如左。

（一）衛生局所發給之死亡證。及運棺出口護照。須一幷帶齊隨棺上省。

（二）到省報關報區及衛生局手續。極爲麻煩。最宜交打餉舘代報。手續費祗收五元。惟須自覓殷實商店圖章二個。爲保證領取執照之用。

（三）輪船定例。每棺水脚收港紙銀三十元。另船員利市港銀六元。在港運下輪時。毋須另請挑扶。惟省中運棺上碼頭。必須由同德工會代運。工銀連利市最多不過省銀十二元。倘有向事主勒索等事發生。可即報知輪船辦房。定當代爲辦妥。

衛生局發給運柩離港憑証

THE BIRTHS AND DEATHS REGISTRATION ORDINANCE, 1896.

Form No.8.

Permission is hereby given to..........................of..........................

to remove from the Colony the dead body of one called..........................

Dated the..........................day..........................19

....

Registrar

香港華人永遠墳場一九三三年修改規則

(一)凡在香港或新界居留有八年以上者。無論其本人或其妻子身故。均可在永遠墳場安葬。

(二)凡在開闢墳場時。或既開闢後。如有簽助墳場在五百元或五百元以上者。則墳場管理處。當送回墳地若干。但穴數之多少。則由墳場管理處董事局指定。

(三)普通山地。每穴尺寸。以四尺濶八尺長爲限。凡個人名下購買。不得多過四穴。第一穴價銀五十元。第二穴八十五元。第三穴一百五十五元。第四穴二百九十五元。

(四)凡購買山地安葬。既得潔淨局發給落葬紙後。可向墳場管理處繳交地價。並交開塚費二元。

(塚之深度不得過六尺)

(五)墳場碑石以及建築等物。其高度不得超過六英尺・倘得管理局特許者。不在此例。

(六)凡起棺執骨葬回骨殖者。該地稱爲葬金塔地。如有親屬前在本港別墳場安葬。有欲移來同葬此地者。可向墳場管理處討取人情。但每穴所葬金塔。不得多過八副。

(七)凡購買山地。不得轉售別人。祇可依例轉與本人之代表。倘身故後。例須將囑書承辦紙到墳場管理處註冊。幷繳費用銀二元。

(八)凡墳地棺木已遷出。而三年外尚無金塔葬回者。該地歸回墳場管理處所有。

香港基督教墳場規則

在薄扶林道

凡屬基督教徒。無論香港中華基督聯會。及別會。均可在此墳場安葬。茲將其規則列左。

凡到墳場安葬時。須携有教堂所給安葬證。并須有牧師或傳道主任簽名。交給守山人察驗完妥。方可安葬。

(一)凡被革退之教徒。不得在墳場安葬。

(二)凡教友之兒女未施水禮者。不得在墳場安葬。

(三)凡教友捐欵三百元爲修理墳場者送回郇岡一穴。

(四)凡教友捐欵二百五十元爲修理墳場者。送回山地一段。

(五)凡教友捐欵二百元爲修理墳場者。送回山地一段。

(六)凡教友捐欵一百元爲修理墳場者。送回山地一段。

(七)特別山地。每穴價銀五十元。可任由選擇者。

（八）凡小童安葬墳場所占面積。等於成人者。則地價照成人收取。（卽五十元）。

（九）凡依次序輪葬者。每穴收回葬費三元。小童半價。

（十）凡非本港教友。收回費用銀十元。（貧而捐棺者免費。

天主教墳場規則 即西洋墳在跑馬地

凡天主教徒。無論中西國籍。皆可安葬。其規則如左。

（一）安葬西式棺木。每棺積面以六尺長三尺濶爲限。地價分三種。

（甲）每英方尺十五元。

（乙）每英方尺十八元。

（丙）每英方尺廿五元。

（二）安葬中國式棺木。每棺積面以七尺長三尺濶爲限。其地價每英方尺二十元算。

新舊雞籠環及咖啡園義山規則

凡華人僑居港地。不幸身故者。除向永遠墳場購地安葬。或係基督教徒自備有基督教墳場外。均須葬於義山。查由上環以迄西區一帶。則葬於新舊雞籠環之義山。中環以至東區一帶。則葬於咖啡園之義山。若在東華醫院或東院身故由該院安葬者。不取分文。若在外方自行安葬者。須葬於政府劃定之地點。內分三元及五毫兩種。任由喪家自擇。

英國屬土墳場價目 卽紅毛墳

(甲)(一)成人山地每穴十五英寸方尺價銀……十元

(二)開塚每穴……一元

(三)執骨每穴……五元

(乙)(一)十歲以下小童山地每穴價銀……五元

(二)開塚每穴……一元

(丙)執骨後再葬棺木免費

燃爆竹取人情之手續

我國俗例。凡有喜慶等事。必須燃燒爆竹。以爲助慶。然在我國內地燃燒爆竹。事屬平常。雖日燒千萬。亦無干涉也。惟本港法律。對于燃爆一項。視爲有碍公安。因循華人習慣。夏歷每歲除夕。及新年初一初二數天。由本港局紳向當局討取人情外。其他時候。非向華民政務司署討準人情。不得燃燒。否則是違港例。定處罰也。

領取人情手續

（一）先將領取人情英文信一封。寫明何日何時在何地點燃燒爆竹。交往華民政務司署，同時幷須繳交按金十元。該署即發收條。

（二）此按金十元乃担保燃爆有無意外發生。及依時間燃燒與否。如三天後無違例。可携回收條。向該署將按金領回。

（三）凡屬船舶。一律禁止燃燒爆竹。（歡送名人。不在此例。）

請臨時特務警察價目

（西人警察）每名十元。以看守四点鐘爲限。倘過四点鐘外。以後每兩點鐘內。另加五元。

（華人警察）每名三元。以看守八點鐘爲限。倘過八點鐘外。以後每四點鐘內。另加一元五毫。

（印人警察）每名五元。以看守八點鐘爲限。倘過八點鐘外。以後每四點鐘內。另加二元五毫。

凡在香港及九龍方面。如欲僱用警察服務者。可向下列兩處請求。

香港方面

香港中央警署（衝鋒隊隊長）（電話三九轉詢二六四號）

九龍方面

九龍深水埗警察學堂（衝鋒隊隊長）（電話五八零七一轉詢五五四號）

租賃花木辦法

一九三一年八月公報

園林署有葵樹租賃。及有各種植物發售。

(一)租賃葵樹章程

(甲)凡欲租葵者。須預先一日向羅便臣道園林監督署通知。

(乙)每壹百盆租費八元。以四天爲限。取葵之日。及交還之日作兩天計。租賃費以一元起碼。

(丙)凡交租後發給收條。來人憑該收條向麥當奴道植物租賃處提取。

(丁)(交收處辦公時間)每日上午七點起至下午四點止。

(戊)植物不能租多過四天。星期日及假期日停止辦公。

(己)植物毀壞。及花盤破爛。須要賠償。

(二)園林官署向有樹木草本葵松等發賣。其時間每日上午九點半至下午四點。

星期六辦公期。早九點半至十二點止。

星期日及假期日停止辦公。

看更人須註册

(一)凡當看更職守者。無論在私家或政府機關等充職。須要註册。倘當更者。須知其註册與否。方可錄用。

(二)凡註册者。可到中央警署領取執照。幷須交註册費壹員。

(三)凡當看更者。不能借欵與人。及不得合伴借欵別人

國家醫院膳宿及醫費表

一九三二年一月規定

私家病人。頭等每日九元。二等六元。三等食西餐者每日三元。食唐餐每日五毫。

亞洲顛人。由船載來本港。而有領事或該船代理人担保者。或商務部交來者。

三等費。食唐餐者每日五毫。食西餐者每日三元。

凡在十二歲以下之小童。照上列費用。俱收半價。

凡私家病人。除政府或水陸軍人員外。若在頭二等膳宿者。另須納下列費用。

(一)醫費。照膳宿費三份之壹繳交。

(二)割症費。大割症至少五十元。至多六百元。其數由衛生總醫官定奪。小割症至少二十五元。至多一百元。其數由衛生總醫官定奪。

(三)平安接生費。頭等二百元。二等一百元。可免納上列之醫費。

凡病人僱請額外看護者。每日每名另加十四元。衛生總醫官有權可將加增之費用豁免。

除域多利亞醫院接生房外。所有在政府醫院之私家病人。俱由政府醫官醫理。

凡頭二等之病人。有自動。或與醫官協商。另行加請內外科醫生。或接生醫生。以研究者。其費不過五十元。

驗身憑照費。凡欲得憑照。以証明合否任職者。每憑照收費十元。如保險公司或別種憑照。每張十元。凡在十二歲以下之小童。照上列費用。俱收折半。

國家醫院影叉光鏡價目

牙部每影片。收費……五十元

下半身每影片。收費……二十元

上半身叉影片。收費……二十五元

頭或脊骨每影片。收費……二十五元

腟或肚或腎部或膀胱部。收費……三十元

國家醫院電療價目表

醫風濕透電……二十元

或頭五次每次計……五元

以後每次……三元

電具震摩。

二十分鐘收費五元。或十二次收費……五十元

四十分鐘收費十元。或十二次收費……一百元

如過四十分鐘外。則作兩次計算。

微生物院化驗費

(一)驗尿

(甲)普通化驗費……五元

(乙)詳細化驗費……十元

(二)驗血

(甲)普通化驗費……十元

(乙)詳細化驗費……二十五元

東華醫院廣華醫院東華東院三院院務摘要

病人入院辦法

本院純爲救濟貧病之醫院。凡病人入院留醫者。手續務求簡便。祇向收症房報明姓名年齡籍貫住址。卽予收容。所有藥費食用等等。不取分文。

自理房

本院自理房之設。係利便僑胞。可以自備資斧者。凡入院留醫。除報明姓名年齡籍貫住址外。先繳交按櫃金。其房租藥費等。三日淸結一次。如無按櫃繳交。須覓殷實店號蓋章担保。其自理房之費用。但三院因地方各有所宜之故。房租因之稍異。另錄如下。

(東華)自理房租分二元及五毫兩種。藥費照單計算。食用每天四毫。

(廣華)房租每天分(四元)。(二元五)。(二元)。三種。藥費食用同上。

(東院)房租每天二元。藥費食用同上。

接生房

本院接生房。凡孕婦留產者。不取分文。至入院手續。與病人入院辦法同。

贈醫街症時間

三院贈醫街症時間。每日由上午十時至十二時。惟東院另設分贈所於灣仔駱克道。特延長贈診時間。以利便東區一帶居民。每日由上午七時至下午二時。派中醫三位輪流應診。

贈醫街症眼科

本院爲療治眼疾病人起見。東華則由黃錫滔眼科專門醫生。每逢禮拜一四兩日。由下午二時起。在新院贈診二小時。廣華則由巴士度醫生。每逢禮拜四日下午三點半贈診。

借殮

凡街外病人。死後將屍身舁到院者。或通知本院用黑箱載來院者。或由公立醫局用車車到者。謂之借殮。其無力殯葬者。則由本院施棺代葬義地。

男女看護

本院男女看護之設。本爲醫生工作之助力。對於病人有相當之效果。特於女看護方面。另分設學校以造就看護之人材。凡在院學習者。三年自可畢業。其畢業女看護由院僱用者。更利便街坊僱用。以服務社會。凡街外欲請本院看護料理者。可電知本院醫生接洽。自可依期前往服務。

一別亭

本院一別亭之設。顧名思義。已知爲喪家辭靈之所。亦爲送殯者休息之地。每次收回租費廿元。連客廳共收四十元。

永別亭

此亭與一別亭同其用意。設於薄扶林道。凡喪家路經此地。則一別亭相距已遠。故更建築斯亭。以利便僑胞之需要。每次亦收租費二十元。另建築免費亭一所。凡貧民之需用者。不取分文。

千里亭

本港已有一別永別亭之建設。而九龍居民日繁。地方遼濶。尚付缺如。特于何文田地面。建築斯亭。利便僑胞。以期普及。凡需用者。槪不收費。

X光鏡

本院設立X光鏡。用以驗症。能洞見癥結。爲療治之根據。收効至爲宏大。凡照用者。分甲種收費用十五元。乙種十元。丙種五元。

義庄

本院義庄。專爲利便僑胞厝棺之所。凡外埠運回骨殖。亦皆停放於此。所收庄費。分房大堂數種。任由主家自擇。

痘局

本院所收痘症病人。均遷至此局調治。以杜傳染。

賃鐵爐

華人習慣。凡殷富之家。遇有親屬身故。火焚香燭衣裸。紙灰亂飛。易生危險。故特製備鐵爐租賃。每天收租費三元。先由主家將欵繳交帳房。然後發給租爐紙。自行搬回應用。

東華醫院義庄租價列

南庄

天字房五間

每具先捐庄費銀一百五十元。(每月庄租銀一十五元)

(注意)每間限停靈柩二具。如不願外人附寄者。每間捐欵庄租。照二具繳納。

地字房四間

每具先捐庄費銀一百元。(每月庄租銀一十五元)

(注意)每間限停靈柩二具。如不願外人附寄者。每間捐欵庄租。照二具繳納。

日字房五間

每具先捐庄費銀一百元。(每月庄租銀一十五元)

(注意)每間限停靈柩二具。如不願外人附寄者。每間捐欵庄租。照二具繳納。

月字房九間

每具先捐庄費銀一百元。(每月庄租銀一十五元)

(注意)每間限停靈柩二具。如不願外人附寄者。每間捐欵庄租。照二具繳納。

平字房五間
安字房五間
大字房五間
吉字房八間
每具先捐庄費銀一百三十元。（每月庄租銀一十五元）
（注意）每間限停靈柩一具。

福字房三間
每具先捐庄費銀一百元。（每月庄租銀一十五元）
（注意）每間限停靈柩二具。如不願外人附寄者。每間捐欵庄租。照二具納繳。

祿字房三間
每具先捐庄費銀七十元。（每月庄租銀一十元）
（注意）每間限停靈柩二具。如不願外人附寄者。每間捐欵庄租。照二具繳納。

壽字房九間
每具先捐庄費銀六十元。（每月庄租銀八元）
（注意）每間限靈柩二具。如不願外人附寄者。每間捐欵庄費。照二具繳納。

康字房十一間
每具先捐庄費銀四十元。（每月庄租銀五元）
（注意）每間限停靈柩二具。如不願外人附寄者。每間捐欵庄租照二具繳納。

寧字房十一間
每具先捐庄費銀三十元。（每月庄租銀四元）
（注意）每間限停靈柩二具。如不願外人附寄者。每間捐欵庄租。照二具繳納。

東庄 （第一號）（第二號）（第三號）（第四號）
（廿一號）（廿二號）（廿三號）（廿四號）
每具先捐庄費銀八十元。（每月庄租銀一十四元）
（注意）每間限停靈柩二具。如不願外人附寄者。每間捐欵庄租。照二具繳納。

東庄 第五號至二十號
每具先捐庄費八十元。（每月庄租銀一十二元）
（注意）每間限停靈柩二具。如不願外人附寄者。每間捐欵庄租。照二具繳納。

舊庄兩廊二十二間
每具先捐庄費銀八十元。（每月庄租銀一十二元）
（注意）每間限停靈柩二具。如不願外人附寄者。每間捐欵庄租。照二具繳納。

新舊庄大座……（每具）……每月庄租銀三元
丙寅庄三樓……（每具）……每月庄租銀三元
丙寅庄二樓……（每具）……每月庄租銀二元
丙寅庄地下……（每具）……每月庄租銀五毫

大房 寄庄須分別男女。如要半間房者。須先在半間房停厝。倘無半間房出。方准在全間房處一邊停厝。不得將靈柩放在中間。

東華醫院謹啓

東華醫院女看護規程

（一）定名爲東華醫院女看護。

（二）各生上課前。須簽志願書一紙。此書須本人及担保人蓋章或簽押。

（三）各生俱教以看護及接生普通法。兩年內專習看護。兩年期滿。考驗及格。乃升第三年級。專習接生。一年期滿。赴本港政府接生局考驗及格。即由政府及本院發給文憑。如本院需人。仍須在院服務一年。或當接生或當看護職務。由本院指派。每月給還薪金二十元。若本院不需其服務。或已服務滿一年。始能出院。脫離關係。

（四）每星期由本院醫生或看護長授課若干次。授課時期。各生須肅然聽講。不得談笑。及交頭接耳。

（五）三年學習期內。各女生每月補回本院膳費六元。制服私家衣服鞋襪面盤及一切用品。皆各生自置。但制服欵式則由本院審定。當值時必須穿着。并佩襟章。

（六）遇有總理或來賓巡院。各生當起立致敬。以肅觀瞻。如有詢問。必須誠敬答覆。毋得任意侮慢。

（七）各生宿舍。必須整潔。不得在宿舍喧鬧。聚賭及玩弄音樂。致礙病人休養。

（八）無論何時。女宿舍不准男子不入內。男宿舍不准女子入內。如有親友因事到訪。當先告知看護長。在舍外接語。不得盤桓。或留宿院內。致碍公務。

（九）宿舍內所有公物。必須加意保存。不得毀壞。

（十）各生在宿舍時。如遇本院醫生或政府醫生及當年總理親到巡視。須由看護長領導出迎。入內察閱。以昭愼重。

（十一）各生當值時。不許吸煙。對待病人。必須和靄。不得昭聲喝罵。如病人以現金獎賞。不得領受。若贈以紀念品。亦須得看護長之許可。方准收納。

（十二）各生當值。無故不得請假。如有要事請假。須得看護長或接生長許可。並須覓一同學代替。方能停止工作。至當值時間。統由看護長或接生長酌定。如因事多人少。不得已加增當値時間。各生亦須唯命是聽。

（十三）凡各生當值時。對於病房病人。一切責任。由總理會同看護長另訂專章。

（十四）各生必須勤愼服務。不得放棄責任。并須服從總理醫生及看護長之命令。如有中途退學。或不遵約束。或故意頑抗。或品行不端。查有實據。總理可隨時將之驅逐。并向担保人酌量。追補學費。

（十五）看護乃高尚職業。各宜自重。舉動言語。皆須謹愼。以免外界輕視。

以上各條。倘有未盡善之處。當年總理。得隨時增刪之。

東華醫院招學習看護女生簡章

（一）年齡在二十歲廿五歲左右。體質强壯。無疾病者。

（二）須身家清白。畧通中西文者。

（三）須有殷實商店或殷實之人函薦及担保。並塡寫志願書。

（四）學習以三年爲期。第一二年學看護。第三年學接生。期滿畢業。由政府考試合格。即由政府發給文憑。並由本院發給証書。

（五）每月收回膳費六元。在本院駐宿。

（六）衣服並各自用品。皆由各生自行備辦。

（七）須照本院規定時間作工。並遵守本院章程。及總理醫生看護長之命令。

（八）須服侍在本院就醫婦孺及監督工人作工。

以上各相章程如願遵守者。可覓人函薦。任由本院總理取錄。此外另有詳細章程。以備取閱。

東華醫院學習看護志願書格式

具志願書人　　乃　　縣　　鄉人

現住

自願在東華醫院學習看護。以三年爲期。每月補回膳費銀六元。所有醫院規條。俱願遵守。倘有行爲不端。及不守章程。有碍醫院名譽等事。任從隨時開除。如有半途退學。須每月補回學費四元正。由入學日起計。毋得異言。特立志願書。爲據。

担保人

担保人通信處

中華民國　　年　　月　　日具志願書人　　的筆

香港養和醫院留醫簡章

(電話)二六六四一
二六六四二

(一)凡病人入院留醫。須先交房租一星期。以後每一星期照交房租一次。如有妥當担保者。不在此限。留醫未滿一星期。照住院日數清算。多除少補。

(二)凡在本院留醫。在房租外。其餘膳費醫金藥費及一切特別雜用另計。

(三)本院設置完備。聘請已畢業之男女看護。及傭僕侍役多名。料理病人。不另收費。(私家看護不在此限。)

(四)凡病人留醫。對於診治割症等。須先自行向其所請之醫生妥訂之。

(五)凡有名望之西醫生。許有特權到本院診症施術。

(六)凡病人留醫。以二十四小時作一日房租計算。未滿二十四小時者。亦作一日論。過二十四小時未滿四十八小時者。仍作二日論。

(七)留醫房租

超等私家房……每日由六元至十五元

頭等私家房……每日由三元至五元

四位額普通房……每日每位二元五毫

大房……每日每位一元五毫

(八)本院常備中西菜式食品。價目另錄。

(九)割症房費用。因材料多少而定。由五元至五十元。

(十)愛克司光鏡檢驗費。因症而定。由十五元至一百元

(十一)私家看護費。臨時另定。(私家看護係病人於必需時。由本院向外代請。與本院常備之看護不同。如病人欲行自請者。須先得本院看護長同意。方准入院。)

(十二)自請外來私家看護。每名每日膳費一元。宿費五毫

(十三)陪伴人規則。

(甲)私家房陪伴人限二名。每名每晚宿費一元。

(乙)四位額普通房及大房。陪伴人限一名。每名每晚宿費五毫。

(丙)陪伴人中菜膳費分三等。頭等每餐一元。二等五毫。三等二毫半。西菜則照價目單計。

(十四)凡病人親朋來探。須在上午八時至下午九時以內。如過下午九時仍未離院者。作寄宿計算。(每晚九時俱由橫門出入。正門則關)。

(十五)凡病人之親朋及陪伴人等。在本院取用各食品等。俱列入該病人數內。

(十六)凡病人及其親朋陪伴人等。如毀壞本院器具傢私地漆布各物等。俱歸該留醫病人完全負責償還。

(十七)凡留醫病人。及探病人等。切勿在院內喧嘩。致碍他人休養。

(十八)凡留醫病人。對於本院員役。如有不滿意者。請說知本院看護長。或函知本院總理。自有懲戒辦法。毋須自行斥責。免傷大雅。

(十九)凡留醫病人。務須遵守本院規則。方准留醫。

香港銅鑼環聖保祿法國醫院規條價目表

(一)本院費用先交七日上期。或有妥當担保者亦可。

(二)本院費用·乃指房租食用及看護等。藥費不在內。

(三)病者須自行與其所請之醫生。妥訂診症時期。及用藥各等。

(四)有名望之醫生。許有特權到本院診症料理。

茲將各獨睡房每日房租列下

西便 頭等房……七元。
　　 二等房……六元。
　　 三等房……三元半。

大房每床位每日……二元……一元……五毫

割症房因症而定……由五元至十五元

產婦住房。頭等……八元

　　　　　二等……七元

接生房……二十元

驗症房。尋常驗症。本院病者……二元

外來病者……三元

電鏡驗症費因症而定。……由五元至一百元

額外看護 日夜……七元
　　　　 每夜……五元
　　　　 每日……五元

自請看護人或家眷人等膳費。每名每日……三元

仝上……每餐……一元五元

寄宿每床位每晚……一元

病者自帶使喚人。食宿每名每日……五毫

由本院取各物。與病者之親朋所用者。俱由該病者支給。

那打素及雅麗氏醫院章程

(院址)般含道
(電話)二七七八六

大房每日房租五毫。細房卽自理房。每日房租四元膳費在內。

每週施藥贈診時間表

(一)逢星期一至星期六日。正午十二點診男界雜症。下午兩點。診婦孺雜症。

(二)逢星期一及星期五日。上午十點專診婦科。但受診者。須先一星期日。由下午兩點男醫生診過批准。始可到診。

(三)逢星期四日。上午十點診未產之婦女。

(四)逢星期六日。檢驗嬰兒。但受檢嬰兒。須由本院接生出世。及未滿十二個月為限。

意大利嬰堂醫院 Cauossa Hospital

（院址）山頂道三號　（電話）二壹三叁三

留醫房間共十五所。每間每日由八元至十元。膳宿在內。

割症房費用。因需材料多少而定。每次費用約由十五元至三十元。醫生及藥費。俱由病人自理。

陪伴人　宿費　用西藥者每日每名……三元算。

用中藥者每日每名……三元算。

贊育醫院留醫簡章

房　金

大房每名每日……一元

……五毫

頭等房每名每日……三元五毫

二等房每名每日……二元五毫

特別房每名每日……五元五毫

陪伴人每名每日……二毫

（醫藥膳費在內）

逢星期三日下午兩點。贈醫女界梅毒症。

逢星期五日上午九點至十二點。有嬰兒保育會。

逢星期六日上午九點贈醫婦科。

留產者。無論日夜。隨時可以來院。如有在家分娩者。到請即往。

贊育醫院啓

救傷車輛租價目

本港政府。設有紅十字救傷車及帆布車。以備輸運居民受傷或病者入醫院之用。但因所費浩大。不得不畧收手續費用多少。以爲彌補也。

紅十字救傷車。

（甲）域多利亞或九龍或新九龍等地段內。每次收費銀伍元。

（乙）其他各處每次收費用銀十元。由港往九龍或由九龍往港亦收十元。

人力帆布車。

（甲）域多利亞（半山以下）或九龍城或舊九龍或深水埗

段內。每次收銀……………………三元。
(乙)新九龍段內每次收銀………………四元。
(丙)域多利亞(半山寶雲路以上)本港其他各處。及新界各處。每次收銀……………………六元。
(注意)十字車搭小輪渡海。每次取回渡海車費……三元。

學校須知

(一)凡在香港私立教育機關。其學額如在十名或十名以外者。則稱為學校。須到教育司署註冊。如不遵辦。一經查出。定必控告。并可罰欵五百元。倘罰欵後。仍未遵例註冊者。則每天罰欵弍拾伍元。并可隨時知會裁判司將學校停辦。

(二)凡能依規則呈求教育司註冊。批準後。當即發給下列憑證。

(三)如學校禀呈註冊。其理由不充足者。教育司定不允其所請。并即批覆該校校長。聲明不準之理由。如校長以批覆之理由不合。則可上訴于港督。倘能依例而辦。定邀批準。

(四)如上訴不得直。而仍繼續開學者。該校則稱為不合例學校。定必處罰。

(五)凡學校能遵規則辦理。則可禀求提學司免歸政府管轄。待提學司查明。無違港例。則可發給豁免管理憑照。但發憑證後。該校有違教育則例者。仍可隨時將憑照取銷。

(六)管理規則

(甲)校內地方須潔淨。

(乙)規則要整齊。

(丙)凡註冊學校。不準用非教育部審定之書籍。

(丁)凡註冊學校。須備有註冊部及數部。

(戊)學校名譽及成績。尤關緊要。

(七)教育司對於漢文教員教授之程度。極為注意。深恐有不合格者。而妄行教授。於教育方面。大有影響。不得不畧加試驗。藉知其程度。如由內地畢業得畢業證書。或師範執照者。亦須畧加考試。因內地之程度不一。故須稍知其學問。倘能具有適當之漢文地理與算術等程度者。則可以通過矣。

學校註册禀呈格式

Hong Kong........................19........

To

The Director of Education
Educational Department.

Sir,

I have the honour to submit particulars as under of a school which I propose to open and manage at....................................and to request that you will be so good as to issue a certificate of registration of the same, under the Education Ordinance 1913.

I am Sir,
Your obedient Servant,

Manager.........................

(1) Name & Address of school
(2) Whether for boys, girls or both
(3) The dimension of each class room
(4) The syllabus of each class or standard
(5) The weekly time-table of each class or standard
(6) Time of roll call
(7) The regular holidays
(8) The name, age, Qualifications, experience and salary of each teacher.
(9) The fees and any remissions or reduction therefrom
(10) Any other sources of revenue
(11) The rent of school premises
(12) Any debt or charge on the school

一九三三年六月修正學校規則通告

教育司爲通告事。案照本年五月九日。督憲會同議政局。根據教育則例第二十六條第十二欵。將管理學校規則第八。十八兩條修改。並增加廿三A一條。合行將上列三條。全文照錄於後。通告全港各學校。一體知照此告。計開。

八。所有學校必須設有完善厠所。其設備以教育司認可爲標準。

十八。未經教育司許可。不得在任何學校充當教員女校如欲聘任男教員。須將理由詳細開列。呈候教育司核奪。

廿三A。關於預防學校火險事宜。由消防局隨時派員到各學校查視。並將查得情形報告於教育司。聽候酌量辦理。各學校如遇消防人員到查。須予接納。

一千九百三十三年六月二十日。

香港公立私立學校學費表

皇仁中學。Queen's College (校址)在鴨巴甸街。電話三九。再駁二零。第一至第三班。全年學費一百廿元。第四至第八班。全年學費六十元。

英皇中學。King's College(校址)在般含道。電話三九。再駁六號。第一至三班。全年學費一百二十元。第四至八班。全年學費六十元。

育才書社。Ellis Kadoorie School (校址)在醫院道。電話三九。再駁三一五。第四至第八班。全年學費六十元。

灣仔英文書院。Wanchai English School (校址)在大道東。電話三九。再駁五號。第四至第八班。全年學費六十元。

油蔴地英文書院。Yaumati English School (校址)在彌敦道。電話五八零七一。第四至第八班。全年學費六十元。

峽道英文書院。Gap Road English School (校址)在峽道。第四至第八班。全年學費六十元。

庇理羅士女書院。Belilios Public School (校址)在荷李活道。電話三九。再駁七號。各班全年俱收學費四十八元。

聖士提反男校。St. Stephen's College (校址)在赤柱。電話二六二六四。

各生塡冊費五元。驗體費五元。按金弍拾員。每年分三學期。

走讀生。中學每學期學費六十五元。小學每期學費六十二元。在校用午膳。每期十三元。

寄宿生。中學每期壹百八十元。小學每期壹百七十七元。學費膳費宿費洗衣費包括在內。用西餐者每餐加二毫。

聖士提反女校。St. Stephen's Girls' College (校址)在烈塗盧屯道。電話二一五五一。

每年分三學期。各生收按金十元。每學期學費如左。

考大學高等生及預備班。五十元。紙筆費三元五毫。化學室費二元五毫。

第五至第三班。學費四十五元。紙筆費三元五毫。化學室費二元五毫。

第六第七班。學費卅五元。紙筆費二元伍毫

第八第九班。學費二十五元。紙筆費二元伍毫。

幼稚園班。上午十元。下午六元。紙筆雜費一元伍毫。

音樂班。每期三十五元。遊戲費一元五毫。

閱書樓費二元。學生午膳每期十二元。宿食費每期六十五元。洗衣費十元。假期內宿食每日一元。每星期六元。

華仁書院。Wah Yan College (校址)在羅便臣道。電話二四四七七。

入學費五元。第一至三班。全年學費壹百弍拾元。第四至第八班。全年學費柒拾弍元。體育費全年三元。校醫費全年一元。全年膳宿費三百元。(閱報洗內衣費在內)另入舍費十元。暑假期留宿費另交弍拾元。學費另照上列繳交。

聖保羅男書院。St Paul's College (校址)在忌連拿利。電話二一六三九。

每年分三學期。每期學費如左。

第一至第三班。三十五元。

第四至第五班。三十元。

第五至第七班。二十七元。

第八班二十元。

每期筆墨費四毫。遊戲費一元。

走讀生按金十元。膳宿費全年二百五十元。

拚繳按金二十元。

聖保維女書院。St Paul's Girls' College(校址)在堅尼地道。電話二六零九三。

入學費五元。每年分三學期。幼稚園每學期學費十五元。

小學。每學期學費十五元。

初中。每學期學費二十五元。

高中。每學期學費五十元。

另堂費每學期學費二元。

英文特別科。每學期學費七十元。

每學期膳宿費一百元。（洗衣及雜費在內 醫藥費自理。

音樂科。每學期三十元。

香港嶺南分校。Lingnam School（校址）在司徒拔道。電話二四二四四。

每年分二學期，每期學費如左。

寄宿生。學費五十元。堂費十元。書籍五元。醫費五元。體育費二元。膳費四十六元。寄宿費四十元。洗衣費八元。

走讀生。學費五十元。堂費十元。書籍五元。醫費五元。體育二元。若搭午膳者。每期收十九元。

新生初入校時。須加交按金銀五元。

聖若瑟英文書院。St. Joseph's Colleg（e校址）在堅尼地道。電話二一二零四。

入學費。走讀生收四元。寄宿生收十元。

第一至三班。每月學費七元。

第四至第八班。每月學費五元。

學習打字費。每月學費二元

中文或法文格致或化學。每科每月學費一元。

膳宿費每月五十元。遊戲費在內。

拔萃男書院。Dioeesan Boys' School（校址）在九龍何文田。電話五七七七七。

走讀生。全年學費壹百六十捌元。遊戲費五元。衣櫃費二元。

寄宿生。全年五百六十元。（學費宿食在內）全年遊戲費十元。旅行費十元。衣櫃費十元。暑假期宿食費每日二元。

拔萃女書院。Diocesan Girls' School（校址）在九龍佐頓道。電話五七一七二。

走讀生。全年學費第一班第二班。一百四十四元。

第三班第四班一百二十元。

第五班第六班九十元。

第七班第八班及幼稚班。七十二元。午膳每月十元。

寄宿生。全年五百六十元。（學費宿食費在內）。

遊戲費每季二元。

音樂班。每月十元。至十二元。

暑假期宿食費每日二元。

英華書院。Ying Wa College（校址）在彌敦道尾弼街。電話五七四六五

新生報名費一元。入學時交保證金五元。第一至第二班。全年學費九十六元。

第四班全年學費七十八元。

第五班至第八班全年學費陸十六元。

宿洗衣醫藥費傢私等費。全年弍百叁拾壹元

英華女學校。Ying Wa Girls' School（校址）在般含道。

電話二五三六三。
新生報名費一元。入學時交保證金五元。初小一二年。全年學費三十六元。
初小三四年。全年學費四十二元。
高小一二年。全年學費五十一元。
初中全年學費六十三元。
高中全年學費七十二元。
習鋼琴全年學費七十二元。
堂費全年五元。
體育費全年四元。
幼雅班全年學費三十元。
堂費四元。體育費二元。

香港大學堂。Hong Kong University（校址）在般含道尾。
電話二八零五六。
入學費五元。按櫃費二十伍元。
學費分二期。第一期收二百四十元。第二期收一百六十元。
走讀生。每課程第一期六十元。第二期四十元。
膳宿費第一期。二百元。第二期一百元。
學生聯合會。入會費二十五元。
凡欲入大學者。年歲須在十六歲以上。及携有中學所發給品行證書。及已獲入場試考選。或免考證書。

公衆娛樂場規則

（一）凡開設公衆娛樂場（如大戲院影戲院游樂場等）領取人情。如入稟人是外國人。則可直接投遞香港警察司。批准後。須再稟呈工務司。如入稟人是中國人。則須先稟呈華民政務司。批准後。再稟呈警察司警察司批准後。再入稟工務司。方合手續。

（二）娛樂場之人額。以座位之多少而定。每人面積至少占有濶度二尺三寸。深度一尺八寸。至於樓梯行人路門口等。其濶度另有規定。

（三）凡未有向警署討准人情。無論何處屋宇或公衆娛樂場。不得舉行鬥力或比武。

（四）除娛樂場執照所聲明外。不得舉行別種娛樂事業。

（五）娛樂場之圍徑。至少有一半而向兩路者。所向之路（一）一路至少四十尺濶。（二）其餘之路。至少三十尺濶。若是行人路。至少二十尺濶。

（六）娛樂場所。不得在普通屋宇開設。

（七）娛樂場之建築。週圍須用磚墻。

（八）所有鐵料建築。須用工務司滿意之禦火物質蓋藏。

（九）場內裝身房。不得與戲台相連。并須另設一梯出入。

(十)娛樂塲之建築。不能多過兩層。樓底與每層地台。至少距離十尺。樓頂最高之處。須至少距離天花十二尺。

(十一)凡娛樂塲爲備四百人出入者。其樓梯台之洋巷。須用禦火物料建築。濶度至少四尺六寸。如再多一百人或百人以外者。須加濶六寸至九寸。

(十二)梯級須兩邊人墻。及方角。至少須十一寸濶。每級踢板高度不能過六寸。每一扇級。一連不得多過十二級。并不能少過三級。

(十三)樓梯兩傍墻壁。須用九寸磚建築。

(十四)凡樓梯梯級在二十四級以上者。須要轉上。(俗名較剪梯)

(十五)樓梯兩邊。須有扶手。

(十六)座位邊傍行人路。至少須濶三尺六寸。行人路之與座位距離。不得少過十尺。并不得臨時加插座位於行人路。

(十七)每一座位。至少須濶一尺八寸。

(十八)每層樓之座位。在五百名以內者。須另備太平門兩度。如再多弍百五十名。或弍百五十名內者。另加一度。每一門口。須五尺濶。每層樓須有兩門口直透至兩街。

(十九)每樓出路之門口。不得多過兩個作入路用。

(二十)入路門口。至少四尺六寸濶。分兩門向出掩。

(廿一)影戲院之戲台。須設避火帳幕。

(廿二)凡普通屋宇。除電影不准開放外。倘欲作臨時娛樂塲者。期限不能多過一個月。但能得警察司許可。則每月底准可展期。

(廿三)(機房)須用一寸之十份一厚鉄板。或用木料建築。但其內部須完全用隔火紙鋪蓋。裝載影片。須用有鐵碌之鐵箱。影燈須用電流開放。機房之四週。至少須與座位距離六尺。房內或房口。須備太平水桶弍個。及濕水毛毡一張。并不準在機房內吸烟。

(廿四)娛樂牌費。一個月內二十元。一個月至三個月內四十元。三個月外至半年內七十元。半年至一年內一百貳拾元。

(廿五)搭棚爲公衆娛樂例章

(一)建築棚廠。不得建在三尺水深中。(指潮漲時)

(二)附近於屋宇五十碼內。未得工務司人情。不准蓋搭棚蓬。

(三)棚廠規定。只準建築一層。

(四)棚廠臺陣。離地最高不得過四尺六寸。

(五)棚廠地方。由臺面八尺以上。不得遮蓋。

(六)每行人路。至多須四尺濶。每條相隔不得少過貳拾尺。

(七)出路之多寡。須照警察司滿意而定。

(八)人數之多寡。須照座位爲額。惟最多不得過貳千名。

(九)安設燈道。須由警司指定。

(十)須常設備斧頭。及救火等器皿。

(十一)須設太平桶四十八個。水量須常滿載。

(十二)不准在場內或附近棚廠開爨。

(十三)棚內不得吸烟。

(廿六)取締影片及街招辦法。

(一)影片及街招。須由警司或警署所指定之人檢查。

(二)影片及街招。倘未經警司檢查者。不准標貼及放影。

(三)(檢查影片)每卷收費二毫。

(廿七)影戲院除演影戲外。非得警司允許。不得舉行別種娛樂。

(廿八)新界娛樂場簡章

凡欲在屋宇舉行娛樂者。須入稟新界田土廳。稟內須繕明姓名住址屋宇情形。及舉辦何種娛樂。田土廳可發給人情。及各指定建築章程。須要遵守。

人情紙毋須納費

除人情紙聲明外。未經田土官允許。無論何處屋宇或棚廠。均不得作娛樂場用。以上章程。倘有違犯。可處以五百元以內之罰欵。

取締影戲院新例

一九三一年

警察司當局。取締電影院已訂立新例。所有戲院之美術街招及相片等。須得檢查員批准。始得懸掛。影戲院倘作別種戲劇者。須得當局批准。始得舉行。戲院內之行人路走火路須濶大。路口不得企立閒人。以便發生危急事之故時。作觀衆避走之用。戲院執牌人。須常川駐院負責主持。院內須備有充份之救火器具。機房須設備隔火紙。救火水兩桶。救火坭沙一桶。放影房及捲畫房。不能貯多過十二卷。或二萬尺畫片。如有多過者。可另貯在避火貯片室。戲臺與觀座須用十三寸厚磚墻間開。除幕口外。不准開多過三個門口。其面積不得超過貳拾英方尺。及須置配二寸厚柚木。或實木自動雙門。其幕口配置隔火帳。開影時可能升降者。帳中及離地不能低過三英尺須寫十二寸高之隔火帳三字。俾觀者四圍可能望見。凡登廣告在帳上。須與此三字離開。幕口之上須留足地位。爲該隔火帳全幅升上之用。凡舊有之影院幕口上。不夠位升上者。滅火局可准隔火帳分開數段配置。所有影片俱由檢查局(警察司華民政務司及教育司)或該局員檢查。如影戲院不滿意局員檢查者。可上控檢查局。平常檢查費每卷一元。上控檢查費每卷五元。

娛樂稅

入塲劵價值二毫或二毫以下免稅。

貳毫至五毫稅額……………五先

五毫至一元。稅額……………一毫

一元至二元。稅額……………二毫

二元至三元。稅額……………三毫

三元至四元。稅額……………四毫

四元至五元。稅額……………五毫

每五元徵稅五毫。多過照伸。

檢查影片及告白規則

一九三三年四月修改

(一)凡電影畫片。及影片告白。俱須經影片檢查部驗妥。方得放影。

(二)檢查部管理人員。乃由香港警察司。華民政務司。及教育司。會同辦理。

(三)檢查員檢查影戲院之影片。如院主有不滿意者。可上訴於檢查部。一經判定。是爲作實。

(四)平常影片檢查費。長度在五百尺以外者。每劵四元。在三百尺以外五百尺以內者。每劵二元。三百尺以內。及影片告白免費。上訴費用。每卷影片費用銀八元。

(五)檢查影片及告白之地點。俱由檢查部指定。影院司理人。須預將影片備便。以待檢查。

(六)電影戲院。祇准作電影事業。非得警司人情。不准作爲別項事業。

一九三三年馬票派彩新例

本港社團。每年舉辦馬票者。有南華體育會。精武體育會。欖鎭同鄉會。華商會所。華人機器工會。香港賽馬會。及粉嶺賽馬會等。每年開辦馬票時。除香港賽馬會。及粉嶺賽馬會外。其他須向警察司領取執照。并須遵守下列派彩辦法。方准舉辦。

(一)如派彩額在三十萬元。或三十萬元以上者。須派百份之九十九。即許抽佣金百份之一。以三十萬而算。即抽佣金三千元

(二)如派彩額在一萬元者。須派彩金百份之九十。卽許
抽佣金百份之十。卽一萬元抽佣金一千元。
(三)其餘若在三萬。五萬。十萬元等額獎金。亦有規定派彩額。如百份之九十二。九十三。九十八不等。約計開辦。無論若干獎額之馬票。所抽佣金總額。不能超出三千元之數。

香港賽馬會廣告

凡屆賽馬日期。如會員及其婦女入會員棚參觀。必須將入場徽章懸掛於身上。方可入場。如無徽章者。則不許入會員棚。本會會員可介紹非會員入會員棚。每張入場劵價銀每日十元。娛樂稅在內。另有五日通用劵。每張四十元。娛樂稅在內。婦女入會員棚。每位每日入場劵收銀五元。另有五日通用劵。每張收銀廿元。娛樂稅在內。以上入場劵。可由會員介紹。向司理人購取。惟該會員必須負責劵費。及其他責任。但本會員棚入場劵。不在賽馬場發賣。是屆賽馬日會員棚內。特設午餐。惟須預早用電話「二一九二零」命會員棚之總侍役預備。〇月〇號至〇〇〇號賽馬日期。兒童不準入場。公衆馬棚入場。每日每位收銀四元。娛樂稅在內。男女同價。兵士及水手穿制服入場者。每日每位收銀一元。娛樂稅在內。由閘口收銀。賽馬期內。不準各種賭博在馬會界內發現。僕役通行證。向高路士打行(卽香港大酒店隔隣新行)四樓內連士得洋行領取。但僱主幸勿濫發。並須簽名於通行證上。僕役除於服務來往。則不許在會員棚內行動。必須停留僱主房內。凡持有僕役通行證者。若在棚內遊蕩。則必將其通行證沒收。逐出棚外。此佈。

一九三二年

賽馬時期警察司佈告

警察司胡

佈告事。照得黃泥涌賽馬日期。各等車輛須遵守下列街道行駛。以利交通。故特示。俾衆週知。

(一)凡車輛一切前往黃泥涌賽馬場。須取道軍器廠街。軒鯉詩道。入波斯富街。及禮頓山道。轉入黃泥涌道。環繞賽馬場。駛至大馬棚閘口停止。各車輛由馬場駛回時。須從摩理臣山峽道。及皇后大道東駛去。上列路程。在賽馬期內。每日由上午十一時至下午七時。車輛等務須遵照行駛。

(二)凡在馬塲搭客上落電車汽車及客等。須在下列規定地點

(甲)在馬塲公衆閘口。

(乙)在馬塲會員棚閘口。

(三)波斯富街之西。至美利道之東一帶。由上午十點起

至下午七點之間。貨車及負有重物人等。不准在此來往。

（四）凡步行人等。須從路上兩傍人行路行。不得在路中來往。

（五）凡車輛則馬塲左右時。均須慢駛。

（六）凡車輛在馬塲附近停擺地點。須聽由當值警察指示。

（七）凡失路之犬。則可遵照一千八百四十五年第一條則例第十六節等三欵將其擊斃。故凡有犬者。不宜任其來近馬塲。

（注意）在賽馬期內。每日上午十一時至下午七時。皇后大道東由紀念碑起。直至軍器廠街。祇准單頭通車。至車輛由東向西行駛車輛等前往史塔士。須道取道軍器廠街。莊士頓道。灣仔道。轉入摩理臣山道。及摩理臣山峽道駛去。汽車在馬塲停擺。須在下列規定地點。

（一）在馬塲公衆門前。祇准馬會職務員之汽車停擺。

（二）摩理臣山停車處。（即政府文員會對面）及山村道。

祇准私家汽車停擺。

（三）雲地利士道。祇准營業載客汽車停擺。

大英一千九百三十二年二月十六日

（一）舞台

院名	地址	電話
高陞戲院	大道西	二七一三九
利舞台	波斯富街	二零六七二
太平戲院	大道西	三零一七一
普慶戲院	彌敦道	五七二七六

（二）電影

院名	地址	電話
皇后影戲院	大道中	二四六三六
娛樂影戲院	大道中	二五三壹三 二五三三二
中央影戲院	大道中	二五七二零
新世界影戲院	德輔道中	二一三三七
東方影戲院	灣仔勳寧道	二八四七三
香港影戲院	大道東	二三六九四
中和影戲院	九如坊	二零五四四
西園影戲院	西營盤水街	二二壹六一
景星影戲院	尖沙咀北京道	五七七九五
大華影戲院	彌敦道	五七二弍二
油蔴地影戲院	窩打老道	五六四弍六

第一影戲院……油蔴地公衆四方街……五七五四五
廣智影戲院……甘肅街……五六零六八
光明影戲院……公衆四方街……五八三一二
砵崙影戲院……砵倫街……五六八九五
東樂影戲院……彌敦道……五八五三六
明星影戲院……荔枝角道……五六一八三
旺角影戲院……旺角新塡地街……五六四四九
長樂影戲院……西灣河大坑街……二四八三四
官涌影戲院……佐頓道……五六七六二

(三)跳舞學院及酒店舞場

院名	地址	電話
寶蓮跳舞學院	娛樂行七樓	二七五三〇
大華跳舞學院	德輔中廿二號	二五九八
銀月舞藝學院	大道中五十號	二四七九二
滌思舞蹈學院	大道中三十六號	二六七三五
特殊舞蹈學院	都爹利街	
蝴蝶舞藝學院	德輔道中六十三號	二六七七零
香港大酒店天台花園	必打街	二四八〇一
連卡剌佛殮室	娛樂行	二四九四八
告羅士打行天台花園	德輔道中	二八一二八
淺水灣酒店	淺水灣	二七七七五
半島大酒店	尖沙咀	五八零八一

(四)游泳場

場名	地址	電話
華人體育會游泳會場	七姊妹	二三六五二
南華體育會游泳場	七姊妹	二六八七二
鐘聲慈善社游泳場	西環堅尼地城	二八五〇七
香港政府華員會游泳場	七姊妹	二弍七五四
中華體育會游泳場	七姊妹	三零零七五
淺水灣游泳場	淺水灣	
赤柱游泳場	赤柱	
石澳游泳場	石澳	

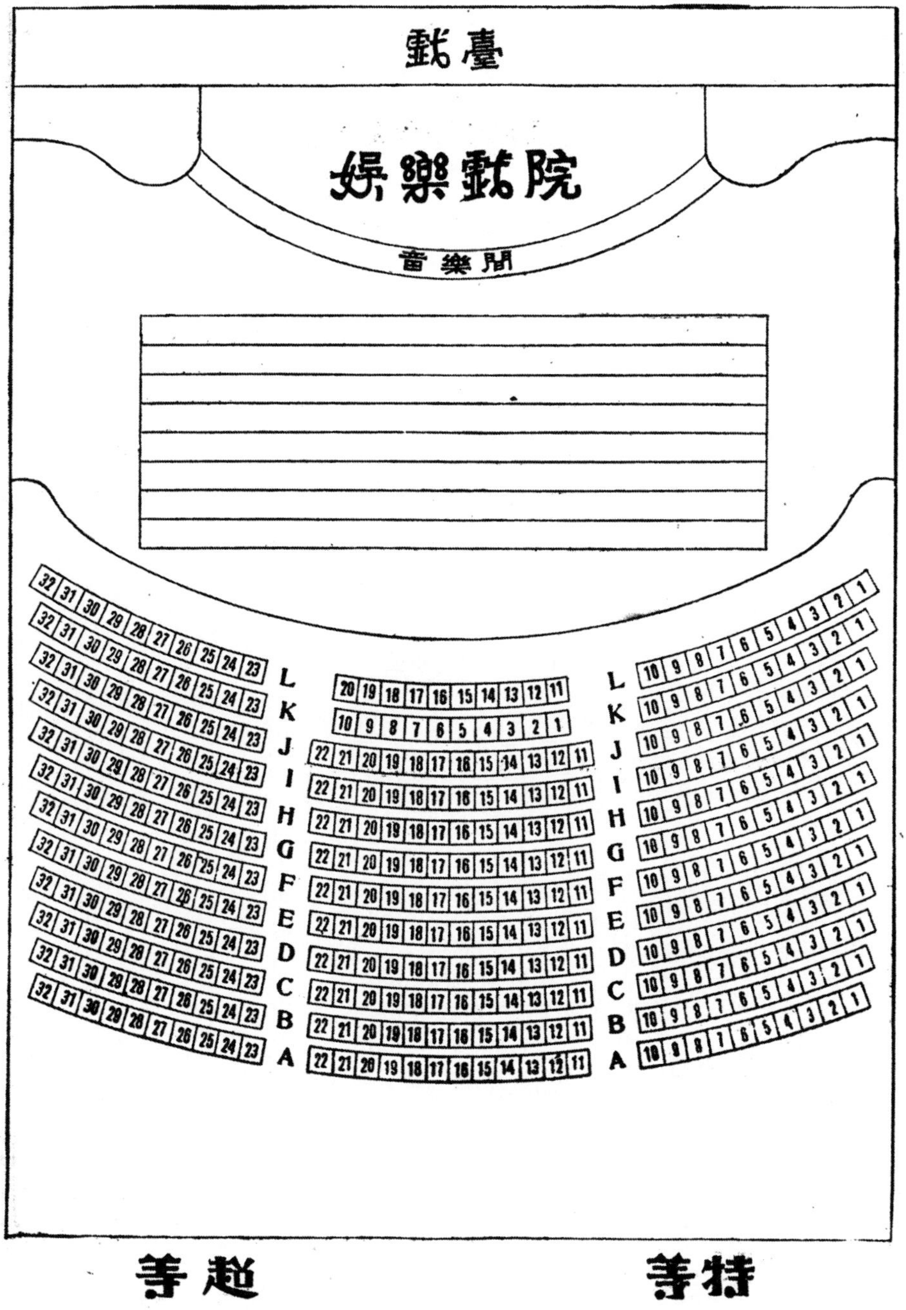
戲臺
娛樂戲院
音樂間
L
K
J
I
H
G
F
E
D
C
B
A
超等
特等

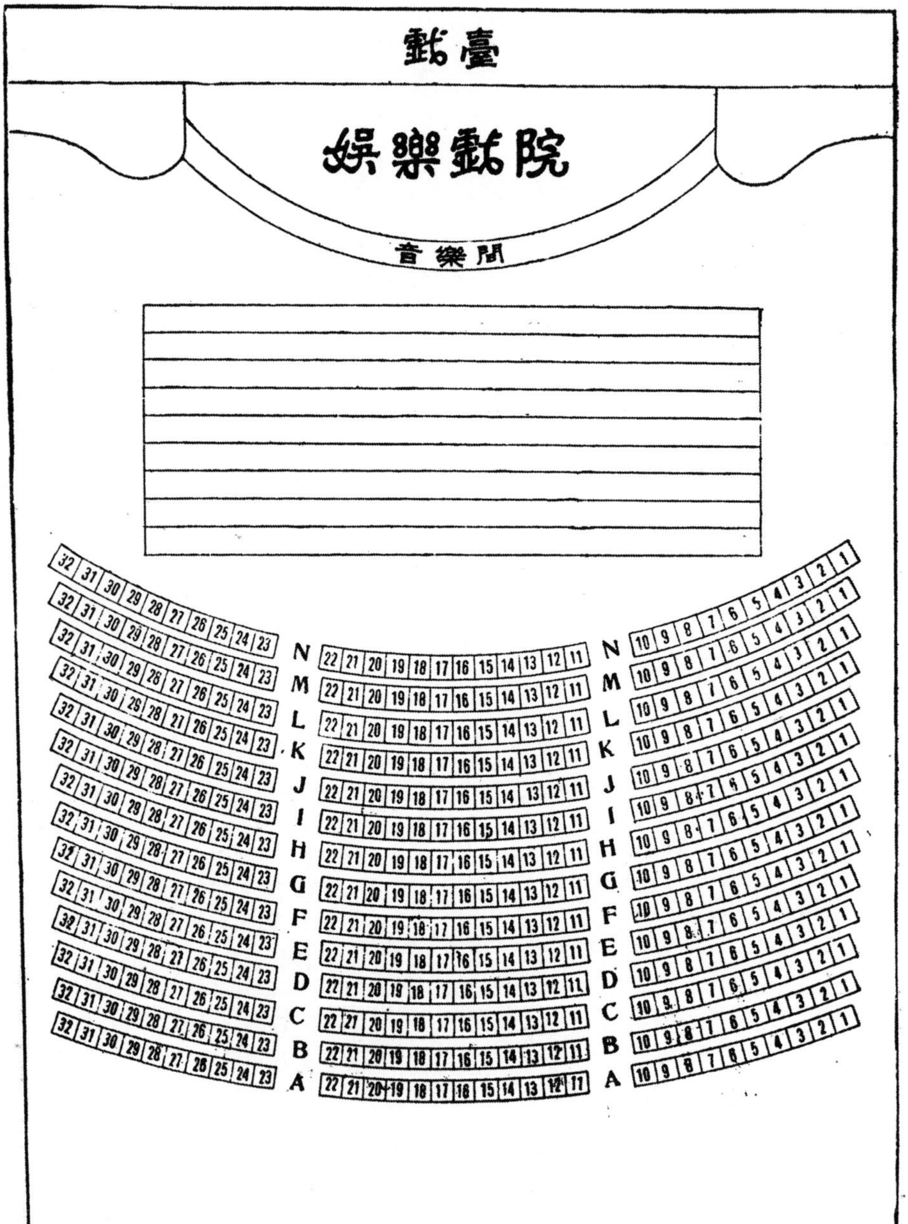

頭等

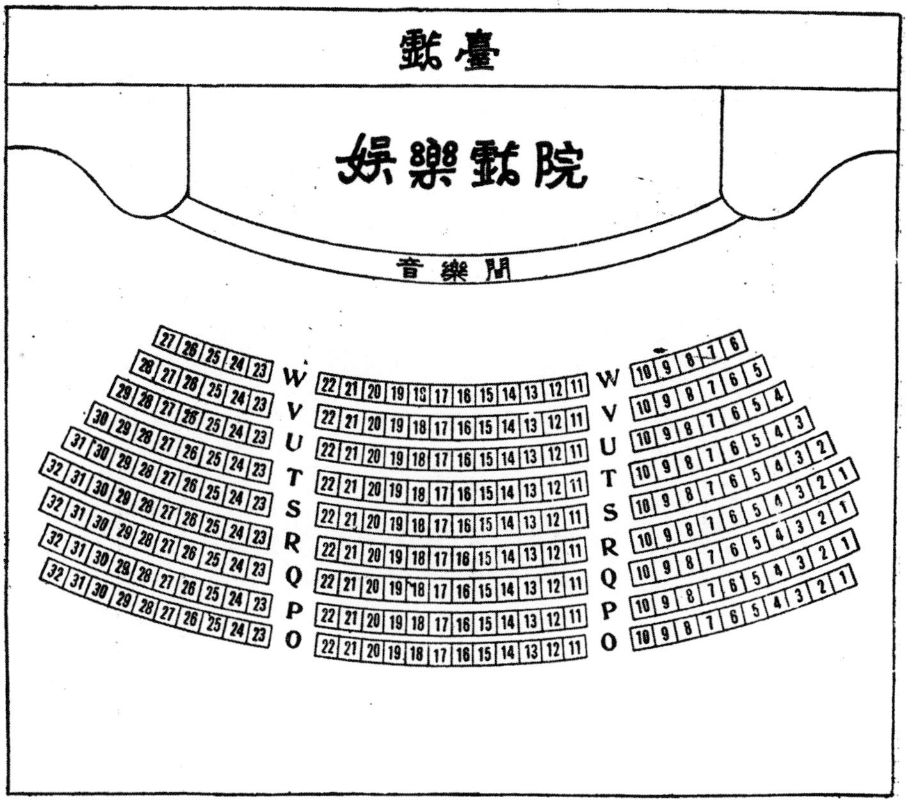

電話 弍五三一二 / 弍五三一三

前座

座位表

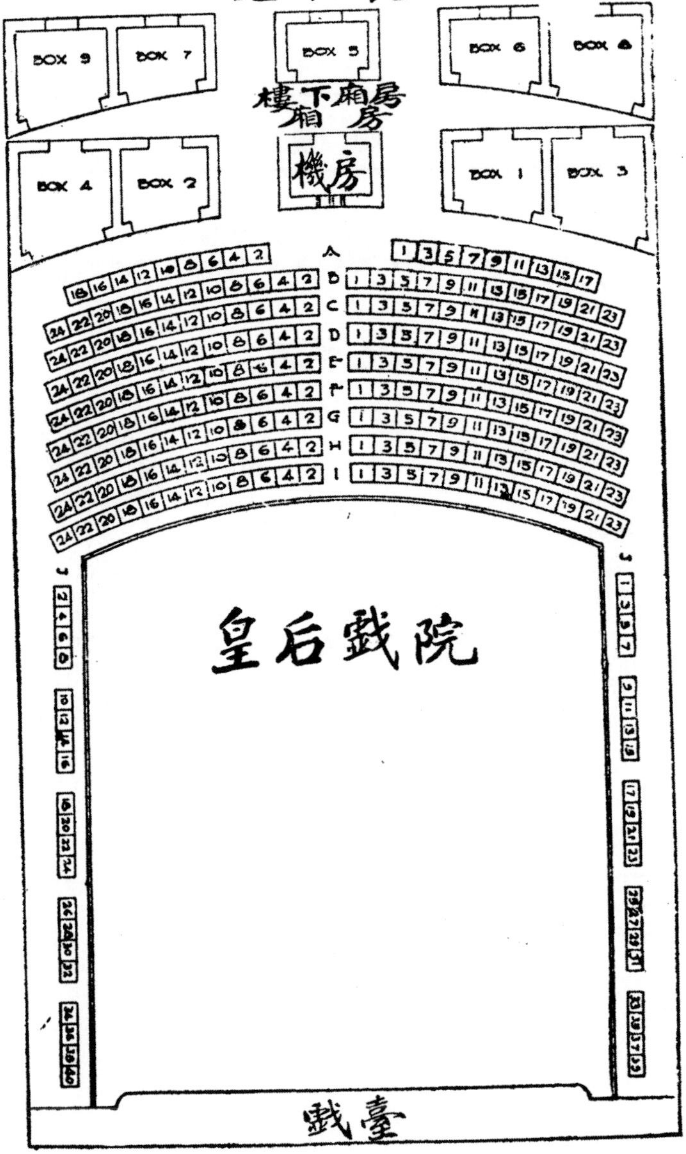
BOX 9
BOX 7
BOX 5
BOX 6
BOX 8
樓下廂房
廂房
機房
BOX 4
BOX 2
BOX 1
BOX 3
皇后戲院
戲臺

座位表

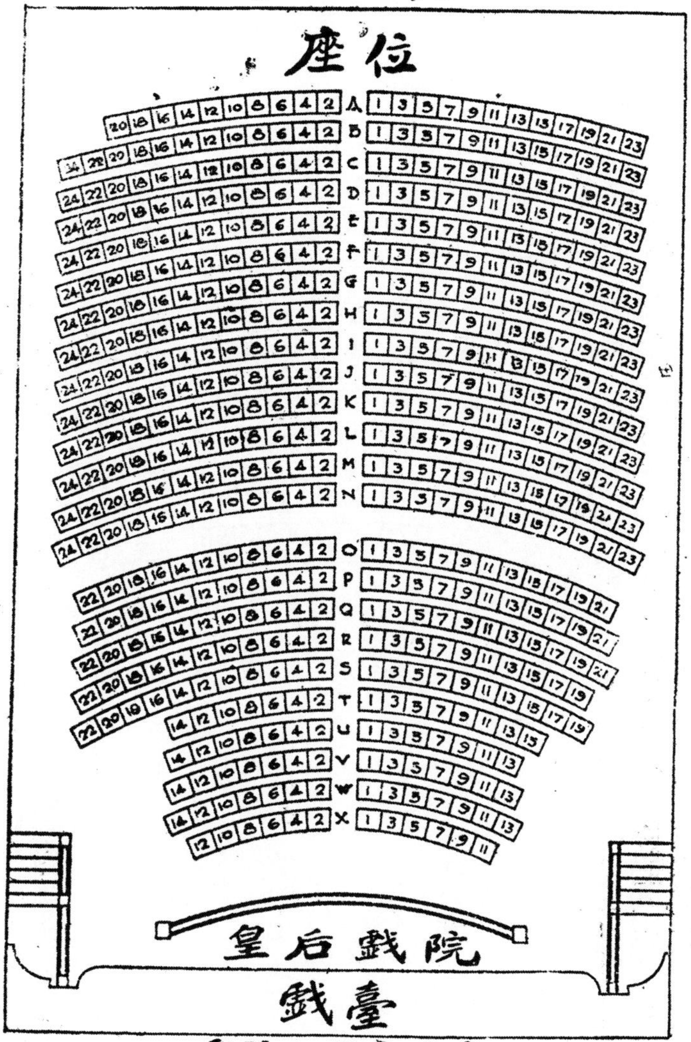

電話二四六三六

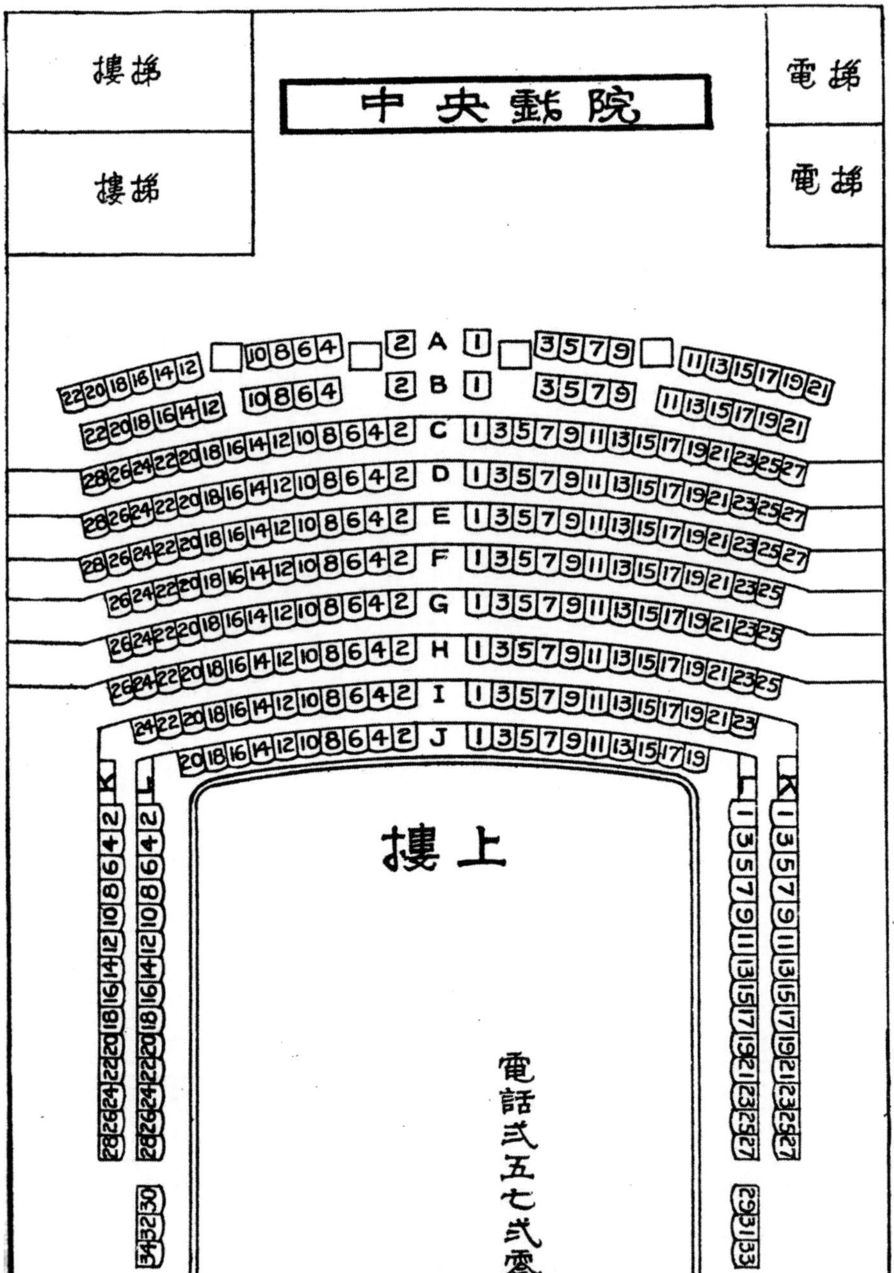

樓梯
樓梯
中央戲院
電梯
電梯
A
B
C
D
E
F
G
H
I
J
K
L
樓上
電話弍五七弍零
戲臺
PALMER & TURNER
ARCHITECTS
HONGKONG & SHANGHAI

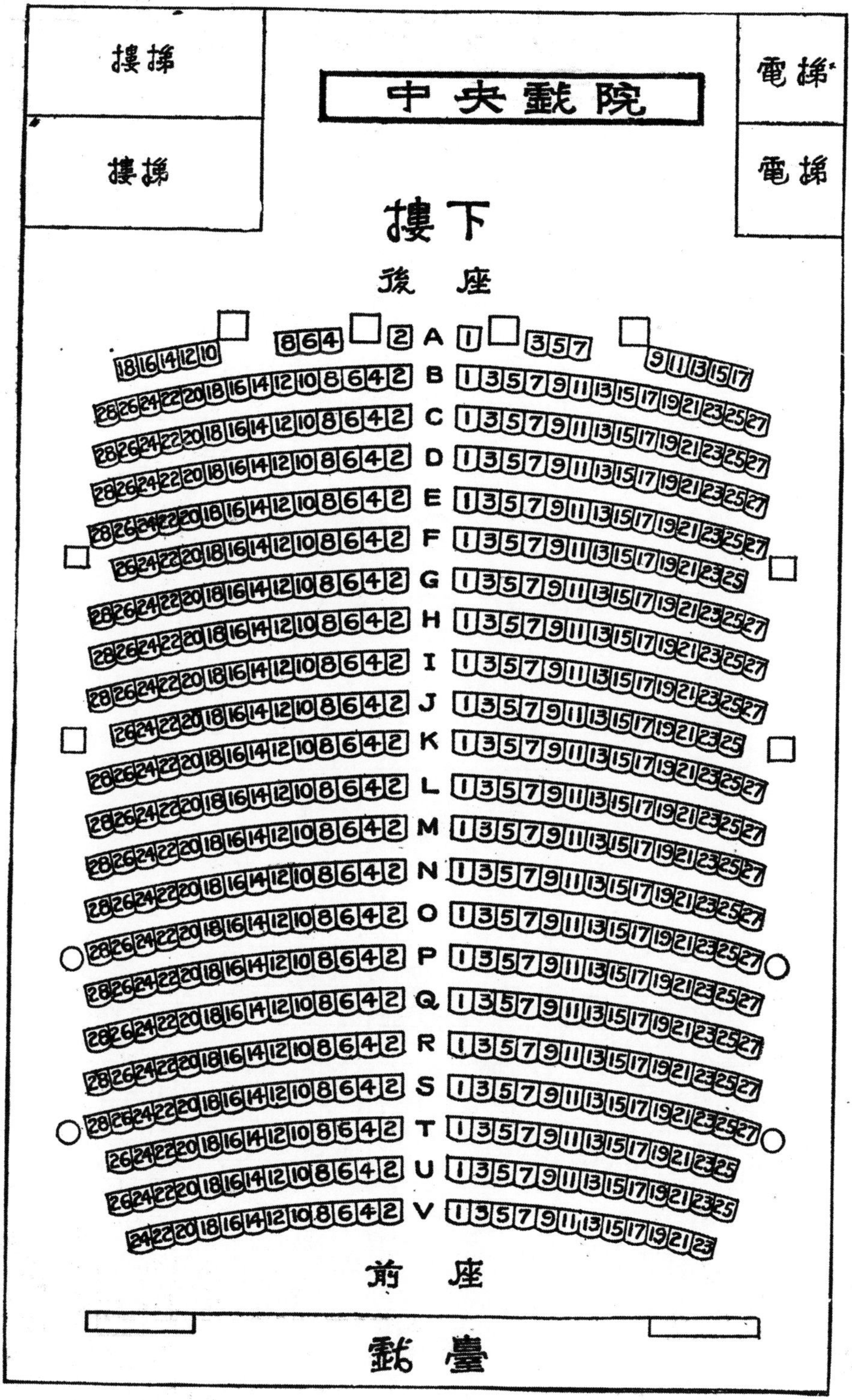
樓梯
樓梯
中央戲院
電梯
電梯
樓下
後座
A B C D E F G H I J K L M N O P Q R S T U V
前座
戲臺

座位表

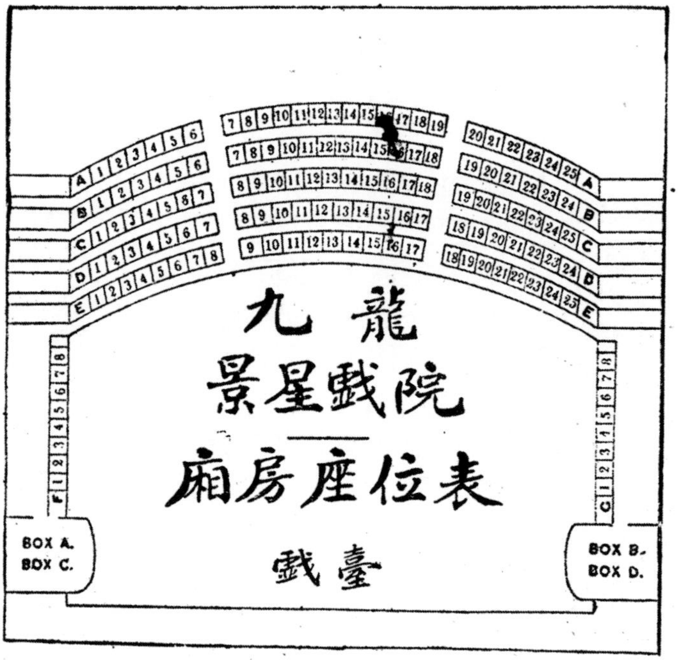

景星戲院　座位

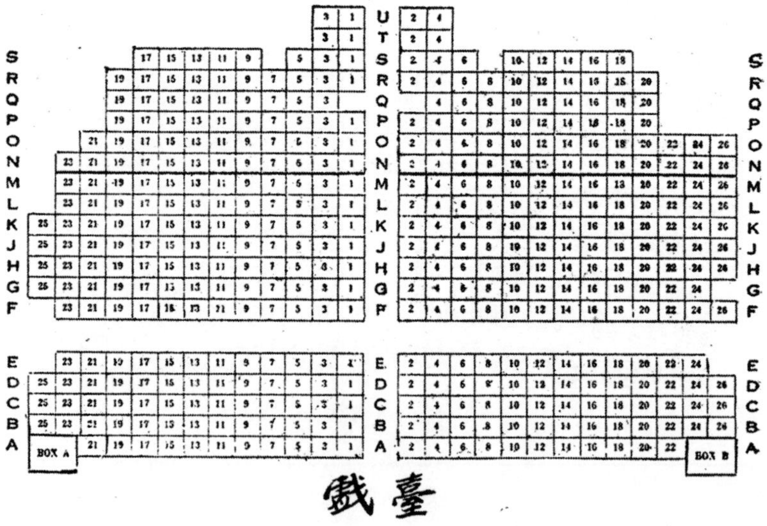

高陞戲院

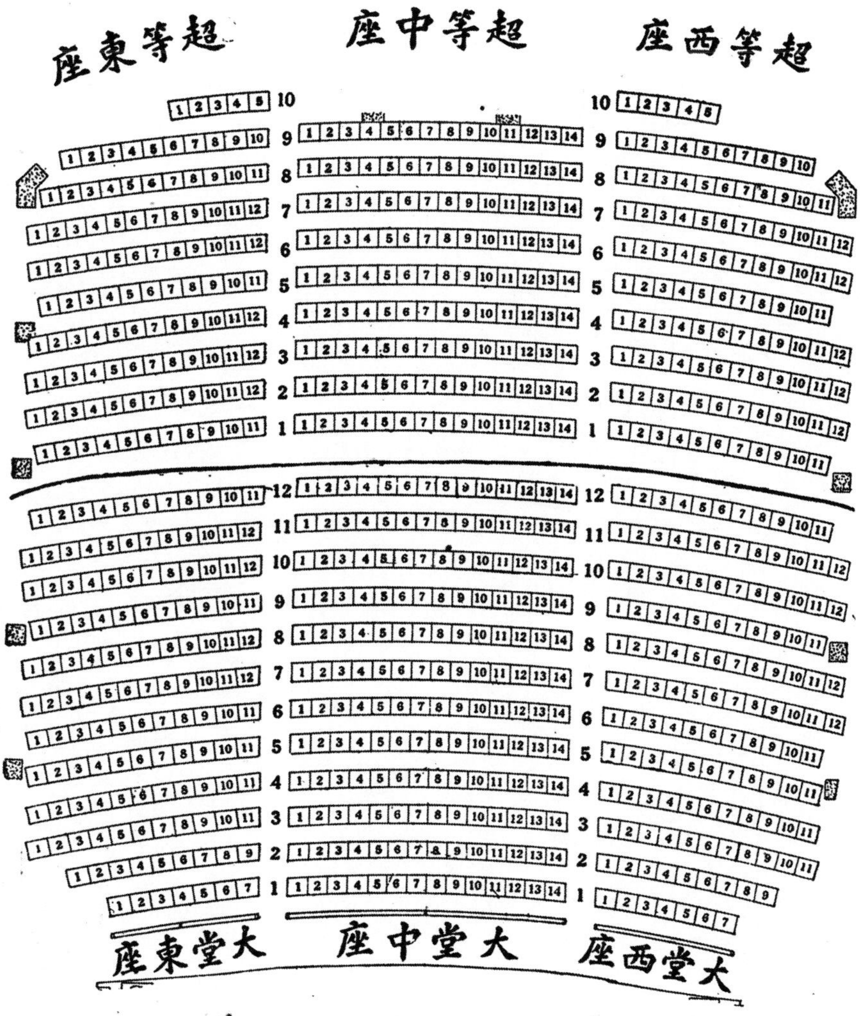
超等東座
超等中座
超等西座
電話式七一三九
大堂東座
大堂中座
大堂西座

座位表

高陞戲院

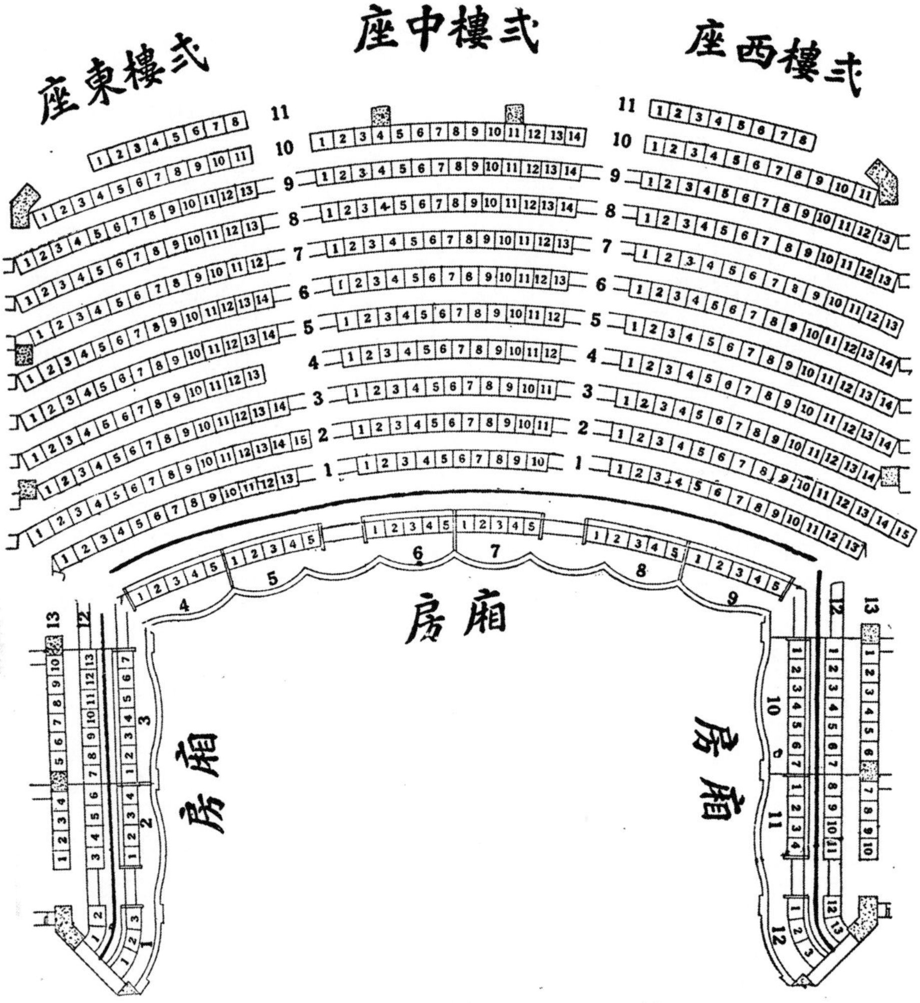

座位表

利舞臺

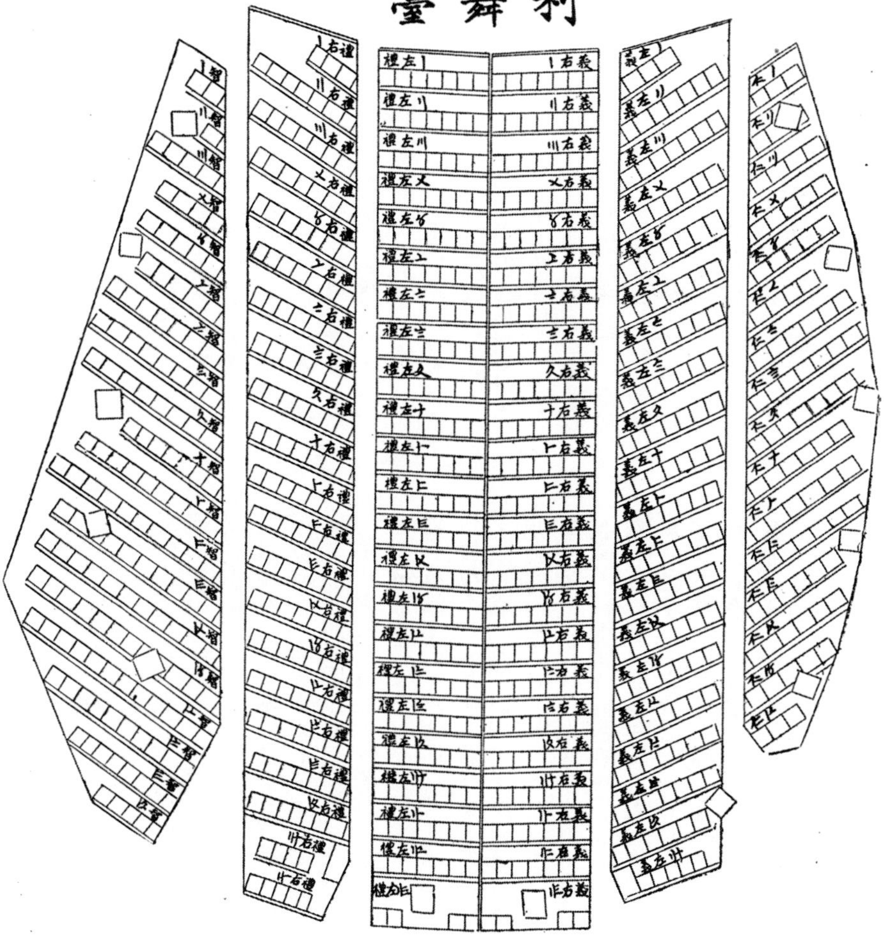

座位表

廣州關業公會致函華商總會

請各行商勿虛報貨價及廠家

粵海關稅務司近爲防範報關行商店。逃撻稅欵起見。特出示實行增加保証金辦法。即凡屬新開報關商店。每間須繳保証金大洋五千元。舊有商店。則由港幣一千元增至大洋二千元。幷由七月十五日起分四期繳交。但該報關同業公會奉到此示後。即召集全體會議。以謀應付。昨該會又以港方商家之向省方關家代報關稅者。多有虛報其貨價及廠家。現該會爲易於辦理起見。特來函本港華商總會。轉各行商實報各情。茲將其原函探錄於后。

逕啓者。敝會現據所屬同業紛紛投稱。關於粵海關邇來對報運出入口貨物。動輒需索合同價單等件。設不提出。則認爲所報。不盡不實。既任情改高價值。復隨意判處罰欵。似此辦理。敝會同業與各行商在營業上均受絕大之損失。爲此廹得將該關管理章程第一欵第二節至第四節全文抄白。隨函送達台端。希爲查照。轉飭所屬會員知照。以後凡託敝公司同業代報關稅者。應依照該關章程。將所報運貨物之眞正合同。眞正發票廠家發票等件。交與所託之報關店號。俾免該關藉端留難。而致雙方徒受痛苦。是爲至盼。此致香港華商總會。主席陳百錸。常務委員陳伯蓀。周子安。

茲又將海關管理報關行暫行章程錄下。第七條。報關行對所報貨物之價值品質重量及其他應報之各項。如有欺詐僞造行爲。以致稅欵受損失時。除由海關責令該報關行如數賠償。及遵繳罰欵外。並得取消其營業執照。或停止其執照之效力。該項假報之貨物准免充公。如該報關行確能証明此項假報情事。係由貨主揑造事實。該報關行。據以繕入報單幷不知情者。海關得將此項假報貨物充公。其情節較重者。幷科貨主以罰金。或其他之處分。該報關行。准免處理。如經關証明該項假報關行與貨主串通欺詐之所爲。除將貨物充公外。幷應科該報關行以罰金。茲又將進口稅則暫行章程錄下。

第一欵第二節。呈遞進口報關單時。應呈驗眞正發票。廠家發票亦包括在內。該發票應載明該貨售於進口商之價值。並用進口商証明無訛。所有運費保險費。及其他各費。亦應詳載無遺。

第三節。倘貨物於未報關之前。業已售出。亦應携同眞正合同。與報關一併呈驗。

第四節。發票與合同均可視爲貨值之憑証。但非必可以視爲確之憑証。關於此點。其解釋應由海關酌定之海關除責令商人呈驗發票合同外。並得任便行使一切有效方法。列如檢查與估價有關之其他各種文件調查。雙方証明之詳細售貨單據。檢查商家薄冊考察貨色。暨於必要時從事一切訪問。以及延請任何私人協助。以便確定稅價格。

廿二年八月十號轉載

香港行政機關一覽表

Governor's Office……………………督理香港軍民辦事處

Governor & Commandar-in Chief & Vice Admiral ……………………香港總督
Private Secretary……………………港督秘書
Ade-de-Camp……………………中軍

Executive Council……………………議政局(輔政司署)

Members ……………………局員
His Excellency The Governor
His Excellency the General Officer Commanding the Troops
The Hon. The Colonial Secretary
The Hon. the Attorney General
The Hon. the Secretary for Chinese Affair
The Hon. the Director of Public Works
The Hon. the Colonial Treasurer
Sir H. E. Pollock
Hon. Sir Shou-son Chow
Hon. Mr. W. E. L. Shenton
Clerk of Council
Deputy Clerk of Council

Legislative Council……………………定例局(輔政司署)

Official Members……………………有官守局員

His Excellency the Governor
His Excellency the General Officer Commanding the Troops
The Hon. Colonial Secretary
The Hon. Attorney General
The Hon. Secretary for Chinese Affairs
The Hon. the Colonial Treasurer
The Hon. Director of Public Works
The Hon. Captain Superintendent of Police
The Hon. the Harbour Master

The Hon. the Director of Medical & Sanitary Service

Unofficial Members……………………………………非官守局員

Hon. Sir Henry Edward Pollock

Hon. Chau Tsun-nin

Hon. Mr. R. H. Kotewall

Hon- Mr. B. D. F. Beith

Hon. Mr. C. G. S. Mackie

Hon. Mr. W. E. L. Shenton

Hon. J. P. Braga

Hon. Mr. Ts'o Seen-wan

Clerk of Councils

Deputy Clerk of Councils

Colonial Secretariat…………………………輔政司署(下亞厘畢道)

Honorable Colonial Secretary……………………………………………輔 政 司

Principal Assistant

2nd. Assistant

3rd. Assistant

Extra Assistant

Chief Clerk

1st. Clerk

Registry General and Personal Section

Correspondence Office, Receipt and Dispatch

Executive Council Clerk Office

Library

Registry, Building and Land Section

Passports and Finance Office

Census Office

Licensing Board………………………………牌照局(在郵政局行)

Members of Board……………………………………………………局員

Hon. Mr. W. T. Southorn, Chairman………………………………主席

C. G. Alabaster, Vice Chairman……………………………………副主席

Official Member……………………………………………………官員

C. A. D. Melbourne
Unofficial Member……非官員
W. L. Pattenden
Elected Members
Dr. W. V. M. Kock
Hon. Mr. J. Owen Hughes
H. B. L. Dowbiggin
Secretary……秘書
First Clerk, Magistracy

Secretariat For Chinese Affairs…華民政務司署各部辦公分列
署址(在中環滅火局行)

Secretary for Chinese Affairs……華民政務司 二樓
Assistant to Secretary for Chinese Affairs……副華民政務司 二樓
Inspector of Factories and Inspector of Labour……工廠調查員 二樓
Officer in Charge of Emigration……過埠客查驗處 樓下
Officer Assisting under Protection of Women and Girls Ordiance……查案帮辦 二樓
Inspector of Mui-tsai……調查妹仔帮辦 二樓
Chinese Press & Census Office……華文報紙檢查處
Detective Inspector……偵探帮辦 二樓
Officer in Charge of District Watchmen Detective……管理四環更練帮辦
General Office……總務處 二樓

Police Department……警察司署(各部辦公處)

Insepctor General of Police……警察司 (新署樓下)
Deputy Inspector General of Police……副警察司 (新署樓下)
Correspondence Office……文書房 (新署樓下)
Traffic Inspectors Office……車輛管理處 (新署樓下)
Chief Inspector's Office……總帮辦辦事處(穿制服者) (新署樓下)
C. I. D. (Criminal Investigation Department)……總偵探部(在新署樓上)
Director of Criminal Intelligence……偵緝處長
Assistant Director of Criminal Intelligence……副偵緝處長
Chief Detective Inspector……偵緝總帮辦
Detective Inspector……偵緝帮辦
Detective Sergeants……偵緝警目
Arms, Dangerous Goods Weights & Measures……領軍火及危險品物牌照及權量試驗處

Chinese Detectives General Office……………………………華探總辦事處
Anti-Communist & Political Office……………………………偵查共產及政治辦事處
Charge Room……………………………捕房（在舊署樓下）
Divisonal Inspector & Emergency Units Office…分區幫辦及衝鋒隊辦事處（在舊署樓下）
Store Supervisor's Office……………………………貨倉總管辦事處（舊署樓下）
Accounts Office……………………………司數辦事處（舊署樓下）
Licensing Office, Dogs……………………………狗牌管理處（舊署樓下）
Motor & Vehicle Licenses Office……………………………汽車及車轄牌管理處（舊署樓下）
Hawkers Office……………………………小販牌照管理處（舊署樓下）
Police Store……………………………警察軍械保全所（舊署樓下）

Fire Brigade……………………………滅火總局（德輔道中）

Chief Officer……………………………滅火局監督
Superintendent of Fire Brigade……………………………滅火局總辦
Inspection Officer……………………………滅火局查驗官

Treasury Department…庫務司署各部辦公處分列（郵政局行三樓）

Colonial Treasurer, Assessor of Rates and Commissioner of Estate Duties……………
庫務司（兼理屋宇差餉估價及遺產稅）
Senior Assistant Colonial Treasurer……………………………高級副庫務司
Assistant Colonial Treasurer and Assistant Commissioner of Estate Duties……………
副庫務司（兼理遺產稅）
Assistant Assessor of Rates……………………………副估價官
Accountant……………………………納餉處
Treasury Crown Solicitor……………………………庫房皇家狀師（郵政局行三樓）
Stamp Office……………………………厘印總局
Collector, Stamp Office……………………………厘印總局監督
Superintendent……………………………厘印總局總辦

Accounts To Be Paid At The Treasury……庫房收納餉項列下

Assessed Rates……………………………差餉
Analyst Fees……………………………化學師費
All kinds of Deposits……………………………按櫃銀及担保銀
Bacteriological Fees……………………………驗微生物費
Rent for Leased Lands (Crown Rent)……………………………地稅
Rent for Lands not Leased (Temporary Occupation)……………………………暫居地稅

Rent for Government Properties……………………………………政府屋宇租項
Rent for Piers and Wharves……………………………………………碼頭租項
Rent for Stone Quarries…………………………………………………石礦租項
Fee for Excessive Water Sonsumption……………………………………水餉
Rent for Water Meter……………………………………………………水錶租項
Premium on Land Sale………………………………………………………地價
Boundary Stones Fee……………………………………………………界石價
Slanghter House Contractors Fee…………………………………………劏槽餉
Conservancy Contractors Fee………………………………………………糞埠餉
Stamp Duties…………………………………………………………………厘印捐
Estate Duties…………………………………………………………………遺產稅
Building Covenant Fines………………………………………罰欵又名津貼差餉
Eating House Licence Fee……………………………………………………食物牌費
Dangerous Goods Licence Fee……………………………危險品物牌費（如火水之類）
Ferries Licence Fee……………………………………………………過海小輪牌費
Auctioneers Licence Fee…………………………………………………夜冷牌費
Games Licence Fee………………………………………………………獵槍牌費
Chinese Restaurant Licence Fee…………………………………………華人酒樓牌費
Pawn Broker Licence Fee…………………………………………………當押牌費
Liquor Licence Fee……………………………………………………………酒牌
Radio……………………………………………………………無線電牌照辦事處
Audit Department……………………………………核數署（在郵政局行二樓）
Auditor ……………………………………………………………………核數官
Assistant Auditors ………………………………………………………副核數官

Supreme Court……………………………香港高等審判廳各部辦公處

Chief Justice……………………………………………………大英欽命香港按察使

按察使管轄審判案件列下

(1) 刑名案
(2) 壹千元以上之錢債案
(3) 遺產案
(4) 賠償損失案
(5) 船隻相撞案
(6) 違背合約案
(7) 毀謗名譽案

Puisne Judges

副按察使管轄審判案件列下

(1) 刑名案

(2) 壹千元以下之錢債案

(3) 報窮案

Registrar……經歷司

Deputy Registrar……副參事

Bailiffs……出傳票處(兼理抄封事宜)

Attorney General……律政司

Assistant to Attorney General……副律政司

Crown Solicitor……皇家狀師

Land Office……田土廳(即土地局)附設高等審判廳

Land Officer……田土官

Assistant Land Officer……副田土官

Registarar of Marriages Office……婚姻註册官(田土官代)

Registrar Of Companies……公司註册官(附設高等審判廳)

Official Receiver In Bankruptcy And Registrar Of Trade Marks……管理報窮事務官及商標註册官(附設高等審判廳)

Probate Clerk……遺產註册處(附設高等審判廳)

Translator Office……通譯房

Interpreter's Office……傳話房

Labrarian……藏書樓管理處

Magistracy Victoria……香港裁判司署

First Police Magistrate

Second Police Magistrate

First Clerk

Usher & Process Server

Magistracy Kowloon……九龍巡理府署

Police Magistrate

First Clerk

Usker & Process Server

District Offices………………………新界理民府署(在郵政局行三樓)

DISTRICT OFFICER (NEW TERRITORY) ……………………理民府(郵政局行)

DISTRICT OFFICER (NEW TERRITORY)…………新界南約理民府(郵政局行)

LAND BAILIFFS…………………………………………………………查地委員

Public Works Department…………工務局各部名稱(下亞厘畢道)

(1) Building Ordiance Office ……………………………………………建築部

(2) Road Office ……………………………………………………………路政部

(3) Architectural Office Including Maintenance Of Government Building……………

畫測部兼管理政府屋宇修理

(4) Drainage Office…………………………………………………………渠務部

(5) Port Development Office……………………………………………港口發展部

(6) Water Works Office……………………………………………………水務部

(7) Crown Land Office………………………………………………………官產部

(8) Survey Office………………………………………………………………測量部

(9) Accountant and Store Office………………………………………司數及貨倉部

(10) General Correspondence ……………………………………………文書房

Public Works Officers………………………………………工務局職員

(1) Director of Public Works………………………………………………工務司

(2) Assistant Director of Public Works…副工務司 (Hong Kong) (管理香港事務)

(3) Assistant Director of Public Works副工務司Kowloon & N.T.管理九龍及新界事務

(4) Technical Secretary to D. P. W.……………………………………技術文案

(5) General Secretary to D. P. W. ……………………………………總文案

(6) Superintendent of Accounts & Stores…………………………數目及貨倉總管

(7) Assistant Port Development……………………………………港口發展副工程師

(8) Senior Inspectors of Works……………………………………查驗工程高級幫辦

(9) Inspectors of Works……………………………………………………查驗工程幫辦

(10) Quantity Surveyor ……………………………………………物力學會計工程師

(11) Superintendent of Crown Lands…………………………………管理官產總辦

(12) Assistant Superintendent of Crown Lands………………管理官產副總辦

(13) Senior Land Bailiffs……………………………………………………查地課長

(14) Land Bailiffs ………………………………………………………………查地委員

(15) Pier Foreman ……………………………………………………碼頭管理幫辦

(16) Superintendent of Surveyors……………………………………管理測量總辦
(17) Assistant Superintendent of Surveyors……………………………管理測量副總辦

Sanitary Department………清淨局各部辦公分列(在郵政局行四樓)

Head of Sanitary Department……………………………………清淨局總辦
Assistant Head of Sanitary Department…………………………清淨局副總辦
Secretary, Sanitary Board……………………………………清淨局經歷司
Assistant Secretary, Sanitary Board……………………………清淨局副經歷司
Chief Inspector……………………………………………清淨局總巡
Senior Sanitary Inspectors……………………………………清淨局高級帮辦
Sanitary Inspectors……………………………………………清淨局帮辦
Engineers, Disinfecting Stations…………………………………薰蒸局工程師
Accountant…………………………………………………清淨局司數員

街市檯牌照費
生菓牌照費
牲口牌照費
仵作牌照費
} 司數員管理

General Office……………………………………………清淨局總寫字樓

年例潔淨灰水費
不合衛生事業牌照費(如猪毛等)
水厠人情
糧食特別牌照費
屋宇不合衛生
} 總寫字樓管理

Medical Department……………………………衛生局(在郵政局行四樓)

Director, Medical & Sanitary Services………………………………醫務衛生監督
Deputy Director, Medical & Sanitary Services………………………醫務衛生副監督
Medical Officer of Health……………………………………………衛生醫官
Assistant Medical Offcier……………………………………………衛生副醫官
Port Health Officers…………………………………………………港口醫官
Colonial Viterinary Surgeon…………………………………………獸醫官
Chinese Hospitals & Dispensaries……管理華人醫院及藥局醫官(在郵政局行二樓)
Visiting Medical Officer……………………………管理華人醫院醫官(郵政局行二樓)
Assistant Visiting Medical Officer…………………管理華人醫院副醫官(郵政局行二樓)
Registration of Births & Deaths……………………………註生死冊署 郵政局行三樓)

Registrar ……… 註生死册官
Mortuaries ……… 劏房
Senior Attendent of Mortuaries……… 劏房總管

Post Office ……… 郵政局各部辦公處

Post Master General……… 郵政司(在郵政局行二樓)
Superintendent of Mails……… 管理書信總辦
Assistant Superintendent of Mails, Parcel Branch……… 管理包裹部副辦
Assistant Superintendent of Mails, Registration Branch……… 管理掛號郵件副辦
Superintendent of Money Order Office……… 管理金銀滙駁總辦
Deputy Superintendent of Money Order Office……… 管理金銀滙駁副辦

Education Department ……… 教育司署(在滅火局行四樓)

Director of Education……… 教育司
Inspectors of English Schools……… 英文視學官
Inspectors of Vernacular Schools……… 漢文視學官
Medical Officer of Schools……… 學校醫官

Harbour Department……… 船政局署(康樂道中)

Harbour Master, Marine Magistrate……… 航政司
Emigration Officer & Director of Air Service… 船政司(兼水上裁判廳暹埠客查驗官及航空委員長)
Deputy Harbour Master……… 副航政司
Chief Boarding Officer……… 驗船總辦
Chief Inspector of Junks & Cargo Boats……… 貨船及渡船總幇辦

Imports & Exports Office……… 海關監督署(在滅火局行三樓)

Superintendent of Imports & Exports……… 海關監督
Assistant Superintendent of Imports & Exports……… 海關副監督
Monopoly Analyst ……… 海關化學師
Book Department……… 烟酒會計處
Opium Sale Department……… 鴉片烟發售處
Revenue Officers……… 海關緝私幇辦(樓下)
Shroffs — Permits & Manifests……… 烟酒納稅處(烟酒牌照及報關處)(樓下)

Botanical & Forestry Department……園林監督署

Superintendent ……園林監督
Assistant Superintendent ……副監督
Herbarium Assistant……研究植物助理員
Inspector of Forests……森林帮辦

Royal Observatory……天文台(九龍尖沙咀)

Director of Royal Observatory……天文台監督
Professional Assistant……科學輔助員
Head Computer……算學總科長
Telegraphist Computers……電報會計員

Government Laboratory……政府化學署(滅火局行)

Analyst……化學師
Assistant Analyst ……副化學師

Bacteriological Institute……考察微生物署(堅巷)

Bacteriologist ……考察微生物司
Assistant Bacteriologist ……副考察微生物司
Laboratory Assistant……化學房助理員

Prison Department……域多利監獄部(亞畢諾道)

Superintendent of Prison ……管理監獄總辦
Assistant Superintendent of Prison……管理監獄副總辦
Chief Warder……監頭
Principal Printing Officer ……監獄印刷總管
Hospital Supervisor……監獄總醫官

Hong Kong Volunteer Defence Corps……香港警衛軍

Commandant ……總司令

Kowloon-Canton-Railway……九廣車路局(尖沙咀)

Manager & Chief Engineer…… 九廣車路總辦兼總工程師
Traffic Manager……交通總辦
Traffic Inspectors …… 交通帮辦
Booking Clerks…… 管理定票書記
Senior Goods Clerks…… 管理貨物書記

特載

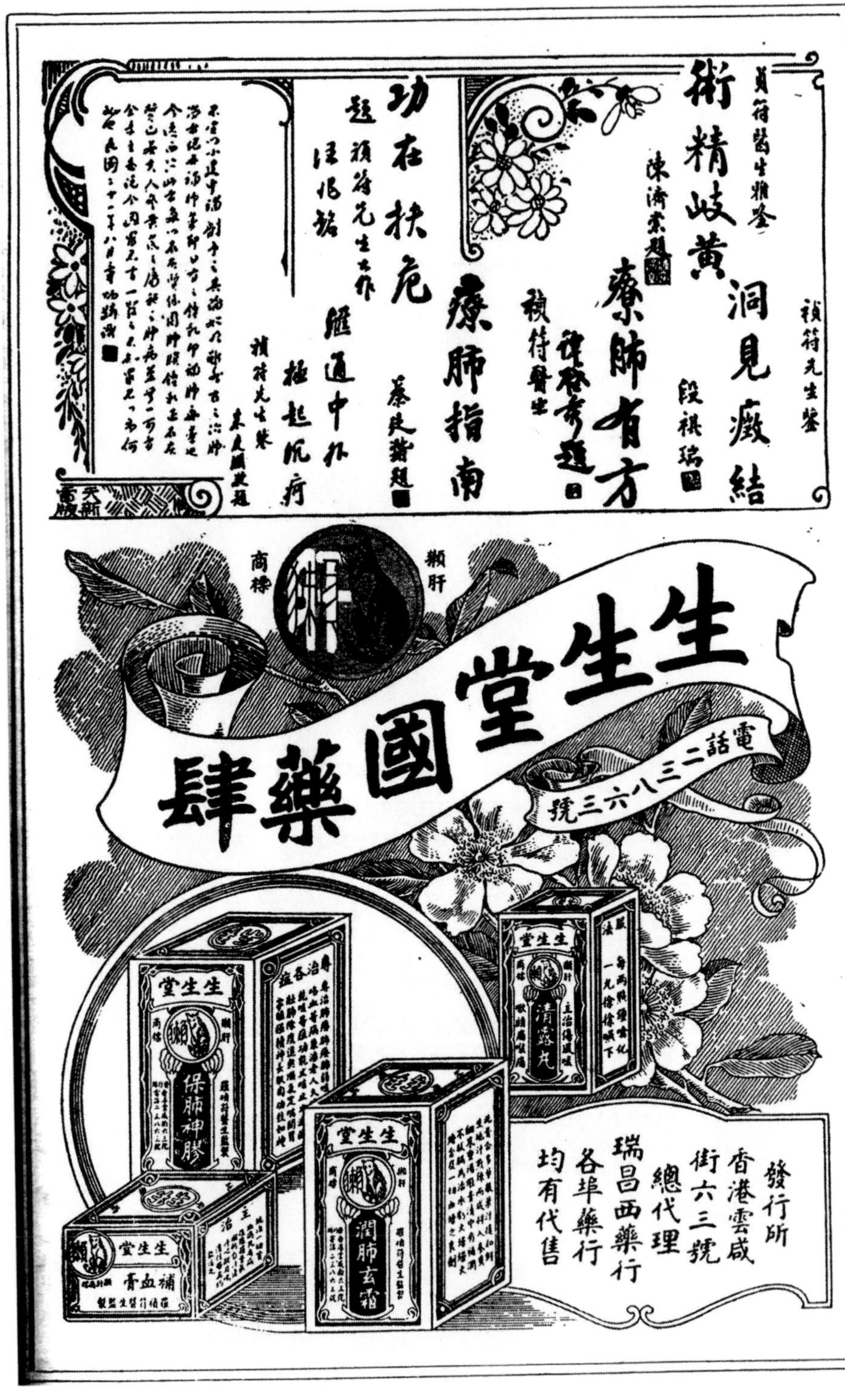

術精岐黃
洞見癥結
陳濟棠題
段祺瑞
療肺有方
療肺指南
功在扶危
生生堂國藥肆
電話二三八六三號
保肺神膠
潤肺玄霜
清露丸
補血膏
發行所
香港雲咸街六三號
總代理
瑞昌西藥行
各埠藥行
均有代售

借欵與註册公司者注意

凡借欵與註册之公司。無論該公司是有限或無限之公司。凡曾經向政府註册者。無論用何抵押品作按。如公司公債。(Debenture) 未收足之股本。各種產業及利益等。交易時除向田土廳註册外。另須於簽約五星期內。到公司註册署登記。則該公司遇有收盤或報窮事發生。可得將按項本息收回。如未經註册署登記者。則該按項作普通債團人分派。放債者祈為留意。

合股營業者注意

凡合作無論何種營業，如商務置業建築等。合作之人。無論親朋與否。彼此須簽訂有效之合同。（港例以蓋厘印為有效。經由律師代辦更佳）并須分別權限。收足資本。及須指定一人為全權辦事人。方可易於辦理。否則有事故發生時。（如合股人中途退出。或放棄責任等事）。方得受港例之保障。此種辦法。常人每多忽畧。悔悟良多。合作者不可不慎也。

建築屋宇者注意

常人對於建築屋宇。各種要點。每多忽畧。有因工程師繪寫圖測錯悞者。有因與承造人簽訂合約而發生糾紛者。有因在建築中。或建妥後。始發覺不完善。欲加修改而不能者。凡此種種。固非業主之所願。而偶一疏忽。則錯悞在所不免也。編者有見及此。不憚煩瑣。特將建築之缺點。設計之手續。詳細述之。事雖甚微。聊補疏忽者於萬一耳。

圖測費

凡建築屋宇。必先與工程師訂明下列應給之圖測費用。并須得其函復。方可簽稟遞呈工務局。并注意於未經填字之稟章。不可簽名。方為穩妥。

（一）祇畫地盤圖測。收費若干。

（二）全單圖測費及監工費。為整數。或每間。或收佣若干。

(三)在圖測未得工務局批准前。不欲進行建築。收回費用銀若干。

(四)圖測既經工務局批准後。而不建築。收回費用銀若干。

(五)如圖測既經批准。而業主暫緩建築。日後建築時。仍由該工程師辦理。則先收費用銀若干。

(六)圖測批准後。如祗建築一部份。則收費用銀若干。

(注意)稟章簽字。務須審愼。如祗畫地盤圖測。則須察看該稟內所載字樣。是否塡寫建築地盤。不得兼有別種建築字樣在內。

圖測及章程內之要點

(一)凡建築各種材料。如在本港無現貨者。不可錄用。

(二)凡可准建築大小騎樓之處。須要建之。如建無柱之騎樓。落三合土時。鐵枝須照圖測安排。方爲穩妥。(如該騎樓例屬吊力者。則支架之鐵。須在石屑之上。其力則足。否則危險)

(三)全間用三合土建築。可免風火之虞。

(四)樓內各廳房之門口。須由洋巷出入。

(五)樓梯須畧高闊。使笨重傢私。易於轉運。

(六)正面窗門。房畧高濶。(至少四尺闊。)使易於傳遞傢私。

(七)廳房設墻心掛衣房。則貯衣物不碍地方。

(八)客廳須設火爐一個。及每樓須設備衣物晒晾地方。

(九)地方有餘。可建工人房兩間。倘再有餘剩。可建行李房一所。

(十)浴房厠所。及掛衣房。須與睡房相連。則出入毋須經房外。較爲利便。

(十一)水厠之井。須濬畧深。平常井水深度。至少須有七尺。方可適用。(與建造人簽立合同時。須聲明担保天旱時。井水至少有若干尺深)。至於屋頂之貯水箱。亦畧須活大。以防天旱時多貯水量。至於建築亦以三合土爲穩固。

(十二)抽水發動機屋之門。須由屋內開掩。以免偷竊之虞

(十三)屋宇如無騎樓。窗外之頂。每處須建十八寸之三合土簷篷。以避風雨。且耐用美觀。窗口向外掩出。至於窗門之筍口。須要搭深。幷須有去水柳。生動風押。門頭窗之配置。務使空氣向上透入者爲佳。倘若加設鐵花。其欵式務要單簡。使得易於打抹。

(十四)窗門之鉸捙羅絲。用銅質爲佳。羅絲不可釘入。以鑽入爲堅固。

(十五)騎樓。厨房。浴房。厠所。天臺。及天井之地面。建築須足斜度。使無淤積雨水穢水之弊。

(十六)屋內外各處之水筒。雨水筒。及穢水筒。須用六寸活四寸深之生鐵質。或三合土質。曲筒圓徑。須配置最大爲佳。

(十七)藏土暗渠。通普活度。多用四寸。倘用六寸度。更

為妥適。可減少閉塞之弊。

(十八)樓內天花線。地脚線。牆角及梯級踢脚板夾口等。用圓形建築。可免積聚塵垢。

(十九)樓下窗口鐵花欵式。須稠密。以防盜竊。

(二十)凡建築用意大利批盪。須用銅條間格。否則易生裂紋。牆身舖蓋白瓷片。勝於用意大利批盪。

(廿一)凡天面用三合土建築者。建築時須一次完工。不可間斷。即須一日造妥。否則夾口之處。勢必漏水。幷須于半乾濕時。即用英坭漿盪面。

(廿二)凡落三合土時。每槽須依份量。用斗量為標準。不得以籮代。否則份量不準。建築不堅

(廿三)松木及花旗松。最易產生白蟻。建築房屋不宜用。

(廿四)建築屋宇。不可因價廉而用木質。因木質易於破爛。日後修葺。費用更繁。且三合土樓房穩固。近日建築。窗門多用鐵質。因其避火耐用而美觀。

(廿五)凡定造鐵窗。須取窗辦。較揷辦察看。窗揷至少要六分。窗較要能開盡貼墻。幷須油蓋上等之免銹油。至於圖樣線索。亦不宜太多。

(廿六)建築屋宇。為業主者。須自僱有經驗之管工。使隨時監視承造人所用之物質及份量。可免舞弊。

合同章程

(一)合同章程。須中西文並用。使有事故發生。易於根據。但香港乃屬英國範圍。仍以能英文為標準。

(二)凡簽禀章時。須將合同之圖測。與約價之圖測。核對相符。方可簽字。幷同時取回顏色圖測。三合土圖測。合同章程。各一套。以備查驗工程之用。約價時。須聲明承造人須依工程師之大樣建造。日後工程師無論發給何種欵式大樣。須照建築。不得因線索多而索補價。同時幷須繳列物量工料表。(Quantity List) 如日後有將工程加減。其價值以此為標準伸算。至於杉椿各種尺寸。亦須約價。免臨時又多費手續也。

(三)章程內須載明各種額外工程。俱在竣工時所發給糧單計算。凡有工程更改。必先得工程師字據。方能動工。同時須通知業主。及業主之管工。俾得存記。有所稽考。建造人須將額外數目呈交工程師。如經核妥。則工程師須交業主查核。以一星期為限。倘有錯滿。業主可會同工程師公平更正。方可發給額外糧單。凡約價圖測。須繕明地脚深度。過此作為額外計算。

(四)工程進行發給糧單注意

發給糧期。可與工程師磋商。至發給糧單時。建造人須預早三天。向業主通知。幷將己造之工程。依數逐欵詳細開列。庶免濫發。

(五)建築時。建造人須依工程之次序購買保險。保險單須交與工程師或業主收存。

(六)承造人須照合同所訂價目。將一成之定銀交與業主

作按。或具一相當之殷實商店担保。

（七）業主管工。須常調查承造人。有無阻碍各判頭之糧銀。免碍工程。及受損失。

（注意）凡建築工程。既開工後。其內部工程。如鐵窗。水喉。煤氣。電燈等件。須於一月內訂妥。不可延緩。否則阻碍工程進行。

運美貨物包裝材料之新限制

廿二年七月

美國農業部新立之貨物進口條例。限制使用裝包之原料數種。若有用禁用之物料包裝貨物。則不准進口。此例已由廿二年七月一日執行。惟根據粵海關監督之布告。則祇有開列禁用包裝之物料。并未有詳明以何種物料包裝方爲合格。此點對於我國出口商人之運貨赴美者。甚爲重要。茲將調查所得。詳列于下。

關署報告

廿二年六月

粵海關監督公署布告稱。爲布告事。本月十四日。奉財政部令關字第七四九一號開。爲令行事。案准實業部咨稱。准外交部咨開。據駐羅安琪副領館呈稱。查美國農業部近頒取締進口貨物包裝材料條例。係自本年七月一日起施行。茲經覓得該條例全文。暨該部通告各一份。抄呈鑒核等情。按照前項條例。輸入美國貨物。如有使用稻草RICE STRAW. 稻稈HULL. 草繩STRAW ROPE. 草蓆MATTING. 老糠Chaff。穀壳Corn。棉花Cotton。棉子Cotton Seed。棉核Cotton Seed Hull廢棉 Waste。棉撒繩 Lint。竹葉竹皮竹壳及各種樹竹等植等。不論其屬植物原料。或製成品。作爲包裝捆扎貨物之材料者。一概不准進口。似與我國運美貨物之包裝方法頗有關係。現施行日期已近。相應抄錄條例條例通告。咨請貴部查照。迅行轉飭出口貨商。一體知照等由到部。除令國際貿易局轉致各地商會并各項出口貨商知照外。爲期通知周密起見。相應抄同前項條例。暨通告咨請查照。轉飭各海關協助分知各出口商。對於運美貨物之包裝。須符前項條例。以免拒絕進口爲荷。等因。除分令外。合行抄附原件。令仰該監督即便佈告該地各出口商一體知照。此令等因。奉此除分函各關稅務外。合行佈告。仰各出口商一體知照。此布。監督周寶衡。依照上列各禁用包裝貨物之材料。如稻草稻稈草繩草蓆老糠穀壳棉花棉子棉核廢棉棉撒繩竹葉竹皮竹壳及各種樹竹等植物。不論其屬植物原料或製成品。作爲包裝捆扎貨物之材料。其範圍甚廣。且對於我國運美貨品。尤大有關係。查我國貨品運美者。如磁器。多用稻稈或老糠等爲裝料。如蠶絲。及別種貨物。多有用草蓆包裝。至於木箱裝運。未知與

「不論其屬植物原料或製成品作為包裝」之句有無抵觸。而該佈告又未有表明。既禁用上項材料包裝。則應用何種材料方為適合。倘有因未盡明瞭。悞用材料而與條例有所抵觸。不准進口。則損失甚大也。

本港火警局取締電光及其他燈光之招牌

當今商戰競爭之秋。商業之發達與否。恆籍廣告。以為招徠。故商人們無不鈎心鬥角。竭盡心力。將商店大加裝飾。並在店前安設電光招牌。五光十色。以惹人心注目。而盡招徠之能事。故于最近五六年間。電光廣告招牌。在本港可謂盛極一時。而久已通行之電燈廣告招牌。及在招牌安置電燈等等方法。更為衆多。惟此種電光招牌。及電燈廣告招牌與其他有燈光之招牌。綠牌匾附有電線。故本港火警局認為有走火之虞。及有碍于救火工作與交通者。以故港政府遂立例取締。致凡在未立例之前。而商店經已裝有各種燈光招牌者。限于一月內用書面通知火警局。然後由火警派員勘驗。如認為有走火之虞及碍于救火與交通者。須立即拆卸。如不拆卸。則須將之修改。至于安全。及將位置改變。以無碍救火交通為度。至于立例之後。苟各商店欲設此種招牌者。須先行以書面通知火警局待該局批准後。方得裝置。

修正鴉片條例

港政府公布修改鴉片煙條例一件。根據一九二五年二月十一日內瓦禁煙協約規定。特予執行及立例禁止買賣私煙。除錫條烟膏由專利機關售賣者外。又不論任何人。不能存備此項煙超過五両之數。聚衆吸煙之煙窟一律禁止。

街邊謀生者均須領取牌照

本港小販。向須領取牌照。方准發售雜物。惟對於街邊之醫卜星相家。均通融辦理。最近本港政府。以此種在街邊之營業者。日見繁多。昨乃由警察總監胡樂甫發出通告。凡屬街邊之補鞋匠。補洋遮。代寫書札。補木桶。牙科醫生。賣藥品。理髮匠。修整洋鎗者。均須領牌。牌費每年四元。每年更換一次。經飭令各區警察司值時。向各街邊擺擋小販通告。着其往警署領牌照。

廿二年七月

在新界畜牧須知

港政府公報。修正一九一零年新界條例。港督卽會同行政局員訂立規則。禁止在新界地方牧畜。如猪牛羊山羊等類。但在新界地方及經潔净局發給執照者。不在此限。

修正上訴法庭例

一千九百三十三年

港政府公報。發表修正本港上訴法庭則例。依據一九一二年第廿七欵則例。港督得委任經己考選之大律師。至少有七年資格者一人。爲臨時臬司。向例會審法庭須有兩臬司會審。現草新例規定。凡在上訴會審庭。其原審臬司須避席。但得在三臬司會審庭出席會審。將來凡屬民事庭小錢債上訴案。須有三臬司或由兩臬司而非原承審臬司會審之。如屬地方法庭之上訴案。由兩臬司或三臬司會審。得由正臬司自行決定之。

華人出洋則例撮要

(一)凡華僑在港出洋。須得驗船醫官或出洋檢查局認爲無傳染症發生者。方可放行。

(二)凡搭客及船員俱在船上查驗。但出洋華僑。在船上或岸上察驗均可。

(三)醫官驗船費用。俱由船東及租船人支給。

(四)察驗費用

(甲)由港出洋者。醫生費及種痘費每名一元

(乙)由別埠經港出洋者。每名收費五毫。

(丙)船員每名收費五毫。

由港往外國護照費每名五十元。

暹羅移民新例

暹羅移民局。現訂有新例。凡華位入口者。須當遵守。該例定於一九三三年四月一日實行。錄之如下。(一)凡華人舊客由暹囘國者。出口執照費。每人暹幣二十銖。囘國之期限一年。逾期無效。作新客計。(二)凡華人不論新舊客往暹入口。移民局稅暹幣一十三銖五十丁。期限二年。來往通用。(三)凡華人新客。入口須繳居留費每人暹幣一百銖。如囘國未過一年而復往者。繼續有效。(四)凡華人未滿二十歲。而無父母同往者。不準入口。(五)凡十二歲以上。不識華文者。不准入口。但識暹文者。不在此限。

往法屬者注意

法屬地方。華人入口條例。凡抵境後須繳納身稅。(人頭稅)東京方面。每人十五元餘。西貢方面。每人在三十五元以上。嗣後華人入法屬各地。必具有殷實商店担保。並須由華商總會加以證明。否則法國駐港領事。不發入口護照。華商總會担任證明。抵限於該會同人或値理。否則不予受理。每人證書費一元。

廿一年六月

壹九三壹年香港華民政務司兼團防局主席示諭

通告事。照得四環更練。向歸團防局管理。經費則由商店捐簽。其捐簽之法。係按租値每百元捐七毫五仙。二十年前。每百元抽至一元。迨至一九二四年時。每百元租値捐銀一元二毫五仙。此項捐欵。均在香港方面商店捐收。其對海則當時未嘗收取。後因徇對海居民之請。於油蔴地建設更練分館一所。派撥更練常駐巡防。於一九二五年起。始向油蔴地按租値每百元收費一元。近油蔴地深水埗一帶。居民日益繁盛。爲地方安寧起見。更練名額。既不能不日益增加。始敷分布。更練工金。亦已增加。其所需經費。亦不能不隨之而增。本局現爲抱注之故。不能不將捐費酌予加收。查此項捐費。油蔴地當時因尚未臻繁盛。故每百元租值祇收一元。深水埗則至今仍未收取。現時行議決。所有油蔴地深水埗之商店。擬照香港方面辦法。每租値百元。一律捐銀一員二毫五仙。俾此項經費。得以敷用。由本年七月一日起。深水埗一處。即照一元二毫五仙收取。至明年一月一日則本港油蔴地深水埗均一律照收。合行佈告。該處商民知悉。須知對海更練。原爲保護人民。始行增加。各商店得此項更練分布巡防。以爲警察之輔助。其保護力。自必更爲週密。且所捐之欵甚微。當必能踴躍照捐。庶本局經費因而敷用。則地方之獲益匪淺鮮矣。此佈

壹九三壹年香港人口調查

統計八十五萬二千九百三十二名

(區域)	(年代)	(男性)	(女性)	(總計)
香港	一九二一年	二二一，〇八五	一二六，三一六	三三七，四〇一
	一九三一年	二五四，九四七	一六九，五七五	四二四，五二二
九龍及	一九二一年	七四，六九八	四八，七五〇	一二三，四四八
新九龍	一九三一年	一四四，八四八	一一八，〇五一	二六二，八九九
新界	一九二一年	四一，七六七	四一，三九六	八三，一六三
	一九三一年	四八，四九六	四八，〇〇七	九六，五〇三
海面	一九二一年	四五，三〇七	二五，八四七	七一，一五四
	一九三一年	四一，三五五	二七，六五三	六九，〇〇八
總計	一九二一年	三八二，八五七	二四二，三〇九	六二五，一六六
	一九三一年	四八九，六四六	三六三，二八六	八五二，九三二

南洋政府定例局規定南洋時間

早過子午線一零五度標準時間二十分此例于一九三三年一月一日發生效力

一九三二年南洋政府定例局第一次宣讀。擬立一例規定南洋時間。比忌連力治(譯音)標準時。提早二十分鐘。南洋督憲定例局用意規定如下。

(一)本則例定爲一九三二年日光節省則例。(二)當本則例發生效力之任何期間內。南洋之時辰早過一〇五度子五線之標準時二十分鐘。或早過忌連力治標準七小時又二十分鐘。(三)本則例將於一九三三年一月一日起。在此年發生效力(四)督憲同定例局可隨時在憲報公布。本例在規守之

期間內發生效力。(五)如果對于時間有所表示。在乎法律與契約時間表告示。告白。及其他有關文件。當此例執行時。將新定之例之時間爲標準。(七)凡因天文氣象或航行事件。或與此事有關之文件。有應用忌連力治標準時間。本例不能影响之。至於目的與理由。則又詳解如下錄。

(一)本例規定屬土內將時鐘提早二十分鐘。使早過忌連力治標準時七小時又二十分鐘。(二)不須減少現目作工時間可縮短晨早未開工作前之期間。使每日工作完竣後。得較長之時於戶外運動。(三)類以規定變更時間。英國早已行之。各級工人皆受實益。又而不致商業凌亂。誠出多人意料之外者。(四)此處之收工時間。距入黑時間極爲短少。則此例對于欲多享戶外運動之工人。尤裨益不鮮矣。

香港當押行規定計息列下

一元	一元零九仙
一元一毫	一元二毫
一元二毫	一元三毫一仙
一元三毫	一元四毫二仙
一元四毫	一元五毫二仙
一元五毫	一元六毫三仙
一元六毫	一元七毫四仙
一元七毫	一元八毫五仙
一元八毫	一元九毫六仙
一元九毫	二元零七仙
二元	二元一毫八仙
二元一毫	二元二毫九仙
二元二毫	二元四毫
二元三毫	二元五毫
二元四毫	二元六毫一仙
二元五毫	二元七毫二仙
二元六毫	二元八毫三仙
二元七毫	二元九毫四仙
二元八毫	三元零五仙
二元九毫	三元一毫六仙
三元	三元二毫六仙
三元一毫	三元三毫七仙
三元二毫	三元四毫八仙
三元三毫	三元五毫九仙
三元四毫	三元七毫
三元五毫	三元八毫一仙
三元六毫	三元九毫二仙
三元七毫	四元零二仙
三元八毫	四元一毫三仙
三元九毫	四元二毫四仙

四 元……四元三毫五仙
四元一毫……四元四毫六仙
四元二毫……四元五毫七仙
四元三毫……四元六毫八仙
四元四毫……四元七毫九仙
四元五毫……四 元 九 毫
四元六毫……五 元
四元七毫……五元一毫一仙
四元八毫……五元二毫二仙
四元九毫……五元三毫三仙
五 元……五元四毫四仙
五元五毫……五元九毫八仙
六 元……六元五毫三仙
六元五毫……六元九毫五仙
七 元……七元三毫七仙
七元五毫……七 元 九 毫
八 元……八元四毫二仙
八元五毫……八元九毫五仙
九 元……九元四毫八仙
九元五毫……十 元
十 元……一十元零五毫三仙
一十一元……一十一元五毫八仙
一十二元……一十二元六毫四仙
一十三元……一十三元六毫九仙

一十四元……一十四元四毫四仙
一十五元……一十五元四毫七仙
一十六元……一 十 六 元 五 毫
一十七元……一十七元五毫三仙
一十八元……一十八元五毫六仙
一十九元……一十九元五毫九仙
二 十 元……二十元零六毫二仙
二十一元……二十一元六毫五仙
二十二元……二十二元六毫八仙
二十三元……二十三元七毫二仙
二十四元……二十四元七毫五仙
二十五元……二十五元七毫八仙
二十六元……二十六元八毫一仙
二十七元……二十七元八毫四仙
二十八元……二十八元八毫七仙
二十九元……二 十 九 元 九 毫
三 十 元……三十元〇九毫三仙
三十一元……三十一元九毫六仙
三十二元……三十二元九毫九仙
三十三元……三十四元 零 二仙
三十四元……三十五元 零 五仙
三十五元……三十六元 零 九仙
三十六元……三十七元一毫二仙
三十七元……三十八元一毫五仙

三十八元	三十九元一毫八仙
三十九元	四十元零二毫一仙
四十元	四十一元二毫四仙
四十五元	四十五元九毫二仙
五十元	五十一元零二仙
五十五元	五十六元一毫三仙
六十元	六十一元二毫三仙
六十五元	六十六元三毫三仙
七十元	七十一元四毫三仙
七十五元	七十六元五毫四仙
八十元	八十一元六毫四仙
八十五元	八十六元七毫四仙
九十元	九十一元八毫四仙
九十五元	九十六元九毫四仙
一百元	一百零二元零二仙
一百一十元	一百一十二元二毫五仙
一百二十元	一百二十二元四毫五仙
一百三十元	一百三十二元六毫六仙
一百四十元	一百四十二元八毫六仙
一百五十元	一百五十三元零六仙

鉛銅鐵錫器皿皮喼皮櫃棉胎被毡珠被遮鞋帽雨衣蚊帳戲服巾帶衣車風扇機件象牙磁瓦竹木玻璃鏡器字畫時鐘及傢私類　首月每元扣利十仙　遞月每元收利六仙

時表　首月每元扣利十仙　遞月每元收利四仙

珠石玉鑽皮草　如當值逾四十元　首月每元扣利十仙　遞月每元收利二仙

如當值不及四十元　首月每元扣利十仙　遞月每元收利三仙

俱以八個月爲斷期　九個月出貨

汽車司機規則

（一）凡領取駕駛汽車執照。須經警察署交通課考驗合格。發給執照。方準行駛。凡未經領有執照者。無論何種車輛。不准駕駛。

（二）年齡幼稚者。不得充當汽車司機。

（三）駕駛汽車。務要小心。快慢因地勢及情形而行。無論何時何地。務以慢行爲佳。

（四）在域多利城內各市區。行車速度。每點鐘不得過十英里。

（五）凡行經轉角之道路。及十字街口。學校門前。戲院及遊樂塲前。須認眞將汽車速度慢駛。

（六）凡經寬闊道路。無危險障碍時。後車欲過前車先行。須响角。小心循路之右邊急駛而過。後仍須依左邊行駛。如在繁盛地點。則不得越過前車。須要隨行。免生危險。

(七)凡行駛車時。遇有車輛欲越過自己之車。先行者則不可將自巳車輛之速度加增。

(八)凡遇有救傷車。或救火車經過時。卽須將車向左邊慢駛。

(九)凡路上劃有白色界線。爲指導車輛行駛者。則須依界線內行駛。不可出界。否則有意外發生。曲直以此界爲準。

(十)將停車時。須揚手表示後車。將轉車時。亦須揚手表示方向。以免衝撞。

(十一)凡遇兩車在反對方向進行時。兩車均須各將其速度減少。如在夜間。並將號燈減少其光力。

(十二)行駛路線。須注意交通站之符號燈號。否則易生危險。幷受處罰。

(十三)凡見交通站有不准行駛符號。須卽將車輛停止前進

(十四)行經街道。遇有慢車符號。務須慢行。

(十五)不得將汽笛亂鳴。及開放汽管。

(十六)車輛前後之號燈。夜間行駛。卽應燃亮。

(十七)非在固定停車之地點。不得將車輛停放。致碍交通

注意

(一)每晨須將車輛各部察驗。

(甲)電油足用否。

(乙)水箱水量足否。

(丙)軚油足量否。

(丁)修車機件齊備否。

(戊)電手筒有電否。

(己)膠輪及預備膠輪澎脹力足否。

(庚)預備燈胆有存備否。

(辛)灰士有存備否。

(壬)車頭凸有存備否。

(二)每星期須察驗。

(甲)電池藥水足用否。

(乙)各機件之吼有牛油否。

(丙)各車燈妥適否。

利用國產原料之提倡

我國物產之豐富。甲於全球。惜乎科學落後。國人多未利用國產原料以振興工業。致每年金錢外溢不少。幸邇來我政府已漸進而提倡。商人亦漸起而投資。經營實業。繁榮

我國。希望甚大。廣東建設廳年來之建設事業。對於農工商業力謀發展。如生絲檢驗所。蠶絲改良局。及工業試驗所等。成績日漸進展。香港華商總會前接到廣東建設廳工業

試驗所來函。并附國產工業原料之利用方法兩則。查我國人對於國產原料。不識利用。今政府能盡提倡之責。利國福民。從茲有賴矣。原函稱。逕啓者。竊思我國貧弱原因雖多。然工業不振。生產落後。亦屬主因之一。若不急行挽救。則利權愈加外溢。經濟更覺困難。用是不揣愚昧。本其所知。將國產工業原料之如何利用方法。分期佈告。庶工業知識易於普及。而引起國人興辦工廠之決心。以冀達到利國福民之宗旨。素仰貴會關心社會事業。對於工業救國之志願。當表同情。茲特將國產工業原料之利用方法分期案閱。希煩查收。若能知所運用。設廠製造。非獨個人期望抑亦國家之幸也。區區愚誠諸維鑒察。此致香港華商總會黃廣田先生。廣東建設廳工業試驗所所長陳堯典敬啓。附利用國產原料二則。

兩佈告

佈告第一號。爲佈告事。照得本所之設立。原爲扶植工商。發展實業起見。而負有化驗物品改良公業。及工業設計之責任。計自開辦迄今。各屬工商。請求化驗物品及改良工業者甚衆。業經本所分別詳爲指導。然此僅屬於該請求者方面得益。未能普及週知。茲爲提倡工業。利便一般企業家研究製造起見。將國產工業原料。與如何利用方法。分類佈告。使社會人士。增長工業知識。投資興辦工廠。座我國生產可以增加利權。不致外溢。本所有厚望焉。特此佈告工商人等一體週知。此佈。

(名稱)木薯(別名山薯)
(產地)廣東南路各處
(產量)甚多
(成份)定性。水份。灰份。粉。
(定量)水份五十六份。灰份一。三份。 粉二三。二八份。其他什質一九。四二份。
(工業原料)該薯可作粉酒精等原料。
(副生產)此薯除製酒精外。所餘渣滓。含蛋白質甚富。宜作飼畜。
(酒精用途)燃料。醫藥上消毒劑。化學藥品治解劑。香水顏料。造漆工業。人造絲。無烟火藥等重要原料。
(備考)製造酒精原料雖有類種如米麥。番薯枯水糖木薯果汁等。然米麥爲至要糧食。鮮果則價值過昂。枯水糖多係舶來品價値受外人支配。番薯粉畧少。且價亦値不賤。故製酒精原料以木薯最宜。

佈告第二號。爲佈告事。照得我國樹膠工業漆油工業。近年甚爲發達。而其中一部份之至要原料 粉又名利多風者。大都仰給於外國。每年輸入約百餘萬元。查此物質係硫酸。礦製成。我國福建漳州及廣西烟台等地。出產甚多。但向未有人採而利用。殊爲可惜。茲爲提倡土產工業原料。挽回外溢利權起見。特將該礦產之成份及製煉方法等。列表詳爲解釋。以便實業家設廠製造。仰商民人等一體週知。此佈。

(名稱)硫酸　(即重晶石)
(產地)廣西福建漳州直隸遷安。奉天普蘭店山西平陸、湖北圻春等處。
(產量)甚多
(成分)定性　白色料方晶系比重四。三至四。六含微量鐵及砂等。
(定量)硫酸　佔百份之八十以上
(工業原料)製造　鋅粉及其他　鹽
(製成品之用途)顏料及樹膠工業
(備考)查　粉又名利多風西名Littophone用途甚廣每年由歐美輸入約值數十萬元若自行製造。可挽回利權。復可扶助其他工業Littophone正式配合份量係硫酸。六十九份硫化。三十一份養化。一份。

禁止星相家執業

香港政府。為維持治安起見。特由一九三三年八月一號起。凡操星相業者。一概禁止執業。倘有陽奉陰違。一經查出。可處以二百五十元之罰欵。

拍電往美國者注意

香港大東大北電報局。定於一九三三年八月一號起。凡拍往美國檀香山。加拿大。紐絲倫。聖皮亞。麥其倫等埠之電報。除新聞電外。其他須由發電處繳欵。不得如前由收電處掛號按月繳欵辦法。但其餘美洲各地。除上述各埠外。仍可照舊辦理。

交通部改良電費

我國交通部。為利便民衆通訊起見。特將電政改良。門牌號數銀碼數目等。准在國內通行。可用阿拉伯數目字母替用。每四個字母作電碼一字計費。逾此每多一個至四個字母。作加一字計算。經於國歷廿一年八月一日。全國電局奉命實行。惟關于不適用範圍條例。特補錄如下。文曰。

本辦法對於發往國外各處。及香港澳門之華文電報。(經陸綫發香港者不在內)以及經青佐水綫。滬崎水綫。滬港水綫。及烟台大連水綫。傳遞國內各處。自相往來之華文電報。均不適用。

廣州市土地登記撮要

廣州市土地局。現在厲行強迫登記。與征收土地轉移增價稅。原爲保障市民業權。及杜絕奸黠者壟斷居奇起見。法至良善。但市民對於登記手續。及繳納增價稅。計算方法。多未明瞭。玆特將登記指南。及土地移轉。增價稅之解釋。分列於左。

登記指南。

(甲)聲請不動產登記。必須携帶之物件。

(一)不動產本身契據。(或執照)及該契據。(或執照)之八寸影片一張。該契據(或執照)如粘連有測量圖式者。須與契據或執照合併撮影一幅。

(二)上手契。

(三)登記人姓名圖章。

(四)如從前曾經登記。現在請求免費登記。或移轉登記者。須携從前之登記圖章。及登記憑證。

(五)如在財政廳或財政局投稅未領回契據者。須携帶財政廳或財政局收據。

(六)該戶之新舊房捐單。

(七)聲請書。土地局設有代書處

(乙)登記費。

(一)保存登記。(指從前未經登記而者言)照產價每百元收費一元五角。

(二)移轉登記。(即從前已經登記。現在轉賣與人。由買主請求登記。謂之移轉登記)照產價收千份之一。

(三)免費登記。(前經司法登記。現再聲請登記者。)登記費豁免。每件祇收標誌費五毫。郵費二毫。印花一毫半。登報費二毫。

(丙)聲請登記之手續。

(一)影契。(聲請人可先到代書聲請書處。取一聲請書。便可往影契。影畢可照以下手續辦理。)

(二)寫聲請書。

(三)檢查及申報地價。

(四)核計登記費。

(五)收聲請書及代收登記各費。候發收條。

土地移轉增價稅之解釋。

征收土地增價稅。係依照廣東土地征稅條例第五章第二十四條。「土地移轉除抵押外。每次須納土地增價稅。土地如無移動時。每十年須納土地增價稅。但土地改良費。不征土地增價稅率。爲土地增價三分之一。」所規定增價稅率。及賦稅方法辦理。蓋土地價格。因政治之設施。社會之發展而增加。非土地自身增價。故所有人皆有應繳納增價稅之義務。凡土地最後移轉時之價格。與現在移轉時之價格相較之差。謂之增價。從其增價征收三分之一。其計算方式。如最後移轉時價格一百元。（即上手產價）現在移轉價格二百二十元。（即本身產價）兩相比較。則其增價額一百二十元。按照征稅條例三分之一。則應收增價稅為四十元。其在十年以上未經買賣。其增價差額超過現在賣價總額之半數者。則依廣州市政廳第九百四十號批令。照補救辦法核算。將其賣價總額半數為十年以前之地價。其餘半數為增價。即按照其增價額伸計稅額。例如原日產價一百元。現在產價三百元。是其增價額超過賣價三百元半數。應將三百元折半為一百五十元。照三分之一核算。應繳納增價稅五十元。（即六分之一征稅。）至廣東都市土地登記。及征稅條例。係民國十五年七月三日。由廣東省政府公佈施行。土地局在十五年八月二日成立。主管廣州市土地登記及征稅事項依法執行。故十五年八月二日以後。（即土地局成立後）移轉之土地。自應繳納移轉增價稅。若八月二日以前。（即土地局未成立前。）移轉之土地經稅有紅契管業者。因當時執行機關。尚未成立。自可准予免納增價稅。至其他無建築宅地與築住宅。或從新建築等。均屬土地改良。自可到土地局申報。以憑依章核免增價稅。

廣州市清理舖底頂手辦法

第一條。舖業區別為全無舖底頂手。與現有舖底頂手二種。（一）全無舖底頂手者。此後不得發生舖底頂手。（二）現有舖底頂手者。依本辦法辦理。

第二條。現有舖底頂手之舖業。自本辦法公布日起。一個月內該舖客須具備聲請書。聲明舖底頂手價額。向財政廳請給執照。前項執照由財政廳移送登記局。接收執照時。即知照該舖客。由接收知照日起。限於十日內備具聲請書。聲請假設登記。

第三條。執照費按照舖底頂手價格。百分之四。征收登記費。照不動產保存登記之例征收之。

第四條。聲請書方式。須依財政廳及登記局所定。

第五條。舖客不依前三條之規定辦理者。該舖業即視同第一條第一項。

第六條。假設登記宣布後。舖主舖客若有爭議時。須於三個月內赴法庭起訴。其舖底頂手之有無。及價額之多寡。依法院之確定判決。前項期間內舖主舖客若無爭議時。登記局將正式登記完畢證。連同執照。給付舖客收領。前項證書。將舖底頂手價額較明。

第七條。舖底頂手正式登記後。價額不得復有增加。

第八條。遇天災地變。以致該舖上蓋完全滅失時。如批約無明瞭之訂定。由舖主於三個月內始建復。按照出資之數。以週息一分算增加租値。舖主不依前項期間建築時。由舖客於三個月內出資開始建復。按照出資之數。將租扣除。至滿足為度。至批期完滿。扣除未足時。舖主應發囘其價額。舖客不依前項期間開始建復。又不讓與他人建復時。該舖得由舖主自由處分。

第九條。前條以外之場合。有必要大修繕時。雙方依舖批約實行負担義務。如批約無明瞭之訂定。依前條之例辦理。

第十條。舖客者有欠租至三月以上時。舖主得請求投變其舖底抵租。

第十一條。欠租超過舖底頂手額時。舖底頂手因而消滅。

第十二條。舖主於舖客招頂舖底頂手時。得償還其舖底頂手價額於舖客。換取舖底頂手登記證書。聲請登記局消滅其舖底手頂。舖主於舖客招頂後三個月內。不依前項辦理消滅其舖底頂手時。由舖客另行招頂。

第十三條。本辦法由公佈日施行之。

廣州市取締店舖加租章程

第一條。店舖分別有舖底頂手與無舖底頂手二種。

（一）經領舖底頂手執照與登記完畢證者。為有舖底頂手之舖。加租應照本章程之規定辦理。

（二）未領舖底頂手執照與登記完畢證者。為無舖底頂手之舖。應不受本章程拘束。

第二條。凡未訂有批期及限期已滿者。加租仍不得超過原額十分之三。但十年內不得加租過二次以上

第三條。店舖如有改號加記。轉換舖客。變更營業等類。為批約內未經許可之事。應與舖主換領批約時。加租仍不得超過原額十之五。

第四條。本章程公布以前。歷十年來並未加租者。遇有前二條情形。照前二條規定外。得依原額多加十之二。歷二十年者得多加十之四。歷三十年者得多加十之六。歷四十年者得多加十之八。歷五十年者得多加一倍。第二次加租仍照依第二條第三條之規定。

第五條。本章程。自公布日施行。

廣州市省會公安局徵收房捐警費潔淨費辦法

第一條。廣州市市區內。舖屋倉棧碼頭船舶等。徵收房捐警費。潔淨費。適用本專章之規守。

第二條。廣州市警捐。由省會公安局辦理。

第三條。房捐警費。照月租額百分之十五征收之。主客各繳半數。如自住舖屋照產價值千抽一元二毫繳納。潔淨費依照編定等級。分列如左。

(一)等內分(甲)(乙)兩種。(甲)種每月征費三元。(乙)種每月二元。戲院酒館茶樓屠業旅館貨倉娼寮油搾米欖米行等類屬之。例如酒樓有大小征費。即分甲乙。餘類推。

(二)等內分(甲)(乙)兩種。(甲)種征收一元。(乙)種七毫。影畫場遊戲場牲畜雀鳥生藥中西熟藥花園織造機房飲食店銅鐵器錫器磁瓦器竹木器籐器金漆器酸枝花梨磚瓦灰石業泥水木匠搭棚油漆鮮鹹魚鮮糖菓京果海味醬園燒臘鹵味荳腐竹餅舖煙草皮革按押店印刷生花彩仗葵蓬茭章製電汽水船廠士敏土電器南北庄口土絲行晒水。染房田料樹膠。等類屬之。例如影畫戲場有大小征費。亦分甲乙。餘類推。

(三)等征收六毫。四毫。酒米柴炭煤花生芝蔴油糠荳茶葉金銀器珠寶玉器顏料香板壽衣玻璃車料天窗瓜菜雜貨墟業麵粉顧綉欄干綢緞布疋皮革靴鞋屐鳳冠帽襪洋貨絨線蘇杭棉花紗皮箱骨角器舖熟席鈕扣象牙燈籠燈色香業裱糊神像蒲包打包代報稅鑛務罐箱柩庄。等類屬之。

(四)等征收三毫。二毫。金舖銀行滙庄銀業保險古玩收買雜架理髮中西接生炮竹煙火火水火酒人壽會車業報館金花紙紮紙料油燭度量衡裁縫車衣蚊帳臥具箸業脂粉刨花梳篦眼鏡軍用品扇眼鏡業書籍筆墨硯聯帳寫相館修整什物山貨紙金布朴蔴業牙料置業航業帆纜漿櫓毛髮。等類屬之。

(五)等征二毫。一毫。新故衣薦備星卜相命羅經日晷金錫薄雕刻樂器八音租賃器稅捐敎戲館沓梘茶仔美術館公仔人物洗衣泡水浴房車轎挑伕鐘錶。等類屬之。住宅征費另行修訂。

徵收專員。以公安局所屬各分局長。分所長。兼充管理征收事務。

廣州市公安局整頓自居屋宇徵收警費規則

第一條。征收自居屋宇警費。凡舖屋工廠寺廟祠院會館及其他建築物皆屬之。

第二條。凡自居屋宇一律按最近稅契價值。分類征收警費如左。

(甲)舖屋工廠契價每千元。月征毫銀一元二毫

(乙)寺廟祠院會館契價每千元。月征毫銀三角

(丙)其他建築物。臨時呈請核定。

以上各項契價多寡。各依征收數目。類推辦理。所征大洋。皆以毫銀加一五伸算。

第三條。凡典受屋宇自居。應照該屋主原契價價額征收警費。其典受一部分者。應按所典全間廳房成數比。照屋主原契價額成數勻計征收。

第四條。凡自居屋宇如將一部分租賃他人。除該部分按征費外。其餘自住部分。應按所佔全間廳房成數比。照契價成數勻計征收。

第五條。本案自報告日起。限一月內各自業業主即將該原屋契抄白一份。連同原契。併繳該管區署。當堂驗明。立將抄白契及原契註明驗訖。騎縫蓋鈐。即將原契發還。不稍逗留。該抄白契繳公安局存查。

第六條。依前條逾限。倘不將契繳驗。又不聲請特別故障。應暫照原納警費加二五倍征收。如逾期三個月仍不將契繳驗。又不聲請特別故障。應照原納警費加十倍征收。至繳契呈驗之日。按照第二條辦理。

第七條。依前條聲請故障。准該業主同時報明契價。照數暫行征收。日後查出。如有瞞匿。除補征外。應按所匿數目。處以十倍罰金。

前條聲請故障時期。由報區日起。准三個月內繳契補驗。逾限即照所報契價。加五倍征收。

第八條。本案執行後。自業屋宇。遇有易主時，應由新業主繳契呈驗。征收警費。倘有瞞匿短價。一經查實。除補征外。應按所匿數目。處以十倍罰金。

第九條。凡一屋而地與上蓋分為兩契以上者。應併契按價征收。如所執契據不能同時繳驗。其未繳之契。准其聲請故障。照第六條辦理。

第十條。自業屋宇。如無易主及遷移確據。不得驟請改納租捐。以杜取巧。

第十一條。凡租地自建上蓋。有年期交還地主。而無契價核征者。除地租照舊征收外。應抽建築費。而批期勻計。每年估額若干。比照租捐征收。(例

如一萬二千元建築費。十年批期。每年估額一千二百元。照租捐十分之一。卽每月征收警費一十元）。

前項建築費。認爲呈報不實。時派員勘定之。

廣州市戶口異動報告法

凡市內戶口。如有異動。（卽遷出、遷入、出生、死亡等情事。均應赴本管警署詳細報告一切。並分別領取證書。以便該段出勤長警查問。其異動報告法如左。

（一）居民凡由外縣外省外國遷入本市警區居住者。須於遷入之日。報告本管警分局。領取遷入證書。

（二）居民由本市警區內遷出外縣外省外國者。須於未遷出三日前。到本管警分局報吾。領取遷出證書。

（三）居民由此區遷移彼區。須於未遷移日三前。報告舊管警署。領取遷移證書。至遷移之日。卽將遷移證書呈繳管新警分局。報請換領新遷移證書。

（四）居民遷移不出本管區外者。須於未遷移三日前。到本管警分局領取遷移證書。

（五）店舖凡有開張閉歇遷移等事者。須於事前三日。分別報告本管警局。領取證書。但店舖遷移其手續。與第三項同。

（六）居民凡有子女出生。其父母須於一個月內。分別男女報告本管警分局。領取出生證書。

（七）居民凡有死亡者。應由戶主及親屬於死亡之日。分別男女病由。報告本管警分局。領取死亡證書。但因疫死或變死者。（變死如謀殺、自殺、及不明之死亡、）須卽時報告。

（八）居民凡有婚嫁者。由男女家戶主。或媒妁。或未婚嫁三日前。報告本管警分局。領婚嫁證書。

（九）居民凡有承繼出繼者。由承繼戶主及所生之出繼戶主。各敍明事由。於未承繼三日前。報告本管警分局。領取承繼及出繼證書。

（十）居民凡有收養棄兒者。由收養人分別男女。於收養之日起。三日內報告本管警分局。領取收養證書。收養人對於所收養之棄兒。如收爲子女或作其他稱謂者。須確切聲明。以便分別列入戶口表。及註明於收養棄兒書內。

（十一）居民凡有一戶而分爲數獨立戶者。各獨立戶主應於未分戶三日前。報告本管警分局。領取分戶證書。

（十二）居民凡有失踪者。由該親屬人或鄰居。知其事者。將失踪時期事由。並門牌號數姓名年歲。籍貫。報告本管警分局登記。領取失踪證書。

（十三）公共處所成立。與遷移或消滅。由主管人赴警分局報告。領證登記。但係公立官立之性質者。得用公函報知。

（十四）寺廟成立。與遷移或消滅。由主持人赴該管警分局報告。領證登記。

廣東省印花稅暫行條例

第一條。凡本條例所列各種契約簿據。均須遵照本條例貼用印花。爲適法之憑證。

第二條。前條所列應遵照本條例貼用印花之各件。

（一）(發貨票)。一元以上未滿十元。無論發貨及日期已未收銀。每紙均應貼印花一分。如滿十元或十元以上單據。仍照貼一分。如貨送後再行簽收。再補貼一分。共二分。方合手續。(送貨單)(附貨單)應比照發貨票辦法(月結單)。(年節單)。未經收銀。免貼印花。如已簽收。應照下列收據辦理。

（二）寄存貨物文契之憑據。此指收到他人之物。應由立據人於授受前。貼印花一分。不及一元免

（三）租賃各種物件之憑據。係指租賃或租出。應由立據人貼一分。如或有銀數及蓋章担保者。該印花應由担保人照各項保單辦理。

（四）抵押貨物字據。專指抵押貨物。或將物押銀。該字據而言。價在一元以上。由立據人於授受前貼一分。

（五）承租地畝字據。該字據係指承他人不動產所書字據而言。每紙應由立據人貼一分。如立有批租部及按期交收租者。仍應比照第十一條租賃。土地房屋字據辦理。

（六）延聘或僱用人員之契約。凡聘請僱用或受僱人員所立與東家之契約。薪工在一元以上。由立據人於授受前。每紙貼一分。如須店舖蓋章担保。仍應照後列各項保單。依法貼用。

（七）當票押出本銀四元。(由當押店)貼一分。

（八）舖戶所出各項貨物憑單。凡價值在一元以上。不滿十元者。由立據人貼印花一分。十元起貼印花二分。

（九）租賃及承頂各種舖底憑據。例如租賃及承頂舖底頂手單。其一元以上不滿十元者。由立據人貼一分。十元起貼二分。

（十）預定買賣貨物單據。此種單據。價值在一元以上不滿十元者。貼一分。十元起貼二分。由單出店貼足。

(十一)租賃土地房屋字據。及房票。係指不動產。該租薄皮面於填寫年份處。由租客一次過貼印花一角。由收租人每次收租貼一分。十元起至百千萬止。每柱貼二分。如有按櫃批頭鞋金等。亦照上列粘貼印花。收租用收據者亦同。

(十二)各項包單。此指包單在一元以上不滿十元者。每紙由立據人貼印花一分。十元起卽貼二分。

(十三)各項銀錢收據。凡係在一元以上不滿十元者。由收銀人貼一分。十元起至百千萬元每柱貼二分。倘收銀人未貼。應由交銀人着令補貼。方可照交。否則歸交銀人負責。

(十四)支取銀錢貨物之漗摺。此種部據。由立據人貼用印花一角於年干處。如在薄內收銀。卽屬於銀錢收據之性質。卽應照上列收銀辦法。每收一次貼一次。

(十五)各種貿易所用之賬薄。商場各種部據不一。凡此等商業部據。每本每年由立據人貼印花一角。倘連用兩年。須於續年干處寫。再貼印花一角。餘倣此。

(十六)提貨單於立單時。須由立據人先貼印花。使該單發生效力。所發之提貨單未貼印花。或貼不足額。概歸付貨之商店代貼。如某種貨物若干字樣。更有取巧改用書信式者。此種字據。無論何形。其性質與提貨單同者。應照提貨單貼

(十七)各項承攬字據。如承攬一切工程所立之字約等類是。

(十八)保險單。如人壽燕梳聯保火險等。依法應照原保價值若干。分別貼印花。

(十九)各項保單。無論部據或單據。凡蓋有圖章或簽收。仍照下列算一欵送貨附貨給收辦法。每給收一次。用印花一分。

(二十)存欵據單。

(廿一)公司股票。

(廿二)滙票。

(廿三)銀行錢莊。)

(附註)此項支票。經呈部核准。仍照號省案定案。每張貼二分。

(廿四)遺產析產字樣。

(附註)卽如遺囑析產分家單是。

(廿五)借欵字據。如借欵不立字據。祇用簿登記。由借欵人盖章簽收者。同此辦法。

(廿六)舖戶公司合同。每紙貼用印花二角。由雙方訂立合同人。分任購貼。以昭平允。經奉部核照辦。以上各種。除保險單支票暨未列銀碼之合同。合約三種。貼用印花。經呈部核准。照上列附註辦法外。其餘各種數在一元以上未滿十元者。貼印花一分。十元起未滿一百元者貼印花二分。一百元起未滿五百元者。貼印花四分

。五百元起未滿一千元者。貼印花一角。一千元起未滿五千元者。貼印花二角。五千元起未滿一萬元者。貼印花五角。一萬元起未滿五萬元。貼印花一元。五萬元者。貼印花一元五角。五萬元以上。不再加貼。

廣東省商業牌照費條例

第一條。凡營各種商業開設店舖者。無論新開舊設。均應一律遵照本例條繳納牌照費。領照註冊。

第二條。商業牌照費。按其資本額。征收百分之一。其資本額不及二百元者。征收二元。新開者。於開業以前繳納。舊設者。限本條例施行之日起。二十天內補納。

第三條。各商店依照左列事項。報告該管征收官署。納費領照開業。

(一)管業人姓名籍貫及其住址。

(二)店舖字號。及其所在地。

(三)營業種類。及其資本額。

第四條。完納牌照費者。應由該管征收官署塡給牌照。交各商收執保存。

前條之牌照。由財政廳製定。發交征收官署編號塡給。

第五條。商業牌照遺失。或損壞時。應報名。該管征收官署補領換領。並納照費洋一元。其換領者。須將原領牌照同時繳銷。

第六條。凡新設之商店。應先期報名。該管征收官署。依照本條例第二條及第三條各項之規定。納費領照。方得開業。

第七條。各商店如有輟業或頂盤時。應將原領牌照繳銷。不得轉賃或頂盤。如有增加資本。發展營業時。亦應報明補繳費額。換領新照。

第八條。本條例施行後。凡無照營業。或違第七條之規定者。除勒令繳費領照外。處以應納費額三倍之罰金。

第九條。征收官吏認為必要時。得檢查其資本證據或牌照。

第十條。本條例自公布日施行。

第十一條。本條例施行細則。由財政廳定之。

商業牌照費條例施行細則

第一條。征收商業牌照費依據條例之規定。由財政廳主管。除廣州市應給牌照。由財政廳直接管理外。各縣應給牌照。由財政廳委任各縣署或派專員管理之。

第二條。此項商業牌照費。以一次過為限。凡經領照註冊之店舖。與商人通例註冊。有同一之保護。但仍須依例註冊。

第三條。註冊牌照之資本額。營業人得申請登報公告。公告後。對於官廳或第三者得為相當之担保。本條例實行前。對於官廳為担保之店舖。不依第四條定限領照註冊時。官廳得勒令受担保者。另覓保店。

第四條。凡在條例實行前。經營各種商業開設店舖者。應於條例實行後廿日內。按照條例第二條規定之費率。補納前項實行牌照費。其在實行後開業者。應於開業之前十日繳納。非經納費領照。不得營業。日期由財政廳體察各地形情。隨時報告。

第五條。凡舊設之店營業人應填報資本。由本管征收官署照所列格式之申報書。印交警察官署。或派專員分發各店舖。限五日內按式填齊。盖章彙送征收官吏查覆。分別註冊。如有少報資本者。應由征收官署通知營業人另行填報。

第六條。另填申報書。仍有少報資本時。征收官署得檢查其合同股份賬簿貨物。決定費額。飭令繳納。照全年購入貨價。以二成作為資本計算報繳。

第七條。營業人對於官署決定費額。如有異議。得邀請商會向本管官署請求。重行決定。

第八條。營業人填呈申報書後。應於五日內按照所報資本繳納費欵。掣取收費處。丙號所列格式之收據。若另填申報。或官署決定增加資本時。得飭營業人按額補納。

第九條。征收費欵及核計資本。均以毫銀為本位。原以大元或港紙記賬者。一律折合銀毫計算。

第十條。牌照式樣。照乙號所列格式。分為左之五種十級。由財政製廳製印。分發各征收官署。編號填給。

甲種。紅色。

一級。資本在三十萬元以上者填給之。

二級。資本在二十萬元以上者填給之。

乙種。黃色。

一級。資本在十五萬元以上者填給之。

二級。資本在十萬元以上者填級給之。

丙種。藍色。

一級。資本在七萬五千元以上者填給之。

二級。資本在五萬元以上者填給之。

丁種。綠色。

一級。資本在二萬五千元以上者填給之。

二級。資本在一萬元以上者填給之。

戊種。赭色。

一級。資本在一萬元以下者填給之。

二級。資本在五千元以下者填給之。

第十一條。凡同一店舖開設兩種字號以上。或同一字號開設分支店舖兩處以上者。均應各別報領牌照。

第十二條。牌照遺失或損壞。不堪懸掛。及遷移店舖時。均應報明本管征收官署補領換領。並納照費一元。其換領者。須將原領牌照同時繳銷。

第十三條。曾領牌照之店舖輟業。招人頂盤時。該接受頂盤者。應於十日前將自己營業資本申報本管征收官署。另繳費欵。請領新照。增加資本。發展營業者。亦應申報補費。換領新照。始准營業。

第十四條。凡領牌照者。應將所領牌照懸掛店舖易見之處。以便稽查。

第十五條。各征收官署。應備置營業牌照費註冊原簿。照已號所列格式。將領照換照應列申報各種事項。分別登記。以備存查。

第十六條。不遵本細則第四條繳費補費定限者。每逾限十日。處罰費額之半數。得遞加至十倍。

第十七條。各店舖輟業。將原領牌照轉賃或頂盤或增加資本。不換領新牌照者。除勒令繳費領照外。並處以應納費額二倍之罰金。

第十八條。違抗本細則第六條之檢查。及十四條之規定者。處以五元以上。五十元以下之罰金。

第十九條。凡應處罰金者。須由征收官署塡給財政廳正式罰金收據。

第二十條。凡抗費及抗納罰金者。征收官署得酌量情節。輕重停止其營業。或封閉店舖。

第廿一據。本細則自奉大元帥批准公布之日施行。

第廿二條。本細則如有未盡事宜。得由財政廳隨時呈請修改之。

民國二十一年五月交通部更訂郵資

增加郵費辦法。業已更訂。茲將增加各項辦法。列表如後。表內所不列者。則郵資並無更變。

類別	重量	郵費
信函（就地投送）	每重二十公分	二分
信函（國內互寄及日本香港等）	二十公分	五分
明信片（國內互寄及日本香港等）單片		二分半
雙片（附回片者）		五分
貨樣（國內互寄及日本香港等）	一百公分	三分
	逾一百至二百五十公分	七分半
	逾二百五十至三百五十公分	一角零半分

逾三百五十
至五百公分…………一角五分
掛號手續費……單掛號……一角
雙掛號……一角六分
補發回執……一角六分

滙兌……發銀回帖……八分
補發回帖……一角六分
快遞郵件及包裹……回執手續費……八分
（補發回執手續費）……一角六分
所有國內外書籍印刷品貿易契等。仍照舊貲。暫不增加。

廣州市財政公用兩局會訂取締廣告及違章懲罰規則

第一條。凡廣告標語。不得使用反動宣傳。妨碍風化。或毀損他人名譽。信用之圖畫或文字。

第二條。於廣州市市內適宜地點。設置公共廣告場若干處。每一廣告場內。又分別編畫廣告位若干號。專供揭貼廣告之用。凡租用廣告場位者。務須按照所租得之號位揭貼。毋許越位。及任意亂貼。至其餘非廣告場地點。一律不准揭貼。以昭劃一、而肅觀瞻。

第三條。凡在公共廣告場。租用廣告位者。須納相當租捐。（租捐定率征收規則。內另定之）並須先將所揭貼之廣告。呈繳財政局。由公用局所派取締專員審查合格後。加蓋財局圖記。方准標貼。

第四條。於廣州市內適宜地點。設置公告場。及標語場若干處。以便各黨政機關。別利揭貼文告。及標語之用。非黨機關之文告。不能揭貼於公告場及標語場內。但以公益或慈善爲目的之文告。先行呈章核准者。不在此限。

第五條。凡用伕役散派傳單。或肩荷遊行之廣告。須先將傳單或事由及式樣。報由公用局查核發給許可證。再由財政局復核照章繳費。及許可證加蓋圖記後。方得巡遊。巡遊時。須携帶許可證、以便警察及稽查之檢查。如有在水面上以船艇遊行者。同一樣辦理。但用汽車派發傳單遊行者。一律禁止。以免市民爭拾傳單。發生危險。

第六條。凡用房屋不動產及車輛船舶等。交通用具。作繪畫。及各種固定廣告位者。須由該張繪廣告人。先取得廣告位業主之應允。並呈財政局由公用局所派取締專員審查後。由財政局核准照章註冊繳費後。方得張掛及繪畫各種廣告。

第七條。凡用布幅及其他品物。橫懸路上。作廣告者。須離地十二英尺以上。並須得公用局核准。及向財政局照章繳費後。方得懸掛。

第八條。凡在各處馬路街巷舖店車輛船舶。並非本人營業地點。而張掛各項廣告牌代理牌者。須呈報財政局核准。及照章繳費後。方得張掛。

第九條。商店門首懸掛布旗等。均不得貼近電燈線。電話線。免至發生危險。其布旗之桿之長度。以出屋簷兩英尺爲限。布旗下幅離地須在八英尺以上。若旗桿之長度距離至屋簷兩英尺以外者。當廣告論。應納費數。征收規則內另訂之。

第十條。凡在本市戲院影戲院及其他種類似之。公共娛樂塲內。所有用機放影。及張貼繪畫等廣告。均須先行呈報財政局。由公用局所派取締專員審查後。並由財政局核准。及照章繳費後。方得繪畫及張貼。

第十一條。凡違背本規則之規定。除刑律有規定外。屬於瞞揭部份者。按照應納欵。處以二十倍之罰金屬於其他違章部份者。處以十五元以上。三十元以下之罰金。

第十二條。凡違背本規則之規定。經財政局或公用局之稽查員查出。如屬當塲察覺者。准由該稽查員知會站崗警察。將違章人犯帶區。由警區依照本規則之規定處罰。如屬事後發覺者。准由該稽查知會該所在地管轄區署。或逕報局。將違章商店司事傳訊。依章處罰。

第十三條。凡由警區處罰之罰金。以三分之一留區發給會緝警察。以資鼓勵。以三分之一由局發給稽查員等。如該發覺稽查員係屬公用局者。則由區交還公用局。如該發覺稽查員係屬財政局者。則由區交還財政局。以便給獎。其餘三分之一歸庫。

第十四條。本規則如有未盡事宜。得呈請修訂之。

廣州市廣告捐征收規則

(一)廣州市劃分爲十二廣告區。廣告之區域與警區同。並將全市廣告區劃分三等。第一二三五六九等區。爲甲等。四八十十一等區爲乙等。七十二等區爲丙等。每區設置公共廣告塲若干處。每一廣告塲劃分若干廣告塲位。其數目參酌。各公共廣告塲面積之廣狹。分別編號酌定之。

(二)凡租用各廣告位揭貼之廣告。取其劃一規定。高度爲一尺五寸。濶度爲一尺二寸。

(A)凡在甲等區內廣告塲租用廣告位者。每一廣告位。每月收費六角。

(B)凡在乙等區內廣告塲租用廣告位者。每一廣告位。每月收費四角。

(C)凡在丙等區內廣告塲租用廣告位者。每一廣告位。每月收費二角。

(三)凡用土地房屋不動產及車輛船舶等爲固定告白位。其面積橫直寬度。在一華丈以內者。每期征收註冊費六元。其面積橫直寬度有超過一華丈以外者。每期征收註冊費一十二元。其面積橫直寬度有超過兩華丈以外者。每期征收註冊費一十八員。餘類推。但以三個月爲一期。期滿後仍須從新註冊繳費。

(四)凡用伕役肩荷遊行之廣告。每日伕役每名每收捐欵三角。用車輛船舶馬匹乘載遊行者。雙倍計算。

(五)凡在各處馬路街巷舖店車輛船舶內。非並本人營業地點。而張掛各項招牌廣告牌代理牌者。其面橫積直寬度。在華尺二尺以內者。每張每月征收捐欵二角。其橫直寬度有超過華尺弍尺以外者。每張每月征收捐欵六角。其橫直寬度有超過華尺三尺以外者。每張每月征收捐欵一元。其橫直寬度有超過華尺四尺以外者。每張每月征收捐欵一元四角。餘類推。

(六)商店門首懸招牌布旗等。雖屬本人營業地點。若旗幅闊度橫距離屋簷兩英尺以外。每幅每月征收捐欵九員。

(七)凡在本市各影戲院用影片放影各種廣告。每星期征收捐欵五角。由畫院代繳。

外交部頒發出國護照暫行辦法

第一條。出國護。照分外交護照。官員會照。普通護照。三種。

第二條。外交護照。適用於左列人員。

(一)國民政府主席及其眷屬。

(二)中央黨部執監委員。及其眷屬。

(三)國民政府委員。各院院長。副院長。各部部長。各委員會委員長。及其眷屬。

(四)外交官。領事官。及其眷屬。

(五)外交部部員。及其眷屬。

(六)國民政府因公派往各國政府。並國際團體人員。及公文專差。

(七)上列各項之隨從。

第三條。官員護照。適用於前條規定以外之中央及地方各機關公務人員。

第四條。普通護照。適用於出國留學。經商。作工。遊歷之本國人民。

第五條。出國護照。由本部製定頒發之。

第六條。外交護照。向本部領取。官員護照及普通護照。得向本部或由本部指定之市縣政府領取。

第七條。出國護照。用三聯式。以正聯給領照人收執。其由本部指定之縣市政府發給者。以一聯報部備核。一聯存發照機關查考。所有塡報。應依護照號數辦理。

第八條。請領出國護照者。每照應繳照費六元。學生工人減半。又四寸半身相片三張。分粘護照及照根上。並遵照財政部印花稅各條例。繳納印花費。

出洋遊學護照一元。包括官員商人在內。

出洋遊歷護照二元。包括官員商人在內。

出洋僑工護照三角。但外交護照得免繳費。

第九條。請領出國護照者。應先塡具請領出國護照事項表。其請領普通護照時。護照人並應出具請求書。連同下列保證。送請發照機關核准。出國經商。應由當地商會。或殷實商號二家。出具保證書。並註明出資本數目。

出國作工。應由當地工會。或殷實商號二家。出具保證書。並證明其工作技能。

出國求學。應先經教育部。或訓練總監部。照章核准。並將核准文件呈驗。出國遊歷。應由當地法定機關。出具保證書。並保証其出國後。不經營任何業務。

第十條　領照人於達到國外目的地時。應向駐該地或附近之本國領使館呈驗護照。以便登記。

第十一條。護照以一年爲期。滿時如欲繼續居留者。應向駐該地附近之本國領使館呈銷舊照。換領新照。仍照章繳費。逾期不換舊照無效。

第十二條。領照人所領護照。如有遺失毀壞。應取具保証書。向發照機關或駐該地及附近之本國領使館補領新照。照章繳費。遺失護照。應由領照人登報聲明作廢。其毀壞舊照。應卽呈驗註銷。方得換領新照。

第十三條。領照人於返國後。如再出國時。應另行請領新照。

第十四條。領照人於請領護照後。如查有人照不符。應將領照註銷。並遣令回國。

第十五條。發照機關。如有私自印發護照情事。依法嚴究。

第十六條。發照機關。應於三個月內。將副照副聯及所收照費造冊解部。並准於照費內。提百分之二十爲辦公費。

第十七條。發照機關。於發給護照時。應注意各國關於外人入境法令之規定。

第十八條。本辦法所定事項表。請求書。保證書。一由本部發給。領照人得向發照機關領取。

第十九條。本辦法如有未盡事宜。得隨是修改之。

第二十條。本辦法由公布日施行。

請領出國照護事項表 第　號　年　月　日

姓　名（中西文並寫）
別　號
年　歲
籍　貫
住　址（應註明家長親族名號通訊處）
已婚或未婚。已婚者。應註明夫妻名號年歲。有無子女。
並子女名號年歲。
官階職業。學生應註明何校畢業並肄業。並學校地址。
官員應註明以前及現在服務機關。及簡明履歷。商人應
註明現作何項營業及牌號。獨資或合資。或店夥。開設
地點及年月。工人應註明有何工作技能。並在何處工作
幾年。其現無職業者。應註明以前職業及技能。在本國
資產情形。
通曉何國語言。
領照事由。
前往何國。（應註明經過埠）
居留期間。
鐵路及輪船名目。
上車及開船日期。
上車及上船地點。
隨帶眷屬。（姓名年歲籍貫住址等項。官員如奉派赴美者
。除政府特派人員外。所帶僕從。不得逾一人。並應註
明。事畢仍帶回國字樣。）
取護照機關。

備註

請領出國護照保證書第　號　年　月　日
敬呈者茲有　省　縣人擬於
年　月　日由　起程經過
前往　國　經商／遊歷　埠作工查該　素有執
業品行端正謹遵
部令頒發出國護照辦法填註請領出國護照事
項表並繳納照費　元印花稅　元相片三張懇請發給出
國護照一張以便持執如有違章不法等事情甘負特此保
領謹呈
鈞鑒
保領人
領照人

保證人及領照人履歷並保證事項
保證人姓名或機關商號名稱籍貫年歲職業通訊處
機關商號地址保證事項
領照人姓名別號籍貫年歲職業國內通訊處
中華民國　年　月　日

家庭常識

衛生却病法

（一）每晨日出卽起。用冷水摩擦遍身。如不能用冷者。可用溫暖水。幷宜多洗浴。洗浴不可在空腹及飽食之時。

（二）早起宜飲熱湯一二杯。飲畢後隔半點鐘始食早餐。

（三）早餐後隔五點鐘始食午餐。午餐後隔五點鐘始食晚餐。每次不宜飽食。

（四）每日三餐之前後。不用點心及食一切閒雜等物。

（五）每食均宜細嚼緩咽。嚼至嚼無可嚼。尤爲合法。食後之注意。人於食畢之後。身體易怠倦。因食物消化之時。血脈多集於腸胃。手足腦髓之血缺乏。故鈍於動作。亦自然之趨勢也。食後三十分乃至一時間。身體精神宜安靜閒逸。若加以運動。身體易於疲勞。消化因之阻滯。而胃之疾病以興。食後入浴。亦衛生所忌。以其易致胃液分泌之減弱。消化之遲延也。

（六）晚餐後隔三點鐘方可就寢。

（七）每夜睡臥時間。最少以八點鐘爲限。睡時在下午十點鐘最爲適宜。幷不可以被覆首。寢室窗不可緊閉。使透空氣。可免肺病。床前用屏風障之。以防風之直射人身。

足暖安眠法　每屆天氣寒冷。人多有夜不成寐之病。推原其故。婦女多因行動過少。老人多因血氣兩虧。以致兩足寒凍。難於成寐。凡患此病者。宜將睡時。以熱水浸足。使其和暖乃登床。自能安睡。有受病過深。雖先暖足。仍不能睡。久之熱氣過後。足復如冰。則須先用冷水洗之。以粗毛巾揉擦之。至皮膚見紅色。乃用熱水浸洗。則兩足之煖。可以久存。而睡亦易成寐矣。

（八）每日宜多運動。宜走路三四里。呂氏春秋曰。流水不腐。戶樞不蠹。動也。形氣亦然。

（九）每日宜行深呼吸。深呼吸者。宜在日光下潔淨之空氣中。挺身直立。緊閉其口。將肺內之濁氣從鼻孔盡力呼出。呼至不能再呼。於是將外面之清氣從鼻孔用力吸入。吸至不能再吸。第一次行完後。休息片時。再行。自朝而午而暮。可作三回。每回可作十餘次。其效能使肺臟擴張。肺內之容積變大。因深呼吸之鼓動力。亦能盡其功用。預防肺病之法。莫妙於此。

（十）紙烟水烟旱烟鴉片烟均不可吸。其害能使內臟及血液皆染烟毒。

（十一）陳酒高粱酒洋酒均不可飲。飲酒狂醉。使心臟積多脂肪。以碍心之跳動。使腦中積血。或腦出血（卒中）之原因。此外如肝胃肺臟。無一不受其害。

（十二）一切肉類。皆含毒質。如能戒絕最佳。終年飽食肉類。血內蘊毒既多。一旦患外症。或爲傳染病所侵襲。卽輕症變重。重症即死。

（十三）不可使色慾有發動之機會。平時宜用强制功夫。老子曰不見其欲。使心不亂。廣成子曰。無勞汝形。無搖汝精。乃可長生。看淫劇淫書。犯手淫。以致神經衰弱。叫局吃花酒。打茶圍。亦爲挑動色慾之端宿娼買妾。無有不發花柳病者。幸而免焉。則房事過度。旦旦伐之。先發健忘心跳不消化等症。繼則陽萎血薄肺癆。而大命乃傾。

（十四）房事與年齡相應。不可過度。春秋繁露曰。新壯者十日而一遊於房。中年者倍新壯。始衰者倍中年。中衰者倍始衰。大衰者之月當新壯之日。

（十五）每日必大便一次。若大便閉結。宜多食菜蔬。及水菓。若仍無效。宜用灌腸法。否則糞塊壓迫大腸。致有腸瘡腸癰痔瘡之患。

（十六）早起宜洗刷牙齒與舌苔。若牙齒有病。宜使牙醫補之。如牙齒壞落不理。食物不能細嚼。久之則生胃病。全身之營養不良。

（十七）衣服宜寬鬆。宜輕宜薄。宜稍涼。宜清潔。太緊太重太厚。障碍血液之循環。服之過煖。最易傷風。裡衣洗濯不勤。養成一種齷齪習慣。

（十八）每日作事。須有一定之課程。某時作某事。宜嚴守規則。不可遷就。作事滿一點鐘。宜休息片刻。以蘇腦力。

（十九）每日宜大笑數次。凡歡笑最有益於人。能補腦髓。活筋絡。舒營衛。消食滯。而四周之聞其聲者。亦報之以笑容。彼此俱大有益。

（二十）小病不可服藥。冬日禁服膏方。小病本二三日可痊癒者。往往因不對症之藥。而遲至六七日始愈。冬天之膏方。能使人消化力減少。或生濕。或太燥。或遺精。或鼻孔流血。連服數月。無有不生流弊者。

（廿一）自治宜嚴。每日須有一二時讀理學書或內典。爲自治之一助。心中無不可對人之事。則心廣體胖。夢寐亦覺安寧。

（廿二）因病而生憂慮者。病必難愈。無病而常憂有病者。病必易沾。是故人心常安逸之人。弱者可以轉强。病者可以易愈。凡一切滋養之肉食。治病之藥物。可以屏棄不用。所必需者。是每日飲食依時。使胃消化有序。行動必多。使血流走通暢。吸取清氣。領取日光。心意中勿時時以養身爲念。與友人談。勿言敗意。及疾病驚恐等事。此種言不獨有害於己身。兼有害於聽者。總之人能常抱一片太和。勿以疾病爲念。則天年可以多矣。

（廿三）和氣養壽。凡人每發怒一次。必減去壽元少許。若遇怒氣不息。試將平和時之景比較之。則知怒時常覺憤悶。常規錯亂。血脈行動甚慢。蓋因怒時身上所用之質力。多於平常三四倍。若質力未經復原。不得算爲循常之身軀。凡性氣極劣之人。不能樂享天年。亦由於每易發怒所用質力過多所致。故能以和氣處世。不啻補身之良劑也。

昏厥急救法

(一)昏迷之原因。大致爲腦邊少血。心力及血壓驟減之故。致此之由。有遠因近因兩種。

(甲)遠因。貧血。體內各種液汁過多。（如多汗大瀉之類）營養不良。過勞心臟病。神經病。吸不潔之空氣。及衣服過窄種種。

(乙)近因。久立。久坐。驟起劇痛。驟驚恐懼。及內臟出血種種。

(二)昏迷之現象。

(甲)預兆。自覺疲弱。驚恐。胸前壓緊。目眩耳鳴。

(乙)先驅症狀。面色灰白。肌肉驟弛。

(丙)現象。知覺盡失。膚色灰白。脈細或伏。手足拘攣。驟仆。（其緩緩仆者。甚少。）瞳孔放大無反應。

(丁)危險症狀。脈伏呼吸停頓。瞳孔縮小。兩便不禁。

(戊)醒時現狀。目漸張。面色漸紅。活知覺漸復。

(三)昏迷之治法。

(甲)將患者仰面平臥。頭部略低。遷入溫度較低之室。脫衣或解去鈕帶。（如束腰領扣之類）

(乙)灌冷水於頭胸兩部。用白蘭地酒擦口內黏膜。令嗅安母尼亞。或燒雞鴨毛之類使嗅。輕刷手掌足心。（病輕者用乙法已足。）

(丙)如患者施乙法後。脈弱或伏。呼吸垂絕。則乙法不足恃。須用兩手壓肋際及腹之上部。作人工呼吸法拍心。打(以脫)及(樟腦油)及(樟腦以脫)等。（初時連打數針。後頻針之。）

(丁)如呼吸全絕。須將電流通入頸間兩神經。（專司呼吸者）

(戊)病人患吐者甚少。苟吐須使上體略高。頭側臥。臥罷用潔淨之手巾蘸水。繞於指上。拭口腔及咽喉。

(四)昏迷時宜注意者。

(甲)勿作無益之舉動。

(乙)勿作損傷病者之舉動。

(丙)勿失時機。

(丁)打(以脫)時。勿過深。以醒後非常痛苦。如針於臂。可使臂神經麻木。而臂失其用。

(五)昏迷醒後宜注意。

(甲)知昏迷者之原因。倘有他病。勿忘治療。（如因衣窄則不可更着窄衣。內臟出血。須剖腹療治等）

(乙)首先注意心臟。可飲以酒。葡萄酒。白蘭地酒。濃茶。咖啡。至回復原狀而止。

(丙)勿驚擾之。以靜養爲宜。

(六)假昏迷。假昏迷者。膚色不變。脈甚好。瞳孔有反應。若此者不治亦能愈。或以芥末治之。或用電氣刷。略刷皮膚可也。

疾病之傳染

疾病之能傳染者。皆由微生蟲爲之媒介。而成其所以能傳染者可分三事。

(一)用具之傳染　今有一人也。患瘡癬之症。他人雖遠而避之。亦爲其所傳染而病。其故卽用具之授傳所致。譬如病者以手搔摸其患處。頃卽取他物。微生蟲乘其手之介紹。遂染於物上。他人勿知焉。苟取之。則微生蟲染於手上。於是疾病遂起。如黃水瘡癩疥瘡等之傳染。大率因此之故耳。大凡茶坊酒肆中之手巾。最易染附微生蟲。用者宜愼之。能不用爲尤妙。

(二)風之傳染　西人對於涕吐事。非常注意。凡公共所在。概不准任意亂吐。其故一則爲淸潔起見。一則實爲防疾起見。蓋吐痰一事。最易傳染疾病。苟患病者吐痰於地。痰中含有致病之微生蟲。一經日光之晒。卽成極薄之膜。爲風吹散。乃飄於空際。當人呼吸時。隨空氣而入。膜爲肺中液所化。微生蟲復生。於是致病。按此種傳染病。以肺病爲最易。因痰自肺中出。含微生蟲甚多。偶入人肺。卽致肺病也。

(三)飛蟲之傳染　夏秋天氣。最多蚊。此二種飛蠅蟲。亦爲疾病之媒介也。蓋蚊專吸人血。忽來忽去。視爲無傷。詎意卽人生瘧疾等症之第一步也。先是蚊吸患病者之血。繼則吸無病者之血。遂將病者血液中之微生蟲。混入無病者之血液中。於是無病者亦成瘧矣。若蠅則爲最汚之物。無論何地。均有之。而汚穢中之微生蟲。被其帶引至人之食物上。人不知而食之。亦生疾病。此等傳染每忽之。以爲食一死蠅。亦不過腹瀉耳。孰知霍亂等症。大率因此而生也。蓋旣受天氣之熱。又受微生蟲之作惡。烏得不病哉。炎夏之際。願共注意之。

眼病預防法

眼病之最速而最險者。莫如白濁入目。數日之內。流膿不息。遂使雙目全瞽。名曰膿漏眼。白濁之毒爲淋菌。含於白濁之膿中。入目之後。暴發赤眼。胞腫如桃。不能開。眼角流脂如黃膿。烏睛多化膿而潰爛。卒起蟹珠旋螺而失明。嘗查世間瞽目。烏睛如覆。白殼如附旋螺者。大半爲膿漏眼之結果也。

白濁入目不由於內攻。而出於外感。外感之路。大半因手指手巾不淨。沾有淋菌以之拭目。引菌入眼。遂致發病。預防之法。以滅絕淋菌。不使入目。爲無上之法。茲分條述之如下。

(一)男流白濁者。女多白帶者。宜令其熟知白濁白帶入目。能發膿漏眼而失明。使講自衛之法。幷速治愈其白濁白帶。以免危險。

(二)凡患白濁者。手指與手巾。宜常洗以防染淋毒。夜臥中及晨起時。尤不可以手指拭目。以防淋毒染引入眼中。

(三)醫師治白濁後。拭過棉布。宜悉數燒毀。用過器具。宜十分消毒。手指尤宜淨洗。以防自染或染人。滬上眼科醫生。不知消毒法。從此傳過膿漏眼不少。己習見之。宜注意。

(四)公厠之門鈕。旅館之枕被。浴堂戲院茶樓酒肆之臉布。皆不免含淋毒。宜小心預防之。

(五)入浴時。頭面與下身宜分別洗之。切不可用洗下身之水。與浴巾洗頭面。

(六)無論何時切不可用不潔之布片。或他人之手巾拭目。在兒童時卽宜養成自携手巾之習慣。如此不但可以防膿漏眼。幷可以免各種眼病。

(七)青樓爲淋毒之巢窟。食寢其中。危險實甚。尤以手巾爲傳染之路。宜小心避忌之。

(八)民間有取小便治眼病之習俗。萬一尿中有淋毒卽能染膿漏眼而失明。宜速禁絕之。

(九)產母白帶有淋毒。產兒每染膿漏眼。故未產之先。宜用食鹽水清洗陰部。以滅淋毒。

(十)初生兒湯沐時。頭面與身體宜分別洗之。洗頭面宜用清潔面盤盛清水。用清潔手巾拭之。不可使汚物入目。尤不可用洗身體之盤與水洗頭面。

(十一)初生兒以經過不潔之產道而出。難保無淋毒入目。故湯沐之後。宜翻轉眼皮。用新製二十倍硼酸水點眼。以豫防之。

(十二)接生宜用新法產婆。使其完全解毒。因穩婆不知清潔法。膿眼臍風多由穩婆造成之也。

(十三)初生嬰兒七日之內。發赤眼胞腫不開。必係膿眼。有失明之虞。宜速醫治之。

按穢手拭目。亦足致病。俗稱紅眼睛者。大都由此故。人家習慣。如厠後及睡起。必先淨手。初非爲迷信而然。特借運晦之說。以誘其信從耳。

(附載砂眼之原因) 我國人有一種極可怕之眼病。俗名砂眼。古書曰椒瘡粟瘡。(西名Trachom)。其性極惡。一經沾染。終身不愈。卒至失明。且其病極多。十室之中。必有數人患之。貧民尤多。傭工婢僕。十人之內。必有一二患此症。

砂眼之病象。先在胞瞼裏面密生細粒。因此白睛多紅筋。或沙澀而畏光。或多脂而昏花。偶受外感。卽發火眼。(輕者一年一發。重者一年數發)。初發尙輕。數日能瘥。至後愈發愈重。時日亦愈近。每發必起星。遷延不易愈。愈則留翳。目光漸減。如此數年。病機潛滋暗長。日益進步。卒至睫毛倒刺。烏睛翳障。遮滿瞳神。則去盲不遠矣。(此時患者自知涸疾已深。遇醫輒求治。上焉者謂病在瞼。用竹片夾治之。挖肉醫瘡。猶可濟目前之急。下焉者謂病在翳。誤用刀針烈藥剝治。而失明者十居六七也)。故曰砂眼有十惡。(一)病期延長。(治之而愈。亦需數月。不治則終身不愈)(二)病勢險惡。(遲早必犯烏睛。生翳障而失明)。(三)初起不覺。(初得此症。多不自知。及知之。則病已深)。(四)後患無窮。(星翳障珠。弩肉攀睛。倒睫拳毛。皆砂眼之餘毒)。(五)蔓延甚廣。(城市鄉野無處不有此病。不潔之家尤多)。(六)傳染甚易。(到處皆有其病。卽到處可以傳染)。(七)預防甚難。(就有病者言。以數年數十年不愈之長病。欲其完全隔離。絕對不能。就無病者言。以到處皆是。有觸必染之惡病。求其絕不接觸。亦屬萬難)。(八)醫效甚緩。(任用何法醫治。非數月不全愈。若醫非其法。則時歇時發。直與不醫無異)。(九)除根不易。(非耐久長治不能除根)。(十)再發難防。(未全愈者。時發時歇。無論已卽已痊癒者。偶受誘因。亦往往再發。皆因受病日久。眼珠眼瞼。皆被影響而易病也)。尤可惡者。好侵貧民。而絕其生計。故各國對於砂眼。咸用國力以除之。我國政府。今尚無暇及此。惟使一般國民咸知砂眼之危險。而各自嚴守預防法。或可補救於萬一。故述預防法如左。

(一)清潔為預防砂眼唯一之良法。每日用清水肥皂水洗手面數次。可減砂眼之來源。

(二)手巾臉盆。為砂眼傳染之媒介。宜各自備置。不可通用。如萬不得已之時。必用肥皂沸水淨洗之。

(三)洗臉之水。必須潔淨。不潔之水。不可洗眼。尤不可數人共洗一盆。

(四)常用之手巾。每日宜用沸水肥皂淨洗之。不潔之布類。切不可拭目。

(五)手指終日作事。不免染有污物。眼不快時。切不可用手指拭目。

(六)塵埃飛揚之時。易染砂眼。宜勉力避之。

(七)空氣不潔。光線不足。皆助砂眼之發生。故居室宜開窗。以通氣透光。

(八)發赤眼時易染砂眼。宜速治癒之。

(九)患砂眼之人。切不可與之同牀褥。共盥沐。

(十)不得已之時。如與砂眼病者相觸。其手與物必用肥皂清水淨洗之。

(十一)婢僕入用時。必檢其有無砂眼。若生砂眼者。切不可用。

(十二)家庭之內。宜隨時延醫檢查。見有砂眼者。速付眼科專家治愈之。且勿使與無砂眼者共盥沐。同牀褥。

(十三)學校中。宜令校醫隨時檢查學生。有患砂眼者。亟令其退學就醫。眼脂未淨。不可入學。以免傳染他學生。如病未痊治。而入學。宜別設几椅使坐於講堂前列。

(十四)軍營中。宜令軍醫隨時檢查兵士。有患砂眼者。令其入院醫治。未治愈勿使歸營。以免傳染。而蔓延。

已患砂眼者之自身處置法。第一宜力尙清潔。第二宜就眼科專家耐心醫治。未痊癒不可中止。如藥石無效須用手術。不宜懼却。以長病機。此外更須牢記之事如左。

(一)宜多洗被服。(二)宜常洗手面。(三)宜時開窗戶。(四)宜常備硼酸水或流醱水洗眼。(五)忌凝視細物過勞目力。(六)忌夜勤燈火。更深不眠。(七)忌任繁劇。(八)忌作苦工。(九)忌憤怒愁泣。(十)忌過度房勞。(十一)忌酒醉。(十二)忌啖辛辣。(十三)忌吸香煙。(十四)忌揩擦。(十五)忌燻烟。(十六)忌烤火(十七)忌冒暑(十八)忌兜風(十九)忌涉長途風塵。(二十)忌曝夏秋烈日。

妊娠時之攝生法

(一)適宜身體之運動。凡長時間作業。强動搖身體。甚害胎兒。故頻繁階梯之上下。長時散步跳舞。凹凸道路之乘車等。須嚴禁之。然適宜運動。於新鮮空氣中。姙婦胎兒均有大益。故不得不行之。

(二)避精神之感動。凡劇烈之喜怒哀樂。有起流產之虞。每日睡眠。須較平時加多。

(三)注意身體之清潔。凡姙娠中皮脉脂汗脉。分泌增加。故身體尤易污穢。沐浴宜每日一回。時間宜短。浴水溫和。

(四)乳房宜每日一回。用淨水或酒精揩拭。俾哺乳時不致有損傷之虞。

(五)居室務須清潔。空氣流通。光線射入者爲佳。

(六)衣服務須寬大。不可緊束胸部及下腹部。至姙娠第四月。可用腹帶寬繞腹部。以免腰下垂。而將來分娩時受障礙。

(七)飲食物宜擇易消化而富滋養力者用之。忌芥子蕃椒酒類濃茶咖啡等之刺激性之物。並不可飽食。此於姙娠後半期爲尤要。

(八)大小二便必須每日一回。若有便秘者。行適宜之運動。每早空腹時飲冷水。或冷牛乳一杯。飯後食水菓。不但有通便之效。且能助消化之功。又每早一定時上　。若用以上之法。便仍秘者。可用篦蔴子油一匙。和茶服之。則便自通矣。

(九)忌房事。姙娠至後半期宜絕對禁止。以免小產。及他種危險。

(十)大凡姙婦患嘔吐者甚多。若嘔吐頻發。則招全身之衰弱。卽所謂惡阻症是也。惡阻症之重者。嘔吐晝夜不息。營養之途絕。遂發諸種之神經症。陷於衰弱而死。今錄最經驗最穩妥之方於左。以便採用。

檸檬酸　二錢　冷開水一飯碗

右藥溶解貯於瓶內再以

澳素加里。Kalium Krom(溴素鉀)　一錢

小蘇打Natrium Bicarbonicium　一錢
冷開水　一飯碗

右藥溶解另貯一瓶內

服法將此二瓶之藥水同傾一茶杯內。則立即沸起。正在沸時服之。如嘔吐過甚。每半點鐘以此分量減半服之。服至全量一半爲止。俟明日再服。如以味不佳。可加以白糖。最妙加以菓子露。此方價廉。至藥房中調劑不過四角左右。

產褥之處置法

(居室)產室擇廣闊閑靜。空氣流通。光線射入。室溫在攝氏十八度。無用之器具一概不得置在室中。

(就褥)產後至少就褥一星期。如能二三星期者尤佳。蓋產婦能安靜就褥。可期創傷之子宮早日復元。惡露正規。臥法在初之二三日間仰臥。以後左右互相側臥。以保子宮正常之位置。室內步行。須一星期方可。近來有人推獎褥婦。早期之起立。謂分娩之翌日。即宜在牀上起坐。以便惡露之排泄。助生殖器之復舊。惟行之過多。則招多量之出血。或子宮之轉位下垂脫出等之虞。然仰臥過久。有招子宮之後傾屈者故須適當以行之。

(精神之安靜)產褥中避精神的努力。及興奮。不可煩家政上之事。並禁長時間談話。

(寢具及衣服)汚穢之惡露布。及襤褸等蓄持之室外。褥婦覆被。僅保溫暖。不可過熱。致發大汗。衣服清潔寬闊。能促腹筋之恢復。預防懸垂腹。及直腹筋之離開。故最適用。(食餌)初之二三日。用牛乳粥鷄蛋等。口渴時用麥湯或淡茶。其後食慾增進。則可食麵包輭飯鷄鴨魚等。二星期後。可照如常然刺激性物。及富於脂肪。及難消化者。皆宜避之。

(便通)分娩後經三四日尙無便通者。則服篦麻子油一食匙。

(尿利)如尿閉者。於下腹部施以溫濕布罨法。即用手巾浸於溫水中絞乾後覆於下腹部。

(外陰部之清潔)最初數日間。每日二回。用百分之三硼酸水。浸於綿紗清拭外陰部。

(授乳)褥婦授乳有三大利益。一能使生殖器恢復舊態迅速。二能增進自己之營養。即食慾佳良。故也。三對於初生兒之營養適宜。然亦有不得不僱乳母者。即產婦有肺癆病。脚氣病。糖尿病。癲癇精神病。重篤之腎臟炎熱性病。及身體非常衰弱等。則絕對的禁止授乳。但所僱之乳媼。須與母體相彷者爲合格。並宜檢查其有無疾患。

以餓療病法　日本醫家有餓療法。或一周或一旬。有餓至一月者。此最爲治病根本上法。蓋病人消化不良。所食多無益而有害。若爲痢疾及腸窒扶斯(中醫謂之傷寒。其實非傷寒也。乃微生物竄入腸之夾層。即歐美醫家。尚無法治之。所謂攻之不可。達之勿及也。惟有止食以堅壁清野之法治之。驗方新編亦有傷寒勿服藥爲中醫。禁止食物語）。及積食不化。腸胃諸症。尤當禁食。因病人食物不能得其滋養。反以助長微生物也。

預防受暑法　天氣炎熱。吾人因事奔走其間。不免受暑。玆有一法甚簡單。可於欲出門時或返時。用烏梅二枚搥碎放一碗內。加白糖一匙。開水冲服。頗有效驗。

驗痨病簡法　驗痨之法。當以西醫聽肺爲最詳。今有一簡法。較之聽肺有過而無不及。法以乳香。（藥店中買）燒烟熏其手背。男左女右。以綢帕蓋手掌心。良久有毛自掌中出。視毛色白者易治。紅者難治。黑者不治。無毛者非痨病也。屢試皆驗。

驗痧症法　用生黃豆命患者嚼之。不腥氣者是痧症。覺有生腥氣者非痧疫。此法與試疔瘡同。

簡便戒烟方　戒烟方多矣。最和平無弊者。首推林文忠公之忌酸丸。然配製頗爲不易。價又不廉。往往貧寒之人。無力配製。又以中有補藥之故。於戒烟期內或有感冒卽難照服。其他市井所售。無慮千百。或失之太猛。或失之太和。或中雜以嗎啡。無論有效無效。則皆搪癮而已。有丁居研究一種名曰八一一。八一一者。每兩中以炒米粉八錢。烟膏一錢。生鹽一錢配製。初時癮三錢者服此藥亦三錢。一月後可將煙膏減盡。此戒煙方有四善焉。鹽米隨處皆有一也。病時可服二也。鹽米本平常。日用之物。决無氣體不合之弊三也。價既便宜。無論貧富皆可立辦四也。余以此藥之便當如此。謹爲煙界諸君介紹。幷願閱者抄傳。幸勿漠焉視之。

面色復原法　人在日光內動作過久。面色則漸變黃黑。殊不雅觀。卽用提淨白石粉若干份。調於屈里設林（淨洋蜜）中。擦於面上。潛居數天。卽復原矣。

除雀班粉刺法　治藥甚多。有效則少。玆有一法。功效甚著。卽每晚臨睡時以蜜陀僧末調蜜搽之。清晨以菉荳粉和水洗去。夜搽日洗。切勿間斷。久之自去。

又方　安息香酒一分。薔薇花汽水四十分。和勻用以洗臉。可去雀班。神效非常。

又方　雀班至不易除。盡人皆知。惟用茄子擦之。不數日卽退盡矣。治法最易。祇須茄子一枚。切成小片。擦抹患處三次。後用小刀將班刮破。再擦三四次卽起痂。翌日用藥水皂洗去。卽班點盡脫。面部一新矣。（不破亦可不過收效較遲耳。）

治頭髮不生簡法　婦女不生頭髮。甚爲有碍觀瞻。然市上所售之生髮油。多無大效。現有一極簡之法以治之。法用川椒一兩。以燒酒浸之。每日將燒酒塗少許於禿髮之處。生髮自速。

又方　少年禿髮頗形惡陋。可用羊屎納鯽魚腹中。置瓦缶內炙乾燒灰研細。用水調塗禿處。閱數日則髮自生。而色黑。頗效。

治髮黃法　人家婦女多患髮黃。雖用生髮等油。終不得有黑色。實恨事也。今有一法。不費分文。可使極黃之髮變爲黑而有光。其法卽採野桑葉數十張。泡水洗之。約二三次。則髮變黑色。而漸光澤矣。

治瘡痕法　頭瘡愈後。則瘢痕纍纍。殊不雅觀。如每日以生薑擦之。髮則重生。則瘢痕自不見矣。

治失音法　藥肆中購蟬蛻一錢。煎以代茶。可復原咽喉音響。時飲之。可免喉痛。

又方　用六安茶笠內竹葉煲飲。

治耳垢法　注以石鹼水。(西藥房買)令耳垢變軟。然後取微溫湯洗滌之。則盡可取出。且不傷耳內粘膜。

治耳聾法　白蒺藜炒去刺爲末。蜜爲丸。空心服之。久服且能益壽。

治汗班法　常人身體發有一種黑點。名爲汗班。茲有一方。配藥試之。次日視班更爲轉黑。逾一星期班點全退。覺無恙矣。其藥用金爐底一錢。香附一錢。硫黃三分。共研末。用醋調搽極驗。

治臭狐方法　狐臭病。是血液中含有水濕。與體熱薰蒸釀成這種氣味。(病狐臭者汗衫腋下必呈黃色)何以專從兩腋而出也。有一個緣故。因爲血腋與肝臟是連帶的。肝氣本臊。腋通於肝。所以從此路而出。這種病的傳染性極須注意。至於治法。本草上有個外治方子。用蒸熱饅頭一個。劈作兩片。放密陀僧細末二錢。急把饅頭合攏。趁熱夾放腋下。略睡片刻。俟饅頭冷卽棄去。行用數。次卽愈。

又有一個內外兼治的方子。用精豬肉兩大片。甘遂二兩研末調拌。夾在腋中。睡一宿。至天明用生甘草一兩煎湯飲之。良久瀉出穢物。惟此項穢物。應埋於荒野之地。恐穢氣傳於人。是三五次卽愈。

洋墨水入目注意　洋墨水裏含有一種(單甯酸)。所以可可使之誤入眼內。否則眼球便被蝕腐了。

游泳注意及練習法　游泳爲夏令最適宜之運動。然偶不謹愼。卽易致病。今將應注意者列後。(一)游泳之時水常入耳內。日後耳爛失聰等疾。往往爲此所致。欲免此弊。可以棉花塞之。則水不能直入耳內。卽急浪迎面。亦不能傷耳膜。但棉花宜選清潔者。(藥房中所售藥水棉花最好)(二)飯後不可游泳。因此時體內之血皆在消化食物。如入冷水。則有腹痛不消化等病。(三)游泳時間。視身體之強弱而定。如游泳時身體覺冷。即宜出水。否則恐患癘疾等症。(四)出水後以乾布擦身。待皮膚發微紅而止。所以開皮膚微孔。使體內分泌得出也。(五)脚趾間水跡宜留意揩去。否則夏秋爛脚等症。咸因此故。學習游泳時。身體宜伸直如覆臥牀上。然目緊閉。不可呼吸。頭浸諸水中。以足擊水。用左右手更迭向後推。手指宜併台。如是練習數次。頭能出水。即能游泳自如。

去衣服油污法 用電油(汽車之燃料)塗擦污處。自然潔淨。再曝於日中。則油味可完消去。

去衣服中國墨污法 夏日所著之衣。多係白色。設寫字時偶染黑汁。及洗每苦不能淨。若用熟飯數粒置染黑處。以手搓之。其黑立去。

去衣服洋墨水污法 用酸味草(野生)搗爛洗之即去。

去衣服印字油污法 衣服如沾染有打字機之墨跡。不容易洗去。宜將染污之處。浸入松節油中二十四句鍾久。乃以沸梳打水搓洗之。以清水過之其跡盡脫。

去衣服菓汁污法 果汁污點於清水中不易洗去者。可於(硼酸)及(安母尼亞)混合液中洗滌之。若毛絹織者。須用淨布一方。浸以酸性(亞硫酸鈉)拭之可也。

洗綢衣法 用槿柳樹葉在淡水(即天落水)內揉之。取其水洗滌各種顏色綢衣。其色不退。艷麗如新。

洗舊象牙法 象牙變白。其法有三。(一)即荳麼濟擦白。(二)即芭蕉根擦白(三)則爲日光晒白法。可取象牙放入玻璃罩內。置日光中晒之。變白甚速。惟無玻璃則恐爆裂。

洗鑽石金飾珠玉法 金剛鑽石先用溫水入鹼洗淨。再洗以花露水。金飾先用石鹼水洗。再用羚羊皮摩擦使燦爛。至珍珠湖玉。則用火酒洗之。

綢衣辟蛀法 每衣一層。置旱烟整葉數片。則免蟲蛀。或置爆竹數小串亦效。

皮衣免蛀法 藏各種皮衣之簡易法。唯置於酷日中曝之四五小時。然不宜有塵埃吹入。故晒後須用鞭鞭之。然後收藏。(惟三月間楊花飛時。萬不可曝晒皮衣。因楊花最易生蛀也。)又一法以樟腦(藥肆有售)用紙包成小包。散置衣箱內。或已放未放之爆竹置箱內。亦可免蛀。惟白狐水獺黃狐等。於收藏之前。宜先用輭刷刷之。再以濕水調麥皮。或糠包於柔輭法蘭絨或洋紗內擦之。使皮潔白。曝日中令乾。然後收藏。如潔淨之黑皮。可以新鮮之糠或麥皮少許置小鍋內炒之。毋令焦。用手擦數次。然後以刷刷之。如毛過長。宜用梳梳之。及潔淨而止。曝日中然後收藏。可免蛀患。

舊油畫抹新法　油畫掛在牆上。雖然美觀。但常時掛在墻上。難免爲濕氣所浸。顏色定不美麗。如用大蒜頭從中割開。擦在像上。便光亮如新。

收藏字畫法　無論古帖或字畫。。倘若收藏不妥。每爲蠹蟲殘蝕。非常可惜。茲有一法。乃用報紙包裹。因報紙上印刷之墨油。可避免一切蠹蟲蛀蝕。

去熨斗灼痕法　凡衣服等被熨斗灼有火痕。便失美觀。其法可先用檸檬汁塗之。然後放在有日光之地。或露空之處。則灼痕自可退去。

食物相忌之注意

李子入水不沈者勿食。　瓜投水中不浮者勿食　酒醉飲花瓶中養花水無救　柿子與蟹同食成痢。柿子不可與烘青豆同吃。　葱與蜜同吃名甜砒礵。　花生不可與王瓜同食。燒油不可與生薑芽同食。猪羊心肺有孔大毒。　鱉魚與莧菜不可同食。　兔死眼閉者食之必死。　黑牛身白眼食之必死。　鱔魚鯉魚鬚赤者勿食。　魚無鰓頭有白色連珠至脊者勿食。　鱉目凹足不伸無裾。腹上有卜字王字五字紋者。食之必死。　雞養至三四年者有毒。燒酒盛於錫器者過宿有毒。　驢肉及諸魚如入荆芥食之必死。猪肉羊肝不可同食。　猪肉胡荽芫荽同食爛臍。　猪肝魚膾同食生瘡疽。諸禽鳥肉肝帶青者勿食。　芥菜兔肉勿同食。　魚鮓不可與蜜同食。

附錄救急經驗良方

（一）中風　中風者忽然昏倒。不省人事。須先順氣。然後治風。如口噤抉開。以下藥灌之。倘抉不開。急用牙皂生半夏細辛爲末。吹入鼻內。有嚏能治。無嚏即死。中風要分別閉與脫二症。

閉証　牙關緊閉。兩手握固。以竹瀝薑汁調蘇合丸灌之。或三生飲治之。即生南星二錢。生川烏去皮一錢。生附子去皮臍一錢。木香四分。氣虛加人參煎服。若無人參用高麗參。或眞台黨亦可。

脫証　若口開心絕也。手撒脾絕也。眼合肝絕也。遺尿腎絕也。即是脫証。更有吐沫直視。肉脫筋骨痛。髮直搖頭擅上。面赤如血。汗出如珠。皆脫絕之症。用大劑理中湯灌之。及炙臍下。亦可救十中之一。或先用去黑皮筋新皂角四條。明礬一兩。共爲末。每用錢許。溫水緩緩調灌。毋使大吐。恐過劑傷人。醒後用藥調治。

（二）中痰　凡遇中痰。其人眼內必光現。喉內必響。便是痰症。不可嗅薑。嗅薑氣則死。愼之愼之。是病可用童便滴眼角。又灌飲即醒。愈後戒女色六個月。或用巴豆搗爛。棉紙包壓取油。作撚燒烟薰鼻中。片刻吐出痰血即愈。或用生半夏如豆大。納兩鼻中亦效。氣厥死照此方治之。

（三）中寒（即冷死）　凡中寒症不可近火。近則笑死難救。見其笑即掩之。用生半夏末如綠豆大納入耳鼻內。另炒爐灰用布包熨心腹數次。其眼若開。即與溫酒及溫粥食之。後用陳皮生薑各三錢。水三碗煎埋一碗與服。

（四）中暑　凡夏季在途中受熱。忽然昏倒。名曰中熱。又名中渴。切不可用冷水噴灌。冷氣一侵。便難施救方用稻草作結長帶曲盆肚臍外。用熱土搓碎圍之。使人痾尿其中。令溫氣入腹。久之自愈。又方用草紙捲成筒。點火向口鼻間薰之即活，神效。　又方用布蘸滾水。更換熨之。熨臍與臍下三寸爲要。醒後忌飲冷水。飲之復死。　又方如汗出如雨。口開地倒。不省人事者。可用生薑一片。放在頭頂心。用艾絨一丸在薑燒片上燒之。至病人口合汗止爲度。愈後灌以蘿蔔汁。　又方皂角燒灰存性。生甘草每一錢。共爲

末。溫水調灌。 又方白礬末以陰陽水調服一錢即愈
。

（五）中毒

凡解毒藥俱宜冷用。最忌飲熱湯水。飲熱物則不可救矣。若見酒必死。

解救百毒方。生甘草二兩。綠豆一升。水煎服立效。

又凡方覺腸腹中不快。即以生黃豆試之。入口不聞腥氣。此眞中毒也。急以升麻煎汁。連連飲之。將手探吐自愈。或嚼生礬一塊。覺甜而不澀者是毒。否則非也。 又方乾淨地上。黃土地更好。挖三尺深。入水一桶。用棍攪動。名曰地漿。能解百毒。凡食隔夜果餅菜蔬茶水酒漿等物。或飲田塘溪澗井溝之水。誤中無名百毒者。取飲數碗。極爲神效。愈後戒食鱔魚。

又方巴牆草搗爛煎湯冷服。能解百毒。屢試屢驗。神方。

（六）中血

（甲）七孔流血。 凡耳目口鼻一齊出血。名曰上虛下竭。死在須臾。不及用藥。先將冷水當面噴幾口。或婦女急分開頭髮。以水噴之。男子無髮可分。用粗紙數層。冷醋浸透。搭在顖門。其血即止。或用鼻血不止方止之。止後用炙黃芪一兩。當歸五錢。煎濃湯。加沉香五分磨汁。童便一盞兌服。血自歸經。再加調理。多有全活。

（乙）吐血不止。 方用京墨磨水。服立止。愈後切戒食狗肉。 又方治忽然吐出經血妄行者合用。如身體虛弱。已吐日久。不宜用。方用大藕二斤。紅花二錢。生地二兩。淨水煲五點鐘久。每日一劑。連服五劑必愈。

（丙）口鼻出血。 方用多年尿壺。火上烘熱。向鼻薰之立止。 又方韭菜搗。自然汁半碗。飲之立見效。 又方荆芥燒枯研末。陳皮煎。溫調服二錢即愈。 又方用冷水噴面之後。用藕節薑炭生地炭黑枝每味三錢煎服。 又可用鼻血不止方。

（丁）鼻血不止。 方用燈火。以燈草一莖。點清油燒之。在少商穴燒一下。立止。穴在兩手大指內外夾縫之中。不上不下即是。左流燒左手。右流燒右手。雙流燒雙手。有人鼻血三日不止。口內亦流。百方不效。勢甚危急。用此立止。止後半刻復流。仍在原處燒之而止。如原處起泡。將泡刺破。燒之。止後服艾枸飲。 又方用冷水含一口。向流鼻血之人後枕噴二三處即止。或用馬蹄椿爛敷其印堂亦合。 又方用蘿蔔汁和七夕水各半服。滴些入鼻孔內立止。又用平底錫壺裝熱水放在正頂即止。後用塘虱煮酒。多食更妙。 又方用柿餅洗淨灰椿爛敷患處。 又方用小兒胎髮燒灰爲末。吹入鼻中即止。

（七）五絕　凡五絕卒死。急取韭菜搗汁灌鼻中。或加皂角末麝香同灌。更爲快捷。

（八）治霍亂時症方　凡霍亂初起。必四肢抽筋。上吐下瀉。先用生鹽八兩炒熱。分兩次週身熨勻。以熨一點爲準。後用木香四錢。白芍四錢。甘草四錢。赤石脂二錢。共爲細末。每服限藥末一分。另加公煙囊化灰三厘。用樟木五分煠水送服。限食二次即見效。小兒每服六厘。公煙灰用一厘五。便效。（另有水藥附後）

朱苓四錢　赤茯四錢　木通四錢
槐花四錢　地榆四錢　粟殼二錢
扁豆八錢　澤瀉四錢　防風六錢

又方

牙皂三錢半　北細辛三錢半　硃砂二錢半
明雄二錢半　藿香三錢枯礬一錢
白芷一錢　桔梗二錢　防風二錢
木香二錢　貫衆二錢　陳皮二錢
蘇薄荷二錢　法夏二錢　甘草二錢

共研細末。凡遇症。急取二三分吹入鼻中再用二錢滾水冲服。自可全愈。

霍亂不宜食薑。照醫書論是病每腹痛汗出。或吐瀉。或不吐瀉。發於夏至霜降前者爲乾霍亂症。薑粉點眼外治之法。儘足收效。惟切忌穀食及薑。內治須用藿香遠三錢。陳皮三錢。用水二碗煎至一碗服之即愈。然則外治用薑則可。內治用薑則不可也明矣。丙辰年（西曆一九一六年）澳門霍亂盛行。患此症者多皆不治。初則腹痛腸攪。以致上吐下瀉。繼則遍身發熱以致心中畏寒。及至七竅閉塞。即昏迷不省人事據醫者云凡患此病者。如烈火附薪。惟最便者乃將生薑搗爛揸汁盛杯中。澄數分鐘之久。則見薑水上浮。而薑粉下墜。此際可用耳或挖別器取其薑粉少許。滴入左眼角。（即俗謂眼頭肉處）立時七竅齊開。其病若失。

呂祖師急救抽筋疴嘔肚痛良方

藿香二錢　舊清遠茶三錢　薑活二錢
蒼朮三錢　澤瀉一錢　神麯三錢
木通一錢

加生葱連根二條爲引。水二碗煎至八分服。或用陰陽水各半煎服。輕者一二劑。重者三四劑即愈。忌食一切米氣薑湯。此方單疴獨嘔。淨肚痛皆合。應驗多人。

霍亂症方

拔蘭地酒一支。　樟腦五錢。　公煙五分。浸溶後。用時每服一小茶匙。如不止再服。定當見效。

傷暑霍亂方

絲瓜葉一片。　白霜梅肉一枚。并核中仁。同研極爛。將新汲水調服。入口立瘥。不可即飲熱湯。

又方　取扁豆葉搗汁一碗飲之立愈。

治暑偶急暴霍亂吐瀉方

陳皮五錢。　藿香五錢。

用土滄清水二杯服之立愈。

急救霍亂吐瀉抽筋危症法

不開轉根霍亂。令人偃臥。將膝下腕內。以手醮溫水輕輕急拍。直待紫紅筋現起。用磁鋒刺出血立愈。此名委中穴在膝後對面。

乾霍亂方

上不得吐。下不得瀉。名曰乾霍亂。身出冷汗。危在頃刻。只一樣腹痛絞痛。不可忍者。切不可吃藥幷熱湯水。一吃卽死。可將冷水一碗。調入食鹽二三錢吃下。吐則再吃。多吃多吐。則邪散而愈。

又方　食鹽一兩。生薑五錢。切片同炒變色。以水一大碗煎服。吐出自愈。不可熱飲。好後切不可遽進飯食。俟餓極後。方可吃稀粥。

(九)治痧脹腹痛方　凡痧脹一症。夏月人多患之。發時面色紫赤。腹痛難忍。如飲熱湯。便不可救。卽溫湯亦然。如遇此症。速取生黃豆咀嚼咽下。約至數口。立刻止痛。常人食生豆最引惡心。祇有痧脹人食之。而覺甘甜。不知腥氣。此方既可療病。又能辨症眞奇方也。

(十)湯火傷方　預將木棉樹皮晒乾燒灰。一遇有滾水滾油湯火等傷。將此灰開油搽立愈。不特止痛。兼能救命。　又方如遇火炙傷。卽以鷄卵去黃。用白瓷碗中。以箸力攪之。以瀉油徐徐加入。隨和隨攪。至成糊爲度。勿過於稀。用羽毛醮取。敷傷處。其痛立止。且最易全愈。須時時敷之。不須包裹。其卵白又須常常攪之。以免乾結。經醫士老驗。此爲治火傷最善最易愈之法。　又方用棉花濕透白樹油敷患處亦效。

(十一)跌打壓傷方　凡壓死跌死。急扶起。盤脚坐地。以手提其髮。將生半夏約豆大納入鼻中。以薑汁灌之。心頭微溫。雖至一日亦活。再用白糖調水與服。散其瘀血。或加童便灌之。　又方用回生丹灌之亦可活。

跌打方

此方傳自戲班中。緣昔日錦厦演劇有一戲子賭敗。走上山巖。跳下欲圖自盡。竟傷至瀕死。幸班中以此方救生。該鄉人知之。環請賜此奇方。班中人感其誠。以方授之。及後增田麥炳在虎門關廟看戲。因火燭警走。跌下殊死。幸同行中麥燦瑩得此方熟記之。卽購藥救之。幸而甦。後向燦瑩取方而作方歌云。

班中跌打有神方。起死回生作錦囊。碎補桂枝蒼朮是。勾藤「三」用莫違忘。薑皮歸尾梔皆「二」。

「錢半」苓皮栢芷裝。獨桔靑喬岑七末。丹紅沒乳續「錢」當。上芎下漆中尋杜。俱是「三錢」引啓行。手足桂枝添「二」數。煎成好酒和來匡。調匀七末扶危急。重者再加七末藏。重甚自然銅可用。桃仁同入免猥獉。

骨碎補。　桂枝。　蒼朮。　勾藤。　各三錢。薑皮。　歸尾。　梔子。　各二錢。　茯苓。　黃柏。　白芷。　各錢半。　獨活。　桔梗。　靑皮。　連喬。　黃芩。　田七末(另包冲服)。　丹皮。　紅花。　沒藥。　乳香。　續斷。　各一錢。

上部加川芎牛漆。中部加杜仲各三錢。爲引。手足傷。加用桂枝二錢。煎好用雙蒸酒冲藥服。傷重者再加田漆末一錢。又再重者加自然銅一錢半。桃仁一錢同煎。

刀傷久潰膏方

桐油二兩。　防風錢半。　白芷錢半。

黃蠟。白蠟。血水多各用五分。多各用六分。

新鮮生鷄卵一隻。

先將防風白芷桐油放入鐵器。慢火煎至黃色變爲靑黃色流質。取起渣滓。再加鷄卵去殼。入桐油等再熬至黃色。取起此卵。再熬至油淸色時。放入黃白蠟。再用竹根草紙剪至合度。在油內拖起。然後放在地上。隔一夜將此藥紙敷傷處便愈。

止血藥方

用桂圓核置瓦上煅灰。俟冷研細。貯瓶。遇有刀傷跌破血流不止。即以敷上。立能止血止痛。愈後亦無痕跡。效驗如神。

(十二)觸電救傷法　自電氣事業發達而後。觸電者乃年年增多。電車兩軌間之傳電軌。以及通電之傳電線。乃爲多數傷者與死者之大原因。普通電車之電力約有五百弗打。弧光燈之電力約自二千五百至三千弗打。以此有力之電流如與身體相接觸。往往非死即傷。傳電軌最爲危險。必當遠避。凡懸空之電線往往與傳電線相接連。所以亦不可觸。通電之電線尤當謹避。至觸電之後。因管理呼吸之神經中樞痲痺。因之呼吸失其作用。而結果至於窒息。如有强電流之電通過身體。則受傷者突然失去其感覺。呼吸有全部停止者。偶然亦或有極淺之呼吸。電流之影響。亦達於心臟。故病者之脈搏極微。如手與傳電線相觸。則其初每不容易脫手。手或別處之觸電者。每被灼傷。直流電灼傷較重。但不致危及生命。交流電危及生命。而灼傷不重。低電壓之電流。尤其爲交流者。往往致人死命。急救之方法有二。即救釋。及療治者也。

(一)救釋　如其可能即將電流關斷。即將觸人自電流處分開。或將電流從人體分開。凡因接觸傳電軌或電線而觸電之人。如救助者適當電路而觸之。救助者亦卽觸電。故救助者決不可未與電隔離。而觸及中電者。且在救釋觸電者時。勿與傳電線或別種傳電之物相觸。否則救者亦將觸電。其舉動必須非常敏捷。因電流在身體上通行愈久。則危險愈大。最好救助者自身手上套以橡皮套。橡皮片。或數層乾布。絲綢爲絕好之不傳電品。如救助者可以立於乾木板上。厚乾紙板。或乾大衣上。則尤爲穩妥。橡皮手套及靴鞋等物。如能得之更善。然往往因時間忽促不能具備。如傳電線在病者之下。而地爲乾者。則儘可以立於傳電線上。而以赤手將病者拖開。但祇能以手觸病人之衣服。衣服必須爲乾者。如傳電線落於病者之上。則可將木板或手杖用力挑去之。將人從傳電線拖開。或將傳電線從人身上拖開時。須直接拖開。切勿作蕩來蕩去之舉動。否則必使之昏暈愈甚。灼傷甚烈。傳電線如有木柄之斧時。可持其木柄以斧斫斷之。如有鐵板鐵棒等物。可以拋置在傳電線上。以改變其電路。但須拋置在電流之來路上。而非在已通過人體之去路上。放下時須拋置。而不可手自置之。否則置者自身亦觸電矣。

(二)療治　如爲强烈之電流。則觸電之後。卽無希望。然在最初時總難論定。所以卽當趕急施救。施救之法。卽用人工呼吸法。施術時間。愈久愈妙。

(十三)治夾色方

辨症。　白礬一小粒令病者含入口內。如甜不轉利。是夾色無疑也。

方用桐油子三隻打碎煎水服。　又方用茶仔餅二錢煲水飲卽愈。曾有人舌黑攤地。亦能救回。此方能起死回生。不可輕視。　又方蠔豉二隻切開。豆豉一撮。武彝茶五錢。葱頭二文。煲透去渣。一服可愈。　又經驗妙方。路兜勒蘍。芒果樹皮。鴨脚木。榕樹吊鬚。米一撮。生葱。淡豆豉。磁器碎。蔗鷄。無則用蔗尾合亦。甚至省去此味亦得。以鑊炒焦各藥。煎水服。立刻全愈　又方。路兜勒蘍。黃茅白蘍。榕樹吊鬚。圓柏葉。俱取東邊者爲好。切碎同米一合。炒至黃色。下水煎片時。久飲盡卽愈。如渴以此作茶飲。又方。路兜勒蘍。榕樹吊鬚。鬼羽箭。扁柏葉。白茅根各三錢煎服。　又方紅梗午時草一兩。同米一些。用瓦鍋炒至黃色去米。再加尖檳三錢煎服。如口渴不止。再服至不渴爲度。

傷寒夾色分眞假經驗方

用醋檸檬四文。白礬一文。先用手指點入口試之。如覺澀舌。則不可飲。若不澀舌。雖症極危。飲之立愈。有起死回生之功。婦人有六甲亦可飲。

(十四)治撞紅方 用黃糖一文。青蒿二片。食之即愈 又方青皮鴨蛋兩隻。蘇木二仙。蓮蓬一個。煎水服立效。

(十五)救治縮陽症方 方用竹厘戥壳夾緊陽物。再用生積鐵鑊燒紅滚童便灌之即出。 又方即用胡椒末三錢。攪茶飲之。有挽回之功。愈後用補藥。又方玉桂末三錢。酒服即愈。後必戒女色爲要。恐有復發。 又方用生鷄一隻。剖開肚不要腸雜。用川射一分放鷄肚內。將生鷄射香敷正肚臍。即時陽物自出。

(十六)救治男女房事精脫氣絕方 男女交感。樂極精脫而死。切不可驚走下床。男脫則女以口哺送其熱氣。女脫則男以口哺送其熱氣。一連數十口呵之。則必悠然陽氣重回矣。再以人參附子湯灌之。送氣之法。先須閉口提丹田之氣上來。盡力哺於口中。送下喉去。可救氣絕於俄頃。若貧者不能得參。急用黃芪四兩。當歸二兩。附子五錢。水煎服。亦有生者。 又方用人抱起坐之。以人口之氣呵其口又恐不能入喉。急以筆管通其兩頭。入病人喉內。使女子呵之。不必皆妻妾也。凡婦人皆可盡力呵之。雖死去亦生。

(十七)治陰症傷寒方 以下各方。非因陰症而起者。無論男女亦治。 男子腎囊內縮。婦女乳頭內縮。手足彎曲紫黑。甚則牙緊氣絕。謂之陰症傷寒。又名夾色傷寒。急用磚燒紅。隔布數層。在肚腹上熨之。或以葱熨法治之。輕則用蛋熨法治之。 又方紋銀一塊。搥扁燒紅。如病人未絕氣。止燒滚熱。放在臍上。再用鷄一隻。連毛破開。不去腸。包於銀上。用布縛住。以手按緊即愈。若人已死。揭鷄看視。如鷄青銀黑。另換鷄銀再包即愈。如無銀。只用鷄亦可。 又方胡椒四十九粒。連鬚葱頭四十九個。共搗成泥加鍋底煙又名百草霜。取燒草者佳一撮。再搗勻。分二處布攤一貼臍上。一貼龜頭。用線捆住。少頃即愈。 又方胡椒四十九粒。飛礬黃丹各一錢。共研末。好酒和爲丸。男置左手心。女置右手心。正對陰眼合之。緊緊按定。少頃腹內燥熱。不可搖動。即愈。女人尤效。 又方白朮三兩。肉桂三錢、丁香吳萸各一錢。水煎服。一劑而陰消回陽。不必再劑。此方名蕩寒湯。妙在獨用白朮之多。則腰臍之氣大利。又得玉桂以溫熱其命門之火。丁香吳萸更正嘔逆。而反厥逆。則陰寒之邪自然潛消。故一劑而即愈也。

(十八)救溺水法 凡溺水者即冬月亦忌火烘。若用火烘。逼寒入內不救。宜脫去濕衣。將生人暖衣穿之。用一強壯活人仰臥橈上。將溺人覆身橫臥活人身上。安好頭脚。橫放一箸於其牙間。又以老生薑切片擦牙、曑曑搖動。令水從口出卽生。　一法以大櫈覆臥之。兩足曑高。以鹽擦臍中。待水流出。卽生。　一法鴨血灌之亦生。　一法用生半夏末吹入鼻內。若水去腹空。而氣不囘者。用二人以竹管吹其兩耳。或一人以口鼻接口鼻駁氣。三四時卽生。以上諸法、皆可兼用。

(十九)救服鴉片煙方　急用生鴨血多多灌之。凡服鴉片者。最爲神效。若身冷氣絕。似乎已死。如身體柔軟。則腑臟筋絡之氣尙在。流通實未死也。乃鴉片烈性醉迷之故耳。將其放在潮濕陰地。用筷子撬開牙齒。或用磁調羹撬開。或用烏梅擦之亦開。若用銅鐵等物。反不能開矣。以箸子橫放口內。使口常開。以冷水時時灌之。或白砂糖調水灌之更妙。外用手帕二三條。以冷水泡透。放胸前。輪流更換。或用整塊豆腐亦可。又用冷水一盆。將頭髮散放盆內。時時換水。切不可見太陽。一見日照。卽不可救。三四日後鴉片之氣散盡卽生。如身不硬。雖七日內亦可囘生。切以爲無救。遽行棺殮。此法曾救多人。無論服毒輕重。雖手足靑黑。照此救治。無不生也。切忌灌服醬油。恐受鹽滷之毒。反致誤事。若服藥雜亂。亦不能救。愼之愼之。愈後多服白沙糖水。及生菉豆末沖水服最效。　又方眞南硼砂黃色如膠者爲眞。冷水調服。可以立解。試之屢有奇驗。　又方用清油灌之立愈蓋湯片煙黏滯腸胃。見油卽散也。　又方巴牆草搗爛煎湯冷服。屢試如神。

(二十)救服砒霜方　用防風一兩研末。冷水調服。又方殺白鴨取用血。對口急急灌下。遲則血冷。如服防風不必服此。又方急用蜜佗僧一兩。或二兩。研細。冷井水飛。徐徐灌下。或吐或瀉。則砒霜裹在藥末內出矣。神效無比。或外再以井底泥塗胸前。或以生蟹。或用田螺搗塗臍四旁更妙。　又方白蠟三錢研末。調雞子三五枚入口卽愈。　又方石靑研末。淸水調服。　又方先用鷄蛋白一碗灌下。次用黑鉛磨水一大會碗灌下。又　生乳香五錢。生沒藥五錢。綠豆半升。各藥共搗爛。冷水二三碗和勻灌下。務以吐爲止。後又用生大黃三兩。當歸二兩。白礬五錢。甘草五錢。淨水煎服。如肚餓不可食飯。用米同生豬肉擂爛條煑結粥食。倘有作渴。不可飮茶。用白頸蚯蚓數十。煎水作茶飮之卽愈。如毒重在肚作響。大小便先出無救矣。　又方鷄旦六隻。硃砂六錢。生蜑蜞六錢。將蛋打爛和勻。分二次灌入口中。將穀道塞住。鼻孔掩住。單用葫蔓草亦可合也。

(廿一)救服苦滿蘵方　(俗名囘緬蘵)　用生甕菜擂爛。滚水一碗和勻。去渣多服立愈。毋庸嘔吐。

(廿二)救服刨花膠方　用安南玉桂五錢煎水下之。

一兩或八錢亦不多。或五錢一次。服多幾次更妙。

(廿三)救弔頸　凡高懸自縊者。切不可斷繩以致難救。當徐徐將自縊者抱住。解其繩索。安放平正。其索最好裝住。用火蒸之。救治尤快。然後用一人以衣裹足或手。抵其糞門。若婦女連陰戶抵住。勿令洩氣。另一人以一手揉其頸痕。令喉管四正。一手掩其口鼻。勿令透氣。一人以脚踏其兩肩。以手挽其頂髮。不可使頭垂下。一人以手摩揩其胸膈。屈伸其手足。若已硬直。漸漸强屈之。二人以竹管吹其兩耳。待一二時或三四時。氣從口出。眼開。若氣不接續。將腰打三四拳。仍引接勿止。少時以薑湯或清粥灌之。令其喉潤。漸漸能動。此名六人救一命法。自朝至晚。雖冷可救。自晚至朝難救。心胸微暖者。雖一日以上者皆可救。　又方照前法救治。再將其兩手大拇指幷排平正。以小帶縛定於兩指縫中離指甲一分半之處。名鬼哭穴。用艾火燒三七次。幷燒兩脚心三次即活。凡無故中邪而自縊者。以燒鬼哭穴爲要。　又方炒熱生鹽二大包。從頸喉熨至臍下。冷則隨換。不可住手。其痰盡下。並用人對口以氣灌之。其活更快。　又方用皂角細辛等分爲末。如豆大吹兩鼻。　又方川眞野山羊血二三分研極細。以好酒灌下立活。　又方男用雌鷄。女用雄鷄。刺鷄冠血滴入口中卽活。不可灌水。

又方用回生丹灌之。

(廿四)救自刎斷喉　自刎者乃迅速之症。須救在早遲則額冷氣絕。必難救矣。若身未冷。急用熱鷄皮貼患處。安穩枕臥。或用絲線縫合刀口。摻上桃花散。多些爲要。急以棉紙四五層蓋刀口上。以女人裹脚舊布週圍繞五六轉紮之。頸項屈而不直。刀口方不裂開。三日後急手解去前藥。再用桃花散摻患處。仍急纏紮。過數日用紅肉膏敷患處。外用生肌長肉火膏藥貼之。再以絹帛圍裹。針線縫緊。俟其長肉收功。

桃花散方

石灰半升。大黃兩半。切片。二味同炒至石灰變紅色爲度。去大黃。篩極細末。一切刀傷出血不止。摻此俱效

(廿五)治蔃水傷方　如受蔃水傷。可用金山番梘搗爛開水敷之卽止。多搽卽愈。

(廿六)治煤火毒方　中煤炭毒。土坑漏火氣而臭穢者。人受薰蒸不覺自斃。其屍極軟。與夜臥夢魘不能。復覺者相似。房中置水一盤。幷使窗戶能透氣。則炭雖臭。不能爲害。飲涼水卽解。或蘿蔔搗汁灌口鼻。及將受毒者移向風吹卽醒。

(廿七)治誤食水蛭方。　螞蝗又名水蛭毒。此物入腹。久必生子。食人肝血。腹痛不能忍。面目黃瘦。不治必死。　方用桂圓肉或荔枝肉包烟油吞之即死。隨大便而出神效。　又方白蜜頻頻食之。至一二斤方愈。(螞蝗火燒爲末。見水卽生。惟以蜜浸之卽化爲水。)　又方如食蜜不癒。食羊肉卽化。如不信將螞蝗入羊肉內。亦化爲水。白蜜體虛人切勿多服。不如第一方也。　又方。田中泥一両。雄黃二錢。爲丸。分作四服。開水下。其蟲入泥隨大便而出。有時螞蝗行至鼻中。血流不止。只用田泥泡水一碗放鼻孔前。必然乘泥而下。

(廿八)治誤食蜈蚣或百足尿毒方　凡食鷄後。初肚微痛。漸如刀割。言語不能。奄奄一息。命在須臾。便是受毒。治法用雄鷄卽鷄公以酸梅一枚。開其咀喉之。一手按其咀。一手執其脚。弔起之。以杯乘其咀。流下之涎。涎盡爲度。將涎灌病人飲之。肚如雷鳴卽癒。

(廿九)治誤食輕粉毒方　輕粉性最燥烈。楊梅等瘡。服此雖易收功。其毒竄入經絡。或口齒腫爛。或筋骨疼痛攣縮。久而潰爛。經年累月。甚至終身不愈。致成殘廢。　方用土茯苓一兩。薏米銀花防風木通白蘚皮各一錢。木瓜錢半。皂莢子四分。氣虛加頂上黨參一錢。血虛加當歸七分煎服。日服三次。忌飲茶丼牛羊鷄鵝魚肉燒酒麵食辣椒及一切發物。丼謹戒房事半年。此方服至十日。漸次痊癒。功效異常。

(三十)治受迷悶藥方　如受迷悶。飲以涼水卽解。重則飲藍靛汁立癒。如牙關緊閉。由鼻灌入亦效。又方白砂糖調涼水服立效。

(卅一)治服鏹蘇炭酸方　誤服鏹蘇炭酸中毒者。用瀉鹽爲最妥之解毒劑。瀉鹽二湯匙。和以少許之水。分量不必十分凖確。但須服多一些石灰水。雖非上品。可作漱口之用。可與以生鷄蛋三四枚。或革蔴油。或甘油。須用刺激物。須蓋得暖。如被炭酸所灼傷。可用酒精和解之。和解之後。再如他種灼傷治之。

(卅二)咬傷救急法

(一)毒蛇咬　蛇咬在城市中。頗不常見。然鄉村中往往有之。若爲毒蛇所咬。性命卽在頃刻。故救急亦不可不知其治法。防止之法。如行經有蛇之處。最好穿長統皮靴。若必須露宿。須用帆布弔床。勿睡地上。墨西哥人睡在地上時。周圍置一有毛刺之長索。是爲最佳之法。因蛇不能過此毛索也。被蛇咬後。傷處劇痛。立刻脹腫。身體大受損害。若非醫治得法。往往因傷致死。急救時。要立卽在被咬之肢體。縛一繩索手帕或綳帶。

須縛緊些。以免毒處之血液流囘體內。受傷之肢體。須浸在熱水內。且將毒液從傷口旁擠出。用口吮出毒液亦可行之。若非口中有割開處。這是並無危險的。口吮染黴菌之創傷。當有危險。然被蛇咬之時。是爲極重要之去毒法。且無甚危險。此種手續不可遲延。不論即請醫生與否。此手續必須先行做去。更進一步之。救急療法。乃在將此傷處。用火燒灼。或用腐蝕劑之溶液塗在傷處。阿摩尼亞及過錳酸鉀之溶液。儘可膽大用之。病人亦須飲以刺激物。立即飲以碙精水。且如需要。則須屢屢飲之。藉以保持其體力。不要以爲病者吃得太多。因凡被蛇咬傷者。是需要多量之刺激物。如碙精水者。除碙精水外。若有別種刺激物。可立得者。亦可用以代碙精水。過一小時後。將綳帶畧寬。因血液不流通之處。極易死亡。但不可立即放鬆。須緩緩寬之。以免毒液流入過多。如病人於毒液流入之後。並不大受影響。則緊縛之後過些時。再行放寬。直至完全寬去而後已。如果放寬之後。病人大受影響。身體變壞。則惟有將被咬處。任其緊縛。僵死與否。祇有聽之耳。蛇咬處多皆在四肢上。故可在傷處之上縛緊。以免毒染全體。然若傷處在頭面上。無可縛紮。其他之事。仍須照行。

毒蛇咬傷方　半邊蓮舂汁灌入口中。其渣敷在傷處。即漸痊癒。俗云識得半邊蓮。不怕共蛇眠。則其用之大可知矣。

(二)貓狗咬及癲狗咬。

(貓狗咬)　狗齒咬傷。乃爲一危險而痛苦之創傷。貓咬有時亦然。咬傷之治療。與他種咬傷同。然須非是瘋咬。狗牛狼馬狐鹿亦會瘋咬。急救貓狗咬時。所先爲之事。與蛇咬同。用綳帶在傷口前面紮緊。再用熱水浸傷處。並將毒血擠出。然後用火燒灼。燒灼傷處時。可用燒紅之鐵絲按在傷口中。或用强烈之阿摩尼亞。或硝酸。硝酸銀雖然通用。但無效驗。傷處燒灼過後。將緊縛之帶漸漸寬去。並治昏暈。如有醫生可請。須立請其來。若爲瘋狗所咬。則尤須趕緊。因此爲可懼之症。可於未發前防止。而不可於已發現後治愈者也。　又如遇惡狗咬傷。可先用銀簪刮去瘀血。後用瓦上青苔杏仁擂勻。掩傷處。立即止痛。再用虎骨磨酒。或飲或搽。亦能止痛。

(癲狗咬)　癲狗噬人。其毒至劇。或啣其衣。亦觸毒氣。設不早治。治之不得其法。速則七日。遲則數十日至百日。定必毒發。歷三四小時而死。死狀甚慘。遍考醫書。苦無良方。間有用盤蝥及草藥攻打惡物從小便出者。痛如刀割。九死一生。非法之善者也。或用大劑人參敗毒散。加生地榆一兩。紫竹根一大握濃煎之服。若病人牙關已閉。急用錘擊其門牙。將藥灌之。一劑盡則神色卽醒。繼續服之。其病可愈。但未經親加試驗。不敢下斷語。惟天虛我生所輯家庭常識第二集中所載張君一方。曾經親加試驗。活人者三故敢負責介紹。敬乞仁人君子。廣爲宣傳焉。其方如左

大黃三錢。　桃仁七粒去皮尖。　地鱉蟲七個炒去足。　上三味藥。共研末。加白蜜三錢。用酒一碗。煎至七分。連渣於空腹時服之。如病者不善飲酒。用水對和可也。

一服藥後。特設糞桶以驗大小便。大便必有惡物如魚腸豬肝者。小便則如蘇木汁。通大小便數次後。藥力盡。大小便如常。須再服藥。藥再服。則惡物又下。繼續服藥。不拘劑數。直服至藥後大小便毫無惡物爲止。假令惡物未盡。而中止服藥。則留餘毒於腹中。定貽後患也。

(一)被狗噬者。倘不明狗瘋與否。請服藥以驗之。若爲瘋狗。被噬者服後必下惡物。若係好狗則大便畧搪而已。藥性和平。絕無妨害。曾對無病者服之矣。

(一)此方卽抵當湯去水蛭虻。加地鱉蟲白蜜與酒

(一)桃仁春生。稟溫和之氣。地鱉嚙食。得中和之氣。酒以養陽。蜜以和陰。大黃能推陳致新。得蜜與酒化苦寒爲馴良。共成去瘀生新之功。則邪去正安。故孕婦不忌。況被毒者命垂頃刻。孕婦豈可拘泥而自誤耶。

(一)小兒減半。孕婦不忌。年老可服。惟須斟酌體力。減少分量耳。

(一)瘋狗最毒。不必肌膚受傷。卽衣服被嚙。毫無傷損。毒亦傳染。但毒既發。萬不可服班蝥等毒藥。蓋是時腹中惡塊已如斗大。不化瘀血。而及以毒攻毒。必致悶死。戒之戒之。

(一)此藥較其他方藥爲利便。服者但忌數日房事而已。如鑼聲等忌否均可。

(一)家狗被瘋狗咬傷。可以此藥灌之。既可救一命。且可免後患。

(一)毒發之期。大都四十九日爲多。近則二三十日。遠則六七十日。百餘日不等。視毒之輕重也

(一)地鱉蟲各大藥舖均有之。其價甚廉。請各鄉村藥舖備之。以資急用。

(三)蜘蛛及蟲類咬。　此種小傷。雖於性命並無危險。但亦足以引起巨大之痛苦。與不安。凡受螫處。須卽敷以阿摩尼亞。螫人之刺。如沒在肉中。須設法拔出。拔出之後。用冷水而濕之。縛紮裹好。若用微有炭酸之水中所浸過濕布。　用沾溼之鹽。按在傷處亦好。

(四)百足咬。　用蔗糖鷄屎。搽傷處立卽止痛。或用鷄公喉口水亦能止痛。雨遮油紙燒煙熏亦可止痛

。三者隨便用之。

（五）人牙咬。　凡被人咬傷。若牙黃入內不出。必爛毒難愈。重者喪命。輕者被咬處必成錮疾。速用人尿浸二三時許。待其牙黃毒出。然後以龜板敷之卽愈。

（六）毒蚊咬　用絲瓜葉一把搗汁以紫金錠磨水和之。敷於傷處立愈。

（卅三）生痔良方　痔患男界十居其九。由大腸熱毒所致。每每發作。苦痛非常。外治之法。用山大刀一撮。白欖靑蔃煎水。以潔痰盂載之。趁熱氣先薰後洗。日七八次。其痔必消。誠妙藥也。山大刀生草藥舖有出售。幷忌食云云。此方記者亦曾用過。甚爲效驗。特表而登之。以爲貢獻世之患者。請嘗試之。

（卅四）老鼠偷糞方　以脚魚頭骨及貓兒前爪一對。共煆灰搽之　又方井底坭開貓尿搽之。

（卅五）小便不通方　火炭髦（生草藥名）約買十文。煲水一碗飲之卽愈　又方川活石二錢。甘草八分。木通一錢。燈草五分。車前一錢。水煎服。

（卅六）生砂淋血淋方　用扁柏葉藕節田貫草舂汁。燉熟。加益元散三錢。赤小豆煲粥開服卽愈。

（卅七）白濁或白帶方　用蘿葶蘔十蒸九曬。煲瘦肉或水煎服。又方響螺瘦頭煲肉湯。

（卅八）心氣痛方　用檳榔花二兩。糯米酒半斤。煲生鷄仔去頭足煎湯飲之。三四次可斷尾。屢試屢驗。（檳榔花以星架坡出產者爲正）

（卅九）肝胃氣痛方　用鮮香橼數枚。連皮搗極爛。或少加冰糖。但不宜多。置磁器中。每晨取一調羹開水一杯。空心服之。連服百日。不可間斷。永不復發。

（四十）白蟻蛀天通方　白蟻蛀天通症。卽爛弔鍾之症也。與喉症部位相近。染之者亦甚危險。惟有是症。必有是藥。及早治之。得法亦可保平安。此症初起時。用甴曱十餘隻。去頭腸留足。以滾水冲之。用紙筒蓋留氣味薰蒸入口中。必因酥味作嘔。吐後以白礬冲水漱口。吐出痰涎卽愈。　又方用白薯莨擂爛。煮烏醋鋪頭頂心卽愈。必要鋪正頭頂心爲效。

（四一）無名腫毒方　用仙人大睡。又名河文藥根磨酒擦之便愈。

（四二）生眼偷針方　眼皮緣上生紅色小瘰粒。痛癢兼施。且妨視線。患者深以爲苦。余友鄭君授余一法。用白綿線纏手之無名指盡處。（卽附連掌骨處）男左女右。周繞七圈。作結牢之。兩三日卽消而愈。法簡易。而效如響。

(四三)魚骨鯁喉治法　可用糯米湯丸吞下。其骨自能隨湯丸帶下。　又方吞麥芽糖一團亦可帶下。

(四四)肺癆奇方

肺癆病者之福音。(李元亮醫生傳)

肺癆死症也。患之者必死之人也。患此病者。每非高年之徒。而爲青春之輩。天年未盡。曷故而亡。豈非未得對症之藥乎。今者得其藥矣。日用金魚兩尾。每尾。約二寸長。生時切勿損其目。損其目則不效。去其鱗及其腑臟。瓦盅載之。瓦盅須日換新者。醇酒兩半。隔水燉四十分鐘。食其肉。飲其酒。輕者十次。重者十五次必愈。

(四五)小童癆症方　常見十一二歲以下之小孩童。患有一種癆症。俗呼爲童子傷。名醫束手。鮮有療治之方。余家外祖。精於岐黃。而於育嬰一道。尤多研究。今檢得一方。靈效無倫。若患此症。先將病孩搬置於空氣四面流通之室。於早起夜眠時。宜服溫淨鹽開水一茶盅。并以溫濃鹽開水。不時漱口。再用龍鬚草。(此草可在人家舊井內採取)四五莖。連葉搗爛。以眞硃砂一錢五分拌勻。在小孩腦後肩背部敷之。待乾自落。三日一敷。重者約四五次卽愈。惟須將病兒之食用器皿。(如箸匙碗碟及衣服床帳被褥等件)每日在鍋內煑沸。用冷水滌淨。至於食物。最忌猪肉。宜用鮮鷄蛋製成飯菜食之。且宜常食。此係最有經驗之方。凡經依法施治。無不奏效。

(四六)蘇癆傷症方　凡產後未滿百日內婦人瘀血未清。而夫婦行房。以至染其瘀毒。故有此症。初起或頭刺身熱骨痛。或四肢不安。諸疾不效。日久起咳嗽。氣緊。咳久痰有血根帶出。或吐血。漸漸陰乾。五臟傷極。大肉收脫者危矣。世人多等不知此症。利害傷人。雖識此症者亦無妙方可救。以至因此症。屢有性命之憂。深爲可嘆。玆有妙方列左。

乳香。　丁香。　木香。　正沉香。　各三錢。

正川麝香一分五釐。

此五香共研細末。每服九分。另用鮮蘿葦膠五錢磨爛。去渣取膠。蜜糖一兩。雙料酒二兩。滾水燉熱。并入上藥末九分和勻沖服。症輕者二三服。重者四五服全愈矣。

又方用生草藥名白鷄頭婆。又名倉耳子頭煎水。服一二次。第三次用瘦肉同煲食之。多服數次亦可。欲辨是否蘇癆傷症。可以白豆生食之。如不見腥。便是此症也。

(四七)童癆驗方　無論男女。凡在輕年。面黃肌瘦。咳嗆少食。醫藥罔治者。俗稱童子癆。可用子鷄一隻。剖腹洗淨。向藥店購買阿魏三十文。加酒及水淡煑食。後保存其骨。毋失一段。瓦上焙酥研末。用黃酒送下。一隻不愈。再食一隻必愈。余確見同居林姓女郎。食此所患全失。用廣其傳。萬勿河漢斯言。

(四八)小兒遺尿方　用龜尿滴臍中卽愈。取尿法。將荷葉放盆內。龜放葉上。用鏡照。龜見影卽撒尿。此方靈效如神。幸勿輕視。

(四九)小兒腹瀉方　用紅糖二錢。紅茶葉二錢。紹酒半酒杯。燉極熱。開水冲服。一二次卽愈。此近日舍姪腹瀉經驗之方也。

(五十)小兒瀉痢方　藍綠色之瀉痢。實肝木乘脾症也。用馬齒莧去根。洗淨搗爛。水煎服。神效。若白色則用白蜜和服。赤色則用紅糖和服。赤白相兼。則用糖蜜各半和服均驗。

(五一)止瀉驗方　取膏藥一枚。置少許烟灰於其中。(卽吸鴉片所餘之灰)貼於臍上。則瀉立止。百試百中。

(五二)水蠱驗方　取數年陳蠶豆三四両。加紅糖二三両。蠶豆連壳熬服。能治水蠱脹。並治腿腫。新患此疾者。一次卽愈。重則二三次立愈。此方神驗無匹。切勿輕視。

(五三)痢疾驗方　金銀花蕊焙焦研極細末。大人每服一錢。日三服。小兒每服三分。日三服。俱用蜜糖冲服。此方經驗多人。余家有小兒患痢。百藥不效。後遇友人贈與此藥。兩日全愈。樂善諸君。每年於夏秋之間。預製分送。所費甚微。功德無量。

(五四)治糖尿驗方　凡患糖尿病者。服三共合資會社之 Jambul Sead 卽愈。靈效如神。按此藥各日本藥舖均有出售。惟此症須忌食黏質糖質。患者不妨一試。方信余言之不謬也。

(五五)解誤食菌毒方　菌類味殊鮮美。嗜食者多。然類皆有毒。宜審愼抉擇之。若不幸誤中其毒。可將金銀花(新鮮者尤佳)嚼之。其毒卽解。

(五六)解酒醉方　爲此春酒。以宴樂嘉賓。而灌夫往往醉倒。未免煞人風景。予有療醉方甚驗。可向藥肆購葛花三錢研碎。用生水熟水各半冲服立愈。且能去酒毒。若醉不甚者。卽用葛花泡沸水。俟微冷飮之亦佳。

(五七)解煙醉方　吸香煙過量必醉。醉後昏眩。實過於酒。可將鹹橄欖以沸水泡湯飮之卽醒。或靜臥數小時亦可解醉。

(五八)治歪嘴驗方　此方係鄙人祖傳。靈驗無匹。用全班蝥一隻。(脚要全)青娘子一對。紅娘子一對。以上均向藥店買。(將班蝥等樁入)又用葱頭搗爛。用黃蜆壳盛好。歪左合右首太陽處。歪右合左首太陽處。用打頭帕(卽縐紗)包好。合一週時。待嘴一正。將藥即行取去。切弗針灸。若一針灸。則不靈矣。按紅娘子。青娘子。均係班蝥同類異名之物。功能引病外出。照上法施行。貼處必起一泡。大抵風邪入絡。猝時致歪者。自有奇效。若已年久者。則氣血凝涸已深。恐非針灸不爲功耳。願以質諸高明。

(五九)呃逆驗方　八年前鄙人在杭州時偶患呃逆。(即氣逆英文名之曰。Hiccough)歷有五句鐘之久。以致胸中脹悶。淸沫頻吐。飲以熱水。治以驗方。皆未臻效。旋得一方。用燈草一小束燒灰。以熱水冲服之。立即愈呃。此方靈驗非常。閱者幸毋以方簡而漠然視之。

(六十)胃呃驗方　凡久病犯胃呃。最爲危險。法用黃連一錢。紫蘇葉八分。煎湯服之神效。

(六一)搭背驗方　用白川椒末塗之。應驗如響。

(六二)發背驗方　一經潰爛。往往不治。今有一方。用陳海蜇皮浸於未泔水內。少頃取出。照瘡口之大小剪成圓塊。用銀針觸成多孔。貼於瘡口之上。一候乾燥。蒴換一塊論再貼於原處。惟海蜇皮一經乾燥。即須更換。照此試行。不數日瘡口即能平復。此方試驗多人。神無效比。

(六三)肺癰驗方　昔有一鄉人患此症。中醫束手。西醫亦稱不治。於是病日加劇。奄奄垂斃。乃遇一人。囑將紫茉(南貨店中有售)儘量乾食。如法食兩月。竟愈。後過西醫告以故。西醫許以重金。剖解驗視。見有一處未愈。即將紫茉貼上。立見收斂。復食兩月而愈。乃信其效用果確也。

(六四)急慢陰寒及筋骨痛疼方　筋骨草十株。(一名白馬蘭頭又名尖小刀菜)(木草定名馬蘭)桂枝尖三錢。加原罈好米酒二兩。煨之服下。盖被使汗即愈。即四肢厥絕。若有微息。撬開牙齒。將藥灌下。立刻回生。筋骨草識之甚易。即係旋覆花之初生。未曾長苔開花者。城鄉野處。頗多。一經長苔；其性已變。則無效矣。須於初生纔放大葉時。(春夏間遍出)採之製酒。或晒乾藏之。以備四時之方便。實爲救世一大功也。第是方得諸秘傳。求之不易。僕自經秘授以來。於今八載。所治陰寒筋骨痛疼。不知凡幾。今僕不敢隱匿。謹白海內。誠有起死回生之功。幸勿忽視。凡患筋骨痛者。多加草酒製之。每日飲三四盃。不數日自有神效。(鮑屏卿先生傳)

(六五)風寒入骨方　夏日貪涼。臥通風處。每致風寒入骨。氣血凝滯。以致筋絡隱痛。大抵患在股際爲多。或則臂背肩隅。亦恒有之。可用葱白薑汁和麵粉炒熟。(加陳酒尤效)。以青布包裹。熨擦患處。數遍覺皮膚灼痛。不勝即止。另用整塊生錦紋(即大黃之上品)銼極細末。和羌汁敷患處。越宿皮色變青。或紫。即是效徵。更敷之則青紫色褪變白即愈。是方實驗見效。足爲家庭常識之一。

(六六)時疫簡方　用旱煙袋油。先以竹籤透油少許。令病人舌舐之。如知臭辣味。便非疫症。當另請醫按症用藥調治。如不知臭辣味。即是疫症。速將煙袋劈開。刮煙油。如菉豆大。用陰陽水冲服。少緩再服。一經知有辣味。則疫病去矣。其善後方法。仍須用藥調治。此方極爲簡便。且易於尋覓。功效極大。幸勿忽視。

(六七)婦科

(一)產後血脫氣脫神脫救急方。(惠民傳)

當歸五錢　川芎二錢　米炒防黨二錢　土炒白朮二錢　玉桂心五分　熟附子弍錢　炮羌弍錢　炙北芪三錢　炙草一錢五味子二分

此方於將產之時。先煎待用。緣產婦常有血脫氣脫神脫之症。最爲急速。皆因分娩時去血過多。神從血脫。氣從血散。陽從汗亡。凡有眼目昏黑。肌體汗出四肢厥冷。似中風。而實非風。即其候也。頃刻之間。便能致命。若作中風治。必不能救。此方藥味平常。功效甚速。能救性命於呼吸。救活不止千萬。然須煎藥於將產時以備應用。倘見此症然後煎藥。恐不及矣。故與其備而不用。免臨症時束手。所費無幾。利害所繫。如無汗出風迷等症時則不必服。宜如常服蘇合丸益母丸之類便合。

(二)產婦血暈方。　凡產婦血暈不省人事。用五靈脂二兩。生炒各半爲末。每用一錢。白滾湯調下。如口噤者抉開灌之。入喉即愈。

(三)難產方。　凡難產危急者。用寒水石四兩。二兩生用。二兩煅赤。同研細末。入硃砂五錢。同研。如深桃花色。每用三分。調井水如薄糊。以紙花剪如杏葉大。攤上貼臍心。候乾再易。不過三次即產。橫生倒生。死胎皆驗。

(四)生盆不出方。　用萆蔴子貼脚板底。出即除去。

(五)產後流血不止方。　用北芥子一合。入鍋炒黃。淨水半碗。煎滾服之即止。

(六)產後發熱方。　用白鴿屎煲茶飲可愈。

(七)婦人跌生腸方。　萆蔴子去殼搗爛。用京青布貼囟順即縮入。隨即除去。否則囟順突高。

(八)乳瘡方。　外用蒲公英敷。內服大蚯蚓四條搗爛燉酒。飲酒即出　或消。

(九)胎下漏血方。　用青色四季桔約三四個。爛擂熱酒冲服。重則兩次。輕則一次全愈。

(十)治血山崩方。　用管仲煅灰四五錢之間。黑米醋冲服。

(十一)通經驗方。　用石栗葉。及製川山甲血米煎粥服。凡閉經皆可全愈。

(六八)小兒科

(一)小兒下地不啼哭方。　凡小兒初生下地。即不啼哭。奄奄如死者。急看喉間懸癰前上腭有一泡。速用指摘破。急以帛拭去惡血。勿令咽下。即能通聲啼哭。凡小兒初生啼哭不出者。須要看舌下。若連舌如石榴子。速以指甲摘斷之。或用蘆葦削作刀割之。微有血出即愈。若舌下血出多者。將亂髮燒灰同豬膽少許。相和塗。若小兒齒根有黃根兩條。以蘆葦削作刀。割斷。豬乳點爲炒。如兒口難開。先點豬乳。小兒初生不小便者。急用葱白四寸破之。以乳汁半盞煎兩沸灌下。

(二)小兒初生大小便不通方。　凡小兒初生大小便不通。腹脹欲絕者。急令婦人以溫水漱口。吸咂前心後心并臍下及手足心共七處。以紅赤色爲度即通。

(三)小兒下地封臍藥散。　正硃砂三分。黃丹一分。好麝香五釐。正大梅片五釐。川蓮五釐。共爲極細末。用玻璃樽裝好。寫明封臍二字。以免錯悞。

(四)小兒下地食藥散。　小兒下地食此散。可免生銷之患。第二朝起食。分三朝食完便合。　正白欖核六釐存性。　熟石膏六釐。　川蓮六釐。　正大梅片六釐。　正牛黃六釐。　正硃砂六釐。共爲極細末。用甘草節一文煎水開與服。

(五)小兒牙齦白點啼哭不飲乳方　小兒牙齦有白泡點如粟粒。啼哭不飲乳者。宜即用針挑破。使出血膿。即以冰硼散搽之立愈。

(六)小兒月內口風不食乳方。　白殭蠶至直者四條。去咀署炒。茯苓少許。共極爲細末。蜜調拭入口。數次即食乳。

(七)小兒木脷鎖方。　此症舌黑腫硬。並喉腫。啼哭不能飲乳。方用。
上好大梅片一分。　硼砂三分。　正硃砂一分
上好麝香三厘。　川連三分。　元明粉三分
共研細末。用人乳汁開化。以鵝毛挑藥搽勻舌上舌下。歷一枝香脚之久。搽一次。分三次搽完。後片時舌苔自脫。黑壳舌轉軟細。即能飲乳立愈。再服下列涼膈散。

蓮蕎二錢　大黃一錢酒浸　芒硝一錢
甘草五分　黑枝五分　黃芩五分酒浸
薄荷五分　生勒竹葉十片　淨煎服

倘有風痰牽鋸之聲。加防風四分。九轉舊膽星五分。若無舊膽星改用瓜蔞霜。夏曲。各五分代之。亦愈。凡小兒喉腫初起。大不知覺。宜細看心窩下必腫。俗名鎖喉。即照上方治之。如遲不及救矣。

(八)小兒乳有核治法。　宜以手指將其核內毒水盡行擠出即愈。

(九)小兒疳積方。　羊胆燉蜜糖開粥食。至不肯食即愈。小兒斷乳後。不可多食果餅。易生疾病。兼疳積。宜多食冷飯粥。取其易消化也。

（十）小兒百日內腎囊腫脹方。　用不老不嫩之地龍七條。洗淨以竹器盛之。隔去水質。置磁碟中。用淨白糖半小匙化之成液。以淨鴨毛蘸塗腫處。乾卽再塗。不久卽消。此物並可治火及滾水傷於皮膚。塗之其泡立消。

（十一）小兒痘爛良方。　白心番薯連皮搗爛煖敷。

（十二）小兒爛胎毒方。　檳榔五錢　枯礬　雲連

銅青　黃丹　白蠟　各一錢

共爲末。開油搽患處立愈。

（十三）小兒慢驚驗方。　驚風之症。有急驚慢驚。寒熱殊途。亦有先急驚後轉慢驚。每有認錯而致悞者。惟慢驚爲最。此方異人傳授。治慢驚雖病至垂危。稍存一絲氣息。照方治之。卽可救活。方如左。

牛黃一錢　紅丹五分　葱頭一歲一個

枯礬一錢　老羌三錢　五月艾一握剪碎

麵粉一撮

右藥七味共爲細末。用無灰酒煮滾。俟畧冷些。分次用布載鋪在肚臍。用帶扎緊。如冷再換。以聞肚內響爲度。卽有大小便。兩時辰之久。再服逐寒蕩。驚湯方列左。

胡椒一錢研碎　丁香十粒　炮羌一錢

上玉桂一錢

四味共爲細末。加竈心土三兩。煑水澄清煎藥。大半茶杯。頻頻灌之。服後接服加味理中地黃湯。

（六九）白喉要方　白喉古無此症。故少專書。世稱難治。然實非難也。未明其理耳。人但知肺之灼。而不知由於胃之蒸。人知胃之熱。而不知由於腸之寒。腸寒則下焦凝滯。胃氣不能下行。而上灼於肺。咽喉一綫之地。上當其衝。終日蒸騰。無有休息。不急治與治之不當。則腫且潰。潰則閉矣。白喉初起。惡寒發熱。頭痛背脹。遍身骨節疼痛。喉內或極痛。或微痛。或不痛。而喉內微硬有隨發而隨見白者。有至二三日而白始見者。或由白點白條白塊。甚至滿喉皆白者。所治皆同。治之之法。惟有以厚重之藥鎭其上層。復以清涼之劑潤其次層。再以抽薪開通其下道。醫者之能事畢矣。凡白喉症不能服表藥。此症起時發熱者多。症之輕者脈不甚洪。實初不見白。醫者不察。往往誤爲風邪。用表藥而熱退。方謂有效也。及白點既見。而病已增重大半矣。白喉初起惡寒發熱。乃毒氣初作於內。至二三日喉內見白。寒熱自除。或者不悟。以爲表藥有功。而不知不服表藥。其熱亦自退也。如有內熱及發熱。照方服去。其熱自除。卽白有加。仍勿改藥。蓋內病不除。白何能退。愈發白愈守方。久久服之。自有效驗。勿求速而表散也。

白喉正將。（此係大中至正之藥。極穩極效。惟下層之導藥。非熱甚之症。大便閉結。尙須愼用。）

上層鎭藥。大生地•玄參。煅石膏。麥冬。
次層潤藥。天冬。白芍。當歸。丹皮。貝母。薄荷。生甘草。
中層消藥。大木通。神麯。陳皮。砂仁。焦查肉。
下層導藥。郁李仁。知母。澤瀉。青寧丸。生土牛膝。

養陰清肺湯。（此方極效。日服二劑。重者日服三劑。若病勢無增。即白加甚。仍照方服。始終守定。不可移易）。

大生地一兩。麥冬六錢去心。白芍四錢炒。
薄荷二錢半。玄參八錢。貝母四錢去心。丹皮四錢。生甘草二錢。

此方乃治白喉之聖藥。翼然八柱。顚撲不破。其中但有鎭潤而無消導。蓋所謂鎭潤得宜。下元自會通暢。無所用其消導也。分兩悉照原方。不可輕重。小兒減半。守方服去。自然痊愈。切勿中改。如喉間腫甚者。加煅石膏四錢。大便燥結數日不通者。加青寧丸二錢。玄明粉二錢。胸下脹悶者。加神麯二錢。焦查肉二錢。小便短赤者。加大木通一錢。澤瀉二錢•知母二錢。燥渴者。加天冬三錢。馬兜鈴三錢。面赤身熱。或舌苔黃色者。加銀花四錢。連喬二錢。白喉猛將。（非極重之症。以及誤服禁忌藥漸見敗象者不可輕用。揭而出之。所以使人知愼也）。

上層鎭藥。龍膽艸。生石膏。犀角。
次層潤藥。瓜蔞。連喬。生梔仁。川黃柏。馬兜鈴。藍草根。
中層消藥。中樸。枳實。萊菔子。
下層導藥•生大黃。玄明粉。

神仙活命湯。（重者日服三劑。俟病稍減。仍服養陰清肺湯•）

龍膽草二錢　玄參八錢。馬兜鈴三錢。
板藍根三錢　生石膏五錢。白芍三錢。
川黃柏錢半。瓜蔞三錢。生甘草一錢。
大生地一兩。生梔子二錢。

凡白喉初起即極痛且閉。飲水即嗆。眼紅聲啞。白點立見。口出臭氣者。方可照此方煎服。或已延誤二三日。症已危急。或誤服表藥。現出敗象。非輕劑所能挽囘者。均須此方。以洩其毒。如舌有芒刺。譫語神昏者，加犀角鎊二錢。大便閉塞。腔下滿悶者。加中樸二錢。枳實二錢。枳實二錢。便閉甚者。再加萊菔子二錢。生大黃二錢。小便短赤者。加知母三錢。澤瀉二錢。車前子三錢•

白喉次將。（此爲白喉初起。辨別未明。及症之輕者。皆以此等藥清解之•切不可發表。表則不可救）。

上層鎭藥。生地。粉葛根。
次層潤藥。金銀花。柿霜。冬桑葉。紫菀。枇杷葉。藿梗。

中層消藥。 小木通。 竹葉。 炒麥牙。 枳殼。
下層導藥。 車前子。 燈心。 蓮子心。
除濕化毒湯。（日服一二劑。如症重服養陰清肺湯。）
粉葛根二錢。 金銀花二錢。 冬桑葉二錢。 次生地二錢。 小木通八分。 生甘艸八分。 薄荷五分。竹葉一錢。 枇杷葉錢半。 去毛蜜炙。貝母二錢去心。

白喉初起症象輕而未見。卽服此方。俟一見白象。卽改服養陰清肺湯。勿遲誤。如不白卽服此方。均勿發表。如大便閉者。加瓜蔞二錢。郁李仁二錢。胸下脹悶者。加炒枳殼錢半。炒麥牙二錢。小便短赤者。加車前子三錢。燈心一錢

以上三方加味各法。均須隨時斟酌。若見症不甚重者。或於所備二三味中酌加一味。或以分兩減輕。庶無偏誤。

白喉一切禁忌之藥。（白喉初起。發熱居多。往往服此等藥而熱退。以爲見効而病則已內陷矣。可畏哉）。
麻黃（誤用音啞不可救）。 紫荊皮（破血不可用）。
桑白皮（肺已虛不宜瀉）。 杏仁（苦降不宜用）。
牛蒡子（通十二經不宜用）。 山豆根（不可用）。
射干（妄用音啞）。 天花粉（不宜用）。
羌活（過表不可用）。 荆芥（不可用）。
防風（不可用）。 黃芩（過涼不可用）。
桔梗（肺虛不宜用）。 柴胡（升散不可用）。
前胡（發散不可用）。 升麻（升散不宜用）。
殭蠶（涼散過甚不可用）。 蟬退（升散不可用）。
桂枝（辛散不宜用）。 細辛（辛散不可用）。
蘇葉（不可用）。 馬勃（不可用）。

白喉誤服表藥或禁忌藥解法

春用蠶食過桑葉孔多者三片。夏用荷花蒂連鬚者七個。秋用荸薺苗稍黃者九枚各寸許。冬用生青果核磨汁或打碎五枚。不必拘定四時。但見有現成鮮者可用。卽用之。加入養陰清肺湯中爲引。一劑後。照全方服。不加引。如有辨症未清。誤服升提開散辛溫之劑。視病之輕重。以生菉豆研細末。重者一茶杯。輕杯一酒杯。冷水調服。另煮大米粥一碗。先服粥。後服藥。則誤服之劑。卽能解除矣。如以上四引不現成。卽用此法亦效。

白喉三不可要訣

一不可刮破。 刮破則毒氣渙散。更甚於表藥之誤。卽投以正藥亦難靈。
二不可近火。 不獨煤炭宜遠避。卽燈火亦不可近照。恐外火引動內火。病必加重。
三不可多臥。人臥則氣上逆。必須掙扎行動。方能使火下行。否則毒氣難驟降。

白喉誤服禁忌諸藥。所現各種敗象。

七日滿白不退。 服藥嘔吐不止。 喉乾無涎。

服藥大便不通。頷下發腫不消。音啞鼻塞。鼻孔流血。白塊自落。天庭黑暗。兩目直視。汗出如漿。弓角反張。痰壅氣喘。唇面俱青。藥不能下。肢脹神倦。

以上各象。重者用猛方。輕者用正方。以期補救。惟脾泄之症。宜兼顧脾藥。須另設。

(一)未服藥大便泄。用生地五錢。麥冬三錢。丹皮錢半。元參二錢半。薄荷七分。藿香錢半。砂仁二粒。研冲。炒麥芽三錢。

(二)服藥腹瀉不止。用酒炒生地二錢。麥冬二錢。川貝二錢。白芍二錢半。甘艸一錢。藿香錢半。砂仁二粒研碎。炒麥牙二錢。

吹喉冰硼散

冰片三分。硼砂一錢。胆礬五分。

燈心灰錢半。

共研細末。每用少許。吹入喉中。卽吐痰涎。以帶出毒氣。

西法治白喉症亦甚效驗。但居處內地而無西醫者。須用中醫。患者須小心查看方內藥味。有無禁忌之藥。凡醫白喉。以養陰爲主。以發表爲忌。患者可放心服養陰清肺各湯方。自然痊愈。切勿懷疑。

喉症預防法

人當喉作間微痛時。速以重鹽水頻頻漱口。且使其多與喉部接近爲妙。按喉症無不因熱而發。鹽之爲物。味旣清涼。又能防腐。故良。

喉痛初起。可用白萊菔汁和砂糖空心服之。服後稍臥。卽可痊愈。

(七十)治痲瘋之特效國藥方法(摘錄上海世界新聞社)

患痲瘋之痛苦。與療治痲瘋之困難。幾盡人皆之知。今有驚人之消息。謂痲瘋可以獨用國藥一味而治愈之。屢試屢驗。此則患痲瘋者之福音。不得不詳爲記載。以普告於世界者也。據上海世界新聞社登載。民國廿壹年春間。前鹽城縣知事龐性存君赴淮安接辦春賑。縣政府所派聽差之張永茂。面色有異於常人。詢知曾患大痲瘋病。當病重時眉髮盡落。面如火燒。指甲全脫。損及骨節。自分必死。幸遇一老人授以治方。如法煎服。不半月卽愈。年來且養育兒女。重享家庭之幸福矣。龐君亟詢其方。乃用蒼耳艸一味熬膏服食而已。(方附錄於後)龐君以其費廉法簡。轉告淮安城內大街義生藥號之章鑑虞君。爲其試熬贈送。旋據章君于廿一年八月二十日報告云。曾經試驗者。有販賣洋皂之王小春。及灌雲縣之潘立中。淮安縣之揚元。王鴻鈞。均染此疾。服此藥後。均獲治愈。可見此方之治痲瘋症。確有特效也。謹錄其製法服法于後。

（製法）方用蒼耳艸（俗名黐頭婆又名無髗仔草）其滿子身皆刺。本艸名蒼耳子。葉圓枝長。對出高者六七尺。可以爲薪。莖節皆有小虫。立秋後虫卽攢出。便不可用。須于小暑節後。立秋節前。刈取此艸。（若過遲過早皆不可用）除根與根上之鬚不用外。其餘均可用。刈得此艸後。用刀斷開。每段約二寸長。晒乾後。用大銅甑煑汁。約六小時將汁用幼細白布𤁎清。再將汁用銅鑊煑六小時。便可成膏。大約每艸壹百斤。（晒干計）用水約七八百斤同煑六小時。煑成約得膏十斤有奇便合。倘取膏太多。水汽未清。必易霉變。卽不可用。切勿貪多也。膏中切勿攙入別藥及糖鹽等類。所用之水。須用井泉或河水山水。香港水喉之水。多攙入一種殺菌藥。必不可用。愼之。膏成須用乾潔瓷器。或玻璃器收貯。用蜡封口。更佳。放在乾潔地方。勿令潮濕氣。及蟲蟻侵入。更不可常時搖動之。

（服法）服此膏者。病在上部。飯後服二湯羹。病在下部。飯前服二湯羹。均以滾水開服。每日服三次。輕者半月。重者壹月。或四十日。多至六月。定必痊愈。復還原體。

登載有關法律之廣告者注意

一九三三年三月三號　香港公報第一三五號載稱。凡華人刊登有關於法律之廣告（如商業買賣退受及聲明等）除登　政府公報外。須刊登　政府指定之中文日報二家。方可發生法律上之効力。希爲留意。

華字日報
華僑日報　以上日報三家登載兩家便生効力
循環日報

跋

昔孔子居是邦必聞其政說者謂察其政令所從出即知其風俗之良窳人情之淑慝所關非淺也以故觀風問俗者莫不以調查爲先務港島爲無稅口岸各國貿遷咸萃於此而以我國人居留者獨多其禁約之設雖多遷就我國習慣然對於尊重公德保存公物整潔衞生苛待人類虐待牲畜各條例犯者有常刑初居港地者輒易觸犯又香港九龍新闢各住居市場及交通條例日新月異尤爲僑居者所當知獨無完善之紀載以資居民及旅客之檢查誠憾事也舍戚戴君東培早畢業於香港大學即宅心謀社會之幸福每聞居民之悞觸刑章及營業之罔所適從者愍然憂之恒欲著一書以爲指導故于商餘稍暇不憚櫛風沐雨涉險登高實地調查詳細紀錄又手自修改常中夜不休苦心孤詣閱歲乃成是書其編校之責則付諸不才冀早付鉛槧以惠僑胞不才得以披閱完竣覺其對於僑胞所須知者事無纖鉅詳盡靡遺誠爲社會有益之書也謹於編竟付誌數語以紀實讀其書者當不以不才之言爲阿好也謹跋

中華民國式拾式年八月　日　　龍永英跋于紅香爐島之聊園

正誤表

頁	行	悞	正
東華醫院	一七	別增附設女義學	別增附設男女義學
大事署	尾行	邦告人者也	邦人告者也
二（目錄）	上四	華人書院	華仁書院
三	上一四	五二	五三
三	上一六	三一年	三三年
四	上一一	封租洛式	封租格式
五	上三	程章	章程
五	下八	轎船	輪船
五	一一	辦船	輪船
五	一三	九龍管理	九龍關管理
六	上四	小敗	小販
七	下一五	三零三	三零七
八	下一七	筲箕灣	筲箕灣道
八	下尾	龍九	九龍
九	上六	基既教	基督教
十	下一九	車汽	汽車
一一	上一二	外交部領發	外交部頒發
二零（書內）	尾	四十八法點	四十八點
二三	一	六十歲	十六歲
二八	八	外張捐簽	外捐簽
二八	尾	廟設	設廟

頁	行	悞	正
三七	八	繳回給食	繳回糧食
四四	一四	是滅聚	是藏聚
四四	一四	須析去	須拆去
四四	尾	免滅鼠虱	免藏鼠虱
四六	四	下例	下列
五二	一	清淨議局	清淨局
五六	題目	一九三一年	一九三三年
五六	一	一百起計	一百頭內
六零	一零	易死於死亡	易於死亡
六四	九	加在天氣	如在天氣
六五	二	必而化為蚊	必化為蚊
六五	五	被蚊之法	滅蚊之法
六六	六	凡佔	凡估
七二	一	至少七半	至少七尺半
七二	四	向街	向闊街
七五	尾	八英尺	八英寸
七五	尾	八尺半	八寸半
七九	三	有及對	有反對
七九	四	明及對	明反對
八一	一	之碍墻	之磚墻
八四	七	天花地樓	天花樓
八五	五	舖內時放	舖內所放
八五	七	時常闢	時常關

頁	行	悞	正
八八	一	建築字	建築屋宇
八八	六	該地宇屋	該在屋宇
九二	八	Water Rent	Water Meter Rent
九六	一五		三十元
一零三	題目	廳註冊	廳查冊
一一二	五	凡年中估價	凡年中估價
一一七	二	均可向臯署	均可向臯署
一二一	六	Alones	Alone
一二三	九	Seised	Seized
一二四	一四	六毫寸	一元算
一二四	一四	九元六毫	一十六元
一二七	七	租限者	租項者
一二九	七	則否	否則
一三零	十	隨得時	得隨時
一三零	一八	一層樓	一層樓
一三零	一八	徵收差餉	徵收差餉
一三一	三	業主揭回	業主取回
一三一	四	或將租加辦法	或將租項加增辦法
一三五	六	特別徵辦法	特別徵收辦法
一三六	八		效字之下加（銀主須在港居住）
一三九	四	未有遺產	未有遺囑
一三九	尾		效字之下加（如無遺囑簽立者）
一四四	一一	一十元以下	一千元以下
一四七	一一	每晝佣銀	每股佣銀
一四八	一一	簽改條者	簽收條者
一四八	一三	派息習慣	派息習慣
一四八	尾	追償失	追償損失
一四九	八	Euclosed	Enclosed
一五一	二	Delcare	Declare
一五一	五	Exclosive	Exclusive
一六八	一一	時間之欠暫	時間之久暫
一七零	一四		撮要之下加（一九三一年修改）
一七一	七	阻正	阻止
一七五	五	十二點	十點
一七五	五	數數部	數部
一七六	尾	一十五元	五十元
一七七	四	新九能	新九龍
一七七	六	五十元	二十五元
一七七	一五	五十元	二十五元
一八三	一二		爲限之下加（每次沽酒不得多過二加侖）
一八四	五		營業之下加（新界夜十二點至晨六點）
一九三	一一	上午六時起至下午	下午六時起至上午
一九六	三	柏拱行三樓	滅火局署樓下
二〇〇	四	欠驗船憑證	驗船憑證
二〇二	一〇	一千二百	一千二百噸
二〇六	尾	四百五尺	四百五十尺

頁	行	悞	正
二〇七	一	四百五尺	四百五十尺
二〇七	六	職員任所	職員住所
二〇八	八	并須分竹排列	并須分行排列
二一四	上一八	Sudau	Sudan
二一四	下四	Portugal	Portugal
二一四	下七	Afrioa	Africa
二一四	下九	Settlment	Settlement
二一四	下九	Anb	And
二一八	一一	不過柒十五	不過柒十五
二二零	上二二	回頭每籬	回頭每籮
二二一	中一六	每罐二毎	每罐二毫
二二三	下四	每年三十元	每年五十元
二二三	下六	僑工外寓	僱工外寓
二二三	下十	輪船管業	輪船營業
二二三	上一七	全年費牌	全年牌費
二二三	下尾	一分算	十分算
二二三	下尾	三厘算	三分算
二二四	上十	算字之下加（表內厘字改分字）	
二二六	下八	或察察司	或警察司
二二七	下五	於誤地點	於該地點
二二八	下六	淸家票查明確實	淸家稟查明確實
二三一	下一二	須懸於壁	須懸於臂
二三六	上一五	一層樓	一層樓

頁	行	悞	正
二三八	七	祚中人	作中人
二四零	上五	十五小時	五小時
二四一	四	Promises	Premises
二四四	下六	簽宇蓋章	簽字蓋章
二四三	上一八	收銀入數人	收銀人入數
二四七	下零六	於	於不要
二四七	下一三	爲輪入商	爲輸入商
二四八	下七	要交 欵	要交現欵
二四九	下二一	港銀 百	港銀一百
二五零	下九	一十七元	一十五元
二六三	上七	收擬	收據
二六四	下尾	一寸八	一寸半
二六四	上六	積極	積蓄
二六四	上七	其供給之法說	其供給之法
二六六	上一四	本六司	本公司
二六七	上二	用起戶見	用戶起見
二六八	上一五	百 至千元	五百元至千元
二七二	上二一	門牌者	門牌者
二八四	下一二	上五八點	上午八點
二八六	上七	十四五分	十五分
二八六	上一三	亦收毫二	亦收二毫
二八七	下六	(四)	
二八七	下八	一定信址	一定住址

頁	行	悞	正
二八八	上一七	寄包裡者	寄包裹者
二八九	上一二	之棻物食品	之菓物食品
二八九	上一二	及碍衞生	有碍衞生
二九九	上一零	華文三先五	華文三先
三零零	一一	箱省電費	節省電費
三零二	上七	雲話	電話
三一零	下一二	時間表之下加（下午一點卽指夜候）	
三二零	下尾	上以尺寸者	以上尺寸者
三二一	一	價目表之下加（統一碼頭）	
三三零	上尾	三元一一毫等	三元一毫等
三四一	四	擅香山	檀香山
三五三	中四	七六金磅	十五至十八金磅
三五三	下四	備考加（經日本）	
三九四	一八	Chaug	Chang
三九五	五	Sei	Sai
三九六	上九	律法	法律
三九七	上四	叔會	敘會
四零二	第卅八欵	分任值	分任值理
四零七	下尾行	漏 增訂附則…五五	值理部可隨時增訂附則惟必須該部三份
四零八	下一四	會議者員	會議者
四零八	下一六	值事	幹事
四四三	上一五	英寸方	英丁方
四五五	上尾	谿免	豁免

頁	行	悞	正
四六二	下十	倘有遺犯	倘有違犯
四七八	下尾	通普活度	普通活度
四七九	上尾	仍以能英文	仍以英文
四八三	上七	華人入口倏例	華人入口條例
四八九	上二二	座我國生產	庶我國生產
四八九	下七	抵限	祇限
四八九	下八	所餘渣渾	所餘渣滓
四九零	上一零	陽奉陰遺	陽奉陰違
四九六	上一零	報吾	報告
五零零	下八	財政製廳	財政廳
五零零	下一五	級給	給
五零三	上一五	瞞揭	瞞騙
五零四	上一弍	面橫積	面積橫
五一一	下一三	Trachom	Trachoma
五一三	上二零	喜怒衷樂	喜怒哀樂
五一三	下一四	時上	時
五一四	下三	政最適用	故最適用
五一九	下一六	口閞地倒	口開倒地
五二零	上八	黃上地	黃土地
五二六	上一七	以爲無救	勿以爲無救
五二七	下零九	長肉火膏	長肉大膏
五二八	下一九	毛刻之長	毛刺之長
五三九	下二零	人臥	久臥

港僑須知

編纂者　戴東培
校定者　龍永英
出版者　永英廣告社
總發行　永英廣告社
印刷者　民信印務公司

中華民國弍十弍年八月出版

書名：港僑須知（一九三三）（下）
系列：心一堂　香港・澳門雙城成長系列
原著：戴東培 編
主編•責任編輯：陳劍聰

出版：心一堂有限公司
通訊地址：香港九龍旺角彌敦道六一〇號荷李活商業中心十八樓〇五一〇六室
深港讀者服務中心：中國深圳市羅湖區立新路六號羅湖商業大厦負一層〇〇八室
電話號碼：(852) 67150840
網址：publish.sunyata.cc
淘宝店地址：https://shop210782774.taobao.com
微店地址：　https://weidian.com/s/1212826297
臉書：　　　https://www.facebook.com/sunyatabook
讀者論壇：　http://bbs.sunyata.cc

香港發行：香港聯合書刊物流有限公司
地址：香港新界大埔汀麗路36號中華商務印刷大廈3樓
電話號碼：(852) 2150-2100
傳真號碼：(852) 2407-3062
電郵：info@suplogistics.com.hk

台灣發行：秀威資訊科技股份有限公司
地址：台灣台北市內湖區瑞光路七十六巷六十五號一樓
電話號碼：+886-2-2796-3638
傳真號碼：+886-2-2796-1377
網絡書店：www.bodbooks.com.tw
心一堂台灣國家書店讀者服務中心：
地址：台灣台北市中山區松江路二〇九號1樓
電話號碼：+886-2-2518-0207
傳真號碼：+886-2-2518-0778
網址：http://www.govbooks.com.tw

中國大陸發行　零售：深圳心一堂文化傳播有限公司
深圳地址：深圳市羅湖區立新路六號羅湖商業大厦負一層008室
電話號碼：(86)0755-82224934

版次：二零一九年一月　（上下二冊不分售）

定價：港幣　　二百九十八元正
　　　新台幣　一千三百九十八元正

國際書號 ISBN 978-988-8582-34-1